U0123904

中国大学生财经素养状况

蓝皮书（2022）

——家庭环境的作用

中国大学生财经素养教研组◎著

THE BLUE BOOK OF FINANCIAL LITERACY OF
CHINESE UNDERGRADUATES
—THE ROLE OF FAMILY ENVIRONMENT

经济管理出版社
ECONOMY & MANAGEMENT PUBLISHING HOUSE

图书在版编目（CIP）数据

中国大学生财经素养状况蓝皮书.2022：家庭环境的作用/中国大学生财经素养教研组
著.—北京：经济管理出版社，2022.7
ISBN 978-7-5096-8642-3

Ⅰ.①中…　Ⅱ.①中…　Ⅲ.①大学生—财政经济—素质中国教育—研究报告—中国—2022
Ⅳ.①F812

中国版本图书馆 CIP 数据核字（2022）第 133144 号

组稿编辑：郭丽娟
责任编辑：杨国强
责任印制：张莉琼
责任校对：陈　颖

出版发行：经济管理出版社
　　　　　（北京市海淀区北蜂窝 8 号中雅大厦 A 座 11 层　100038）
网　　址：www.E-mp.com.cn
电　　话：（010）51915602
印　　刷：唐山玺诚印务有限公司
经　　销：新华书店
开　　本：720mm×1000mm/16
印　　张：23.25
字　　数：435 千字
版　　次：2022 年 9 月第 1 版　2022 年 9 月第 1 次印刷
书　　号：ISBN 978-7-5096-8642-3
定　　价：99.00 元

中国大学生财经素养教研组

组　长：徐玖平

副组长：牛永革、李小平

成　员：卢　毅、张　攀、吴邦刚、应千伟、
　　　　刘海月、吴　鹏、鲁　力、孟致毅、
　　　　贾西蒙、郑洪燕

序

2022 年是四川大学中国财经素养教育课题组进行中国大学生财经素养状况调查的第二年，我们想通过持续关注和调查，形成中国大学生财经素养状况的纵向展示，为中国大学生财经素养教育的推进尽一份绵薄之力。

党的十九大报告明确指出："要全面贯彻党的教育方针，落实立德树人根本任务，发展素质教育，推进教育公平，培养德智体美劳全面发展的社会主义建设者和接班人。"大学生是我国社会主义建设的后备力量，也是未来推进社会主义中国政治经济、文教卫生、工程技术、生态环境等领域持续发展的主力军。但当今时代，互联网金融已经渗透到我们生活的各个领域，如网络借贷为人们消费提供了更多的便利性。大学生的主要任务是完成学业，但同时也受到各类诱惑。在消费主义和实用主义价值观盛行的今天，如何构建大学生正确的财经理念，使他们将来能够自信地工作、独立地生活，这是我们应该认真思考的社会问题。

大学生的财经素养对个人和社会都有重要的影响。大量的学术研究成果和实例显示：人们的储蓄、投资、借贷、消费等行为存在的差异，与个人财经素养密切相关。良好的财经素养反映了个体拥有科学的财经观念、崇高的价值追求、丰富的财经知识和财经信息，能合理地规划长期财经行为和短期财经行为，能根据自己的实际情况和外部环境的变化做出理性的财经决策，它可以促进人们积累财富，提高生活质量和幸福感；而财经意识欠缺的人参与理财与投资活动较少，在选择贷款或抵押时可能做出次优决策，以致面临债务累积、破产、丧失抵押品赎回权之类的问题，还可能导致个体陷入投资骗局，甚至血本无归。同时，良好的财经素养可促使人们在日常的社会交往和商务谈判中取得有利结果。此外，财经素养通过影响个人进而影响金融体系的健全和效率。人们拥有过硬的财经素养才能对国家金融体系的管理运营提出合理化建议，进而提升金融行业的服务质量和运行效率，减少国家经济活动的周期性剧烈波动。因此，提高大学生财经素养，增进大学生个人福祉，保障国家社会经济安全，是我们持续关注该问题的初衷。

2007 年起，我们团队在四川大学商学院开展大学生财经素养课题研究，团队核心成员包括牛永革、李小平、卢毅、应千伟等老师。我们重点从事大学生的财经素养状况调研、教科书编写、课程体系建设、师资培训、教学活动实施、财经素养培养、问题对策谏言、举办大学生财经素养大赛等工作。蓝皮书的持续发布，也成为我们团队努力的重点之一。

与2021年的蓝皮书相比，2022年的蓝皮书既有延伸，又有聚焦。2022年我们将大学生财经素养维度扩展至财经态度、财经满意度、财经行为合理性、独立、信用、未来规划六个方面，以期更全面地刻画中国大学生财经素养现状。同时，2022年的主题聚焦在家庭环境的作用上，着重探讨家庭人文统计因素、家庭财经交流和家庭成长环境对大学生财经素养状况的影响。孩子经历的第一个社会环境是家庭，父母的财经观念和财经决策会持久地影响子女的社会化过程。我们希望蓝皮书报告的不仅是中国大学生财经素养"是什么"，还要挖掘"为什么"以及"如何做"的问题。从家庭的视角寻找提升大学生财经素养的方法，也为学校教育机构的因人施教提供依据。

在撰写编制本书过程中，除上面提及的团队核心成员外，还得到张攀、郑洪燕等老师，成雪莹、李燕和刘习三位硕士生，以及经济管理出版社的倾力支持。在此一并致谢！

徐玖平

2022 年 4 月 17 日

目　录

第一章　引言

财经素养有两种普遍被人认可的定义，第一个是学者的定义，它指人们做出合理的金融决策并最终实现自己的金融福祉所需的意识、知识、技能、态度和行为的组合（Atkinson and Messy，2011）。第二个是官方组织的定义，2012年，经济合作与发展组织（Organization for Economic Co-operation and Development，OECD）发起的PISA测试中对此有一个界定，即关于财经概念和金融风险的知识与理解，以及运用这些知识和理解的技能、动机及信心，以便在广泛的财经活动中做出有效决策，参与各类经济生活，提高个人和社会的经济收益。

2021年的《中国大学生财经素养状况蓝皮书》，从大学生的财经素养意识、知识、技能、态度和行为五个方面构建变量，通过描述性统计方法报告大学生的财经素养现状。同时，分析个体人文统计变量和家庭人文统计变量对大学生的财经素养意识、知识、技能、态度和行为五个方面变量的影响。从"是什么"的角度定量描述中国大学生财经素养的意识、知识、技能、态度和行为，描述这五个方面关联的变量在每一个个体人文统计变量不同水平之间的异同性以及在每一个家庭人文统计变量不同水平之间的异同性，进而从总体上描述中国大学生财经素养的现状和关键特征，在此基础上形成重要结论。2021年的《中国大学生财经素养状况蓝皮书》呈现的数据，可全景式地刻画中国大学生财经素养现状和关键特征。

2022年的《中国大学生财经素养状况蓝皮书》在2021年出版的基础上进行扩展，将其发展为大学生财经态度、财经满意度、财经行为合理性、独立、信用、未来规划六个方面，以更全面地刻画中国大学生财经素养现状。具体而言，①财经态度反映了个体即时满足抑或延迟满足的愿望，以及能否正确处理储蓄和消费之间的关系。②财经满意感，即个体对目前财务状况的满意程度。③财经行为合理性是指个人的财经行为是否符合正常的规范，这种规范性保证了个体财经活动的正常进行，不会因为不合理而使自己陷入财经困境之中。④独立是指个体依靠自己的力量去做某事的心理变量，通常包括人格独立、经济独立、思想独立、生活独立。⑤本书从道德层面和经济学层面界定信用的内涵，从道德层面看，它是指参与社会和经济活动的当事人之间所建立起来的、以诚实守信为道德基础的"践约"行为；从经济学层面看，它是指在商品交换或者其他经济活动中授信人在充分信任受信人能够实现其承诺的基础上，用契约关系向受信人放贷，并保障自己的本金能够回流和增值的价值运动。⑥未来规划包括两个维度，即生涯适应能力和未来承诺。具体而言，生涯适应能力是指个人在获取更高学历、未来工作和未来家庭所作的思考和长远规划；未来承诺是指个体把未来规划付诸行动的决心。此外，本书还调查了大学生主客观财经知识水平和消费倾向，以期对中国大学生财经素养状况进行全面调查。

本书将调查主题聚焦于家庭环境的作用上，着重探讨家庭人文统计因素、家庭财经交流和家庭成长环境对大学生财经素养状况的影响。在家庭资源管理理论、家庭社会化理论、社会学习理论、行为经济学理论、调节定向理论、家庭成长环境理论等大量理论文献基础上，家庭人文统计因素选择了父亲职业、母亲职业、父亲受教育水平、母亲受教育水平、家庭成员健康状况、独生子女、家庭月收入七个家庭人文统计变量；家庭财经交流包括预算家庭交流、储蓄家庭交流、信贷家庭交流、理财家庭交流、消费家庭交流五个变量；家庭成长环境包括财经决策负责人、父母收入、父母理财能力、父母陪伴时间、父母空闲时间、参与家庭财经决策、父亲的消费风格、母亲的消费风格、童年社会地位九个变量。为了更清楚地了解家庭环境对大学生财经素养的影响机制，本书还调查了认知需求、自我效能、延迟满足、自我控制四个心理特征变量。

由此可见，2021年出版的蓝皮书的性质是报告"是什么"，至于"为什么"则不是其涵盖的范畴。但本书在描述"是什么"的基础上，增加了家庭环境因素"如何"以及"为什么"影响大学生的财经素养。这是对2021年出版的蓝皮书调查范围和调查深度的拓展。本书建立的结论，有些是可以直接解释的，有些则需要进一步研究才能得到解释，更加复杂的作用边界（调节问题）因篇幅有限尚未涉及，这些都将为发现新的科学命题和探索其中的解释机理、作用边界提供有价值的线索和方向。

本书的现实意义有三个方面：①本书呈现的数据，可全景式地刻画中国大学生财经素养现状和关键特征，并与2021年的数据结果形成对比，呈现中国大学生财经素养状况的纵向展示。②中国家庭中的父母亲可根据自己的家庭背景和本书关联的数据，有针对性地、有策略地实施家庭财经沟通，调整可变的家庭成长因素（如父母的消费风格），为子女做好表率，引导自己的孩子提升财经素养。③学校及教育机构可根据本书描述的财经素养现状和关键特征，设置教学目标、课程计划、教学内容和教学方法，有目的、有计划地在大学生群体中开展财经素养教育活动和知识技能竞赛，并根据中国国情，建立有效可行的财经素养教育模式。

第二章　文献研究和研究框架

综观国内外学者关于学生财经素养的研究，其研究对象涵盖从幼儿园到博士研究生所有层次的学生。国外学者在学生财经素养领域已经有了比较丰硕的系统性成果，而国内学者在此领域的研究却极为有限，基本上局限于对国际学生评估项目（Program for International Student Assessment，PISA）测试内容的应用。经济合作与发展组织（Organization for Economic Co‐operation and Development，OECD）三年一次的 PISA 考试从 2012 年起加入财经素养的测试。PISA 是一项由 OECD 统筹的学生能力国际评估计划，主要对接近完成基础教育的 15 岁学生进行评估，测试学生是否掌握了参与社会所需要的知识与技能。本书旨在通过对国内外学者发表的英文论文进行梳理，总结学生财经素养形成的影响因素和理论解释机理。在此基础上，根据本书设定的研究目的，聚焦于大学生这个特定的群体，构建本书的研究框架。

第一节　财经素养包含的维度和关联的测量

所谓素养，是指学生在主要学科领域应用知识和技能的能力，以及在不同情境中提出问题、解释问题和解决问题时有效的分析、推理和交流的能力（OECD，2010）。起初，财经素养通常被认为是消费者的一种专业知识，与如何成功地管理自己的财经活动有关（Alba and Hutchinson，1987），或与个人金融相关的特定形式的人力资本有关。后来，财经素养的定义逐渐丰富。20 国集团领导人在2012 年采用了 Atkinson 和 Messy（2011）提出的定义，即"财经素养是做出合理的财经决策并最终实现个人财经福祉所需的意识、知识、技能、态度和行为的组合"。这样的定义表明，财经素养不仅是知识，还包括态度、行为和技能。而OECD 将财经素养定义为学生对财经概念和风险的相关知识的掌握程度和理解力，运用这些知识和理解力的技能、动机和信心，使个体能够更好地在广泛的财经情境中做出有效决策，提升个人参与经济生活的能力；同时，提高个人和社会经济利益（OECD，2005）。相较于前者，OECD 的定义是一个比较综合的概念，包括了人们对"倾向与交易""规划与理财""风险与回报""金融视野"等与个人生活息息相关的概念的认知、理解、分析、推理、评估及运用的能力，涉及人们解决财经问题的整个过程。

关于财经素养的测量，不同时期人们采用了不同的方法。早期研究通过询问个体财经领域关联的问题，由被试作答，在此基础上判断对错，由此衡量人们的财经素养状况（Hilgert et al.，2003；Lusardi and Mitchell，2014），如利率、通货膨胀、风险分散、储蓄和借款、保险和投资等。PISA（2012）关于财经素养的测评框架包括内容（Content）、过程（Process）和情境（Contexts）三个维度。内容维度包含了财经知识以及对财经知识的理解程度，主要包括货币与贸易、规划与理财、风险与回报、金融视野与金融世界四个方面的内容（Lusardi and Mitchell，2007；OECD，2013）。过程维度描述的是学生在处理材料或面对任务时所采用的心理策略或方法。PISA（2012）借鉴了布鲁姆的分类法，将过程维度分为识别财经信息、分析财经背景中的信息、评估财经问题、应用财经知识和理解力四个部分（Anderson，2001；OECD，2013）。情境维度是指应用财经领域知识、技能和理解时的情境，涉及的范围从个人到全球。在 PISA（2012）的财经素养测评中设置了四种情境：教育与工作情境、居家与家庭情境、个人情境以及社会情境（OECD，2013）。而 OECD 在一项试点研究中制定了基于三个维度的财经素养衡量标准：知识、态度和行为（Atkinson and Messy，2011），12 个国家参加了经合组织/国际金融教育网络（INFE）试点研究。这项试点研究旨在衡量参与国的金融知识水平，因此其结果在国际上具有可比性。

第二节 学生财经素养的影响因素

一般而言，不同学生的财经素养，在依据一定社会经济和人口特征划分群体后，具有明显的群体差异，那么，哪些因素会影响学生形成不同的财经素养水平？长期以来，这个问题备受学者的关注。关于财经素养差距的研究文献可以分为两类：一类研究主要聚焦于真实性因素对财经素养的影响；另一类研究关注财经素养定义、测量方法感知性因素所导致的差异。前一类研究起步较早，且研究成果较为丰硕。因此，我们先介绍有关人文统计因素的研究结果，然后再梳理财经素养定义与方法本身影响的研究文献。

一、学生财经素养的人文统计因素

综观相关文献，共有十种人文统计因素。

（一）性别

有关性别与学生财经素养的研究并未得出一致的结论。一是男性学生的财经素养高于女性学生（Lusardi et al.，2010），二是部分国家则表现出相反的结果（Moreno-Herrero et al.，2018）。同时，性别对财经素养的影响会随着时间推移而发生变化。

性别对财经素养的影响可能来源于多方面，如家庭专业化角色的定义、社会与文化环境，甚至是历史（Bottazzi and Lusardi，2021）。同时，基于性别的财经素养差距已经存在于大学时代。这使性别很可能成为终身财经素养差别的重要早期影响因素（Al-Bahrani et al.，2020），这种差别很可能来源于自信而不是对金融事务的兴趣（Agnew and Harrison，2015）。

（二）年龄

随着年轻人的成熟，他们会越来越多地参与到金融和消费领域，从而形成更高的财经素养，所以年龄将对财经素养产生越来越大的影响。但因为使用不同的方法测试学生的财经素养，因此，关于年龄对财经素养的研究得出了一些相悖的结论。在整合年龄对财经素养的影响研究后，我们得出以下结论：首先，在所有年龄段中，人在幼年时期的财经素养水平最低。其次，在大学阶段与中学阶段，Douissa（2020）发现，大学阶段年龄较大的学生并没有表现出明显高于年轻学生的财经素养水平。但同时也有学者得出二者在高中阶段呈现显著相关性，且这种效应是非线性的，随年龄的增大而下降（Lusardi and Mitchell，2014）。

（三）种族

把种族作为学生财经素养的研究较少，且结论一致。Al-Bahrani 等（2020）研究发现，种族与财经素养之间有显著相关性，即白人的财经素养高于黑人，但白人与其他族裔之间并无明显差别。而少数族裔也被证明在财经素养方面存在显著缺陷。

（四）国别

受不同国家的文化、教育系统、课程设置，特别是数学和科学教育的质量的影响，各国学生的财经素养呈现了明显差异。Borodich 等（2010）比较了美国、白俄罗斯和日本学生的财经知识，发现日本学生的学习成绩高于其他国家的学生，而美国学生在应用水平上得分更高。Moreno-Herrero 等（2018）在 PISA（2015）的结果分析中，通过对平均分的观察，发现中国学生的财经知识得分最高（566 分），比经合组织平均水平高 77 分。比利时（佛兰芒社区）、加拿大、俄罗斯、荷兰和澳大利亚五个国家/地区的学生得分也高于 OECD 的平均水平。与其他国家/地区的学生相比，美国和波兰 15 岁的学生的总体表现接近平均水平，但该分数低于意大利、西班牙、立陶宛、斯洛伐克、智利、秘鲁和巴西的平均水平，这种差距主要可能来源于数学和科学教育的质量。Jang 等（2014）通过比较美韩两国学生的财经素养水平发现，韩国学生的平均分数介于开设 FFFL 课程（个人理财和经济学课程）与未开设的美国学生之间，但与那些有 FFFL 课程的美国学生更接近，并且韩国学生在"收入"等内容上往往更强。

国别对财经素养的影响还体现在移民上。没有移民背景的学生往往表现出更高的财经素养（Amagir et al.，2020）。同时，财经素养会随着融合度的提高而提高。此外，移民和非移民学生对金钱的态度存在文化差异。

（五）受教育程度

关于学生受教育程度对财经素养影响的相关研究，基本结论是，硕士生具有最高的财经素养。Chen 和 Volpe（1998）、Douissa（2020）研究发现，硕士生的财经素养显著高于本科生与博士生，并进一步证实了本科生比博士生的财经素养丰富。同时，Douissa（2020）证实每当学生受教育程度提高时，具有财经素养的学生比例就会相应增加。当学生对接受高等教育有较高期望时，财经素养水平与这种期望呈正相关关系（Moreno-Herrero，2018）。

（六）认知能力

认知能力指处理信息以取得最终结果的能力。一方面，与认知水平较低的人相比，认知能力较高的人更有可能寻求和使用更多信息；另一方面，快速实现收益和长期保留损失资产的行为是认知能力导致的偏差之一，称为处置效应。Lusardi 等（2010）在研究中将财经素养定义为人力资本投资，而获得额外的财经素养会花费时间和金钱。因此，认知能力与获取财经素养的成本相关联。学者在关于认知能力对学生财经素养的研究中，得出了截然不同的答案。一方面，部分学者基于调查结果发现，认知能力与财经素养之间无显著关系（Paraboni and da Costa，2021）；另一方面，其他学者在控制影响财经素养的其他因素后发现，认知能力对财经素养有积极影响。

（七）家庭财经环境

学生的财经素养水平，尚未受到个人在制定重要财经决策或担任家庭专业化职位方面经验的影响，因此很大程度是家庭财经环境影响的产物。根据家庭社会化理论，家庭社会化是金融社会化的重要部分，而家庭财经环境涵盖了家庭收入、家庭内部财经知识传递与交流、父母特征、社会经济地位等多方面。财经素养水平与家庭收入的关系研究并未得到一致结果，Chen 和 Volpe（1998）指出，可变收入不是财经素养的重要决定因素；但其他研究表明收入与财经素养呈正相关关系（Lusardi et al.，2010）。在父母特征方面，父母的财经行为、财经经验、较高的财经教育水平均证实与学生较高的财经素养相关。在对比父母、工作和高中财经教育对年轻人当前的财经素养的作用时，父母所起的作用远大于工作经验和高中财经教育所起作用的总和（Shim et al.，2010）。但在父母的具体角色上未得出一致结论。Hizgilov 和 Silber（2020）认为，母亲的性别榜样，更大程度上影响女性学生财经素养的获取。然而，其他学者却得出了不同结论：父亲的教育水平，而不是母亲的教育水平，与学生的财经素养呈正相关且与学生的性别无关（Razen et al.，2021）。同时，家庭财经环境在一定程度上反映了家庭的社会经济地位，而社会经济地位也被 Bottazzi 和 Lusaidi（2021）证实对学生财经素养具有正向的促进作用。

（八）数学素养

学生的数学素养与其财经素养关系密切。因为无论是简单的交易金额计算还是复杂的风险评估，绝大多数财经方面的问题解决必须用到数学知识和技能，甚至有学者将财经素养视为学生数学素养在财经领域的表现（Worthington，2006）。Al-Bahrani（2018）研究发现，实际和感知的数学能力都是学生财经素养的决定因素，数学能力高于平均水平的学生在财经素养评估中的得分更高。同时，数学教师比例更大的学校的学生财经素养也呈现出更高水平（Bottazzi and Lusaidi，2021）。而数学素养的差别在一定程度上被证实是基于性别的财经素养的原因，因为数字应用以及参加以数学为中心的课程的信心都因性别而有所不同。现有的研究表明财经知识和数学能力之间存在联系（Lusardi et al.，2010），性别既影响个体的数学能力（Al-Bahrani et al.，2018），也影响个体对数学的信心（Meeliseen et al.，2008）。同时，数学素养的差别也体现在不同学科学生之间的财经素养上，工程与计算机学科的学生往往表现出更高的财经素养（Artavanis and Karra，2020）。

（九）学校财经教育状况

如前所述，尽管财经素养在很大程度上受到学生家庭财经环境和数学素养的影响，但要解决财经问题，仅有数学和阅读素养是不够的，学生还需要具备对财经概念、关系和情境的理解。然而，系统性财经知识框架的搭建主要来源于学校财经教育，因此，有必要了解学校财经教育对学生财经素养的作用。对于哪些课程特点、教材或教学方法对财经能力的发展最有效，很难得出一般性结论（OECD，2013）。首先，学者关于学生接受专门的财经教育与财经素养的关系得出了显著相关（Walstad et al.，2010）与不相关的结论（Ho and Lee，2020）。其次，在财经教育与财经素养显著相关的前提下，学者进一步检验了财经教育对财经素养的持续性影响，即学生在完成财经教育若干年后，仍然保持着显著的客观和主观的财经素养影响，并有适度的衰减趋势（Artavanis and Karra，2020）。

进一步，学者讨论了财经教育标准性与正确性对财经素养的影响，但结论并不一致。标准的财经教育对财经素养具有正向作用，即接受标准的财经教育后学生将拥有更高的财经素养水平，但反证表明，接触财经教育设计不当的学生比没有接受财经教育的学生具有更高的财经素养（Tennyson and Nguyen，2001）。而这种作用受到了学生专业的限制，Ho 和 Lee（2020）研究表明，标准化的财经课程对商科学生作用更强，其他学生难以从此类课程中获得知识。

同时，学生的财经素养水平还受学校开设财经教育的方式的影响。Kuntze 等（2019）通过实验发现，创新在线视频教学模块显著提高了商科学生的财经素养，但很难确定哪些知识模块、教材或教学方法对发展财经素养贡献最大，且比参加个人理财课程更有效。

在同一受教育程度群体中，学者进一步区分学生特征、学校类型进行探讨。学生特征对财经素养的影响并未得出一致结论。在高中阶段，财经素养课程对高年级的学生更有效（Ho and Lee，2020）。在大学阶段，一是主修非科学领域与较低的 GPA 被证实财经素养更低（Douissa，2020）。二是财经素养水平在商科专业（管理分数偏低的情况除外）、GPA 或班级之间几乎没有差异。学生财经素养因学校类型而异：就读于技术、专业和职业学校的学生在财经素养方面的表现比就读高中的学生低（Bottazzi and Lusardi，2021）。学生在教育阶段，可能会因家庭经济状况或是难以达到要求学业水平而留级，而留级对财经素养表现出负面影响（Moreno-Herrero et al.，2018）。

也有学者聚焦于接受教育的来源对财经素养的影响。除去传统的财经教育模式外，小规模的培训干预被证实对财经素养有显著影响。同时，Cordero 等（2022）证实接受私人机构和非政府组织专家教授课程的学生比其他接受教师金融教育培训的学生能取得更好的成绩。

（十）学生的理财经验和习惯

学生解决财经方面的问题，需要认知方面的能力和基础的财经知识，他们解决财经问题的习惯，包括对财经问题的态度、解决问题的动机以及信心也会产生作用。具有财经知识的年轻人会从事更多的财经活动，如财经服务，会从他们的财经经验中学到知识，从而变得在财经方面更具素养。Christelis 等（2015）发现，自主解决个人财经问题的学生似乎具有更好的财经素养，如开设自己的银行账户，使用信用卡或借记卡。一方面，掌握财经知识和技能可以提高学生对财经产品的好奇心（Otto，2013；Sherraden et al.，2011）；另一方面，银行账户可让学生熟悉财经主题（Christelis et al.，2015），同时鼓励在成年后养成能让其长期受益的储蓄习惯（Friedline et al.，2011）。有学者研究认为，财经素养主要来源于个人经验，当个人理财的经验越多时，越难以从财务教育计划中提高财经素养。还有学者研究了学生获取财经知识的途径对其财经素养的影响，Ergü（2018）研究发现，从社交媒体获得财经信息的学生比那些从大学教育获得财经信息的学生具有更低的财经素养。兼职工作对财经素养也呈现积极作用。从事兼职工作或者具备工作经验的学生可能会以不同的方式来看待金钱，而且往往更了解财务知识（Amagir，2020；Gilenko，2021）。

二、财经素养定义与测量方法的影响

模糊的财经素养定义和聚焦于不同点的概念引发了对学生财经素养评估的差异。

在对现有 70 项研究的回顾中，Huston（2010）发现了关于财经素养现有定义的几个重要事实。首先，大多数研究没有包括定义，并交替使用财经知识和财经素养。因此，只能通过财经素养的衡量方式来推测概念。其次，大多数先有定义的研究都依赖于能力或知识，但也有定义同时使用能力与知识。文献中最引人注目的一点是，财经素养被定义为：①一种特定形式的知识；②应用这种知识的能力或技能；③感知知识；④良好的财务行为；⑤财务经验。因此，不同研究所使用的概念的差别与强调点不同是造成研究结果出现冲突的重要原因之一。同时，他也指出了创建标准财经素养措施的三个障碍：一是缺乏共同的结构；二是缺乏一套全面的问题来衡量财经知识的所有组成部分；三是在解释所创建的衡量标准方面缺乏指导。

财经素养测量方法的差异必将引发对学生财经素养评估的差异。我们梳理了先前的财经素养研究文献发现，由财经素养测试方法引起的结论冲突归因于三个因素。第一个因素，学者合并了两种研究。第一种类型包括财经教育干预效果的实验和准实验研究。在这些研究中，受试者被暴露于一系列结构化的赌注中，他们在其中做出具有经济后果的真实选择。第二种类型包括相关性和计量经济学，即通过财经知识测试中正确答案的百分比来衡量财经素养并预测结果变量即金融行为的研究。Fernandes（2014）称这两种类型的研究为"操纵财经素养"和"测量财经素养"。两种方法各有千秋。从概率的角度考虑，多项选择题项迫使受试者将 100% 正确的概率分配给答案，将 0 的概率分配给其余答案。鉴于被试很少能 100%确定答案是正确的，因此多项选择题项可能会高估或低估受试者的知识。相比之下，结构化的下注使受试者可以从 0 到 100%分配一个答案，而在答案中分配的概率最高可达 100%，这使研究人员可以知道被试的知识有多精确。第二个因素，在调查中，仅向被试提出假设问题以供选择。实验提供了适当的动机，以使被试付出适当努力来解决分配的任务。这些结构性赌注遵循文献中关于实验的标准，以诱发被试的信念。为了提供适当的激励，实验设计者使用评分规则，该规则是被试的报酬和损失的函数。第三个因素，Schmeiser 和 Seligman（2013）发现，被试没有始终如一地回答财经素养的问题。鉴于财经素养测试的方法引发的结论冲突，Marcolin 和 Abraham（2006）强调，需要找到衡量金融知识水平的标准。因此，研究人员需要对财经素养进行适当的定义和衡量。

进一步，在梳理财经素养的测量量表中，有以下特点：第一，在所有研究中，都采用了绩效测试和自我报告方法衡量财务素养。第二，不同维度测量。①单维度测量。大多数学者通过"三大问题"评估学生的财经素养，这三个问题涵盖利息复利、通货膨胀和多元化领域的基础知识（Hastings et al.，2013）。三大问题在文献中的广泛使用，一定程度上增加了不同研究间的可比性。②复合维度测量。部分学者通过估计财经知识和行为来测量财经素养。Lantara 和 Kartini（2015）通过对金融产品和服务的知识、行为及态度衡量个人的财经素养水平。因此，财经知识、行为及态度是财经素养的三个方面（Santini et al.，2019）。其中，个人对金融产品的知识和行为是评估财经素养水平的关键要素。个人的财经知识是通过询问与金融产品和服务相关的问题来评估的，如利息、贷款、通货膨胀、储蓄、税收和通货膨胀，而个人的财经行为是通过预算、储蓄、投资和借贷等不同维度衡量的（Remund，2010）。第三，使用工具变量。例如，van Rooij 等（2011）使用受访者最年长兄弟姐妹的财务状况，以及受访者的经济教育作为金融知识的工具。在实践中，找到一个合适的工具变量较难，Bannier 和 Schwarz（2018）在研究财经素养与人们的财经福祉之间的联系时也指出了内生性问题。作者强调了寻找工具变量以正确处理问题和构建异方差生成工具的困难。

第三节　财经素养的作用

财经素养的影响是多方面的。事实上，人们在储蓄、投资、借贷、消费等行为方面存在的差异，与个人财经素养相关。良好的财经素养可以促进人们财富积累，提高个体生活质量和幸福感；反之则会导致个体陷入投资骗局，甚至血本无归。同时，个人作为金融市场与金融活动的重要部分，个体行为在一定程度上与整个金融体系的发展相关联。因此，在对过去的诸多研究进行梳理总结后，本书将从财经行为、日常行为、财经幸福感、金融体系的健全和效率以及企业持续发展五方面阐述财经素养的作用。

一、财经行为

财经素养最基本的作用体现在对个人财经行为的影响上。个人需要财经知识和财经信息来制定财经决策，从而形成财经行为，而较高的财经素养通常反映了个体拥有较为丰富的财经知识和财经信息。同时，较高的财经素养有利于积极塑造财务价值观、动机和态度（Chen et al.，2010）。财经行为可划分为长期财经行为和短期财经行为。长期财经行为主要被界定为退休计划、退休储蓄和长期投资；短期财经行为被界定为个体拥有一个紧急基金，而不是一个透支账户。研究表明，具有较高财经素养的个人在财务和退休计划方面做得更好（Lusardi and Mitchell，2005；2007）。此外，他们在使用信用卡和处理债务方面也表现良好（Disney and Gathergood，2013；Mottola，2013）。还有证据表明，财经素养与从事理想财务实践的可能性之间存在很强的关系：按时支付账单，跟踪费用，预算，每月全额支付信用卡账单，节省每笔薪水，维持应急基金，分散投资和设定财务目标（Hilgert et al.，2003；Lusardi et al.，2012）。另外，较低的财经素养会导致不良的财经决策。财经素养较低的个人参与股票市场的可能性较小（Kimball and Shumway，2006；Van Rooij et al.，2011；Yoong，2011），因此可能放弃可观的股本收益。财经知识水平较低的家庭在选择贷款或抵押时也可能做出次优决策，并面临债务累积、破产和丧失抵押品赎回权之类的问题（Gerardi et al.，2010；Lusardi and Tufano，2015）。

在长期财经行为中，人们不得不面临的一项重大财经决策是退休计划。因为退休计划关系到个人一生的财务福祉，因此这方面的研究成果较为丰硕。学者通过对发达国家，如荷兰、美国、德国和加拿大等的研究表明，财经素养是对退休计划产生积极影响的关键因素（Boisclar，2017；Xue，2021）。

但是，财经素养给财经行为带来的影响并不全是积极的。在某些状况下，人们在自身财经素养提高后，未充分理解与运用财经知识，并对自己的知识形成过度的信心，那么在未来可能对他们的财务状况产生负面影响（Willis，2011）。同时，财经素养高的人往往会冒太多风险，过度借贷，持有幼稚的理财态度。也就是说，财经素养可能会导致人们对某些金融产品变得大胆和鲁莽（Chu et al.，2017；Kawamura，2021）。

二、日常行为

财经素养的影响不限于财务计划决策，也与人们日常行为息息相关。财经素养提高了人们对信息价值的理解，使人们拥有更多的认知能力和理性。因此，财经素养水平高的人往往有更好的认知能力，这可能会使他们更理性。在理性行为方面，Krische（2019）发现，财经素养会改变人们通过金融披露信息对投资项目的判断和解释。Krische（2020）证实了财经素养在发起和取得谈判的有利结果方面的积极作用，即财经素养对职业发展和薪酬以及人际沟通的成功管理具有重要意义。Mudzingiri（2021）证实，在大学生普遍厌恶风险且缺乏耐心的特征下，财经素养显著影响大学生的风险和时间偏好，即对生活幸福感有正向影响。Ono等（2021）、Yuktadatta（2021）均发现，财经素养与运动行为呈正相关。在非理性行为方面，改善财经素养甚至有助于降低人们的日常赌博行为、吸烟行为（Watanapongvanich，2021）。同时，财经素养通过信息渠道和资产配置能提高人们发现欺诈的能力（Wei et al.，2021）。

三、财经幸福感

财经幸福感（Financial Well-Being），即能够维持当前和预期的生活水平及财务自由。美国CFPB（2015）认为，财经幸福感取决于个人的感觉程度：①对日常、每月财经行为的控制；②具有吸收金融冲击的能力；③正在按计划实现自己的财务目标；④有财务自由做出让他享受生活的选择。现有研究一般通过量化财富积累、债务水平、主观财务满意度和退休计划来度量财经幸福感。个人早期错误的财务决策可能会阻碍一个人未来的财富积累能力，因此，财经素养已被证明是财经幸福感的重要影响因素。更高的财经素养水平可带来更高的财经幸福感，如促进知识获取、增强对知识和能力的信心以及鼓励采取行动。Ali等（2015）研究表明，财经素养是财经幸福感的一个重要决定因素，因为它有助于个人规划自己的消费和储蓄。以投资回报衡量，财经素养较高的家庭拥有更高的财经幸福感。相对而言，较低的财经素养被证实与较低的工资薪酬相关，进而降低财经幸福感（Artavanis et al.，2018）。

四、金融体系的健全和效率

Widdowson 和 Hailwood（2007）研究发现，财经素养通过对个人的影响进而对金融体系的健全和效率产生相当大的影响。拥有更高财经素养的消费者可能会有更好的智慧做出投资和产品决策，这反过来可能又会激励金融机构提供更多创新产品和服务。懂金融的消费者也会对风险回报有更深刻的认识和合理的权衡，他们可能会大胆地提出问题，仔细检查金融产品和与他们做生意的机构，进而对金融体系的管理和运营提出自己的合理化建议。为响应消费者需求，处于彼此竞争状态的金融服务机构必然会提高服务标准，强化风险管理措施，由此，可以提升整个金融系统的服务质量和行业运行效率，减少整个国家的经济活动周期的剧烈波动性。

五、企业持续发展

作为企业的重要决策者，高管个人的财经素养对企业的持续发展也存在一定联系。在创业阶段，财经素养在企业市场进入和运营阶段都有积极的影响。Tian（2020）研究发现，高管财经素养可以通过缓解融资约束和改善风险管理来促进企业创新。进一步而言，财经素养对中小企业的可持续发展有直接积极的影响。

第四节　财经素养教育

由于各国对财经素养教育的认识和实践存在差异，因此呈现出成熟度不同、各具特色的财经素养教育模式与政策。目前，美国作为经济发达国家，较早认识到大学生财经素养教育的重要性和必要性，于是将财经素养教育融入教学和管理活动中，开展了一系列财经素养相关的实践项目，形成了较为成功的财经素养教育模式。

美国高等院校的财经素养教育经历了三个发展阶段的探索历程。第一个阶段，四种模式教育体制，包括财经教育/咨询中心模式（Financial Education/Counseling Centers）、朋辈辅导模式（Peer to Peer Programs）、由财经专业人员开设的课程模式和网络学习模式（Distance Learning Programs）（Cude，2006）。第二个阶段，改进的四种模式教育体制，包括学术课程模式（Academic Model）、成熟的资金管理中心模式（Fullfledged Money Management Center Model）、种子模式或启发模式（Seed Program or Aspirational Model）和树形分枝散布模式（Branch or Interspersed Model）（丹斯，2016）。第三个阶段，七种模式教育体制，包括交互式网络课程模式（Interactive Online Programs）、课堂本位模式（Classroom-Based Programs）、项目本位模式（Event-Based Programs）、个体咨询模式（Individual Counseling）、游戏本位教育模式（Game-Based Education）、财经素养教育月专项活动、送财经报告卡（Financial Report Cards）。由于美国高等院校的产权性质、演进的历程和办学目标不尽相同，各个高校并不完全遵从上述发展规律升级财经素养教育模式。也就是说，目前的美国高校的财经素养教育采取了三个阶段不同模式并行的教育体制。

第五节　学生财经素养的形成理论

有关学生财经素养人文统计因素的研究，主要从表象上描述基于不同社会经济特征和人文统计特征，学生所具有的财经素养水平的差异，但难以解释这些现象背后的基本原理，因此，有必要分析导致个体学生产生财经素养差异的原因。目前，有六种理论解释了个体学生财经素养形成的内在机理。

一、家庭资源管理理论

一般而言，许多社会化活动以及财经社会化活动都发生在家庭的背景下。父母用自己的价值观、信仰和知识教育孩子，在潜移默化中培养了孩子的财经知识和财经行为（Bandura，1986；Clarke，2015）。Deacon 和 Firebaugh（1981）将家庭资源管理理论定义为利用资源实现目标的系统过程。根据家庭资源管理理论，财经行为受到需求和可用资源（知识、态度和个人特征）决定。模型的四个阶段（输入、生产、输出和反馈）解释了人们如何做出财经决定并形成财经行为（见图 2-1）。Bryce（2010）通过检验输入和生产部分验证了父母对年轻人财经素养的积极影响。

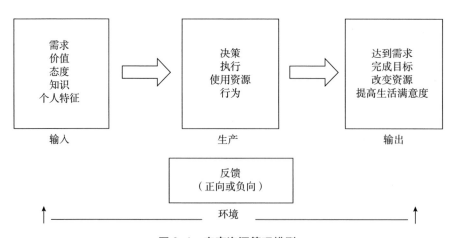

图 2-1　家庭资源管理模型

资料来源：Deacon 和 Firebaugh（1981）。

二、家庭社会化理论

大多数学者认为，金融社会化是一个广泛的概念，超越了社会技能方面狭义定义的能力（Lunt，1996）。Alhabeeb（2002）提出，消费者社会化和金融社会化是经济社会化的组成部分。而家庭作为人们知识、行为准则的重要来源，相较于其他社会关系具有独特的作用。Moschis（1987）发现，金融社会化是通过积极的讲述、交流以及无意识的观察和模仿在家庭环境中发生的。现有研究主要聚焦于亲子关系。Grusec 和 Davidov（2015）认为，父母是社会化的主要来源，这些联系进一步为社会关系理论奠定基础，该理论强调亲子互动的社会化和动态应该被理解为发生在亲密的个人关系中（Kuczynski and Parkin，2007）。在使用行为建模与大量经验证据后，家庭社会化得以被证实。学者在过去的研究中，得出了诸多家庭社会化在财经素养形成中的作用的重要结论。例如，Mugenda（1990）研究了家庭特征如何影响关于财务的沟通模式，从而改善财经行为。Beutler 和 Dickson（2008）对家庭成员如何影响中间结果提供了全面的看法，如金钱态度的发展（如唯物主义、财务谨慎）与财经行为和财经幸福感有关。Clinton（2011）的模型解释了家庭社会化理论与财经素养的形成机理，如图 2-2 所示。

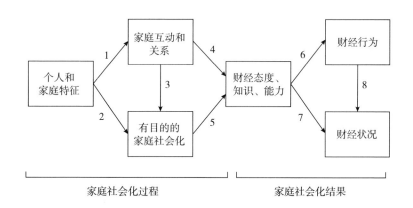

图 2-2 家庭社会化的作用机理

资料来源：Clinton（2011）。

三、社会学习理论

社会学习理论认为，作为社会中的一员，人们可以从观察他人的行为中学习到对自己有价值的知识（Bandura and Walters，1977）。一些研究使用社会学习理论解释个体的财经行为（Hira，1997；Martin and Bush，2000）。社会学习理论认为，儿童从父母、学校、大众传媒和同龄人那里学习到了在社会中有能力生活所需的与消费有关的知识技能（Moschis and Churchill，1978；Ward，1974）。实证研究表明，财经知识和行为与社会学习机会之间存在显著相关关系（Gutter et al.，2010）。社会学习理论强调，人们从社会中学习财经技能，与被试生活在一起的人的知识和人文统计特征变量显著影响被试的财经素养。Lachance（2004）发现，观察他人和在他人的错误中汲取经验有助于学生获得金融知识。Koonce（2008）研究表明，社会、家庭、同龄人和媒体有助于提高人们的金融知识水平。Haliassos（2016）提供了通过社会互动转移金融知识的证据。他们发现，邻居的财经知识对一个家庭的财经行为有重要的中介作用。

四、行为经济学理论

基于心理学和传统经济学的行为经济学理论强调行为模式影响金融决策（Kahneman and Tversky，1979）。Gill 和 Prows（2015）发现，认知能力越强、越讨人喜欢、情绪越稳定的人表现得越好，学习得越快，这对于理解理性的人在现实世界环境中如何有限地运作很重要，而现实世界环境中包含了一些战略互动元素。有几项研究调查了心理学在财经知识获取方面的作用，并表明信心、信任、财务满意度、未来目标、对未来生活的焦虑等因素均显著影响财经知识的获取（Kadoya，2016，2018；Murphy，2013）。

五、调节定向理论

调节定向理论（Regulatory Focus Theory）的一个重要原则是，确认哪些事情对个人来讲是有价值的，以及个人如何把那些事情做好，也就是说，个体为实现特定的目标会努力改变或控制自己的思想和反应（Florack et al.，2013）。调节定向理论区分了两种不同的自我调节方式：促进定向（Promotion Focus）和预防调节（Prevention Focus）。两种自我调节方式既可以受到父母教养方式的影响，表现为一种长期的人格特质；也可以受到情境因素引发而呈现暂时性。促进定向将期望的目标状态表征为抱负和完成，在目标追求过程中更关注有没有积极结果，更多地体验到与喜悦—沮丧相关的情绪；预防定向将期望的目标状态表征为责任和安全，在目标追求过程中更关注有没有消极结果，更多地体验到与放松—愤怒相关的情绪。例如，对于改善人际关系这一目标，促进定向的个体则会将其表征为加强社交联系和避免失去社交机会，而预防定向的个体则会将其表征为消除不利于社交联系的隐患和避免社会排斥。

以预防为重点的目标是通过以回避为导向的战略而追求目标，以促进为重点的目标是通过以促进为导向的战略而实现目标（Pham and Higgins，2005）。回避导向意味着调节自己的行为，以避免负面和不期望的结果，而促进导向则意味着调节自己的行为，以实现积极和期望的结果（Aaker and Lee，2001）。因此，预防的重点是对自强不息的自我调节，如履行责任和确保安全，促进的重点是对强大的理想，如进步、成长和成就的自我调节（Higgins，1997）。

调节定向会影响个体关注的信息以及他们考虑的选择（Florack et al.，2013）。在此基础上，调节定向理论将情境框架描述为个人面对获利/非获利或损失/无损的环境时，对自我调节策略的选择，而不同的框架会导致不同的调节定向策略。该理论认为，个体在面对会产生收益/非收益的环境时，会选择以促进为重点的自我调节。因为个人渴望抓住机会来最大化自己的成果，同时避免错过进一步发展的机会（Florack et al.，2013）。在预防导向下，履行责任和义务是最低目标（Crowe and Higgins，1997）。预防导向的个人重视避免消极结果，倾向于省略替代战略，导致了重复的行为模式（Crowe and Higgins，1997）。因此，预防导向会导致个人更窄的注意范围（Baas et al.，2008），这会使个人减少对信息的收集，在财务决策上表现为财务问题的相关信息，因此会减少财经知识的积累与运用。促进导向则关注实现的可能性和成就感（Higgins，1997），将可能性和成就感作为最大的目标，会促使个体确保信息收集率，并尽量减少遗漏的可能，以免错过机会（Crowe and Higgins，1997）。因此，促进导向会使个人拥有更广泛的注意范围（Förster and Higgins，2005），并驱使人们搜索财经信息，以此产生更多的财务备选方案，从而不会忽视任何选项，也不会失去任何财务机会（Pham and Higgins，2005）。

六、家庭成长环境理论

儿童经历的第一个社会环境是家庭。社会环境被描述为"特定群体的功能和互动"（Barnett and Casper，2001）。儿童在家庭社会环境中开展社交活动，在这些活动中，孩子可以学习到如何调节自己的情绪，如何和他人合作，如何提出自己的主张，如何解决冲突，如何和他人进行有效的沟通（El Nokali et al.，2010；Fosco and Grych，2013；Jarrett et al.，2015）。同时，儿童也可以在家庭社会环境中建立和发展他们的健康行为。儿童观察家庭中其他家庭成员的健康行为，他们的健康行为通过基于一系列家庭期望的鼓励或劝阻得到加强（Bandura，1998；de V et al.，2011；Pedersen et al.，2015）。创造健康的家庭社会环境对于依赖成人看护者支持促进健康发展的儿童尤为重要（Britto et al.，2017；Viner et al.，2012）。

家庭成长环境由家庭构成和家庭互动组成。家庭构成是家庭成长环境的一个重要方面，因为它提供了有关家庭构成的信息（Dem et al.，2005）。许多研究人员评估了单亲家庭与双亲家庭的家庭构成，并报告双亲家庭是儿童健康行为的保护因素（Byrne et al.，2011；Pearson et al.，2009；Ryan et al.，2015）。然而，这种方法的一个局限性是，家庭中儿童或非父母成年人的数量，包括他们的年龄和性别，通常不被考虑在内。家庭中有更多的孩子可能会稀释父母可用的时间和资源（Cain and Combs-Orme，2005；Chen and Escarce，2010；Downey，1995；Taylor et al.，2007）。家庭互动也是家庭成长环境的重要组成部分。家庭系统理论表明，家庭互动受到家庭组成的影响，因为家庭成员相互依赖（Whitchurch and Constantine，1993）。家庭互动可能会影响父母支持孩子健康发展的能力。感知到积极家庭互动的儿童不太可能参与不健康或违法行为（Ackard et al.，2006；Dufur et al.，2015；Li et al.，2018）。消极的家庭互动可能会增加父母的压力，这可能会破坏父母支持孩子健康行为的努力，如饮食习惯（Rhee，2008）。

第六节　家庭与学生财经素养

对于大学生这一特定学生群体，虽然已经走出了和父母在一起生活的氛围，但是，其学费和生活费用仍主要依赖于父母，加之从小在特定的家庭环境中长大，父母的财经观念和财经决策会持久地影响子女的社会化过程。因此，家庭与大学生的财经素养联系密切。

一、家庭背景

家庭背景是指个人从有明确的不是太长的血缘连接关系的长辈成员那里获得资本。具体而言，这些资本包括家庭中的长辈所拥有的社会资本（父母职业地位）、文化资本（父母文化水平）、经济资本（家庭收入）和政治资本（家庭成分）。Carneiro 等（2013）和 Heckman（2006）的研究表明，母亲的受教育程度对学生儿童期的认知能力和良好的行为模式有正向影响。更广泛地说，Cameron 和 Heckman（2001）证实，父母的受教育程度是学生青春期收入的重要长期影响因素。Cunha 和 Heckman（2007）开发了一个理论模型，显示了家庭背景与子女的认知能力以及生活质量存在正向联系。与财务决策和风险态度相关的变量也与家庭背景有关。研究表明，父母更高的教育水平会使学生具备更高的风险承受能力。综上所述，良好的家庭背景会提高大学生的财经素养水平。从这些研究中可以看出，家庭背景对更多地基于知识的理解和关联的行为都有显著影响。因此，家庭背景良好的子女将具有较高的财务知识，并可能做出更理性的财经决策。

二、家庭财经教育

家庭财经教育是父母指导孩子合法取得金钱、合理使用金钱以及理性支配金钱的教育理念和关联的方法。父母可以通过潜移默化和主动交流，引导子女学习财经知识，培养子女的财经行为。现有的研究主要集中于对青少年现实行为的影响上，但这一效应在成年后是否仍然有效并未得到证实。Shim 等（2009，2010）研究发现，与高中金融教育和早期理财经验相比，家庭财经教育对大学一年级学生财经知识的影响更大。从更广泛的角度看，父母教养方式对孩子的意识、态度和财务行为均有显著影响（Jorgensen，2007；Nyhus and Webley，2013）。Bucciol 和 Veronesi（2014）指出，儿童时期接受的任何形式的父母教育（包括潜移默化和主动交流）都会对成年人（18~80 岁）的储蓄行为产生积极影响。

在主动交流方面，Kim 等（2015）发现，父母的教育实践，如与孩子一起购物和讨论财经问题，会调节父母养育子女的方式，从而影响经济社会化。Webley 和 Nyhus（2006，2013）将重点放在财经行为上，表明父母的教育，如鼓励孩子储蓄和教孩子做预算，对 18~32 岁年轻人的未来取向和储蓄率有积极影响。Bucciol 和 Veronesi（2014）发现，如果建议孩子把零钱存在父母那里，这将提高孩子存钱的意愿约 16%。所以，父母的鼓励将培养孩子良好的行为习惯。

在潜移默化方面，父母的日常行为通常会对子女产生潜移默化的影响。根据 Cohen 和 Nelson（2011）以及 Ramsey（2004）的说法，孩子从父母的行为中学习基本的财务知识，长此以往便知晓了明智地花钱的方法。Clarke 等（2005）和 Brown 等（1993）提到，父母从小教导孩子，并向他们展示好的榜样，也可以影响他们的财经素养，这将使其对财经问题的理解超过同龄人水平。Kim 和 Jang（2014）研究发现，父母的支持和影响会让年轻一代更加自尊，并降低对物质主义的痴迷。除此之外，根据 Firmansyah（2014）的研究，孩子从家庭中继承了父母的财经态度和财经行为，这可以预测子女的财经决策能力。同时，Padilla-Walker 等（2012）发现，良好的父母日常行为可能会导致孩子在金钱方面的财务稳定和独立。因此，家庭财经教育可以提高大学生的财经素养。

第七节　研究框架

根据上述关联的文献，本书从六个维度界定大学生财经素养的内涵：财经态度、财经满意感、财经行为合理性、独立、信用和未来规划（生涯适应能力和未来承诺）。家庭人文统计因素包含父亲职业、母亲职业、父亲受教育水平、母亲受教育水平、家庭成员健康状况、独生子女和家庭月收入共七个变量。家庭财经交流包括家庭预算交流、家庭储蓄交流、家庭信贷交流、家庭理财交流、家庭消费交流五个变量；同时每一方面又包括潜移默化和主动交流两种交流方式。心理变量包括认知需求、自我效能、延迟满足和自我控制四个变量。家庭成长环境包括财经决策负责人、父母收入、父母理财能力、父母陪伴时间、父母空闲时间、参与家庭财经决策、父亲的消费风格、母亲的消费风格和童年社会地位九个变量。消费倾向包括冲动性消费倾向、超前消费倾向、炫耀性消费倾向三个变量。

根据家庭资源管理理论、家庭社会化理论、社会学习理论、行为经济学理论、调节定向理论五个理论，我们可以推断，家庭人文统计变量直接影响大学生的认知需求、自我效能、延迟满足三个心理变量和财经素养；三个心理变量又显著直接影响财经素养；进一步而言，家庭人文统计变量通过三个心理变量对财经素养存在中介效应。

家庭财经交流直接影响大学生的认知需求、自我效能、延迟满足三个心理变量和财经素养；认知需求、自我效能、延迟满足三个心理变量又显著直接影响财经素养；进一步而言，家庭财经交流通过认知需求、自我效能、延迟满足三个心理变量对财经素养存在中介效应。

家庭成长环境直接影响大学生的自我控制和消费倾向；自我控制又显著直接影响消费倾向；进一步而言，家庭成长环境通过自我控制对消费倾向存在中介效应。

根据蓝皮书的性质和目的，本书将报告家庭财经交流、心理变量、财经素养、消费倾向的描述性统计结果，同时为了保持项目的连贯性，对 2021 年、2022 年两年受试者客观财经知识的正确率差异性进行检验，以及分别检验家庭财经交流、心理变量（认知需求、自我效能、延迟满足）、财经素养，以及家庭成长环境、自我控制、消费倾向的关系及中介效应，本书重点使用 One-way ANOVA 分析工具分析变量之间的关系，使用 PROCESS 分析工具，进行了多重中介效应分析。上述关联变量的理论关系，以及通过理论演进和推导建立假设，并通过数据检验这些假设是否成立，不是本书报告的范畴，它是我们未来的研究方向。围绕研究目的和关联的文献回顾，我们构建本书的研究框架，如图 2-3 所示。

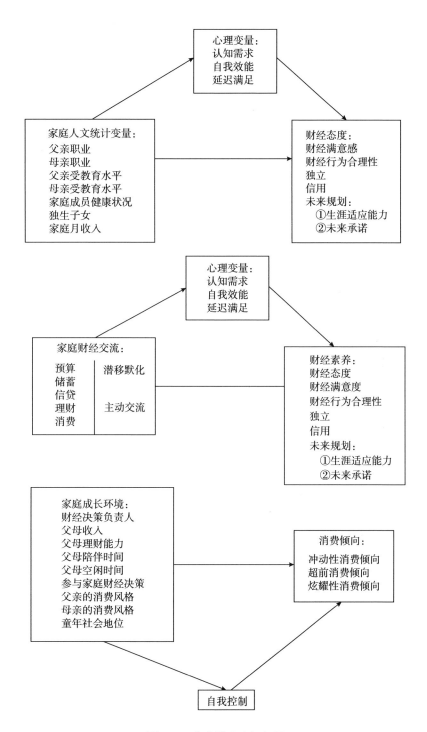

图 2-3 本书的研究框架图

第三章 研究方法

第一节 抽样方法

本书借助 2021 年四川省"中汇杯"大学生财经素养大赛的初赛通道获取受访对象。大赛的主办单位是四川省教育厅，承办单位是四川大学。初赛形式为线上答题。组委会根据各高校团队报名人数及各团队答题情况，选拔不超过各院校报名队伍的 20% 进入复赛。各校报名学生在完成一份财经素养初赛测试题目后，须加试本书设计的问卷调查，具体的问卷见附录。承办方告知报名学生问卷调查是初赛的考核内容之一，报名学生必须认真如实填写，方可具备进入复赛的选拔资格。报名者在参加初赛的时候，课题组对问卷的填写质量做出了详细要求，具体规定如下：第一，必须在无干扰的环境下独立填写问卷，不得询问他人；第二，答项必须如实地反映本人对测量的真实理解，而不是虚假的理解；第三，整个问卷的填写时长不低于 8 分钟。同时，课题组对受访者做出如下承诺：第一，对受访者提供的个人信息，课题组保证个人隐私，绝不泄露给第三方；第二，获得的数据仅用于学术研究，不用于商业领域。另外，对受访者在填写过程中遇到的疑惑，课题组进行了及时和恰当的解释，确保受访者不会对某个测量或者答项产生疑问。通过把问卷调查放到大学生财经素养大赛初赛的范畴，可以在一定程度上保证学生填写问卷的认真程度，确保数据质量。

参赛对象为四川各高校全日制专科生和本科生。2021 年 11 月 13~17 日，共有 4899 名学生参与填写了本书的问卷。本书共收回 4899 份问卷。删除填写时长少于 8 分钟的问卷 119 份，删除同一题目下逆向题项和正向题项作答一致的问卷 104 份，共计保留有效问卷 4676 份。

第二节　样本概况

根据有效问卷对应的受访者的个人人文统计特征、家庭的人文统计特征和家庭成长环境，汇总整理的样本概况如表3-1、表3-2和表3-3所示。

表3-1　样本概况：受访者个人人文统计特征

		人数	比例（%）			人数	比例（%）
性别	男	1274	27.2	民族	汉族	4451	95.2
	女	3399	72.8		少数民族	225	4.8
高校层次	"985"院校	885	18.9	年级	大一	905	19.3
	"211"院校	124	2.7		大二	2196	47
	普通院校	3134	67		大三	1521	32.5
	三本	459	9.8		大四	44	0.9
	职业技术学院	74	1.6		大五	10	0.2
成长所在地	农村	2222	47.5	专业	哲学	23	0.5
	城市	2454	52.5		经济学	1158	25.0
籍贯	东北	133	2.8		法学	261	5.6
	华北	224	4.8		教育学	110	2.4
	西北	208	4.4		文学	439	9.4
	西南	3306	70.7		历史学	14	0.3
	华中	306	6.5		理学	379	8.1
	华东	231	4.9		工学	838	17.9
	华南	268	5.7		农学	22	0.5
恋爱状况	单身	3346	71.5		医学	113	2.4
	恋爱	1252	26.8		管理学	1174	25.1
	其他	78	1.7		艺术类	144	3.1
每月生活费用（包括可支配零用钱）	≤800元	185	3.9				
	800<x≤2000元	3759	80.4				
	2000元以上	615	13.1				
	不清楚，没算过	117	2.5				
年龄	有效值：4676；最小值：16岁；最大值：33岁；均值：19.57；标准差：1.198						

表 3-2　样本概况：受访者家庭的人文统计特征

		人数	比例（%）			人数	比例（%）
父亲职业	政府机关、党群组织的负责人或中高级官员	174	3.7	母亲职业	政府机关、党群组织的负责人或中高级官员	113	2.4
	企业事业单位的管理人员	371	7.9		企业事业单位的管理人员	263	5.6
	专业技术人员或其他专业人士	161	3.4		专业技术人员或其他专业人士	101	2.2
	技术工人	589	12.6		技术工人	248	5.3
	政府或企业事业单位普通员工	508	10.8		政府或企业事业单位普通员工	625	13.4
	个体户	797	17		个体户	788	16.9
	自由职业者（泛指自由作家、动画师、程序员、配音师等自由工作的脑力劳动者）	137	2.9		自由职业者（泛指自由作家、动画师、程序员、配音师等自由工作的脑力劳动者）	145	3.1
	务农	831	17.8		务农	815	17.4
	其他职业	986	21.1		其他职业	1031	22.1
	待业	122	2.6		待业	547	11.7
父亲受教育水平	初中及以下	2352	50.2	母亲受教育水平	初中及以下	2685	57.4
	高中/中专/技校	1269	27.1		高中/中专/技校	1169	25.0
	大学本科/大专	954	20.4		大学本科/大专	761	16.3
	硕士及以上	101	2.2		硕士及以上	61	1.3
家庭成员健康状况	很差	55	1.2	家庭月收入	≤5000 元	1342	28.7
	较差	401	8.6		5000<x≤10000 元	1879	40.2
	一般	2102	45		10000<x≤20000 元	1046	22.4
	良好	2118	45.3		20000 元以上	409	8.7
独生子女	是	2045	43.7				
	否	2631	56.3				

表 3-3　样本概况：受访者家庭成长环境的人文统计特征

变量	水平	人数	比例（%）	变量	水平	人数	比例（%）
您家的财经决策主要由谁负责？	父亲	679	14.5	您家谁的收入更高？	父亲	2450	52.4
	母亲	1069	22.9		母亲	535	11.4
	父母共同决定	2515	53.7		父母差不多	1244	26.6
	不知道	413	8.8		不知道	447	9.6
您家谁更擅长理财？	父亲	703	15.0	从小到大，您家谁对您的陪伴更多？	父亲	216	4.6
	母亲	1734	37.1		母亲	1744	37.3
	父母同样擅长	660	14.1		父母都很多	1516	32.4
	父母同样不擅长	779	16.7		父母都很少	975	20.9
	不知道	800	17.1		不知道	225	4.8
您家谁的空闲时间更多？	父亲	823	17.6	您会主动参与到您家有关金钱的决策吗？	不会	1786	38.2
	母亲	1894	40.5		会	2088	44.7
	父母一样	1213	25.9		无法回答	802	17.2
	不知道	746	16				
父亲的消费风格	非常节俭	762	16.3	母亲的消费风格	非常节俭	909	19.4
	比较节俭	1223	26.2		比较节俭	1466	31.4
	中立	1916	41		中立	1810	38.7
	比较大手大脚	544	11.6		比较大手大脚	397	8.5
	非常大手大脚	231	4.9		非常大手大脚	94	2
我的家庭有足够多的钱满足我的各种需求	完全不同意	505	10.8	我比其他伙伴生活更加富足	完全不同意	662	14.2
	比较不同意	978	20.9		比较不同意	1244	26.6
	中立	1915	40.9		中立	1923	41.2
	比较同意	788	16.9		比较同意	568	12.1
	完全同意	490	10.5		完全同意	279	6
我成长在一个富足稳定的社区环境中	完全不同意	612	13.1	我的父母在当地有较高的社会经济地位	完全不同意	1072	22.9
	比较不同意	1096	23.4		比较不同意	1342	28.7
	中立	1790	38.3		中立	1691	36.2
	比较同意	724	15.5		比较同意	387	8.3
	完全同意	454	9.7		完全同意	184	3.9

　　从表 3-1 中各个个人人文统计特征变量所表现的频率可以看出，总体的样本特征受到大学生对本次财经素养大赛响应的积极性的影响。例如，女生的比例达到 72.8%，显著高于高校中正常的男女比例。关于年级，大二和大三学生参与调

查的受访者居多。关于专业，哲学、历史学、农学三个专业关联的受访者的数量均小于 30 个，其他专业参与的人数均大于 30 个。关于籍贯，西南的生源占到 70.7%，而其他地区的生源占比基本小于 7%。关于民族，样本总体中汉族占比为 95.2%，根据国家统计局 2021 年 5 月公布的第七次全国人口普查主要数据结果，即汉族人口为 128631 万人，占 91.11%，两者之间的差距不是太大。另外，成长所在地、恋爱状况、每月生活费用三个变量不同水平所表现的比例基本反映了大学生群体的总体特征。所以，本书通过竞赛获得样本对象可以实现本书所设定的研究目标。

虽然可以看到大学生年龄最小的是 16 岁，最大的是 33 岁，最大极值和最小极值之间的差距比较大，但是，总体上年龄基本上集中于 18 ~ 21 岁，也就是个体之间的年龄差距比较小，根据年龄对财经素养的影响在大学阶段与中学阶段呈现不相关的情形（Lusardi and Mitchell，2014），故而，本书也放弃年龄对财经素养的影响的研究。

从表 3-2 中七个家庭人文统计特征变量所表现的频数可以看出，相比表 3-1 中的个人人文统计特征变量所呈现的频数，更能反映和表现中国的家庭总体特征。因此，综合而言，本书获得的受访对象具有较高的代表性。

从表 3-3 中各个受访者家庭成长环境情况的人文统计特征可以看出，本次调查较为符合中国的家庭总体特征。例如，在家庭财经决策方面，53.7% 的家庭由父母共同决定，22.9% 的家庭由母亲负责。在收入方面，52.4% 的家庭父亲收入更高。在理财方面，37.1% 的家庭，母亲更擅长理财。在空闲时间方面，40.5% 的家庭中母亲的空闲时间多。在陪伴孩子成长方面，37.3% 的家庭中母亲陪伴的时间更多，其次是父母亲都很多，占到 32.4%。相较于父亲，母亲的空闲时间更多，因此母亲的陪伴更多，也印证了母亲的收入比父亲低。大学生主动参与家庭财经决策的比例达到 44.7%。在消费风格方面，父母的消费风格都是以中立和比较节俭为主。受访者的童年的社会地位基本上呈现出左偏的正态分布状态。

第三节　变量的定义和测量

本书主体调查涉及七个类别 36 个变量：七个家庭人文统计变量（父亲职业、母亲职业、父亲受教育水平、母亲受教育水平、家庭成员健康状况、独生子女、家庭月收入）、五个家庭财经交流（预算家庭交流、储蓄家庭交流、信贷家庭交流、理财家庭交流、消费家庭交流）、四个心理特征变量（认知需求、自我效能、延迟满足、自我控制)、九个家庭成长环境变量(财经决策负责人、父母收入、父母理财能力、父母陪伴时间、父母空闲时间、参与家庭财经决策、父亲的消费风格、母亲的消费风格、童年社会地位)、两种财经知识(客观财经知识、自我评估的财经知识)、六种财经素养(财经态度、财经满意感、财经行为合理性、独立、信用、未来规划)、三个消费倾向变量(冲动性消费倾向、超前消费倾向、炫耀性消费倾向)。

一、家庭人文统计变量

本书构建的家庭人文统计变量旨在反映大学生的家庭背景,包含表现父母社会资本的职业、反映父母文化资本的受教育水平、表现经济资本的家庭收入、家庭成员的健康状况、大学生在家庭同辈成员中的地位即是不是独生子女。本书主要以类别变量测量的方式定义上述变量。

二、家庭财经交流

个人预算是关于如何分配未来收入,用于开销、储蓄和债务偿还的一项财务计划。个人做预算的原因有三个:满足我们更高的需求;应对突发的财务状况;保证收入支出合情合理不至于陷入财务困境。

(一)预算家庭交流

预算家庭交流是父母通过潜移默化和主动交流两种方式指导子女建立个人预算的意识,掌握最基本的预算的方法,帮助子女建立预算的行为习惯。它包括两个方面:

(1)预算家庭潜移默化交流的问项是"您父母通常多长时间给您一次生活费?"答项为"一周、半个月、一个月、一学期、不确定"五个水平。本书用此方式测量的主要原因是,父母比较清楚子女通常把一笔钱安排在哪些项目上,这些项目包括:①必需品(长期且必要的项目),主要是指衣(定期必要的服装购置)、食(日常必需的食物,以及在规划之内的外出就餐)、住(房租、水电费、网费和电话费等)、行(日常出行需求等)。②备用金(短期但必要 & 长期但非必要),主要是指意外支出,难免会碰到一些突发状况不得不用的钱;对自己的投资的钱,如爱好(旅游、烹饪、舞蹈等)、个人提升(英语课、编程课、第二学位等)。③不受控制的突发事件(短期且非必要)。有些学生没有建立起预算的习惯,一旦接到父母给的钱,可能很快把钱花在短期且非必要的项目上,导致在规定的时间里无法购买必需品而使生活陷入困顿之中。因此,父母对无预算意识的孩子一般会采取压缩给生活费的时间以期规劝他形成预算意识。父母给孩子钱的时间间隔越长，孩子的预算能力越强。

（2）预算家庭主动交流的问项是"您父母是否和您交流过如何计划花某笔钱？"答项为"从来没有、极少、偶尔、经常"四个水平。这个题项反映了父母把自己关于预算的体会和经验用口头交流的方式引导孩子学会预算的方法。交流的频率越高，孩子的预算能力则越强。

（二）储蓄家庭交流

个人储蓄是指一定时期内个人可支配收入减去个人消费的剩余。储蓄与当期收入正相关，个人运用储蓄和借款来平滑消费路径，储蓄是未来的消费。必要的储蓄可以降低未来生活的不确定性和应对各类意外不期而至的风险，同时，还可以增加生活的信心，捕捉提升人生价值的机会。

储蓄家庭交流是父母通过潜移默化和主动交流两种方式指导子女建立个人储蓄的意识，明白储蓄的目的和意义，掌握储蓄的方法，规划未来的消费和投资计划。它包括两个方面：

（1）储蓄家庭潜移默化交流的问项是"您父母是否告诉过您如何管理储蓄账户？"答项为"从来没有、极少、偶尔、经常"四个水平。管理储蓄账户意味着孩子需要在银行以自己的名义开设一个独立账户，在经济上有一定的自主性和独立性。往账户上存现金，余额增加；从账户上取现金，余额减少。对几乎没有经济来源的大学生来讲，合理的消费支出就是最重要的账户管理。父母和孩子交流的频率越高，说明父母认为孩子掌握管理储蓄账户的方法越重要，频繁的交流和互动，可以提升孩子管理储蓄账户的意识和能力。

（2）储蓄家庭主动交流的问项是"您父母是否和您交流过他们如何进行存钱？"答项为"从来没有、极少、偶尔、经常"四个水平。存钱是把暂时不用的钱放在账户上，以期提高防范风险和实现未来规划的能力。父母和孩子就此交流的频率越高，说明父母认为孩子拥有存钱意识越重要，频繁的交流和互动，可以提升孩子防范风险和规划未来的能力。

（三）信贷家庭交流

信贷是体现一定经济关系的不同所有者之间的借贷行为，是以偿还为条件的价值运动形式，是债权人贷出货币，债务人按期偿还并支付一定利息的信用活动，贷款人通过转让资金使用权获取收益。

与大学生关联密切的信贷是个人消费信贷，它是指银行或其他金融机构采取信用、抵押、质押担保或保证方式，以商品型货币形式向个人消费者提供的信用。按接受贷款对象的不同，消费信贷又分为买方信贷和卖方信贷。买方信贷是对购买消费品的消费者发放的贷款，如个人旅游贷款、个人综合消费贷款、个人短期信用贷款等。卖方信贷是以分期付款单证作抵押，对销售消费品的企业发放的贷款，如个人小额贷款、个人住房贷款、个人汽车贷款等；按担保方式的不同，又可分为抵押贷款、质押贷款、保证贷款和信用贷款等。按照信贷的偿还方式，可将信贷分为一次性还清信贷、分期信贷和循环信贷。目前，大学生常用的三种信贷工具分别是蚂蚁花呗、京东白条和分期乐。

信贷家庭交流是父母通过潜移默化和主动交流两种方式指导子女掌握信贷的目的、作用、成本、方法以及维护信用的意义。它包括如下两个方面：

（1）信贷家庭潜移默化交流的问项是"您父母是否告诉过您如果不按时偿还信贷就会影响您的信誉？"答项为"从来没有、极少、偶尔、经常"四个水平。个人向银行的贷款活动会形成连续的信用记录。按时偿还贷款，则个人信誉良好；一般情况下，如果出现连续三次逾期还款或者是累计六次逾期还款，就会产生个人信用污点。有了信用污点不仅不光彩，而且给申请大宗贷款带来麻烦。父母和孩子就信用问题交流越频繁，说明父母认为孩子拥有良好的信用声誉越重要，频繁的交流和互动，可以让孩子认识到使用信贷的谨慎性以及一旦使用信贷就要呵护自己的声誉。

（2）信贷家庭主动交流的问项是"您父母是否和您交流过他们如何利用信用贷款做重要的事（如车贷、房贷、助学贷）？"答项为"从来没有、极少、偶尔、经常"四个水平。信贷是用自己未来的收入预先支付当下的消费。对于大学生来讲，未来的收入存在巨大的不确定性，所以贷款去做最重要、最紧急的事情是值得的，这样，可使未来不确定的事情变得具有可控性。如果贷款去买高档奢侈品或者去旅游，可使未来不确定的事情变得更加不可控。父母和孩子就贷款的用途问题交流越频繁，说明父母认为孩子拥有对信贷产品正确认识的能力越重要。频繁的交流和互动，可以让孩子认识到使用信贷的成本，信贷的用途与个人现在的生存和未来发展密切联系。

（四）理财家庭交流

个人理财是指居民收入减去支出之后的储蓄在各类金融产品或工具之间的配置，它最终表现为对银行、保险、基金、证券、信托等金融机构推出的各类理财产品、金融工具和理财服务的选择和购买。进一步而言，个人理财是指个人财务资源的管理实现生活目标的过程。一方面，表现为现金管理、保险规划、子女教育规划、养老规划、房产购置规划、税收规划、投资规划和资产传承规划等人生理财规划；另一方面，表现为在对资产负债、收入支出两大财务资源的管理过程中，消费者对金融机构提供的产品及服务的选择。

理财家庭交流是父母通过潜移默化和主动交流两种方式指导子女掌握理财的

意义、厘清各类理财产品的特征和区别，搞清楚它们的风险和投资回报率，在此基础上选择和购买合理的理财产品。它包括两个方面：

（1）理财家庭潜移默化交流的问项是"您父母是否告诉过您理财的重要性?"答项为"从来没有、极少、偶尔、经常"四个水平。父母和孩子就理财的重要性交流越频繁，说明父母认为孩子拥有理财的意识以及将多余的钱投在具有一定风险性和回报性的理财产品上比较重要。在这样的环境下，大学生不仅具有金钱增值意识，而且拥有投资的风险意识。

（2）理财家庭主动交流的问项是"您父母是否和您交流过他们是如何进行理财的?"答项为"从来没有、极少、偶尔、经常"四个水平。这个题项可以反映如下内容：父母将理财过程中的经验和教训告知给孩子，让孩子掌握理财的方法，规避理财中的风险，以及通过哪些分析工具可以选择出获得理想回报的产品或服务。就此交流的频率越高，大学生掌握理财的技能就越高。

（五）消费家庭交流

个人消费是指通过购买和使用某种产品以满足个体欲望和需求的行为。按照马斯洛层次理论，个人的需要分为五个层次。第一个层次是生理需要（Physiological Needs），如人对食物和睡眠的需要。当生理需要得不到满足时，就会影响人机体的正常运转，阻碍其他高层次需要的激活。当生理需要得到满足时，第二个层次的需要，即安全需要（Safety Needs）才会被激活。安全的需要体现为对稳定和保护的需要。当生理需要和安全需要被满足时，第三个层次的需要即对爱、情感和归属感（Belongingness）的需要就会被激活。当第三个层次的需要得到满足时，才能激活第四个层次的需要，即自尊需要（Esteem Needs）。自尊需要得到满足，将产生自信、有意义、优势和能力的精神感受。自尊需要实现后将激发自我实现的需要（Needs for Self Actualization）。自我实现是一个人想成为某种类型的人的渴望。人的一生就是购买和消费各类产品及服务以满足不同阶段所出现的需要，于是，就产生了个人消费行为。

消费家庭交流是父母通过潜移默化和主动交流两种方式指导子女在未满足的欲望出现的情况下花多少钱买什么样的产品，引导孩子建立合适的消费观念。它包括两个方面：

（1）消费家庭潜移默化交流的问项是"您父母是否告诉过您应该具备'量入为出，适度消费'的消费观?"答项为"从来没有、极少、偶尔、经常"四个水平。父母和孩子就适度消费问题交流越频繁，说明父母认为孩子拥有适度消费的意识越重要。频繁的交流和互动，可以让孩子认识到，当未满足的欲望出现的时候，首先要考虑到自己拥有多少钱，关联的消费归属到哪一个心理账户，然后根据心理账户上的余额决定购买什么样的产品或服务。

（2）消费家庭主动交流的问项是"您父母是否和您交流过他们的消费观念?"答项为"从来没有、极少、偶尔、经常"四个水平。一般而言，为人父母，在长期的家庭经营活动中都形成了适合自己家庭背景的消费观念，把这种消费观念向自己的孩子言传身教，其目的是告知孩子要结合自己的家庭情况制定消费决策。频繁的交流和互动，可以帮助孩子建立合适的消费观念。

三、心理特征变量

（一）认知需求

认知需求（Need for Cognition），是指一个人全神贯注地投入某个主题的思考而忽略其他无关信息的稳定人格。以往的研究已经发现，认知需求与五大人格中的开放性、责任心正向相关，与情绪稳定性负向相关；它与理性而不是经验性思考正向相关（Sadowski and Cogburn，1997）。认知需求与财经素养是相关的。它的测量来源于 Fernandes 等（2014），删除原测量中的"我更喜欢复杂而不是简单的内容""我更喜欢做一些挑战我的思维的事情，而不是一些需要思考的事情"，保留三个测项，具体如表 3-4 所示。这三个测项采取 Likert 五级量表（1 =非常不同意；5 =非常同意）反向编码的方式获取受访者的感知，如表 3-4 所示。整个变量测量的 Cronbach's Alpha 为 0.762，大于阈值 0.7；各个题项的 Corrected Item-Total Correlation 对应的数值均大于阈值 0.4。由此看来，认知需求的测量具有较高的可靠性。

表 3-4 认知需求测量的题项以及与总体关联的可靠性

序号	题项	Corrected Item-Total Correlation	Cronbach's Alpha if Item Deleted
1	我经常不能集中精神思考一个问题	0.592	0.681
2	我尽量避免需要深入思考某些内容的情况	0.632	0.635
3	苦苦思索很长时间，使我几乎没有满足感	0.555	0.724

（二）自我效能

自我效能（Self-Efficacy），是指人对自己能否成功地进行某一行为的主观判断，指一个人在特定情境中从事某种行为并取得预期结果的能力，它在很大程度上体现个体对自我有关能力的感觉。自我效能也指人们对自己实现特定领域行为目标所需能力的信心或信念，简单来说是个体对自己能够取得成功的信念，即"我能行"。它包括两个部分，即结果预期和效能预期，其中结果预期是指个体对自己的某种行为可能导致什么样结果的推测；效能预期是指个体对自己实施某行为的能力的主观判断。自我效能同时也标志了人们对自己产生特定水准的、能够影响自己生活事件的行为之能力的信念。自我效能的信念决定了人们如何感受、如何思考、如何自我激励以及如何行为。一般来说，成功经验会增强自我效能，反复的失败会降低自我效能。

由于一些非能力因素会制约活动质量的高低，所以，人们在评价自我效能时，往往要同时斟酌能力因素与非能力因素对自己行为成败的作用。因此，除能力因素外，一些非能力因素，如活动任务的难度、个人努力程度、外力援助的多少等都会或多或少地影响自我效能的建立。如果任务很难，或者个人没有付出多少努力，或者没有什么外力援助，这时的成功会增强自我效能感，而这时的失败也不会降低自我效能感。如果任务简单，或者活动中费力很大，或者外力援助较多，这时即使成功也不会增强自我效能感，倘若失败就会降低自我效能感。人们对于行为成败的归因方式，会直接影响自我效能的评价。

Fernandes 等（2014）研究发现，自我效能与财经素养（Financial Literacy）、计算能力（Numeracy）、自信、长期金钱计划、承担风险意愿、为紧急事情存钱、信用评分（Banks/Credit Card Credit Score）、约束、认知需求存在显著的正相关关系。它的测量来源于 Fernandes 等（2014）的研究，由五个测项构成，采取 Likert 五级量表（1＝非常不同意；5＝非常同意）正向编码的方式获取受访者的感知，具体如表3-5所示。整个变量测量的 Cronbach's Alpha 为 0.881，大于阈值 0.7；各个题项的 Corrected Item-Total Correlation 对应的数值均大于阈值 0.4。由此看来，自我效能的测量具有较高的可靠性。

表 3-5 自我效能测量的题项以及与总体关联的可靠性

序号	题项	Corrected Item-Total Correlation	Cronbach's Alpha if Item Deleted
1	我能实现自己设定的大多数目标	0.567	0.889
2	面对艰巨的任务时，我相信自己会完成	0.729	0.853
3	我相信，只要我有决心，任何努力都可以成功	0.747	0.849
4	我将能够成功克服许多挑战	0.794	0.838
5	总的来说，我认为我可以获得对我很重要的结果	0.75	0.849

（三）延迟满足

延迟满足（Delayed Gratification），是指一种甘愿为更有价值的长远目标而放弃即时满足的选择取向，以及在等待期中展示的自我控制能力。它的发展是个体完成各种任务、协调人际关系、成功适应社会的必要条件。

"延迟满足"不是单纯地让孩子学会等待，也不是一味地压制他们的欲望，更不是让孩子"只经历风雨而不见彩虹"，说到底，它是一种克服当前的困难情境而力求获得长远利益的能力。

人有各种不同的目标，有些目标比较遥远。要完成遥远的目标，需要刻苦辛勤地工作。当完成目标时，所得的回报也很大。但要完成目标，便要付出代价，如放弃即时享乐，以及约束自己的行为。如果缺乏意志力，每遇上外界的诱惑，便放下学习或工作，追求即时享乐，便很难完成自己的目标了。

延迟满足的测量来源于 Fernandes 等（2014）的研究，本书删除"我很难坚持一种专门的健康的饮食习惯""当面对一项体力劳动时，我总是试着推迟去做""我不会考虑我的行为会如何影响他人""我不太能相信钱""我无法激励自己实现长期目标"，保留余下的 5 个题项。这 5 个测项采取 Likert 五级量表（1＝非常不同意；5＝非常同意）正向编码的方式获取受访者的感知，具体如表 3-6 所示。整个变量测量的 Cronbach's Alpha 为 0.738，大于阈值 0.7；除了"为了达成目标，我放弃了身体上的愉悦或舒适"的 Corrected Item-Total Correlation 对应的数值 0.329 略小于阈值 0.4 外，其余的都大于 0.4，为了保持信息的完备性，本书保留所有的测项。总体来看，延迟满足的测量具有较高的可靠性。

表 3-6　延迟满足测量的题项以及与总体关联的可靠性

序号	题项	Corrected Item-Total Correlation	Cronbach's Alpha if Item Deleted
1	我一直尝试吃健康的食物，因为从长远来看，它会有所回报	0.555	0.67
2	多年以来，我试图用我的行为影响周围的人	0.469	0.703
3	我试图明智地花钱	0.562	0.668
4	我一直觉得自己的辛勤工作最终会得到回报	0.595	0.656
5	为了达成目标，我放弃了身体上的愉悦或舒适	0.329	0.753

（四）自我控制

自我控制（Self-control），指个体自主调节行为，并使其与个人价值和社会期望相匹配的能力，它可以引发或制止特定的行为，如抑制冲动行为、抵制诱惑、延迟满足、制订和完成行为计划、采取适应社会情境的行为方式。自我控制是抵制冲动进而进行自我约束的过程，在面对诱惑时，个体需面对两种敌对的力量，一种是呼吁个体作出合理行为的自我控制力量，另一种是鼓励个体作出满足欲望行为的冲动力量，要精确预测自我控制结果必须同时考虑这两个方面对行为的影响。本书设置了 2 个问题对自我控制进行测试，这 2 个测项采取 Likert 五级量表（1=非常不同意；5=非常同意）正向编码的方式获取受访者的感知，具体如表 3-7 所示。整个变量测量的 Cronbach's Alpha 为 0.543，小于阈值 0.7；各个题项的 Corrected Item-Total Correlation 对应的数值 0.373 略小于阈值 0.4。由此看来，自我控制的测量具有较高的可靠性。

表 3-7　自我控制测量的题项以及与总体关联的可靠性

序号	题项	Corrected Item-Total Correlation	Cronbach's Alpha if Item Deleted
1	我能很好地抵制诱惑	0.373	
2	我能为了一个长远目标高效地工作	0.373	

四、家庭成长环境

在本书中，家庭成长环境由九个变量组成：财经决策负责人、父母收入、父母理财能力、父母陪伴时间、父母空闲时间、参与家庭财经决策、父亲的消费风格、母亲的消费风格、童年社会地位。

财经决策负责人的问项是"您家的财经决策主要由谁负责？"答项为"父亲、母亲、父母共同决定、不知道"四个水平。父母收入的问项是"您家谁的收入更高？"答项为"父亲、母亲、父母差不多一样高、不知道"四个水平。父母理财能力的问项是"您家谁更擅长理财？"答项为"父亲、母亲、父母同样擅长、父母同样不擅长、不知道"五个水平。父母陪伴时间的问项是"从小到大，您家谁对您的陪伴更多？"答项为"父亲、母亲、父母同样都很多、父母同样都很少、不知道"五个水平。父母空闲时间的问项是"您家谁的空闲时间更多？"答项为"父亲、母亲、父母一样、不知道"四个水平。参与家庭财经决策是指大学生以家庭主人的身份参与家庭的金钱决策。这个变量反映了大学生在家庭中的地位，自己的权利是否得到父母的尊重，以及自己是否拥有说服父母的力量。它的问项是"您会主动参与到您家有关金钱的决策吗？"答项为"不会、会、无法回答"三个水平。父亲的消费风格的问项是"请为您父亲的消费风格打分"，我们采取 1=非常节俭；5=非常大手大脚五级 Likert 量表获取受访者对他的父亲消费风格的评价。同理，母亲的消费风格的评价与此类似。童年社会地位是指个人在资源丰裕或者资源匮乏的环境中成长的程度。较低的童年社会地位会使人们采取快生活策略（Fast Life-history Strategy），而较高的童年社会地位会使人们采取慢生活策略（Slow Life-history Strategy）。在成长过程中更富有的人对资源稀缺的反应是表现出更少的风险和冲动行为，他们更容易接近诱惑，这一模式与较慢的生活策略相一致。相反，那些在贫穷中长大的人表现出更多的冒险和冲动行为，他们更快地接近诱惑，这一模式与更快的生活策略相一致。

研究发现，来自高童年社会地位的个体选择为未来储蓄；来自低童年社会地位的个体选择花钱来改善他们当前的生活质量，即消费。来自低童年社会地位的个体重视即时回报，来自高童年社会地位的个体则表现为选择更多的延迟满足。诸如死亡率、经济衰退、环境不确定性和财务威胁等逆境线索会导致儿童社会经济地位低的个体重视即时回报，更快地接近诱惑，变得更加冲动和冒险。相比之下，相同的环境线索会导致童年社会地位较高的人重视未来的奖励，更慢地接近诱惑，并且变得不那么冲动和冒险。

童年社会地位较低的人自我控制能力差。在恶劣环境中长大的人对即时满足表现出极强的关注，同时缺乏自我控制（Griskevicius et al.，2013）。恶劣环境的特点是资源稀缺和缺乏安全性。在这些环境中，由于未来是不确定的，个体通常追求即时回报而放弃未来回报。

童年社会地位的测量采取 Likert 五级量表（1＝非常不同意；5＝非常同意）正向编码的方式获取受访者的感知，具体如表3-8所示。整个变量测量的 Cronbach's Alpha 为0.870，大于阈值0.7；各个题项的 Corrected Item-Total Correlation 对应的数值均大于阈值0.4。由此看来，童年社会地位的测量具有较高的可靠性。

表3-8 童年社会地位测量的题项以及与总体关联的可靠性

序号	题项	Corrected Item-Total Correlation	Cronbach's Alpha if Item Deleted
1	童年时（回想以初中作为标准）我的家庭有足够多的钱满足我的各种需求	0.701	0.843
2	童年时（回想以初中作为标准）我比其他伙伴生活更加富足	0.766	0.818
3	童年时（回想以初中作为标准）我成长在一个富足稳定的社区环境中	0.748	0.824
4	童年时（回想以初中作为标准）我的父母在当地有较高的社会经济地位	0.681	0.851

五、财经知识

财经知识（Financial Knowledge）是财经素养的基础，指个人通过教育或者经验获得的基本财经概念和金融产品的知识储备（Huston，2010）。本书的财经知识包括客观财经知识和自我评估的财经知识。客观财经知识由 23 个财经类知识问答组成，每个小知识的解答由多个选项组成，正确答案只有一个。本书根据每一位受访者的回答结果，确定其正确与否，最终形成错误和正确两个水平的二分变量。这些财经知识包括通货膨胀、单利计算、借钱中的利息计算、复利计算、投资的风险性、通货膨胀和生活成本关系、股票的风险性、抵押贷款的利息成本、分散化投资和风险关系、利率和债券价格的关系、美元的买入价识别、高回报金融产品的识别、收益波动资产的识别、债券和股票的风险比较、资产的时间价值、股票共同基金的含义、存款准备金率、股票的意义、医疗保险、个人信用评级、不良信用记录、分期付款购买汽车、个人信用报告。自我评估的财经知识（Self-Assessed Literacy），又称主观财经知识，是由受访者对财经知识的掌握和理解程度的自我评判，本书采取七级 Likert 量表进行测量（1=非常低；7=非常高）。

六、财经素养

本书的财经素养由财经态度、财经满意感、财经行为合理性、独立、信用、未来规划六个变量组成。

态度反映了个体对他人、思想、事件和客观物体的评价。它可以帮助人们理解和预测不同情境下的行为。财经态度（Financial Attitudes）反映了个体即时满足抑或延迟满足的愿望，以及能否正确地处理储蓄和消费之间的关系。如果一个人把当前通过消费所获得的快感赋予较高的权重，那么，他在未来的经济生活中应对不确定性的能力就会下降，甚至会陷入窘迫当中。反之，权衡现在和未来的消费，把一部分收入储存下来，虽然有意识地抑制了当前的欲望，但是，个体增加了对未来的掌控能力。财经态度反映了个人在存钱各方面的价值观。尽管对实现和维持自己的储蓄目标的积极或消极态度不一定构成实际行为，但如果人们对储蓄存有积极的看法，则他们更有可能参与良好的财经管理实践。这可能意味着，如果人们被教导要采取积极的财经态度并一贯奉行节俭的行为，那么他们将不太可能冲动地购买多余的物品。

财经态度由两个题项构成，采取 Likert 五级量表（1=完全同意；5=完全不同意）的方式获取受访者的感知。也就是说，受访者选择的数字越大，越不同意测项的观点，财经态度则表现出正向积极的特性，具体如表 3-9 所示。整个变量测量的 Cronbach's Alpha 为 0.747，在测项数量只有两个的状态下大于阈值 0.6；各个题项的 Corrected Item-Total Correlation 对应的数值均大于阈值 0.4。由此看来，财经态度的测量具有较高的可靠性。

表 3-9　财经态度测量的题项以及与总体关联的可靠性

序号	题项	Corrected Item-Total Correlation	Cronbach's Alpha if Item Deleted
1	我倾向于今朝有酒今朝醉而不去考虑明天	0.596	0.0
2	相比存钱而言，我更愿意把这些钱花掉	0.596	0.0

财经满意感，即个体对目前财务状况的满意程度。本书采取测项"我对目前的财务状况感到满意"和答项 Likert 五级量表测试大学生的财经满意感（1＝完全不同意；5＝完全同意）。

财经行为合理性指个人的财经行为是否符合正常的规范。这种规范性保证了个体财经活动的正常进行，不会因为不合理行为而使自己陷入财经困境中。财经行为合理性由四个题项构成，采取 Likert 五级量表（1＝完全不同意；5＝完全同意）的方式获取受访者的感知，具体如表 3-10 所示。整个变量测量的 Cronbach's Alpha 为 0.787，在测项数量大于两个的状态下大于阈值 0.7；各个题项的 Corrected Item-Total Correlation 对应的数值均大于阈值 0.4。由此看来，财经行为合理性的测量具有较高的可靠性。

表 3-10　财经行为合理性测量的题项以及与总体关联的可靠性

序号	题项	Corrected Item-Total Correlation	Cronbach's Alpha if Item Deleted
1	在买东西之前，我会仔细考虑一下我是否能负担得起	0.603	0.733
2	我会按时偿还借款	0.659	0.703
3	我会密切关注自己的财务事宜	0.729	0.668
4	我制定了长期财务目标并努力实现这些目标	0.412	0.822

独立指个体依靠自己的力量去做某事的心理变量。它通常包括人格独立、经济独立、思想独立、生活独立。《荀子·儒效》中定义的独立为"而师法者，所得乎情，非所受乎性；不足以独立而治"。独立的测量由九个题项构成，采取 Likert 五级量表（1＝完全不同意；5＝完全同意）的方式获取受访者的感知，具体如表 3-11 所示。整个变量测量的 Cronbach's Alpha 为 0.900，在测项数量大于两个的状态下大于阈值 0.7；各个题项的 Corrected Item-Total Correlation 对应的数值均大于阈值 0.4。由此看来，独立的测量具有较高的可靠性。

表 3-11　独立测量的题项以及与总体关联的可靠性

序号	题项	Corrected Item-Total Correlation	Cronbach's Alpha if Item Deleted
1	我通常能根据自身的情况和外部环境变化制订下一步的行动方案	0.630	0.892
2	我有勇气面对自己曾经犯过的错误	0.710	0.885
3	我会为自己的行为负责	0.747	0.881
4	我知道自己应该和什么人交朋友	0.713	0.885
5	我通常会把自己的事情做得井井有条	0.685	0.887
6	每当遇到困难时，我就感到了压力（反向测量）	0.692	0.887
7	离开父母后，我能照顾自己的生活	0.629	0.892
8	我的内心非常强大	0.677	0.888
9	我的独立生活能力强	0.630	0.892

　　本书从道德层面和经济学层面界定信用的内涵。从道德层面看，信用是指参与社会和经济活动的当事人之间所建立起来的、以诚实守信为道德基础的"践约"行为。从经济学层面看，信用是指在商品交换或者其他经济活动中授信人在充分信任受信人能够实现其承诺的基础上，用契约关系向受信人放贷，并保障自己的本金能够回流和增值的价值运动。信用由六个题项构成，采取 Likert 五级量表（1＝完全不同意；5＝完全同意）的方式获取受访者的感知，具体如表 3-12所示。整个变量测量的 Cronbach's Alpha 为 0.927，在测项数量大于两个的状态下大于阈值0.7；各个题项的 Corrected Item-Total Correlation 对应的数值均大于阈值0.4。由此看来，信用的测量具有较高的可靠性。

表 3-12　信用测量的题项以及与总体关联的可靠性

序号	题项	Corrected Item-Total Correlation	Cronbach's Alpha if Item Deleted
1	我会对我说出的话负责	0.742	0.919
2	我借用了他人的东西，我都会如期归还	0.793	0.913
3	我会尽最大努力履行我对他人的承诺	0.831	0.907
4	我认识的人都很信任我	0.789	0.913
5	他人交办我的事，我都能按时保质完成	0.796	0.912
6	周围的人都认为我非常诚实	0.773	0.915

生涯适应能力是指个人在获取更高学历、未来工作和未来家庭所作的思考和长远规划。筹划更高的学历，可以帮助其获得将来工作所需的知识、技能和能力；筹划未来的工作，可以帮助个体获得一定的经济收入、社会地位和社会影响力；筹划未来的家庭，可以帮助其找到理想的伴侣，组建幸福的家庭生儿育女。本书设置 3 个问题进行测试。这 3 个测项采取 Likert 五级量表（1＝非常不同意；5＝非常同意）正向编码的方式获取受访者的感知，具体如表 3-13 所示。整个变量测量的 Cronbach's Alpha 为 0.773，大于阈值 0.7；各个题项的 Corrected Item-Total Correlation 对应的数值均大于阈值 0.4。由此看来，生涯适应能力的测量具有较高的可靠性。

表 3-13　生涯适应能力测量的题项以及与总体关联的可靠性

序号	题项	Corrected Item-Total Correlation	Cronbach's Alpha if Item Deleted
1	您多久筹划一次您未来更高学历的教育？	0.582	0.713
2	您多久筹划一次您未来的工作？	0.699	0.588
3	您多久筹划一次您未来的家庭？	0.540	0.767

未来承诺是指个体把未来规划付诸行动的决心。这个变量测量采取 Likert 五级量表（1＝非常不同意；5＝非常同意）正向编码的方式获取受访者的感知，具体如表 3-14 所示。整个变量测量的 Cronbach's Alpha 为 0.687，大于阈值 0.7；各个题项的 Corrected Item-Total Correlation 对应的数值均大于阈值 0.4。由此看来，未来承诺的测量具有较高的可靠性。

表 3-14　未来承诺测量的题项以及与总体关联的可靠性

序号	题项	Corrected Item-Total Correlation	Cronbach's Alpha if Item Deleted
1	您大学毕业后实现更高学历教育计划的决心有多大？	0.400	0.714
2	您大学毕业后实现未来工作计划的决心有多大？	0.608	0.454
3	您大学毕业后实现未来家庭计划的决心有多大？	0.503	0.588

七、消费倾向

消费倾向由冲动性消费倾向、超前消费倾向、炫耀性消费倾向三个变量组成。冲动性消费行为（Impulsive Consumption）定义为"感受到一种突然意外的冲动，以一种取乐的方式行动，这种行动方式基于冲动，没有仔细考虑随后的不良后果，但该行动能带来立即的满足"。这种冲动的驱动力往往是强烈的、执着的，有时甚至觉得不可抵制。诱惑会引发冲动者进行冲动性消费的强烈愿望，但有此愿望却不一定产生冲动性消费行为。在诱惑面前，消费者除了感受到一股强烈消费驱力之外，同时也会经历对欲望的渴求与自我控制之间的冲突。当冲动战胜自我控制时，消费者才会不顾一切地立即消费。冲动性消费由 2 个测项构成。这 2 个测项采取 Likert 五级量表（1＝非常不同意；5＝非常同意）正向编码的方式获取受访者的感知，具体如表 3-15 所示。整个变量测量的 Cronbach's Alpha 为 0.617，大于阈值 0.7；各个题项的 Corrected Item-Total Correlation 对应的数值均大于阈值 0.4。由此看来，冲动性消费倾向的测量具有较高的可靠性。

表 3-15　冲动性消费倾向测量的题项以及与总体关联的可靠性

序号	题项	Corrected Item-Total Correlation	Cronbach's Alpha if Item Deleted
1	我经常不假思索地购买商品	0.446	—
2	有时我会一时冲动购买商品	0.446	—

超前消费（Credit Consumption）是指消费者当下的收入水平不足以购买现在所需的产品或服务，消费者为了满足短期的消费需求而支付利息进行即期消费，并用未来的现金流来偿还本息的行为。本书对该变量的测量通过 4 个测项 Likert 五级量表（1＝非常不同意；5＝非常同意）正向编码的方式获取受访者的感知，具体如表 3-16 所示。整个变量测量的 Cronbach's Alpha 为 0.762，大于阈值 0.7；各个题项的 Corrected Item-Total Correlation 对应的数值均大于阈值 0.4。由此看来，超前消费倾向的测量具有较高的可靠性。

表 3-16　超前消费倾向测量的题项以及与总体关联的可靠性

序号	题项	Corrected Item-Total Correlation	Cronbach's Alpha if Item Deleted
1	我认为当今超前消费是一种很正常的社会现象	0.537	0.705
2	我认为预支以后的收入来消费是完全可行的	0.674	0.631
3	我认为超前消费能够提高我的生活质量	0.630	0.653
4	在超前消费时，我认为自己一定能够按时还款	0.392	0.789

炫耀性消费（Conspicuous Consumption）是指主要为了夸示财富而不是满足真实需求的消费活动，这种消费的动机是谋求某种社会地位，其深层含义是人与人之间在需求和效用上存在相互影响。本书设置 4 个测项对炫耀性消费进行测量。这 4 个测项采取 Likert 五级量表（1＝非常不同意；5＝非常同意）正向编码的方式获取受访者的感知，具体如表 3-17 所示。整个变量测量的 Cronbach's Alpha 为 0.820，大于阈值 0.7；各个题项的 Corrected Item-Total Correlation 对应的数值均大于阈值 0.4。由此看来，炫耀性消费倾向的测量具有较高的可靠性。

表 3-17　炫耀性消费测量的题项以及与总体关联的可靠性

序号	题项	Corrected Item-Total Correlation	Cronbach's Alpha if Item Deleted
1	我购买某些商品是为了追求独特性，拥有别人没有的产品	0.639	0.773
2	对于周围人都持有的消费品，我也希望自己能拥有	0.646	0.771
3	我购买某些商品是为了炫耀，为了引人注目	0.683	0.752
4	使用某些商品可以在他人眼中增加自己的价值	0.597	0.793

本章小结

本书借助大学生财经素养大赛平台，把报名的参赛者作为样本框抽选样本单位，把问卷调查作为报名者的考核标准之一，要求受访者认真如实独立填写问卷，一定程度上规避了应付和不负责任的心态，确保了问卷访问的质量。

通过综合评估受访者的个人人文统计特征变量和家庭人文统计特征变量各个水平所表现的频数和比例，本书认为样本特征与总体参数之间有一定的一致性，本书获得的样本代表性较强，可代表中国大学生总体，通过样本对应的数据分析可以推断总体。

本书设计的变量来自小组访谈关联的变量测量开发和既有的学术研究成果，除单题项测量的变量外，多题项构成的变量测量均通过信度与效度检验，说明本书设计的变量测量具有较高的可靠性，意味着研究框架中所有变量可用于后续的描述性分析、方差分析、相关分析和回归分析。

第四章　数据分析和结果

通过前述章节，本书完成了个人和家庭人文统计特征、家庭财经交流、家庭成长环境与个人财经素养之间关系的文献整理和综述，建立了本书的研究框架。根据家庭资源管理理论、家庭社会化理论、社会学习理论、行为经济学理论、调节定向理论、家庭成长环境六个理论，我们可以推断，家庭财经交流与心理变量、客观财经知识存在一定关系，同时家庭环境、自我控制与消费倾向也存在一定联系。在研究方法部分，本书证实了我们获取的样本具有一定的代表性，研究框架关联的变量测量具有较高的可靠性和有效性。

第一节　描述性统计

本节运用描述性统计方法报告 21 个变量的均值和标准差，以及在不同水平的频数和比例：①预算家庭交流；②储蓄家庭交流；③信贷家庭交流；④理财家庭交流；⑤消费家庭交流；⑥认知需求；⑦自我效能；⑧延迟满足；⑨财经知识（客观财经知识、自我评估的财经知识）；⑩财经态度；⑪财经满意感；⑫财经行为合理性；⑬独立；⑭信用；⑮生涯适应能力；⑯未来承诺；⑰参与自己家庭的金钱决策；⑱冲动性消费倾向；⑲超前消费倾向；⑳炫耀性消费倾向；㉑自我控制。

一、预算家庭交流的描述性统计

预算家庭交流两个关联题项的描述性统计结果如表 4-1 和表 4-2 所示。预算的潜移默化交流以一个月为主，比例高达 74.3%，说明绝大多数父母一般用一个月的时间间隔给孩子一次生活费。但是，我们可以看到，4.5% 的大学生，其父母一周给一次生活费，说明这类学生的预算能力很差，父母只能通过压缩给生活费的时长规劝其形成预算意识。同时，我们也可以看到，5.2% 的大学生，其父母一个学期给一次生活费，说明这类学生的预算意识和预算能力比较强，父母不担心他们的孩子在必需品（长期且必要的项目）、备用金（短期但必要和长期但非必要）和不受控制的突发事件（短期且非必要）三类消费活动中的筹划及支出问题。关于预算的主动交流，父母和孩子之间以偶尔交流为主，占到49.8%；18.1%的家庭经常交流预算的内容和方法，这样，大学生会从父母那儿得到更多的预算类的经验和教训。然而，遗憾的是，10.4%的父母从来不和孩子交流预算的方法。

表4-1　"您父母通常多长时间给您一次生活费？"描述性统计结果

	频数（人）	比例（%）
一周	208	4.5
半个月	301	6.4
一个月	3471	74.3
一学期	245	5.2
不确定	446	9.5
总计	4671	100.0

表4-2　"您父母是否和您交流过如何计划花某笔钱？"描述性统计结果

水平	频数（人）	比例（%）
从来没有	485	10.4
极少	1015	21.8
偶尔	2322	49.8
经常	843	18.1
总计	4665	100.0

均值：2.76；标准差：0.869

二、储蓄家庭交流的描述性统计

储蓄家庭交流的描述性统计结果如表4-3和表4-4所示。从表中的数据可以看出，父母和孩子之间的交流方式，不论是潜移默化（如何管理储蓄账户）还是主动交流（如何存钱），两项"从来没有"的占比比较接近，大约为18%；两项"经常交流"的占比也比较接近，大约为15%。

表4-3 "您父母是否告诉过您如何管理储蓄账户？"描述性统计结果

水平	频数（人）	比例（%）
从来没有	874	18.8
极少	1157	24.9
偶尔	1897	40.8
经常	727	15.6
总计	4655	100.0

均值：2.53；标准差：0.968

表4-4 "您父母是否和您交流过他们如何进行存钱？"描述性统计结果

水平	频数（人）	比例（%）
从来没有	833	17.9
极少	1209	25.9
偶尔	1905	40.9
经常	713	15.3
总计	4660	100.0

均值：2.54；标准差：0.955

三、信贷家庭交流的描述性统计

信贷家庭交流关联的两个题项的描述性统计结果如表4-5、表4-6所示。父母和孩子关于信贷的潜移默化交流（信誉），"从来没有"占15.9%，"经常交流"占35.1%。说明父母引导大学生呵护自己的商业信誉占到主流，显著高于不进行交流的家庭。父母和孩子关于信贷的主动交流（利用信贷做重要的事），"从来没有"占24.0%，两成多的父母尚未和孩子交流信贷的用途以及如何利用信贷去做有意义的事情，但前提是孩子未来的收入可以支付信贷所产生的成本。

表4-5 "您父母是否告诉过您如果不按时偿还信贷就会影响您的信誉？"描述性统计结果

水平	频数（人）	比例（%）
从来没有	739	15.9
极少	690	14.8
偶尔	1598	34.3

水平	频数（人）	比例（%）
经常	1634	35.1
总计	4661	100.0

均值：2.89；标准差：1.058

表 4-6 "您父母是否和您交流过他们如何利用信用贷款做重要的事（如车贷、房贷、助学贷）?"描述性统计结果

水平	频数（人）	比例（%）
从来没有	1120	24.0
极少	1092	23.4
偶尔	1711	36.7
经常	740	15.9
总计	4663	100.0

均值：2.44；标准差：1.022

四、理财家庭交流的描述性统计

理财家庭交流的两个关联题项的描述性统计结果如表4-7、表4-8所示。从潜移默化（理财重要性）和主动交流（如何理财）两个变量各个水平表现的比例来看，两项"从来没有"的比重在14%~18%，对比而言，也就是说，大约八成的父母和孩子交流理财的重要性及理财的方法，父母引导大学生建立金钱的增值意识，了解理财产品的特点，建立投资的风险意识和回报意识。

表 4-7 "您父母是否告诉过您理财的重要性?"描述性统计结果

水平	频数（人）	比例（%）
从来没有	662	14.2
极少	829	17.8
偶尔	1721	37.0
经常	1444	31.0
总计	4656	100.0

均值：2.85；标准差：1.017

表4-8 "您父母是否和您交流过他们是如何进行理财的?"描述性统计结果

水平	频数（人）	比例（%）
从来没有	833	17.9
极少	1202	25.8
偶尔	1858	39.9
经常	763	16.4
总计	4656	100.0

均值：2.55；标准差：0.966

五、消费家庭交流的描述性统计

消费家庭交流的两个关联题项的描述性统计结果如表4-9、表4-10所示。从潜移默化（量入为出，适度消费）和主动交流（消费观念）两个变量各个水平表现的比例来看，两项"从来没有"的比重在5%~7%，对比而言，也就是讲，大约九成的父母和孩子交流消费观念，尤其是57.9%的父母经常和孩子交流"量入为出，适度消费"的消费观念。35.4%的父母把自己的消费观念灌输给自己的孩子，希望自己的孩子能拥有和自己一样的消费理念。

表4-9 "您父母是否告诉过您应该具备'量入为出，适度消费'的消费观?"描述性统计结果

水平	频数（人）	比例（%）
从来没有	263	5.6
极少	346	7.4
偶尔	1350	29.0
经常	2699	57.9
总计	4658	100.0

均值：3.39；标准差：0.852

表4-10 "您父母是否和您交流过他们的消费观念?"描述性统计结果

水平	频数（人）	比例（%）
从来没有	322	6.9
极少	667	14.3
偶尔	2021	43.4

水平	频数（人）	比例（%）
经常	1648	35.4
总计	4658	100.0

均值：3.07；标准差：0.877

六、认知需求的描述性统计

认知需求三个关联题项的描述性统计结果如表4-11~表4-13所示。三个表中的数据是已经完成反向编码后的频数和比例。从反向计量来看，三个题项的均值均大于3，仅有一个题项标准差大于1，说明大学生的认知需求普遍较高，但仍有大约10%的大学生认知需求比较低，不能集中精力思考一个主题。

表4-11 "我经常不能集中精神思考一个问题"描述性统计结果

水平	频数（人）	比例（%）
完全不同意	161	3.5
比较不同意	349	7.5
中立	1898	40.7
比较同意	1486	31.9
完全同意	766	16.4
总计	4660	100.0

均值：3.50；标准差：0.967

表4-12 "我尽量避免需要深入思考某些内容的情况"描述性统计结果

水平	频数（人）	比例（%）
完全不同意	129	2.8
比较不同意	349	7.5
中立	1844	39.5
比较同意	1462	31.3
完全同意	885	19.0
总计	4669	100.0

均值：3.56；标准差：0.970

表4-13　"苦苦思索很长时间，使我几乎没有满足感"描述性统计结果

水平	频数（人）	比例（%）
完全不同意	168	3.6
比较不同意	385	8.3
中立	1831	39.3
比较同意	1353	29.0
完全同意	926	19.9
总计	4663	100.0

均值：3.53；标准差：1.014

七、自我效能的描述性统计

自我效能五个关联题项的描述性统计结果如表4-14～表4-18所示。这五个题项正向态度表现（比较同意和完全同意）合并的比例大约等于或大于30%，均值均大于3，标准差均小于1，说明三成多的大学生自我效能感比较高。但是，这五个题项的负向态度表现（完全不同意和比较不同意）合并的比例均超过10%，说明仍有一成的大学生自我效能感比较差。

表4-14　"我能实现自己设定的大多数目标"描述性统计结果

水平	频数（人）	比例（%）
完全不同意	171	3.7
比较不同意	748	16.1
中立	2396	51.4
比较同意	1035	22.2
完全同意	308	6.6
总计	4658	100.0

均值：3.12；标准差：0.883

表4-15　"面对艰巨的任务时，我相信自己会完成"描述性统计结果

水平	频数（人）	比例（%）
完全不同意	145	3.1
比较不同意	512	11.0
中立	2104	45.2

水平	频数（人）	比例（%）
比较同意	1291	27.7
完全同意	608	13.0
总计	4660	100.0

均值：3.37；标准差：0.948

表 4-16　"我相信，只要我有决心，任何努力都可以成功"描述性统计结果

水平	频数（人）	比例（%）
完全不同意	137	2.9
比较不同意	498	10.7
中立	1856	39.8
比较同意	1353	29.0
完全同意	815	17.5
总计	4659	100.0

均值：3.47；标准差：0.995

表 4-17　"我将能够成功克服许多挑战"描述性统计结果

水平	频数（人）	比例（%）
完全不同意	99	2.1
比较不同意	422	9.1
中立	1974	42.4
比较同意	1397	30.0
完全同意	765	16.4
总计	4657	100.0

均值：3.50；标准差：0.942

表 4-18　"总的来说，我认为我可以获得对我很重要的结果"描述性统计结果

水平	频数（人）	比例（%）
完全不同意	105	2.3
比较不同意	401	8.6
中立	1905	40.9

续表

水平	频数（人）	比例（%）
比较同意	1496	32.1
完全同意	748	16.1
总计	4655	100.0

均值：3.51；标准差：0.938

八、延迟满足的描述性统计

延迟满足五个关联题项的描述性统计结果如表4-19~表4-23所示。这五个题项正向态度表现（比较同意和完全同意）的比例均大于25%；这五个题项负向态度表现（完全不同意和比较不同意）的比例均大于9%。每个题项的均值均大于3，整体而言，大学生的延迟满足能力高于中值。

表4-19 **"我一直尝试吃健康的食物，因为从长远来看，它会有所回报"描述性统计结果**

水平	频数（人）	比例（%）
完全不同意	151	3.2
比较不同意	650	14.0
中立	1970	42.3
比较同意	1083	23.3
完全同意	800	17.2
总计	4654	100.0

均值：3.37；标准差：1.025

表4-20 **"多年以来，我试图用我的行为影响周围的人"描述性统计结果**

水平	频数（人）	比例（%）
完全不同意	248	5.3
比较不同意	839	18.0
中立	2139	45.9
比较同意	993	21.3
完全同意	437	9.4
总计	4656	100.0

均值：3.11；标准差：0.984

表 4-21 "我试图明智地花钱"描述性统计结果

水平	频数（人）	比例（%）
完全不同意	112	2.4
比较不同意	322	6.9
中立	1535	33.0
比较同意	1489	32.0
完全同意	1190	25.6
总计	4648	100.0

均值：3.71；标准差：1.000

表 4-22 "我一直觉得自己的辛勤工作最终会得到回报"描述性统计结果

水平	频数（人）	比例（%）
完全不同意	104	2.2
比较不同意	331	7.1
中立	1673	35.9
比较同意	1535	32.9
完全同意	1016	21.8
总计	4659	100.0

均值：3.65；标准差：0.969

表 4-23 "为了达成目标，我放弃了身体上的愉悦或舒适"描述性统计结果

水平	频数（人）	比例（%）
完全不同意	307	6.6
比较不同意	916	19.7
中立	2182	46.9
比较同意	872	18.7
完全同意	379	8.1
总计	4656	100.0

均值：3.02；标准差：0.986

九、自我控制的描述性统计

自我控制由两个题项组成，每个题项的描述性统计结果如表 4-24 和表 4-25

所示。32.3%的大学生认为自己能很好地抵制诱惑，17.8%的大学生不能很好地抵制诱惑；38.9%的大学生能为了一个长远目标高效地工作，13.2%的大学生不能为了一个长远目标高效地工作。

表4-24 "我能很好地抵制诱惑"描述性统计结果

水平	频数（人）	比例（%）
完全不同意	160	3.5
比较不同意	661	14.3
中立	2314	50.0
比较同意	1018	22.0
完全同意	477	10.3
总计	4630	100.0

均值：3.21；标准差：0.931

表4-25 "我能为了一个长远目标高效地工作"描述性统计结果

水平	频数（人）	比例（%）
完全不同意	128	2.8
比较不同意	483	10.4
中立	2230	48.0
比较同意	1155	24.9
完全同意	649	14.0
总计	4645	100.0

均值：3.37；标准差：0.941

十、客观财经知识的描述性统计

受访者关于23道客观财经知识回答的正确率如表4-26所示。这23道题是常识性的财经知识，反映了大学生的基本财经素养水平。数据分析发现，单一问题做对的比例最高的为投资的风险性（高投资高风险的识别），正确率为87.2%；做对的比例最低的为抵押贷款的利息成本，正确率仅为24.4%。每道题平均的正确率为58.3%。

表 4-26　客观财经知识回答的正确率

客观财经知识	正确数	单个题目回答的正确率（%）
通货膨胀	2334	49.9
单利计算	3619	77.4
借钱中的利息计算	1279	27.4
复利计算	2284	48.8
投资的风险性	4079	87.2
通货膨胀和生活成本关系	3269	69.9
股票的风险性	1866	39.9
抵押贷款的利息成本	1140	24.4
分散化投资和风险关系	3487	74.6
利率和债券价格的关系	1765	37.7
美元的买入价识别	1981	42.4
高回报金融产品的识别	1225	26.2
收益波动资产的识别	3507	75.0
债券和股票的风险比较	3127	66.9
资产的时间价值	2780	59.5
股票共同基金的含义	2928	62.6
存款准备金率	2504	53.6
股票持有人的性质	1987	42.5
医疗保险	2818	60.3
个人信用评级	3488	74.6
不良信用记录的影响	2953	63.2
分期付款购买汽车	3310	70.8
申请个人信用报告	2695	57.6

答对客观财经知识题的数量如表 4-27 所示。通过表 4-27 的数据可以看出，23 道常识性的客观财经知识问题都回答正确的人数为 0 人。回答正确 22 道题的人数为 6 人，占比 0.13%；12 道题都回答正确，也就是 50% 的题都回答正确的人数累计占比 68.8%。换而言之，另外 50% 的题都无法回答正确的人数占比 31.2%。

表4-27 答对客观财经知识题的数量

回答正确的题的数量	回答正确的人数	回答正确的人的比例（%）	累计的比例（%）
23	0	0.00	0.00
22	6	0.13	0.13
21	40	0.86	0.98
20	136	2.91	3.89
19	214	4.58	8.47
18	337	7.21	15.68
17	417	8.92	24.59
16	463	9.90	34.50
15	474	10.14	44.63
14	427	9.13	53.76
13	380	8.13	61.89
12	323	6.91	68.80
11	262	5.60	74.40
10	211	4.51	78.91
9	146	3.12	82.04
8	128	2.74	84.77
7	116	2.48	87.25
6	122	2.61	89.86
5	110	2.35	92.22
4	87	1.86	94.08
3	72	1.54	95.62
2	58	1.24	96.86
1	70	1.50	98.35
0	77	1.65	100.0
总计	4676	100.0	

十一、主观财经知识的描述性统计

自我评估的财经知识如表4-28所示。从表4-28中的数据可以看出，自我评估的财经知识低于中等水平的大学生累计达到50.7%；自我评估的财经知识高于中等水平的大学生累计为19.3%。

表 4-28　　"您认为自己对财经知识的掌握程度"描述性统计结果

水平	频数（人）	比例（%）
非常低	297	6.4
低	589	12.7
有些低	1470	31.6
一般	1393	30.0
有些高	631	13.6
高	161	3.5
非常高	104	2.2
总计	4645	100.0

均值：3.51；标准差：1.279

十二、财经态度的描述性统计

财经态度对应的两个题项的描述性统计结果如表 4-29 和表 4-30 所示。对表 4-29 的数据进一步处理可以看出，受访者赞同即时满足的比例仅为 12%；赞同延迟满足的比例为 58.5%；在即时满足和延迟满足两者中间，处于中立态度的受访者的比例达到 29.5%。从表 4-30 的数据可以看出，认为花钱比储蓄更重要的受访者的比例为 13.0%；认为储蓄比花钱更重要的受访者的比例为 53.8%；处于中立态度的占 33.1%。"我倾向于今朝有酒今朝醉而不去考虑明天"两个变量之间的 Pearson 相关系数为 0.596，在 $\alpha=0.01$ 的水平上显著。但是，认为花钱比储蓄更重要的受访者的比例为 13%，赞同即时满足的比例为 12%；同理，认为储蓄比花钱更重要的受访者的比例为 53.8%，赞同延迟满足的比例为 58.5%。对应的比例比较接近，相互印证了两者的关系。

表 4-29　　"我倾向于今朝有酒今朝醉而不去考虑明天"描述性统计结果（逆向）

水平	频数（人）	比例（%）
完全不同意	1446	31.2
比较不同意	1267	27.3
中立	1367	29.5
比较同意	387	8.4
完全同意	167	3.6
总计	4634	100.0

均值：2.26；标准差：1.095

表 4-30 "相比存钱而言，我更愿意把这些钱花掉"描述性统计结果（逆向）

水平	频数（人）	比例（%）
完全不同意	1173	25.3
比较不同意	1321	28.5
中立	1533	33.1
比较同意	441	9.5
完全同意	162	3.5
总计	4630	100.0

均值：2.37；标准差：1.068

十三、财经满意感的描述性统计

财经满意感的描述性统计结果如表 4-31 所示。从表中的数据可以判断，35.2%的受访者处于不满意状态；20%的受访者对自己的财经状况处于满意状态。财经满意感的均值为 2.79，小于中值 3，说明大学生普遍对当下的财经状况处于不满意状态。

表 4-31 "我对目前的财务状况感到满意"描述性统计结果

水平	频数（人）	比例（%）
完全不同意	561	12.1
比较不同意	1071	23.1
中立	2078	44.8
比较同意	649	14.0
完全同意	279	6.0
总计	4638	100.0

均值：2.79；标准差：1.025

十四、财经行为合理性的描述性统计

财经行为合理性由四个题项构成，各个题项的描述性统计结果如表 4-32~表 4-35 所示。从四个题项各个水平所占的比例以及每个题项的均值的表现可以看出，受访者量入为出、按时支付账单和关注自身财务状况的信念的均值都大于 3.8，完全不同意的比例在 2.7%~3.3%，占比较低。相反，制定财务目标并努

力实现它的均值小于 3.5，完全不同意的比例为 4.5%。总体来讲，受访者财经行为的合理性比较高，但是财经行为的目的性还不是很强。

表 4-32　"在买东西之前，我会仔细考虑一下我是否能负担得起"描述性统计结果

水平	频数（人）	比例（%）
完全不同意	141	3.0
比较不同意	336	7.3
中立	1332	28.8
比较同意	1174	25.3
完全同意	1649	35.6
总计	4632	100.0

均值：3.83；标准差：1.086

表 4-33　"我会按时偿还借款"描述性统计结果

水平	频数（人）	比例（%）
完全不同意	154	3.3
比较不同意	248	5.4
中立	984	21.2
比较同意	717	15.5
完全同意	2531	54.6
总计	4634	100.0

均值：4.13；标准差：1.121

表 4-34　"我会密切关注自己的财务事宜"描述性统计结果

水平	频数（人）	比例（%）
完全不同意	123	2.7
比较不同意	295	6.4
中立	1398	30.1
比较同意	1141	24.6
完全同意	1680	36.2
总计	4637	100.0

均值：3.85；标准差：1.066

表 4-35 "我制定了长期财务目标并努力实现这些目标"描述性统计结果

水平	频数（人）	比例（%）
完全不同意	207	4.5
比较不同意	670	14.5
中立	2056	44.4
比较同意	940	20.3
完全同意	762	16.4
总计	4635	100.0

均值：3.30；标准差：1.047

十五、独立的描述性统计

关于独立的八个关联题项的描述统计结果如表 4-36~表 4-43 所示。受访者对于正向态度（比较同意和完全同意）均大于 40%，八个题项的均值均大于 3，也就是说，四成的大学生的独立性比较强。但是，八个题项的负向态度（完全不同意和比较不同意）合并的比例在 6%~13%，说明还有接近一成的大学生独立性比较弱。

表 4-36 "我通常能根据自身的情况和外部环境变化制订下一步的行动方案"描述性统计结果

水平	频数（人）	比例（%）
完全不同意	125	2.7
比较不同意	395	8.5
中立	1923	41.5
比较同意	1238	26.7
完全同意	952	20.5
总计	4633	100.0

均值：3.54；标准差：0.996

表 4-37 "我有勇气面对自己曾经犯过的错误"描述性统计结果

水平	频数（人）	比例（%）
完全不同意	106	2.3
比较不同意	339	7.3

水平	频数（人）	比例（%）
中立	1671	36.1
比较同意	1381	29.8
完全同意	1135	24.5
总计	4632	100.0

均值：3.54；标准差：0.998

表4-38 "我会为自己的行为负责"描述性统计结果

水平	频数（人）	比例（%）
完全不同意	94	2.0
比较不同意	208	4.5
中立	1299	28.0
比较同意	1272	27.4
完全同意	1766	38.1
总计	4639	100.0

均值：3.95；标准差：1.010

表4-39 "我知道自己应该和什么人交朋友"描述性统计结果

水平	频数（人）	比例（%）
完全不同意	113	2.4
比较不同意	255	5.5
中立	1390	30.0
比较同意	1364	29.4
完全同意	1511	32.6
总计	4633	100.0

均值：3.84；标准差：1.020

表4-40 "我通常会把自己的事情做得井井有条"描述性统计结果

水平	频数（人）	比例（%）
完全不同意	116	2.5
比较不同意	380	8.2

水平	频数（人）	比例（%）
中立	1955	42.2
比较同意	1313	28.3
完全同意	871	18.8
总计	4635	100.0

均值：3.53；标准差：0.969

表 4-41　"离开父母后，我能照顾自己的生活"描述性统计结果

水平	频数（人）	比例（%）
完全不同意	103	2.2
比较不同意	272	5.9
中立	1482	32.0
比较同意	1375	29.7
完全同意	1403	30.3
总计	4635	100.0

均值：3.80；标准差：1.008

表 4-42　"我的内心非常强大"描述性统计结果

水平	频数（人）	比例（%）
完全不同意	141	3.0
比较不同意	472	10.2
中立	2062	44-5
比较同意	1215	26.2
完全同意	744	16.1
总计	4634	100.0

均值：3.42；标准差：0.975

表 4-43　"我的独立生活能力强"描述性统计结果

水平	频数（人）	比例（%）
完全不同意	102	2.2
比较不同意	336	7.2
中立	1762	38.0

续表

水平	频数（人）	比例（%）
比较同意	1359	29.3
完全同意	1077	23.2
总计	4636	100.0

均值：3.64；标准差：0.986

十六、信用的描述性统计

信用的六个关联题项的描述性统计结果如表 4-44～表 4-49 所示。六个题项正向态度（比较同意和完全同意）合并的比例均大于 60%，六个题项负向态度（比较不同意和完全不同意）合并的比例在 5%～7%，总体而言，绝大多数大学生遵循信用的规则，但仍有少数大学生还未认识到信用的作用和意义。

表 4-44　"我会对我说出的话负责"描述性统计结果

水平	频数（人）	比例（%）
完全不同意	91	2.0
比较不同意	218	4.7
中立	1461	31.6
比较同意	1481	32.0
完全同意	1376	29.7
总计	4627	100.0

均值：3.83；标准差：0.974

表 4-45　"我借用了他人的东西，我都会如期归还"描述性统计结果

水平	频数（人）	比例（%）
完全不同意	89	1.9
比较不同意	187	4.0
中立	1098	23.7
比较同意	973	21.0
完全同意	2288	49.4
总计	4635	100.0

均值：4.2；标准差：1.025

表 4-46 "我会尽最大努力履行我对他人的承诺"描述性统计结果

水平	频数（人）	比例（%）
完全不同意	84	1.8
比较不同意	192	4.0
中立	1089	23.5
比较同意	1163	25.1
完全同意	2107	45.5
总计	4635	100.0

均值：4.08；标准差：1.006

表 4-47 "我认识的人都很信任我"描述性统计结果

水平	频数（人）	比例（%）
完全不同意	83	1.8
比较不同意	202	4.4
中立	1426	30.8
比较同意	1641	35.4
完全同意	1281	27.6
总计	4633	100.0

均值：3.83；标准差：0.944

表 4-48 "他人交办我的事，我都能按时保质完成"描述性统计结果

水平	频数（人）	比例（%）
完全不同意	77	1.7
比较不同意	204	4.4
中立	1420	30.6
比较同意	1590	34.3
完全同意	1343	29.0
总计	4634	100.0

均值：3.85；标准差：0.948

表 4-49 "周围的人都认为我非常诚实"描述性统计结果

水平	频数（人）	比例（%）
完全不同意	92	2.0
比较不同意	195	4.2

水平	频数（人）	比例（%）
中立	1424	30.7
比较同意	1567	33.8
完全同意	1356	29.3
总计	4634	100.0

均值：3.84；标准差：0.960

十七、生涯适应能力的描述性统计

生涯适应能力对应的三个题项的描述性统计结果如表 4-50 ~ 表 4-52 所示。从表中的数据可以看出，三个题项的均值均大于中值 3，偶尔和经常两个选项合并的比例均大于 25%，其中，对学历教育和工作的筹划均大于 40%。但是，尚有一成多的大学生没有未来规划的意识。

表 4-50　"您多久筹划一次您未来更高学历的教育？"描述性统计结果

水平	频数（人）	比例（%）
从不	123	2.7
极少	378	8.2
一般	2086	45.0
偶尔	1177	25.4
经常	869	18.8
总计	4633	100.0

均值：3.49；标准差：0.974

表 4-51　"您多久筹划一次您未来的工作？"描述性统计结果

水平	频数（人）	比例（%）
从不	110	2.4
极少	451	9.8
一般	2201	47.6
偶尔	1153	24.9
经常	708	15.3
总计	4623	100.0

均值：3.41；标准差：0.941

表4-52 "您多久筹划一次您未来的家庭？"描述性统计结果

水平	频数（人）	比例（%）
从不	345	7.5
极少	771	16.7
一般	2149	46.4
偶尔	825	17.8
经常	540	11.7
总计	4630	100.0

均值：3.10；标准差：1.049

十八、未来承诺的描述性统计

未来承诺由三个题项组成，每个题项的描述性统计结果如表4-53～表4-55所示。在三个题项中，有决心实现继续教育和未来工作计划（决心较大和决心很大）的比例超过42%，有决心实现未来家庭计划的比例达到34.8%，但仍有3%左右的大学生对实现未来规划没有决心。

表4-53 "您大学毕业后实现更高学历教育计划的决心有多大？"描述性统计结果

水平	频数（人）	比例（%）
决心没有	110	2.4
决心极少	307	6.6
决心一般	1716	37.1
决心较大	1205	26.1
决心很大	1287	27.8
总计	4625	100.0

均值：3.70；标准差：1.020

表4-54 "您大学毕业后实现未来工作计划的决心有多大？"描述性统计结果

水平	频数（人）	比例（%）
决心没有	131	2.8
决心极少	429	9.3
决心一般	2083	45.0
决心较大	1149	24.8

续表

水平	频数（人）	比例（%）
决心很大	833	18.0
总计	4625	100.0

均值：3.46；标准差：0.982

表4-55　"您大学毕业后实现未来家庭计划的决心有多大？"描述性统计结果

水平	频数（人）	比例（%）
决心没有	342	7.4
决心极少	643	13.9
决心一般	2036	44.0
决心较大	920	19.9
决心很大	691	14.9
总计	4632	100.0

均值：3.21；标准差：1.089

十九、冲动性消费倾向的描述性统计

冲动性消费倾向的两个题项的描述性统计结果如表4-56、表4-57所示。两个题项的均值分别为2.65、3.10。其中，仅有16.7%的受访者对"我经常不假思索地购买商品"持积极态度（比较同意和完全同意），对此持否定态度的比例为41.4%；32.3%的受访者认为自己会一时冲动购买商品，对此持否定态度的比例为25.0%。

表4-56　"我经常不假思索地购买商品"描述性统计结果

水平	频数（人）	比例（%）
完全不同意	731	15.8
比较不同意	1187	25.6
中立	1938	41.8
比较同意	516	11.1
完全同意	260	5.6
总计	4632	100.0

均值：2.65；标准差：1.050

表 4-57 "有时我会一时冲动购买商品"描述性统计结果

水平	频数（人）	比例（%）
完全不同意	361	7.8
比较不同意	797	17.2
中立	1980	42.7
比较同意	1002	21.6
完全同意	496	10.7
总计	4636	100.0

均值：3.10；标准差：1.057

二十、超前消费倾向的描述性统计

超前消费倾向由四个题项组成，其描述性统计结果如表 4-58～表 4-61 所示。27.2%的大学生认为超前消费是一种很正常的社会现象；17%的大学生认为预支以后的收入用于当前的消费是可行的；36.4%的大学生认为超前消费可以提升生活质量；35%的大学生认为在超前消费发生后会按时还款。

表 4-58 "我认为当今超前消费是一种很正常的社会现象"描述性统计结果

水平	频数（人）	比例（%）
完全不同意	500	10.8
比较不同意	823	17.8
中立	2048	44.2
比较同意	859	18.5
完全同意	403	8.7
总计	4633	100.0

均值：2.97；标准差：1.069

表 4-59 "我认为预支以后的收入来消费是完全可行的"描述性统计结果

水平	频数（人）	比例（%）
完全不同意	831	17.9
比较不同意	1106	23.9
中立	1906	41.2
比较同意	559	12.1

水平	频数（人）	比例（%）
完全同意	228	4.9
总计	4630	100.0

均值：2.62；标准差：1.064

表4-60　"我认为超前消费能够提高我的生活质量"描述性统计结果

水平	频数（人）	比例（%）
完全不同意	519	11.2
比较不同意	669	14.4
中立	1759	38.0
比较同意	893	19.3
完全同意	790	17.1
总计	4630	100.0

均值：2.49；标准差：1.101

表4-61　"超前消费时，我认为自己一定能够按时还款"描述性统计结果

水平	频数（人）	比例（%）
完全不同意	233	5.0
比较不同意	651	14.0
中立	2124	45.9
比较同意	100.05	21.7
完全同意	617	13.3
总计	4630	100.0

均值：3.17；标准差：1.200

二十一、炫耀性消费倾向的描述性统计

炫耀性消费倾向由四个题项组成，其描述性统计结果如表4-62~表4-65所示。18.8%的大学生购买商品是为了追求独特性；17.5%的大学生具有攀比心态；11.1%的大学生购买某些商品是为了炫耀；22.2%的大学生认为使用某些商品可以在他人眼中增加自己的价值。

表 4-62 "我购买某些商品是为了追求独特性，拥有别人没有的产品"描述性统计结果

水平	频数（人）	比例（%）
完全不同意	1049	22.6
比较不同意	978	21.1
中立	1739	37.5
比较同意	614	13.3
完全同意	253	5.5
总计	4633	100.0

均值：2.58；标准差：1.136

表 4-63 "对于周围人都持有的消费品，我也希望自己能拥有"描述性统计结果

水平	频数（人）	比例（%）
完全不同意	771	16.7
比较不同意	1128	24.4
中立	1921	41.5
比较同意	593	12.8
完全同意	216	4.7
总计	4629	100.0

均值：2.64；标准差：1.048

表 4-64 "我购买某些商品是为了炫耀，为了引人注目"描述性统计结果

水平	频数（人）	比例（%）
完全不同意	1663	35.9
比较不同意	1014	21.9
中立	1442	31.1
比较同意	352	7.6
完全同意	164	3.5
总计	4635	100.0

均值：2.21；标准差：1.117

表 4-65　"使用某些商品可以在他人眼中增加自己的价值"描述性统计结果

水平	频数（人）	比例（%）
完全不同意	867	18.7
比较不同意	814	17.6
中立	1925	41.5
比较同意	722	15.6
完全同意	305	6.6
总计	4633	100.0

均值：2.74；标准差：1.129

通过以上 21 个变量的描述性统计结果，我们可以形成如下结论：74.3%的父母以一个月为时间间隔给孩子一次生活费，18.1%的父母经常和孩子主动交流花钱的计划。大约 15%的父母经常和孩子交流储蓄的理念和方法。35.1%的父母经常和孩子强调不按时还款会影响个人信誉，15.9%的父母经常和孩子强调要利用信贷去做重要的事情。31.0%的父母和孩子经常交流理财的重要性，16.4%的父母和孩子交流理财的方法。57.9%的父母经常和孩子交流"量入为出，适度消费"的消费观念，35.4%的父母把自己的消费观念灌输给自己的孩子。大学生的整体认知需求、自我效能、延迟满足和自我控制的均值都大于中值 3。对于客观财经知识，大学生 50%的测试题都答对的比例为 68.8%，自我评估财经知识低于中等水平的大学生累计达到 50.7%。大学生的财经态度低于中值 3，总体上处于消极状态。大学生的财经满意感低于中值 3，总体上处于不满意状态。大学生财经行为的合理性比较高，但财经行为的目的性不是很强。40%的大学生具有独立意识和关联的能力，60%的大学生讲信用。18.8%的大学生经常规划自己的学历教育，15.3%的大学生经常规划未来的工作，11.7%的大学生经常规划自己未来的家庭，三成以上的大学生都有决心实现自己未来的规划。冲动性消费、超前消费在大学生群体中不是很明显，均值在 3 左右；大学生的超前消费观念比较低，显著低于中值 3。

第二节　客观财经知识对比

客观财经知识是大学生财经素养的最基础的表现。本节通过对在 2021 年、2022 年客观财经知识测试中设置的相同题目进行对比分析，针对样本量不同的情况，本书选择 Z 值检验方法，检验两年的正确率是否存在显著性差异。具体公式如下：

$$z = \frac{p_1 - p_2}{\sqrt{p\,(1-p)\left(\dfrac{1}{n_1} + \dfrac{1}{n_2}\right)}}$$

式中，p_1 表示 2021 年客观财经知识的正确率；p_2 表示 2022 年客观财经知识的正确率；n_1 表示 2021 年的样本量；n_2 表示 2022 年的样本量；p 表示 2021 年、2022 年的平均正确率。

本书设计 23 个题目对客观财经知识进行测试，涉及通货膨胀、单利计算、借钱中的利息计算、复利计算、投资的风险性、通货膨胀和生活成本关系、股票的风险性、抵押贷款的利息成本、分散化投资和风险关系、利率和债券价格的关系、美元的买入价识别、高回报金融产品的识别、收益波动资产的识别、债券和股票的风险比较、资产的时间价值、股票共同基金的含义等方面。相较于 2021 年，还增加了存款准备金率、股票持有人的性质、医疗保险、个人信用评级、不良信用记录的影响、分期付款购买汽车、申请个人信用报告等。本书通过计算答题的正确率，针对上述同一道题启用 z 值检验比较两年之间大学生关于客观财经知识的差异性。详细情况如表 4-66 所示。

表 4-66　2021 年和 2022 年大学生客观财经知识对比检验结果

项目	2021 年正确率（%）	2022 年正确率（%）	P 值
通货膨胀	47.3	49.9	0.978
单利计算	80.6	77.4	0.001
借钱中的利息计算	33.8	27.4	0.000
复利计算	50.1	48.8	0.159
投资的风险性	89.8	87.2	0.001
通货膨胀和生活成本关系	65.9	69.9	1.000
股票的风险性	43.2	39.9	0.005
抵押贷款的利息成本	47.8	24.4	0.000
分散化投资和风险关系	77.8	74.6	0.002
利率和债券价格的关系	49.2	37.7	0.000
美元的买入价识别	46.5	42.4	0.001

项目	2021 年	2022 年	P 值
	正确率（%）	正确率（%）	
高回报金融产品的识别	28.7	26.2	0.014
收益波动资产的识别	74.2	75.0	0.774
债券和股票的风险比较	71.2	66.9	0.000
资产的时间价值	64.1	59.5	0.000
股票共同基金的含义	62.4	62.6	0.563
样本量	2182	4676	

通过表4-66的对比分析发现，相比2021年而言，2022年大学生的客观财经知识的正确率处于下降状态。在 $\alpha = 0.05$ 的水平上，12个客观财经知识呈现下降态势：单利计算、借钱中的利息计算、复利计算、投资的风险性、股票的风险性、抵押贷款的利息成本、分散化投资和风险关系、利率和债券价格的关系、美元的买入价识别、高回报金融产品的识别、债券和股票的风险比较、资产的时间价值。

第三节　家庭人文统计变量对心理变量及财经素养的影响

为探析家庭人文统计变量与认知需求、自我效能、延迟满足三个心理变量以及财经素养的关系，首先，运用One-way ANOVA分析工具，分析了家庭人文统计变量对大学生认知需求、自我效能、延迟满足三个心理变量以及财经素养的影响，并在此基础上进行了多重组间比较分析。其次，运用PROCESS分析工具，将认知需求、自我效能、延迟满足三个心理变量作为中介，进行多重中介效应分析，研究家庭人文统计变量是否通过三个心理变量对大学生的财经素养产生影响。

本书中，家庭人文统计变量有：①父亲职业；②母亲职业；③父亲受教育水平；④母亲受教育水平；⑤家庭成员健康状况；⑥独生子女；⑦家庭月收入。三个心理变量为：①认知需求；②自我效能；③延迟满足。财经素养相关变量有：①财经态度；②财经满意感；③财经行为合理性；④独立；⑤信用；⑥未来规划（生涯适应能力和未来承诺）。

一、家庭人文统计变量对认知需求的影响

本书将认知需求涉及的三个题项加总求均值，记为因子分，用这个因子分代表认知需求，这个值越高，表示认知需求越强。该变量的均值为3.53，标准差为0.810。

本书将家庭人文统计变量作为自变量，包括父亲职业、母亲职业、父亲受教育水平、母亲受教育水平、家庭成员健康状况、独生子女、家庭月收入共七种变量。将认知需求作为因变量，运用One-way ANOVA分析工具进行方差分析。以下为家庭人文统计变量对认知需求影响的检验结果。

（1）父亲职业。One-way ANOVA分析发现，$F_{(9, 4632)} = 0.917$，$p = 0.509$（$p>0.05$），可以发现大学生父亲的职业对其认知需求的影响不显著（$\alpha = 0.05$）。具体数据如表4-67所示。

表4-67　父亲职业与大学生认知需求之间的关系

父亲职业	频数（人）	均值	标准差
政府机关、党群组织的负责人或中高级官员	173	3.52	0.991
企业事业单位的管理人员	369	3.59	0.894
专业技术人员或其他专业人士	161	3.59	0.944
技术工人	586	3.53	0.776
政府或企业事业单位普通员工	499	3.57	0.784
个体户	792	3.49	0.796
自由职业者（泛指自由作家、动画师、程序员、配音师等自由工作的脑力劳动者）	136	3.60	0.848
务农	824	3.54	0.767
其他职业	980	3.50	0.790
待业	122	3.57	0.825
总计	4642	3.53	0.810

（2）母亲职业。One-way ANOVA分析发现，$F_{(9, 4620)} = 2.314$，$p = 0.014$（$p<0.05$）。可以发现母亲的职业对大学生认知需求存在显著影响。由于基于均值所计算的因变量的方差在自变量的各组间不等，故而，使用Tamhane多重比较法，发现该变量各组间对大学生认知需求的影响不存在显著差异（$\alpha = 0.05$）。具体数据如表4-68所示。

表 4-68　母亲职业与大学生认知需求之间的关系

母亲职业	频数（人）	均值	标准差
政府机关、党群组织的负责人或中高级官员	113	3.55	0.995
企业事业单位的管理人员	261	3.60	0.909
专业技术人员或其他专业人士	100	3.66	0.959
技术工人	246	3.45	0.803
政府或企业事业单位普通员工	621	3.56	0.794
个体户	783	3.47	0.806
自由职业者（泛指自由作家、动画师、程序员、配音师等自由工作的脑力劳动者）	144	3.70	0.828
务农	808	3.54	0.771
其他职业	1011	3.51	0.779
待业	543	3.57	0.809
总计	4630	3.53	0.809

（3）父亲受教育水平。One-way ANOVA 分析发现，$F_{(4, 4639)} = 3.939$，$p = 0.008$（$p < 0.05$）。由于基于均值计算的因变量的方差在自变量各组间不等，故而，使用 Tamhane 多重比较法，发现父亲受教育水平为大学本科/大专水平的大学生的认知需求显著强于父亲受教育水平为初中及以下水平的大学生的认知需求，但与父亲受教育水平为高中/中专/技校、硕士及以上的大学生的认知需求之间无显著差异（$\alpha = 0.05$）。具体数据如表 4-69 和图 4-1 所示。

表 4-69　父亲受教育水平与大学生认知需求之间的关系

父亲受教育水平	频数（人）	均值	标准差
初中及以下	2337	3.50	0.773
高中/中专/技校	1259	3.55	0.811
大学本科/大专	948	3.60	0.872
硕士及以上	99	3.51	0.991
总计	4643	3.53	0.810

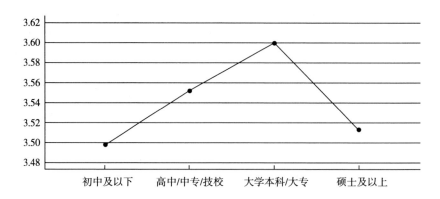

图4-1　父亲受教育水平与大学生认知需求之间的关系

（4）母亲受教育水平。One-way ANOVA 分析发现，$F_{(3, 4634)} = 2.414$，$p = 0.065$（$p > 0.05$），可以发现大学生母亲的受教育水平对其认知需求的影响不显著（$\alpha = 0.05$）。具体数据如表4-70所示。

表4-70　母亲受教育水平与大学生认知需求之间的关系

母亲受教育水平	频数（人）	均值	标准差
初中及以下	2663	3.51	0.771
高中/中专/技校	1162	3.55	0.832
大学本科/大专	754	3.60	0.874
硕士及以上	59	3.51	1.149
总计	4638	3.53	0.810

（5）家庭成员健康状况。One-way ANOVA 分析发现，$F_{(3, 4638)} = 5.614$，$p = 0.001$（$p < 0.05$）。由于基于均值计算的因变量的方差在自变量各组间不等，故而，使用 Tamhane 多重比较法，发现家庭成员健康状况为良好的大学生的认知需求显著强求家庭成员健康状况为一般的大学生的认知需求，但与家庭成员健康状况为很差、较差的大学生的认知需求无显著差异（$\alpha = 0.05$）。具体数据如表4-71和图4-2所示。

表 4-71　家庭成员健康状况与大学生认知需求之间的关系

家庭成员健康状况	频数（人）	均值	标准差
很差	55	3.33	0.800
较差	398	3.49	0.791
一般	2092	3.50	0.765
良好	2097	3.58	0.854
总计	4642	3.53	0.810

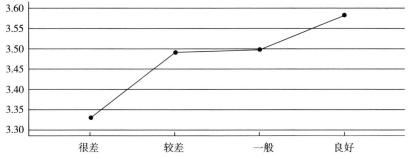

图 4-2　家庭成员健康状况与大学生认知需求之间的关系

（6）独生子女。One-way ANOVA 分析发现，F（1, 4631）= 0.352, p = 0.553（p>0.05），可以发现大学生是否为独生子女对其认知需求的影响不显著（α=0.05）。具体数据如表 4-72 所示。

表 4-72　是否为独生子女与大学生认知需求之间的关系

是否为独生子女	频数（人）	均值	标准差
是	2017	3.54	0.838
否	2616	3.53	0.786
总计	4633	3.53	0.809

（7）家庭月收入。One-way ANOVA 分析发现，F（3, 4638）= 5.614, p = 0.001（p<0.05）。由于基于均值计算的因变量的方差在自变量各组间不等，故而，使用 Tamhane 多重比较法，发现家庭月收入为 20000 元以上的大学生的认知需求显著强于家庭月收入为 5000 元及以下、5000~10000 元的大学生的认知需求，但与家庭月收入为 10000~20000 元的大学生的认知需求无显著差异。家庭月收入为 10000~20000 元的大学生的认知需求显著强于家庭月收入为 5000~10000 元的大学生的认知需求，但与月收入为 20000 元以上、5000 元及以下的大学生的认知需求无显著差异（α=0.05）。具体数据如表 4-73 和图 4-3 所示。

表 4-73　家庭月收入与大学生认知需求之间的关系

家庭月收入（元）	频数（人）	均值	标准差
≤5000	1331	3.52	0.801
5000<x≤10000	1855	3.49	0.765
10000<x≤20000	1041	3.57	0.848
20000 以上	407	3.66	0.921
总计	4634	3.53	0.810

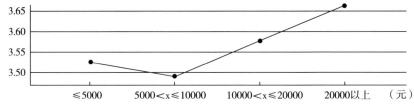

图 4-3　家庭月收入与大学生认知需求之间的关系

二、家庭人文统计变量对自我效能的影响

本书将自我效能涉及的五个题项加总求均值，记为因子分，用这个因子分代表自我效能。这个值越高，表示自我效能越强。该变量的均值为 2.77，标准差为 0.662。

本书将家庭人文统计变量作为自变量，包括父亲职业、母亲职业、父亲受教育水平、母亲受教育水平、家庭成员健康状况、独生子女、家庭月收入共七种变量。将自我效能作为因变量，运用 One-way ANOVA 分析工具进行方差分析。以下为家庭人文统计变量对自我效能影响的检验结果。

（1）父亲职业。One-way ANOVA 分析发现，F（9，4606）＝4.313，p＝0.000（p<0.05）。由于基于均值所计算的因变量的方差在自变量的各组间相等，故而，使用 LSD 多重比较法，发现父亲职业为企业事业单位的管理人员、专业技术人员或其他专业人士的大学生的自我效能分别显著强于大学生父亲职业为技术工人、个体户、自由职业者、务农、其他职业以及待业的大学生的自我效能，但与父亲职业为政府机关、党群组织的负责人或中高级官员以及政府或企业事业单位普通员工的大学生的自我效能无显著差异。父亲的职业为政府机关、党群组织的负责人或中高级官员，技术工人，个体户的大学生的自我效能分别显著高于父亲职业为务农的大学生。另外，父亲职业为政府或企业事业单位普通员工的大学生的自我效能显著高于父亲务农或为其他职业的大学生的自我效能（α=0.05）。

具体数据如表 4-74 和图 4-4 所示。

表 4-74　父亲职业与大学生自我效能之间的关系

父亲职业	频数（人）	均值	标准差
政府机关、党群组织的负责人或中高级官员	171	2.82	0.751
企业事业单位的管理人员	362	2.89	0.655
专业技术人员或其他专业人士	159	2.92	0.643
技术工人	582	2.78	0.638
政府或企业事业单位普通员工	499	2.82	0.642
个体户	786	2.78	0.646
自由职业者（泛指自由作家、动画师、程序员、配音师等自由工作的脑力劳动者）	136	2.75	0.731
务农	822	2.70	0.686
其他职业	978	2.72	0.639
待业	121	2.76	0.718
总计	4616	2.77	0.662

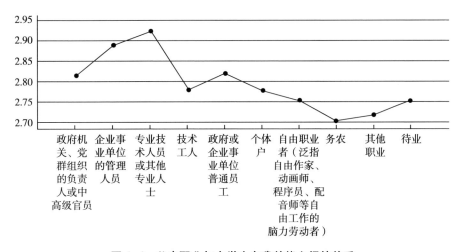

图 4-4　父亲职业与大学生自我效能之间的关系

（2）母亲职业。One-way ANOVA 分析发现，$F_{(9, 4595)} = 4.340$，$p = 0.000$（$p < 0.05$）。由于基于均值计算的因变量的方差在自变量各组间不等，故而，使用 Tamhane 多重比较法，发现母亲职业为企业事业单位的管理人员的大学生的自我效能显著高于母亲职业为个体户、务农、其他职业、待业的大学生的自

我效能；母亲职业为政府或企业事业单位普通员工的大学生的自我效能显著高于母亲职业为个体户、务农、其他职业的大学生的自我效能（α=0.05）。具体数据如表4-75和图4-5所示。

表4-75　母亲职业与大学生自我效能之间的关系

母亲职业	频数（人）	均值	标准差
政府机关、党群组织的负责人或中高级官员	109	2.69	0.876
企业事业单位的管理人员	259	2.94	0.687
专业技术人员或其他专业人士	99	2.83	0.665
技术工人	243	2.78	0.624
政府或企业事业单位普通员工	619	2.86	0.609
个体户	778	2.75	0.646
自由职业者（泛指自由作家、动画师、程序员、配音师等自由工作的脑力劳动者）	145	2.79	0.686
务农	807	2.73	0.699
其他职业	1003	2.73	0.632
待业	543	2.76	0.662
总计	4605	2.77	0.661

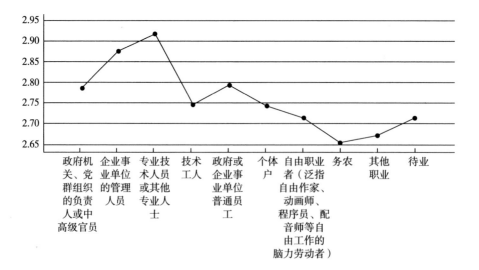

图4-5　母亲职业与大学生自我效能之间的关系

（3）父亲受教育水平。One－way ANOVA 分析发现，$F_{(3, 4612)}=12.501$，$p=0.000$（$p<0.05$）。由于基于均值计算的因变量的方差在自变量各组间不等，故而，使用 Tamhane 多重比较法，发现父亲受教育水平为大学本科/大专的大学生的自我效能显著高于父亲受教育水平为高中/中专/技校、初中及以下的大学生的自我效能，但与父亲受教育水平为硕士及以上的大学生的自我效能无显著差异（$\alpha=0.05$）。具体数据如表 4-76 和图 4-6 所示。

表 4-76　父亲受教育水平与大学生自我效能之间的关系

父亲受教育水平	频数（人）	均值	标准差
初中及以下	2317	2.72	0.662
高中/中专/技校	1259	2.78	0.653
大学本科/大专	940	2.88	0.643
硕士及以上	100	2.85	0.821
总计	4616	2.77	0.662

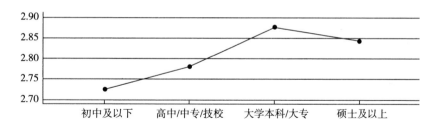

图 4-6　父亲受教育水平与大学生自我效能之间的关系

（4）母亲受教育水平。One－way ANOVA 分析发现，$F_{(3, 4608)}=16.884$，$p=0.000$（$p<0.05$）。由于基于均值计算的因变量的方差在自变量各组间不等，故而，使用 Tamhane 多重比较法，发现母亲受教育水平为大学本科/大专的大学生的自我效能显著高于母亲受教育水平为高中/中专/技校、初中及以下的大学生的自我效能，但与母亲受教育水平为硕士及以上的大学生的自我效能无显著差异。另外，母亲受教育水平为高中/中专/技校的大学生的自我效能显著高于母亲受教育水平为初中及以下的大学生的自我效能，但与母亲受教育水平为硕士及以上的大学生的自我效能无显著差异（$\alpha=0.05$）。具体数据如表 4-77 和图 4-7 所示。

表4-77　母亲受教育水平与大学生自我效能之间的关系

母亲受教育水平	频数（人）	均值	标准差
初中及以下	2647	2.72	0.655
高中/中专/技校	1155	2.81	0.664
大学本科/大专	752	2.90	0.639
硕士及以上	58	2.83	0.931
总计	4612	2.77	0.662

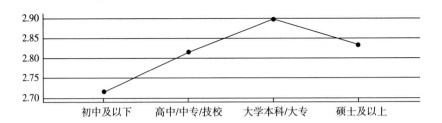

图4-7　母亲受教育水平与大学生自我效能之间的关系

（5）家庭成员健康状况。One-way ANOVA 分析发现，F（3，4612）=28.835，p=0.000（p<0.05）。由于基于均值计算的因变量的方差在自变量各组间不等，故而，使用 Tamhane 多重比较法，发现家庭成员健康状况为良好的大学生自我效能显著高于家庭成员健康状况为一般、较差、很差的大学生的自我效能。家庭成员健康状况为一般的大学生自我效能显著高于家庭成员健康状况为很差的大学生的自我效能，但与家庭成员健康状况为较差的大学生的自我效能无显著差异（α=0.05）。具体数据如表4-78和图4-8所示。

表4-78　家庭成员健康状况与大学生自我效能之间的关系

家庭成员健康状况	频数（人）	均值	标准差
很差	55	2.42	0.736
较差	395	2.64	0.697
一般	2080	2.72	0.632
良好	2086	2.86	0.669
总计	4616	2.77	0.662

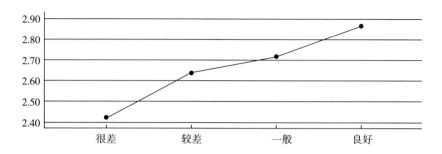

图4-8 家庭成员健康状况与大学生自我效能之间的关系

（6）独生子女。One-way ANOVA 分析发现，$F_{(1, 4605)} = 7.236$，$p = 0.007$（$p<0.05$）。由于基于均值所计算的因变量的方差在自变量的各组间相等，故而，使用 LSD 多重比较法，发现是独生子女的大学生的自我效能显著高于不是独生子女的大学生的自我效能（$\alpha = 0.05$）。具体数据如表4-79和图4-9所示。

表4-79 是否为独生子女与大学生自我效能之间的关系

是否为独生子女	频数（人）	均值	标准差
是	2002	2.80	0.673
否	2605	2.75	0.652
总计	4607	2.77	0.662

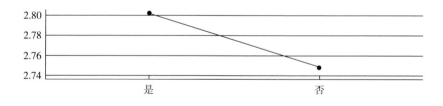

图4-9 是否为独生子女与大学生自我效能之间的关系

（7）家庭月收入。One-way ANOVA 分析发现，$F_{(3, 4604)} = 20.265$，$p = 0.000$（$p<0.05$）。由于基于均值计算的因变量的方差在自变量各组间不等，故而，使用 Tamhane 多重比较法，发现家庭月收入为20000元以上的大学生的自我效能显著强于家庭月收入为10000~20000元、5000~10000元、5000元及以下的大学生的自我效能。家庭月收入为10000~20000元的大学生的自我效能显著强于家庭月收入为5000~10000元、5000元及以下的大学生的自我效能，但家庭月收

入为 5000~10000 元和 5000 元及以下的大学生的自我效能之间无显著差异（α=0.05）。总体而言，家庭月收入越高，大学生的自我效能就越强。具体数据如表4-80 和图 4-10 所示。

表 4-80　家庭月收入与大学生自我效能之间的关系

家庭月收入（元）	频数（人）	均值	标准差
≤5000	1332	2.71	0.690
5000<x≤10000	1837	2.74	0.623
10000<x≤20000	1034	2.83	0.648
20000 以上	405	2.97	0.725
总计	4608	2.77	0.662

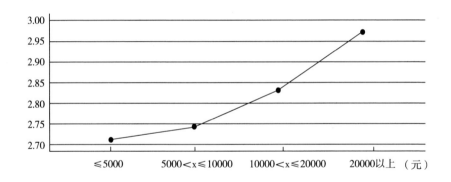

图 4-10　家庭月收入与大学生自我效能之间的关系

三、家庭人文统计变量对延迟满足的影响

本书将延迟满足涉及的五个题项加总求均值，记为因子分，用这个因子分代表延迟满足，这个值越高，则表示延迟满足越强。该变量的均值为 3.38，标准差为 0.693。

本书将家庭人文统计变量作为自变量，包括父亲职业、母亲职业、父亲受教育水平、母亲受教育水平、家庭成员健康状况、独生子女、家庭月收入共七种变量。将延迟满足作为因变量，运用 One-way ANOVA 分析工具进行方差分析。以下为家庭人文统计变量对延迟满足影响的检验结果。

（1）父亲职业。One-way ANOVA 分析发现，$F_{(9, 4589)} = 1.628$，$p = 0.101$（$p>0.05$），可以发现大学生父亲的职业对其延迟满足的影响不显著（α=

0.05）。具体数据如表 4-81 所示。

表 4-81　父亲职业与大学生延迟满足之间的关系

父亲职业	频数（人）	均值	标准差
政府机关、党群组织的负责人或中高级官员	171	3.39	0.827
企业事业单位的管理人员	367	3.43	0.711
专业技术人员或其他专业人士	159	3.53	0.728
技术工人	577	3.40	0.618
政府或企业事业单位普通员工	492	3.37	0.636
个体户	784	3.36	0.674
自由职业者（泛指自由作家、动画师、程序员、配音师等自由工作的脑力劳动者）	136	3.38	0.753
务农	819	3.35	0.728
其他职业	973	3.36	0.686
待业	121	3.30	0.788
总计	4599	3.38	0.693

（2）母亲职业。One-way ANOVA 分析发现，$F_{(9, 4577)} = 2.880$，$p = 0.002$（$p<0.05$）。由于基于均值计算的因变量的方差在自变量各组间不等，故而，使用 Tamhane 多重比较法，发现母亲职业为企业事业单位的管理人员的大学生的延迟满足显著高于母亲职业为个体户、其他职业的大学生的延迟满足，但与母亲职业为政府机关、党群组织的负责人或中高级官员，政府或企业事业单位普通员工，专业技术人员或其他专业人士，技术工人，自由职业者以及母亲务农的大学生的延迟满足之间无显著差异（$\alpha = 0.05$）。具体数据如表 4-82 和图 4-11 所示。

表 4-82　母亲职业与大学生延迟满足之间的关系

母亲职业	频数（人）	均值	标准差
政府机关、党群组织的负责人或中高级官员	110	3.31	0.947
企业事业单位的管理人员	261	3.54	0.713
专业技术人员或其他专业人士	97	3.46	0.815
技术工人	243	3.40	0.627
政府或企业事业单位普通员工	615	3.40	0.636
个体户	774	3.31	0.647

续表

母亲职业	频数（人）	均值	标准差
自由职业者（泛指自由作家、动画师、程序员、配音师等自由工作的脑力劳动者）	143	3.37	0.799
务农	805	3.39	0.731
其他职业	1003	3.35	0.675
待业	536	3.39	0.683
总计	4587	3.38	0.693

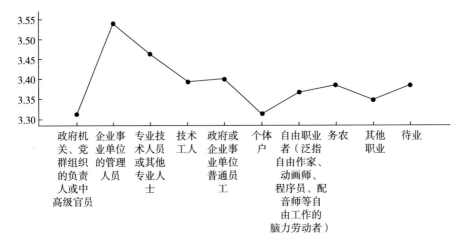

图 4-11　母亲职业与大学生延迟满足之间的关系

（3）父亲受教育水平。One-way ANOVA 分析发现，$F_{(3, 4596)} = 3.379$，$p = 0.018$（$p < 0.05$）。由于基于均值计算的因变量的方差在自变量各组间相等，故而，使用 LSD 多重比较法，发现父亲受教育水平为大学本科/大专的大学生的延迟满足显著高于父亲受教育水平为初中及以下的大学生的延迟满足，但与父亲受教育水平为高中/中专/技校、硕士及以上的大学生的延迟满足无显著差异（$\alpha = 0.05$）。具体数据如表 4-83 和图 4-12 所示。

表 4-83　父亲受教育水平与大学生延迟满足之间的关系

父亲受教育水平	频数（人）	均值	标准差
初中及以下	2315	3.35	0.689
高中/中专/技校	1249	3.38	0.676
大学本科/大专	937	3.43	0.707

续表

父亲受教育水平	频数（人）	均值	标准差
硕士及以上	99	3.46	0.840
总计	4600	3.38	0.693

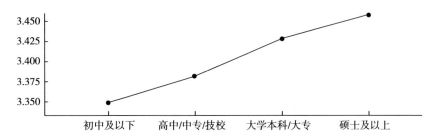

图 4-12　父亲受教育水平与大学生延迟满足之间的关系

（4）母亲受教育水平。One-way ANOVA 分析发现，F（3，4591）= 5.826，p = 0.001（p<0.05）。由于基于均值计算的因变量的方差在自变量各组间不等，故而，使用 Tamhane 多重比较法，发现母亲受教育水平为大学本科/大专的大学生的延迟满足显著高于母亲受教育水平为初中及以下的大学生的延迟满足，但与母亲受教育水平为高中/中专/技校、硕士及以上的大学生的延迟满足无显著差异（α = 0.05）。具体数据如表 4-84 和图 4-13 所示。

表 4-84　母亲受教育水平与大学生延迟满足之间的关系

母亲受教育水平	频数（人）	均值	标准差
初中及以下	2638	3.34	0.689
高中/中专/技校	1151	3.40	0.677
大学本科/大专	748	3.46	0.708
硕士及以上	58	3.42	0.925
总计	4595	3.38	0.694

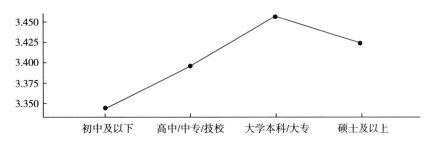

图 4-13　母亲受教育水平与大学生延迟满足之间的关系

（5）家庭成员健康状况。One-way ANOVA 分析发现，$F(3, 4595) = 13.783$，$p = 0.000$（$p<0.05$）。由于基于均值计算的因变量的方差在自变量各组间不等，故而，使用 Tamhane 多重比较法，发现家庭成员健康状况为良好的大学生延迟满足显著高于家庭成员健康状况为一般、较差的大学生的延迟满足，但与家庭成员健康状况为很差的大学生延迟满足无显著差异（$\alpha = 0.05$）。具体数据如 4-85 和图 4-14 所示。

表 4-85　家庭成员健康状况与大学生延迟满足之间的关系

家庭成员健康状况	频数（人）	均值	标准差
很差	53	3.16	0.842
较差	398	3.30	0.751
一般	2069	3.33	0.664
良好	2079	3.45	0.700
总计	4599	3.38	0.693

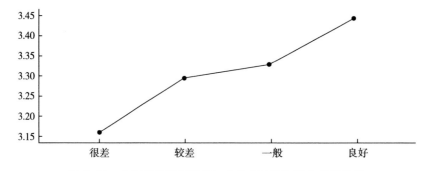

图 4-14　家庭成员健康状况与大学生延迟满足之间的关系

（6）独生子女。One-way ANOVA 分析发现，$F(1, 4588) = 0.246$，$p = 0.620$（$p>0.05$），可以发现大学生是否为独生子女对其延迟满足的影响不显著（$\alpha = 0.05$）。具体数据如表 4-86 所示。

表 4-86　是否为独生子女与大学生延迟满足之间的关系

是否为独生子女	频数（人）	均值	标准差
是	2000	3.38	0.700
否	2590	3.37	0.687
总计	4590	3.38	0.693

（7）家庭月收入。One-way ANOVA 分析发现，F（3，4587）= 7.501，p = 0.000（p<0.05）。由于基于均值计算的因变量的方差在自变量各组间不等，故而，使用 Tamhane 多重比较法，发现家庭月收入为 20000 元以上的大学生的延迟满足显著高于家庭月收入为 5000～10000 元、5000 元及以下的大学生的延迟满足，但与家庭月收入在 10000～20000 元的大学生的延迟满足无显著差异（α = 0.05）。具体数据如表4-87 和图4-15 所示。

表4-87　家庭月收入与大学生延迟满足之间的关系

家庭月收入（元）	频数（人）	均值	标准差
≤5000	1316	3.36	0.733
5000<x≤10000	1836	3.34	0.660
10000<x≤20000	1039	3.40	0.659
20000 以上	400	3.52	0.773
总计	4591	3.38	0.693

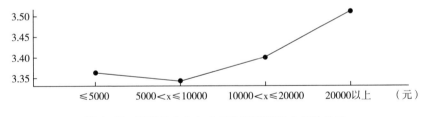

图4-15　家庭月收入与大学生延迟满足之间的关系

四、家庭人文统计变量对财经态度的影响

本书将财经态度涉及的两个题项加总求均值，记为因子分，用这个因子分代表财经态度，这个值越低，表示财经态度越消极；这个值越高，表示财经态度越积极。该变量的均值为 2.32，标准差为 0.967。

本书将家庭人文统计变量作为自变量，包括父亲职业、母亲职业、父亲受教育水平、母亲受教育水平、家庭成员健康状况、独生子女、家庭月收入共七种变量。将财经态度作为因变量，运用 One-way ANOVA 分析工具进行方差分析。以下为家庭人文统计变量对财经态度影响的检验结果。

（1）父亲职业。One-way ANOVA 分析发现，F（9，4603）= 2.770，p = 0.003（p<0.05）。由于基于均值所计算的因变量的方差在自变量的各组间相等，故而，使用 LSD 多重比较法，发现父亲职业为政府或企业事业单位普通员工的大

学生的财经态度显著低于父亲职业为政府机关、党群组织的负责人或中高级官员，企业事业单位的管理人员，专业技术人员或其他专业人士，个体户，自由职业者以及父亲待业的大学生的财经态度。另外，父亲职业为政府机关、党群组织的负责人或中高级官员的大学生的财经态度除显著高于父亲职业为政府或企业事业单位普通员工的大学生的财经态度以外，还显著高于父亲职业为技术工人、务农的大学生的财经态度。同理，父亲为个体户的大学生的财经态度还显著高于父亲职业为技术工人、务农、其他职业的大学生的财经态度。父亲为自由职业者的大学生的财经态度还显著高于父亲为技术工人的大学生的财经态度（$\alpha = 0.05$）。具体数据如表 4-88 和图 4-16 所示。

表 4-88　父亲职业与大学生财经态度之间的关系

父亲职业	频数（人）	均值	标准差
政府机关、党群组织的负责人或中高级官员	170	2.44	1.070
企业事业单位的管理人员	369	2.37	0.974
专业技术人员或其他专业人士	160	2.38	1.022
技术工人	585	2.25	0.954
政府或企业事业单位普通员工	497	2.21	0.884
个体户	788	2.40	0.953
自由职业者（泛指自由作家、动画师、程序员、配音师等自由工作的脑力劳动者）	135	2.43	1.031
务农	818	2.27	0.980
其他职业	969	2.29	0.956
待业	122	2.42	1.029
总计	4613	2.31	0.966

（2）母亲职业。One-way ANOVA 分析发现，$F_{(9, 4592)} = 2.680$，$p = 0.004$（$p<0.05$）。由于基于均值所计算的因变量的方差在自变量的各组间相等，故而，使用 LSD 多重比较法，发现母亲职业为政府机关、党群组织的负责人或中高级官员的大学生的财经态度显著高于母亲职业为企业事业单位的管理人员、技术工人、政府或企业事业单位普通员工、自由职业者、务农、其他职业以及母亲待业的大学生的财经态度，但与母亲职业为专业技术人员或其他专业人士、个体户的大学生的财经态度之间无显著差异。另外，母亲为个体户的大学生的财经态度显著

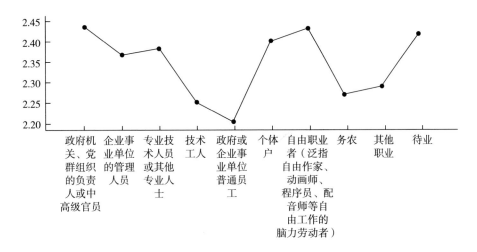

图 4-16　父亲职业与大学生财经态度之间的关系

高于母亲职业为政府或企业事业单位普通员工、务农、其他职业以及母亲处于待业
状态的大学生的财经态度（α＝0.05）。具体数据如表 4-89 和图 4-17 所示。

表 4-89　母亲职业与大学生财经态度之间的关系

母亲职业	频数（人）	均值	标准差
政府机关、党群组织的负责人或中高级官员	110	2.60	1.112
企业事业单位的管理人员	260	2.32	0.955
专业技术人员或其他专业人士	98	2.35	1.041
技术工人	247	2.32	0.988
政府或企业事业单位普通员工	620	2.27	0.956
个体户	776	2.42	0.962
自由职业者（泛指自由作家、动画师、程序员、配音师等自由工作的脑力劳动者）	145	2.32	0.952
务农	805	2.26	0.996
其他职业	996	2.29	0.922
待业	545	2.28	0.954
总计	4602	2.31	0.966

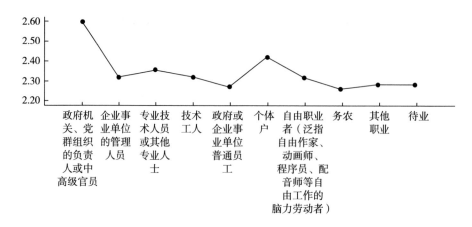

图 4-17　母亲职业与大学生财经态度之间的关系

（3）父亲受教育水平。One-way ANOVA 分析发现，$F_{(3, 4608)} = 1.165$，$p = 0.321$（$p > 0.05$）。可以发现父亲受教育水平对大学生财经态度的影响不显著（$\alpha = 0.05$）。具体数据如表 4-90 所示。

表 4-90　父亲受教育水平与大学生财经态度之间的关系

父亲受教育水平	频数（人）	均值	标准差
初中及以下	2316	2.29	0.968
高中/中专/技校	1253	2.34	0.941
大学本科/大专	944	2.34	0.982
硕士及以上	99	2.36	1.047
总计	4612	2.31	0.965

（4）母亲受教育水平。One-way ANOVA 分析发现，$F_{(3, 4605)} = 4.619$，$p = 0.003$（$p < 0.05$）。由于基于均值计算的因变量的方差在自变量各组间相等，故而，使用 LSD 多重比较法，发现母亲受教育水平为硕士及以上的大学生的财经态度显著高于母亲职业为大学本科/大专、高中/中专/技校、初中及以下的大学生的财经态度。并且，母亲受教育水平为初中及以下、高中/中专/技校、大学本科/大专的大学生的财经态度无显著差异（$\alpha = 0.05$）。具体数据如表 4-91 和图 4-18 所示。

表 4-91　母亲受教育水平与大学生财经态度之间的关系

母亲受教育水平	频数（人）	均值	标准差
初中及以下	2640	2.28	0.963
高中/中专/技校	1158	2.34	0.945
大学本科/大专	752	2.34	0.987
硕士及以上	59	2.70	1.134
总计	4609	2.31	0.966

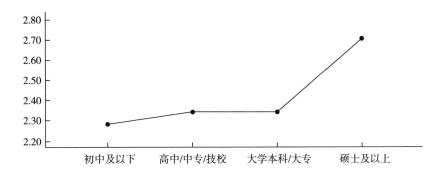

图 4-18　母亲受教育水平与大学生财经态度之间的关系

（5）家庭成员健康状况。One-way ANOVA 分析发现，F（3，4608）=
0.319，p=0.811（p<0.05）。可以发现家庭成员健康状况对财经态度的影响不显
著（α=0.05）。具体数据如表 4-92 所示。

表 4-92　家庭成员健康状况与大学生财经态度之间的关系

家庭成员健康状况	频数（人）	均值	标准差
很差	54	2.40	0.958
较差	399	2.28	0.987
一般	2077	2.32	0.921
良好	2082	2.31	1.005
总计	4612	2.31	0.966

（6）独生子女。One-way ANOVA 分析发现，F（1，4601）=0.718，p=
0.397（p>0.05），可以发现大学生是否为独生子女对其财经态度的影响不显著
（α=0.05）。具体数据如表 4-93 所示。

表 4-93　是否为独生子女与大学生财经态度之间的关系

是否为独生子女	频数	均值	标准差
是	2000	2.33	0.972
否	2603	2.30	0.959
总计	4603	2.31	0.965

（7）家庭月收入。One-way ANOVA 分析发现，F（3，4601）= 5.411，p = 0.001（p<0.05）。由于基于均值计算的因变量的方差在自变量各组间相等，故而，使用 LSD 多重比较法，发现家庭月收入为 5000 元及以下的大学生的财经态度显著低于家庭月收入为 5000~10000 元、10000~20000 元、20000 元以上的大学生的财经态度，而家庭月收入为 5000~10000 元、10000~20000 元、20000 元以上的大学生的财经态度之间无显著差异（α=0.05）。具体数据如表 4-94 和图 4-19 所示。

表 4-94　家庭月收入与大学生财经态度之间的关系

家庭月收入（元）	频数	均值	标准差
≤5000	1325	2.23	0.966
5000<x≤10000	1844	2.33	0.935
10000<x≤20000	1031	2.35	0.988
20000 以上	405	2.41	1.034
总计	4605	2.31	0.966

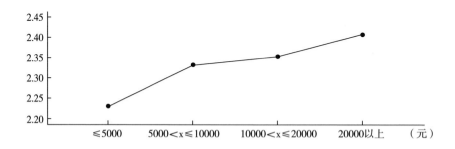

图 4-19　家庭月收入与大学生财经态度之间的关系

五、家庭人文统计变量对财经满意感的影响

财经满意感的均值为 2.79，标准差为 1.025。财经满意感值越低，则表示被调查者对目前的财务状况越不满意；这个值越高，则表示被调查者对自己的财务状况越满意。

本书将家庭人文统计变量作为自变量，包括父亲职业、母亲职业、父亲受教育水平、母亲受教育水平、家庭成员健康状况、独生子女、家庭月收入共七种变量。将财经满意感作为因变量，运用 One-way ANOVA 分析工具进行方差分析。以下为家庭人文统计变量对大学生财经满意感影响的检验结果。

（1）父亲职业。One-way ANOVA 分析发现，$F_{(9, 4624)} = 9.523$，$p = 0.000$（$p<0.05$）。由于基于均值所计算的因变量的方差在自变量的各组间不等，故而，使用 Tamhane 多重比较法，发现父亲职业为政府机关、党群组织的负责人或中高级官员，企业事业单位的管理人员，专业技术人员或其他专业人士，政府或企业事业单位普通员工的大学生的财经满意感分别显著高于父亲务农的大学生的财经满意感。另外，父亲职业为企业事业单位的管理人员的大学生的财经满意感还显著高于父亲职业为技术工人、政府或企业事业单位普通员工、个体户、其他职业以及父亲待业的大学生的财经满意感（$\alpha = 0.05$）。具体数据如表 4-95 和图 4-20 所示。

表 4-95　父亲职业与大学生财经满意感之间的关系

父亲职业	频数（人）	均值	标准差
政府机关、党群组织的负责人或中高级官员	172	2.97	1.136
企业事业单位的管理人员	370	3.13	1.005
专业技术人员或其他专业人士	159	2.96	1.084
技术工人	584	2.80	1.015
政府或企业事业单位普通员工	499	2.85	0.987
个体户	794	2.76	0.981
自由职业者（泛指自由作家、动画师、程序员、配音师等自由工作的脑力劳动者）	136	2.85	1.017
务农	822	2.61	1.058
其他职业	976	2.74	0.988
待业	122	2.59	1.058
总计	4634	2.79	1.025

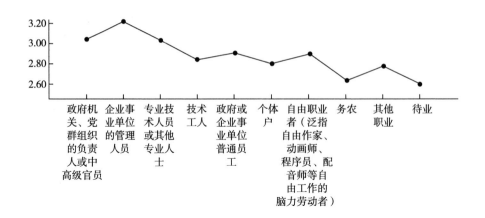

图 4-20　父亲职业与大学生财经满意感之间的关系

（2）母亲职业。One-way ANOVA 分析发现，F（9，4612）＝ 6.991，p ＝ 0.000（p<0.05）。由于基于均值所计算的因变量的方差在自变量的各组间不相等，故而，使用 Tamhane 多重比较法，发现母亲职业为企业事业单位的管理人员、政府或企业事业单位普通员工的大学生的财经满意感分别显著高于母亲职业为个体户、务农、其他职业以及母亲待业的大学生的财经满意感，但与母亲职业为政府机关、党群组织的负责人或中高级官员，专业技术人员或其他专业人士，技术工人，自由职业者的大学生的财经满意感无显著差异（α＝0.05）。具体数据如表 4-96 和图 4-21 所示。

表 4-96　母亲职业与大学生财经满意感之间的关系

母亲职业	频数（人）	均值	标准差
政府机关、党群组织的负责人或中高级官员	110	3.05	1.184
企业事业单位的管理人员	262	3.03	1.005
专业技术人员或其他专业人士	98	2.89	1.192
技术工人	247	2.78	0.984
政府或企业事业单位普通员工	620	2.96	0.958
个体户	783	2.77	0.984
自由职业者（泛指自由作家、动画师、程序员、配音师等自由工作的脑力劳动者）	145	2.93	0.948
务农	807	2.66	1.065
其他职业	1004	2.71	1.018

母亲职业	频数（人）	均值	标准差
待业	546	2.73	1.031
总计	4622	2.79	1.024

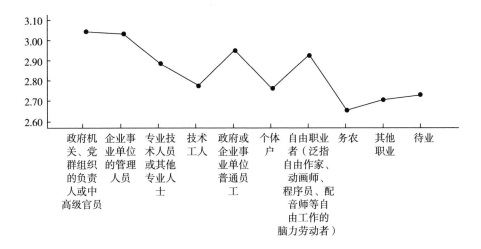

图 4-21　母亲职业与大学生财经满意感之间的关系

（3）父亲受教育水平。One－way ANOVA 分析发现，F（3，4629）＝28.765，p＝0.000（p<0.05）。由于基于均值计算的因变量的方差在自变量各组间不等，故而，使用 Tamhane 多重比较法，发现父亲受教育水平为硕士及以上、大学本科/大专的财经满意感显著高于父亲受教育水平为高中/中专/技校、初中及以下的大学生的财经满意感，但父亲受教育水平为硕士及以上、大学本科/大专的财经满意感无显著差异。另外，父亲受教育水平为高中/中专/技校的大学生的财经满意感显著高于父亲受教育水平为初中及以下的大学生的财经满意感（α＝0.05）。总体而言，父亲受教育水平越高，大学生的财经满意感就越高。具体数据如表 4-97 和图 4-22 所示。

表 4-97　父亲受教育水平与大学生财经满意感之间的关系

父亲受教育水平	频数（人）	均值	标准差
初中及以下	2325	2.67	1.019
高中/中专/技校	1259	2.82	1.005

续表

父亲受教育水平	频数（人）	均值	标准差
大学本科/大专	949	2.97	1.014
硕士及以上	100	3.27	1.081
总计	4633	2.79	1.025

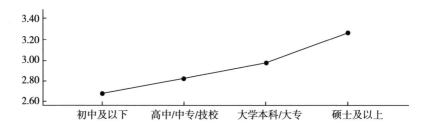

图4-22　父亲受教育水平与大学生财经满意感之间的关系

（4）母亲受教育水平。One - way ANOVA 分析发现，F（3，4626）= 27.701，p=0.000（p<0.05）。由于基于均值计算的因变量的方差在自变量各组间不等，故而，使用 Tamhane 多重比较法，发现母亲受教育水平为硕士及以上、大学本科/大专的财经满意感显著高于母亲受教育水平为高中/中专/技校、初中及以下的大学生的财经满意感，但母亲受教育水平为硕士及以上、大学本科/大专的财经满意感无显著差异。另外，母亲受教育水平为高中/中专/技校的大学生的财经满意感显著高于母亲受教育水平为初中及以下的大学生的财经满意感（α=0.05）。总体而言，母亲受教育水平越高，大学生的财经满意感就越高。具体数据如表4-98和图4-23所示。

表4-98　母亲受教育水平与大学生财经满意感之间的关系

母亲受教育水平	频数（人）	均值	标准差
初中及以下	2653	2.69	1.028
高中/中专/技校	1161	2.82	0.970
大学本科/大专	755	3.03	1.032
硕士及以上	61	3.28	1.157
总计	4630	2.79	1.025

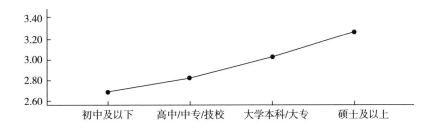

图4-23 母亲受教育水平与大学生财经满意感之间的关系

（5）家庭成员健康状况。One - way ANOVA 分析发现，F（3，4629）=
31.899，p＝0.000（p<0.05）。由于基于均值计算的因变量的方差在自变量各组
间不等，故而，使用 Tamhane 多重比较法，发现家庭成员健康状况为良好的大学
生的财经满意感显著高于家庭成员健康状况为一般、较差、很差的大学生的财经
满意感。家庭成员健康状况为一般的大学生的财经满意感显著高于家庭成员状况
为较差的大学生的财经满意感，但与庭成员健康状况为很差的大学生财经满意感
无显著差异（α＝0.05）。总体而言，家庭成员健康状况越好，大学生的财经满意
感就越高。具体数据如表4-99和图4-24所示。

表4-99 家庭成员健康状况与大学生财经满意感之间的关系

家庭成员健康状况	频数（人）	均值	标准差
很差	55	2.44	1.050
较差	399	2.51	1.049
一般	2082	2.70	0.982
良好	2097	2.93	1.039
总计	4633	2.79	1.024

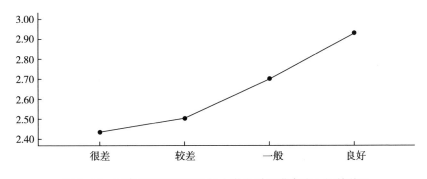

图4-24 家庭成员健康状况与大学生财经满意感之间的关系

（6）独生子女。One-way ANOVA 分析发现，F（1，4622）= 27.828，p = 0.000（p<0.05）。由于基于均值所计算的因变量的方差在自变量的各组间不等，故而，使用 Tamhane 多重比较法，发现是独生子女的大学生的财经满意感显著高于不是独生子女的大学生的财经满意感（α = 0.05）。具体数据如表 4-100 和图 4-25 所示。

表 4-100　是否为独生子女与大学生财经满意感之间的关系

是否为独生子女	频数（人）	均值	标准差
是	2010	2.88	1.036
否	2614	2.72	1.010
总计	4624	2.79	1.024

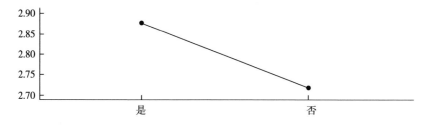

图 4-25　是否为独生子女与大学生财经满意感之间的关系

（7）家庭月收入。One-way ANOVA 分析发现，F（3，4622）= 42.562，p = 0.000（p<0.05）。由于基于均值计算的因变量的方差在自变量各组间不等，故而，使用 Tamhane 多重比较法，发现家庭月收入为 20000 元以上的大学生的财经满意感显著高于家庭月收入为 5000 元及以下、5000~10000 元、10000~20000 元的大学生的财经满意感。家庭月收入为 10000~20000 元的大学生的财经满意感显著高于家庭月收入为 5000 元及以下以及 5000~10000 元的大学生的财经满意感。家庭月收入为 5000~10000 元的大学生的财经满意感显著高于家庭月收入为 5000 元及以下的大学生的财经满意感。总体而言，家庭月收入越高，大学生的财经满意感就越高（α = 0.05）。具体数据如表 4-101 和图 4-26 所示。

表 4-101　家庭月收入与大学生财经满意感之间的关系

家庭月收入（元）	频数（人）	均值	标准差
≤5000	1331	2.60	1.030
5000<x≤10000	1850	2.75	0.983
10000<x≤20000	1037	2.94	1.009
20000 以上	408	3.15	1.066
总计	4626	2.79	1.024

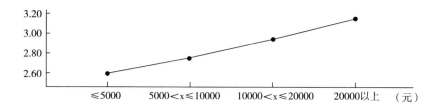

图 4-26　家庭月收入与大学生财经满意感之间的关系

六、家庭人文统计变量对财经行为合理性的影响

本书将财经行为合理性涉及的四个题项加总求均值，记为因子分，用这个因子分代表财经行为合理性。它的均值为 3.78，标准差为 0.844。用这个因子分代表财经行为合理性。这个值越高，则表示大学生的财经行为越合理。

本书将家庭人文统计变量作为自变量，包括父亲职业、母亲职业、父亲受教育水平、母亲受教育水平、家庭成员健康状况、独生子女、家庭月收入共七种变量。将财经行为合理性作为因变量，运用 One-way ANOVA 分析工具进行方差分析。以下为家庭人文统计变量对财经行为合理性影响的检验结果。

（1）父亲职业。One-way ANOVA 分析发现，$F(9, 4585) = 2.571$，$p = 0.006$（$p<0.05$），可以发现父亲的职业对大学生的财经行为合理性有显著影响。由于基于均值所计算的因变量的方差在自变量的各组间不等，故而，使用 Tamhane 多重比较法，发现父亲的不同职业对应的大学生的财经行为合理性不存在显著差异（$\alpha=0.05$）。具体数据如表 4-102 所示。

表 4-102　父亲职业与大学生财经行为合理性之间的关系

父亲职业	频数（人）	均值	标准差
政府机关、党群组织的负责人或中高级官员	173	3.65	0.968
企业事业单位的管理人员	369	3.85	0.814
专业技术人员或其他专业人士	157	3.91	0.796
技术工人	578	3.72	0.841
政府或企业事业单位普通员工	495	3.86	0.765
个体户	790	3.77	0.818
自由职业者（泛指自由作家、动画师、程序员、配音师等自由工作的脑力劳动者）	136	3.66	0.915
务农	812	3.80	0.888
其他职业	966	3.77	0.832
待业	119	3.67	0.933
总计	4595	3.78	0.844

（2）母亲职业。One-way ANOVA 分析发现，$F_{(9, 4573)} = 3.268$，$p = 0.001$（$p < 0.05$）。由于基于均值所计算的因变量的方差在自变量的各组间不等，故而，使用 Tamhane 多重比较法，发现母亲职业为政府或企业事业单位普通员工的大学生的财经行为合理性显著高于母亲职业为政府机关、党群组织的负责人或中高级官员，个体户的大学生的财经行为合理性。而母亲职业为政府机关、党群组织的负责人或中高级官员，企业事业单位的管理人员，专业技术人员或其他专业人士，技术工人，个体户，自由职业者，务农，其他职业以及母亲待业的大学生的财经行为合理性无显著差异（$\alpha = 0.05$）。具体数据如表 4-103 和图 4-27 所示。

表 4-103　母亲职业与大学生财经行为合理性之间的关系

母亲职业	频数（人）	均值	标准差
政府机关、党群组织的负责人或中高级官员	111	3.53	1.060
企业事业单位的管理人员	258	3.84	0.791
专业技术人员或其他专业人士	99	3.69	0.879
技术工人	242	3.75	0.832
政府或企业事业单位普通员工	619	3.88	0.760
个体户	777	3.73	0.836
自由职业者（泛指自由作家、动画师、程序员、配音师等自由工作的脑力劳动者）	145	3.66	0.909

续表

母亲职业	频数（人）	均值	标准差
务农	800	3.82	0.890
其他职业	991	3.77	0.817
待业	541	3.79	0.851
总计	4583	3.78	0.842

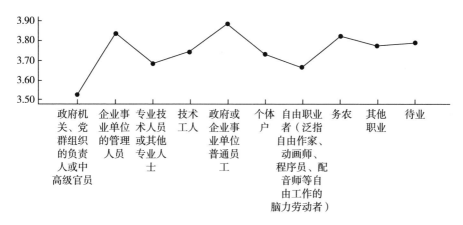

图 4-27　母亲职业与大学生财经行为合理性之间的关系

（3）父亲受教育水平。One-way ANOVA 分析发现，$F_{(3, 4590)} = 3.113$，$p = 0.025$（$p < 0.05$）。由于基于均值计算的因变量的方差在自变量各组间相等，故而，使用 LSD 多重比较法，发现父亲受教育水平为大学本科/大专的大学生财经行为合理性显著高于父亲受教育水平为高中/中专/技校、初中及以下的大学生的财经行为合理性，但与父亲受教育水平为硕士及以上的大学生的财经行为合理性无显著差异（$\alpha = 0.05$）。具体数据如表 4-104 和图 4-28 所示。

表 4-104　父亲受教育水平与大学生财经行为合理性之间的关系

父亲受教育水平	频数（人）	均值	标准差
初中及以下	2295	3.77	0.867
高中/中专/技校	1254	3.76	0.824
大学本科/大专	946	3.85	0.804
硕士及以上	99	3.70	0.892
总计	4594	3.78	0.844

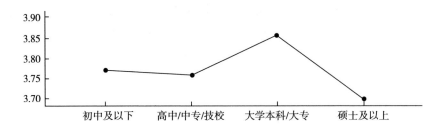

图 4-28　父亲受教育水平与大学生财经行为合理性之间的关系

（4）母亲受教育水平。One-way ANOVA 分析发现，F（3，4587）= 3.492，p=0.015（p<0.05）。由于基于均值计算的因变量的方差在自变量各组间相等，故而，使用 LSD 多重比较法，发现母亲受教育水平为硕士及以上的财经行为合理性显著低于母亲受教育水平为大学本科/大专、高中/中专/技校、初中及以下的大学生的财经行为合理性。另外，母亲受教育水平为大学本科/大专的大学生的财经行为合理性与母亲受教育水平为高中/中专/技校的大学生的财经行为合理性无差异（α=0.05）。具体数据如表 4-105 和图 4-29 所示。

表 4-105　母亲受教育水平与大学生财经行为合理性之间的关系

母亲受教育水平	频数（人）	均值	标准差
初中及以下	2624	3.77	0.852
高中/中专/技校	1157	3.77	0.824
大学本科/大专	750	3.85	0.827
硕士及以上	60	3.53	1.003
总计	4591	3.78	0.844

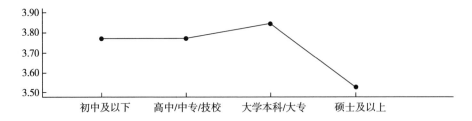

图 4-29　母亲受教育水平与大学生财经行为合理性之间的关系

（5）家庭成员健康状况。One-way ANOVA 分析发现，F（3，4590）= 7.448，p=0.000（p<0.05）。由于基于均值计算的因变量的方差在自变量各组间

相等，故而，使用 LSD 多重比较法，发现家庭成员健康状况为良好的大学生的财经行为合理性显著高于家庭成员健康状况为一般、很差的大学生的财经行为合理性。家庭成员健康状况为一般的大学生的财经行为合理性显著高于家庭成员健康状况为很差的大学生的财经行为合理性，家庭成员健康状况为较差的大学生的财经行为合理性显著高于家庭成员健康状况为很差的大学生的财经行为合理性（$\alpha = 0.05$）。具体数据如表 4-106 和图 4-30 所示。

表 4-106　家庭成员健康状况与大学生财经行为合理性之间的关系

家庭成员健康状况	频数（人）	均值	标准差
很差	52	3.34	0.962
较差	392	3.78	0.892
一般	2061	3.75	0.825
良好	2089	3.82	0.844
总计	4594	3.78	0.843

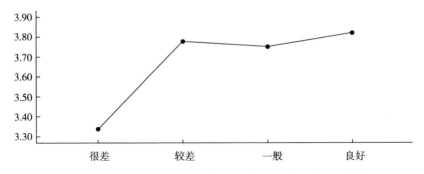

图 4-30　家庭成员健康状况与大学生财经行为合理性之间的关系

（6）独生子女。One-way ANOVA 分析发现，$F_{(1, 4584)} = 0.762$，$p = 0.383$（$p > 0.05$），可以发现大学生是否为独生子女对其财经行为合理性的影响不显著（$\alpha = 0.05$）。具体数据如表 4-107 所示。

表 4-107　是否为独生子女与大学生财经行为合理性之间的关系

是否为独生子女	频数（人）	均值	标准差
是	1997	3.77	0.851
否	2589	3.79	0.835
总计	4586	3.78	0.842

（7）家庭月收入。One-way ANOVA 分析发现，F（3，4583）= 1.821，p = 0.141（p>0.05），可以发现大学生的家庭月收入对其财经行为合理性的影响不显著（α=0.05）。具体数据如表 4-108 所示。

表 4-108　家庭月收入与大学生财经行为合理性之间的关系

家庭月收入（元）	频数	均值	标准差
≤5000	1316	3.77	0.908
5000<x≤10000	1835	3.76	0.817
10000<x≤20000	1028	3.80	0.783
20000 以上	408	3.85	0.883
总计	4587	3.78	0.843

七、家庭人文统计变量对独立的影响

本书将独立的九个题项加总求均值，记为因子分，用这个因子分代表独立。这个值越高，则表示大学生独立性越高。它的均值为 3.68，标准差为 0.761。

本书将家庭人文统计变量作为自变量，包括父亲职业、母亲职业、父亲受教育水平、母亲受教育水平、家庭成员健康状况、独生子女、家庭月收入共七种变量。将独立作为因变量，运用 One-way ANOVA 分析工具进行方差分析。以下为家庭人文统计变量对独立的影响的检验结果。

（1）父亲职业。One-way ANOVA 分析发现，F（9，4554）= 2.108，p = 0.026（p<0.05）。由于基于均值所计算的因变量的方差在自变量的各组间不等，故而，使用 Tamhane 多重比较法，发现父亲职业为企业事业单位的管理人员的大学生的独立性显著高于父亲职业为技术工人的大学生的独立性。除以上两者以外，父亲为其他几类职业的大学生的独立性之间无显著差异（α=0.05）。具体数据如表 4-109 和图 4-31 所示。

表 4-109　父亲职业与大学生独立性之间的关系

父亲职业	频数（人）	均值	标准差
政府机关、党群组织的负责人或中高级官员	171	3.65	0.880
企业事业单位的管理人员	367	3.77	0.772
专业技术人员或其他专业人士	156	3.79	0.725
技术工人	577	3.60	0.737
政府或企业事业单位普通员工	495	3.70	0.704

续表

父亲职业	频数（人）	均值	标准差
个体户	779	3.69	0.742
自由职业者（泛指自由作家、动画师、程序员、配音师等自由工作的脑力劳动者）	132	3.68	0.778
务农	806	3.68	0.790
其他职业	960	3.65	0.753
待业	121	3.58	0.871
总计	4564	3.68	0.761

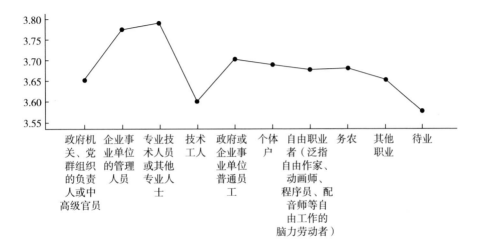

图4-31　父亲职业与大学生独立性之间的关系

（2）母亲职业。One-way ANOVA 分析发现，$F_{(9, 4543)} = 3.551$，$p = 0.000$（$p < 0.05$），可以发现母亲的职业对大学生的独立性有显著的影响。由于基于均值所计算的因变量的方差在自变量的各组间不等，故而，使用 Tamhane 多重比较法，发现母亲不同职业间的大学生的独立性无显著差异（$\alpha = 0.05$）。具体数据如表4-110所示。

表4-110　母亲职业与大学生独立性之间的关系

母亲职业	频数（人）	均值	标准差
政府机关、党群组织的负责人或中高级官员	109	3.45	0.979
企业事业单位的管理人员	259	3.77	0.740
专业技术人员或其他专业人士	95	3.68	0.772

续表

母亲职业	频数（人）	均值	标准差
技术工人	246	3.63	0.725
政府或企业事业单位普通员工	616	3.77	0.692
个体户	768	3.66	0.751
自由职业者（泛指自由作家、动画师、程序员、配音师等自由工作的脑力劳动者）	142	3.54	0.802
务农	795	3.71	0.801
其他职业	982	3.66	0.752
待业	541	3.64	0.751
总计	4553	3.68	0.761

（3）父亲受教育水平。One-way ANOVA 分析发现，F（3，4559）= 5.069，p=0.002（p<0.05）。由于基于均值计算的因变量的方差在自变量各组间不等，故而，使用 Tamhane 多重比较法，发现父亲受教育水平为大学本科/大专的独立性显著高于父亲受教育水平为高中/中专/技校、初中及以下的大学生的独立性，但与父亲受教育水平为硕士及以上的大学生的独立性无显著差异（α=0.05）。具体数据如表4-111和图4-32所示。

表4-111　父亲受教育水平与大学生独立性之间的关系

父亲受教育水平	频数（人）	均值	标准差
初中及以下	2293	3.65	0.780
高中/中专/技校	1236	3.66	0.737
大学本科/大专	934	3.76	0.727
硕士及以上	100	3.61	0.886
总计	4563	3.68	0.761

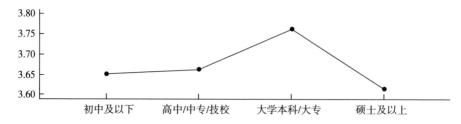

图4-32　父亲受教育水平与大学生独立性之间的关系

（4）母亲受教育水平。One-way ANOVA 分析发现，F（3，4556）＝6.434，p＝0.000（p<0.05）。由于基于均值计算的因变量的方差在自变量各组间不等，故而，使用 Tamhane 多重比较法，发现母亲受教育水平为大学本科/大专的独立性显著高于母亲受教育水平为高中/中专/技校、初中及以下的大学生的独立性，但与母亲受教育水平为硕士及以上的大学生的独立性无显著差异（α＝0.05）。具体数据如表4-112 和图4-33 所示。

表 4-112　母亲受教育水平与大学生独立性之间的关系

母亲受教育水平	频数（人）	均值	标准差
初中及以下	2604	3.65	0.763
高中/中专/技校	1152	3.67	0.759
大学本科/大专	744	3.78	0.730
硕士及以上	60	3.48	0.971
总计	4560	3.68	0.761

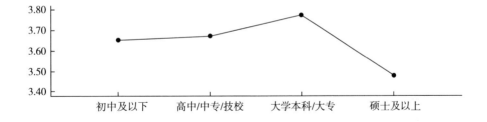

图 4-33　母亲受教育水平与大学生独立性之间的关系

（5）家庭成员健康状况。One-way ANOVA 分析发现，F（3，4559）＝10.879，p＝0.000（p<0.05）。由于基于均值计算的因变量的方差在自变量各组间不等，故而，使用 Tamhane 多重比较法，发现家庭成员健康状况为良好的大学生的独立性显著高于家庭成员健康状况为一般、很差的大学生的独立性，但与家庭成员健康状况为较差的大学生的独立性无显著差异（α＝0.05）。具体数据如表4-113 和图4-34 所示。

表 4-113　家庭成员健康状况与大学生独立性之间的关系

家庭成员健康状况	频数（人）	均值	标准差
很差	52	3.34	0.962
较差	392	3.78	0.892

续表

家庭成员健康状况	频数（人）	均值	标准差
一般	2061	3.75	0.825
良好	2089	3.82	0.844
总计	4594	3.78	0.843

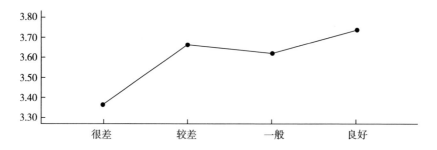

图 4-34　家庭成员健康状况与大学生独立性之间的关系

（6）独生子女。One-way ANOVA 分析发现，F（1，4552）= 1.013，p = 0.314（p>0.05），可以发现大学生是否为独生子女对其独立性的影响不显著（α=0.05）。具体数据如表 4-114 所示。

表 4-114　是否为独生子女与大学生独立性之间的关系

是否为独生子女	频数（人）	均值	标准差
是	1980	3.66	0.768
否	2574	3.69	0.756
总计	4554	3.68	0.761

（7）家庭月收入。One-way ANOVA 分析发现，F（3，4552）= 7.618，p = 0.000（p<0.05）。由于基于均值计算的因变量的方差在自变量各组间不等，故而，使用 Tamhane 多重比较法，发现家庭月收入为 20000 元以上的大学生的独立性显著高于家庭月收入为 5000 元及以下、5000~10000 元的大学生的独立性。家庭月收入为 10000~20000 元的大学生的独立性显著高于家庭月收入为 5000 元及以下以及 5000~10000 元的大学生的独立性（α=0.05）。具体数据如表 4-115 和图 4-35 所示。

表 4-115　家庭月收入与大学生独立性之间的关系

家庭月收入（元）	频数（人）	均值	标准差
≤5000	1309	3.64	0.793
5000<x≤10000	1822	3.64	0.740
10000<x≤20000	1025	3.73	0.723
20000 以上	400	3.81	0.825
总计	4556	3.68	0.761

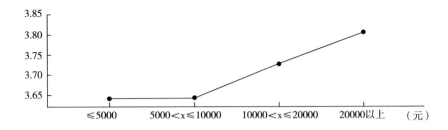

图 4-35　家庭月收入与大学生独立性之间的关系

八、家庭人文统计变量对信用的影响

本书将信用的六个题项加总求均值，记为因子分，用这个因子分代表信用。这个值越高，则表示大学生信用越高。它的均值为 3.93，标准差为 0.834。

本书将家庭人文统计变量作为自变量，包括父亲职业、母亲职业、父亲受教育水平、母亲受教育水平、家庭成员健康状况、独生子女、家庭月收入共七种变量。将信用作为因变量，运用 One-way ANOVA 分析工具进行方差分析。以下为家庭人文统计变量对信用的影响的检验结果。

（1）父亲职业。One-way ANOVA 分析发现，F（9，4568）= 3.447，p=0.000（p<0.05）。由于基于均值所计算的因变量的方差在自变量的各组间不等，故而，使用 Tamhane 多重比较法，发现父亲职业为企业事业单位的管理人员的大学生的信用显著高于父亲职业为技术工人、个体户的大学生的信用，但与父亲职业为政府机关、党群组织的负责人或中高级官员，专业技术人员或其他专业人士，政府或企业事业单位普通员工，自由职业者，务农，其他职业以及父亲待业的大学生的信用之间无显著差异（α=0.05）。具体数据如表 4-116 和图 4-36 所示。

表 4-116　父亲职业与大学生信用之间的关系

父亲职业	频数（人）	均值	标准差
政府机关、党群组织的负责人或中高级官员	172	3.86	0.984
企业事业单位的管理人员	364	4.08	0.823
专业技术人员或其他专业人士	158	4.10	0.789
技术工人	579	3.86	0.836
政府或企业事业单位普通员工	496	4.00	0.777
个体户	780	3.91	0.814
自由职业者（泛指自由作家、动画师、程序员、配音师等自由工作的脑力劳动者）	133	3.90	0.889
务农	812	3.92	0.865
其他职业	966	3.90	0.803
待业	118	3.82	0.938
总计	4578	3.93	0.834

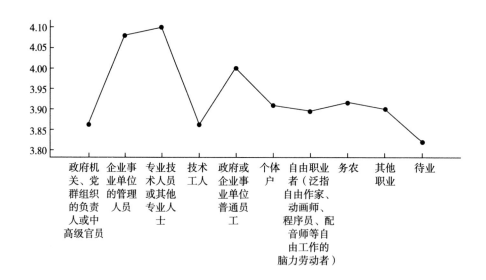

图 4-36　父亲职业与大学生信用之间的关系

（2）母亲职业。One-way ANOVA 分析发现，$F_{(9, 4556)} = 3.447$，$p = 0.000$（$p < 0.05$）。由于基于均值所计算的因变量的方差在自变量的各组间不等，故而，使用 Tamhane 多重比较法，发现母亲职业为政府或企业事业单位普通员工的大学生的信用显著高于母亲职业为个体户以及其他职业的大学生的信用，但前者与母亲职

业为政府机关、党群组织的负责人或中高级官员，企业事业单位的管理人员，专业技术人员或其他专业人士，技术工人，自由职业者，务农以及母亲待业的大学生的信用之间无显著差异（$\alpha=0.05$）。具体数据如表4-117和图4-37所示。

表4-117　母亲职业与大学生信用之间的关系

母亲职业	频数（人）	均值	标准差
政府机关、党群组织的负责人或中高级官员	110	3.70	1.135
企业事业单位的管理人员	253	3.98	0.784
专业技术人员或其他专业人士	99	3.87	0.946
技术工人	241	3.89	0.802
政府或企业事业单位普通员工	617	4.06	0.737
个体户	770	3.88	0.835
自由职业者（泛指自由作家、动画师、程序员、配音师等自由工作的脑力劳动者）	140	3.83	0.907
务农	803	3.94	0.874
其他职业	992	3.92	0.810
待业	541	3.93	0.813
总计	4566	3.93	0.833

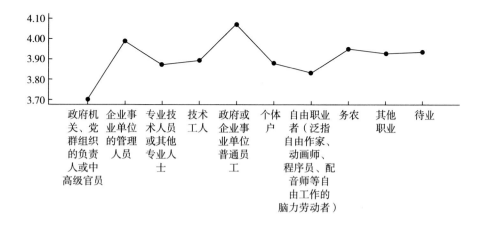

图4-37　母亲职业与大学生信用之间的关系

（3）父亲受教育水平。One－way ANOVA 分析发现，F（3，4573）＝10.241，p＝0.000（p<0.05）。由于基于均值计算的因变量的方差在自变量各组间相等，故而，使用 LSD 多重比较法，发现父亲受教育水平为大学本科/大专的大学生的信用显著高于父亲受教育水平为高中/中专/技校、初中及以下的大学生的信用，但前者与父亲受教育水平为硕士及以上的大学生的信用无显著差异（α＝0.05）。具体数据如表 4-118 和图 4-38 所示。

表 4-118　父亲受教育水平与大学生信用之间的关系

父亲受教育水平	频数（人）	均值	标准差
初中及以下	2298	3.89	0.848
高中/中专/技校	1245	3.91	0.823
大学本科/大专	933	4.06	0.792
硕士及以上	101	3.92	0.911
总计	4577	3.93	0.834

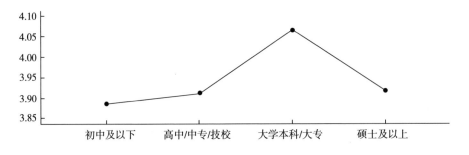

图 4-38　父亲受教育水平与大学生信用之间的关系

（4）母亲受教育水平。One-way ANOVA 分析发现，F（3，4570）＝8.477，p＝0.000（p<0.05）。由于基于均值计算的因变量的方差在自变量各组间不等，故而，使用 Tamhane 多重比较法，发现母亲受教育水平为大学本科/大专的大学生的信用显著高于母亲受教育水平为初中及以下的大学生的信用，但前者与母亲受教育水平为硕士及以上、高中/中专/技校的大学生的信用无显著差异（α＝0.05）。具体数据如表 4-119 和图 4-39 所示。

表 4-119　母亲受教育水平与大学生信用之间的关系

母亲受教育水平	频数（人）	均值	标准差
初中及以下	2619	3.89	0.837
高中/中专/技校	1150	3.95	0.829
大学本科/大专	744	4.04	0.800
硕士及以上	61	3.68	1.050
总计	4574	3.93	0.834

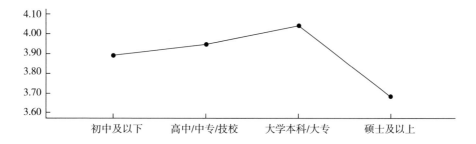

图 4-39　母亲受教育水平与大学生信用之间的关系

（5）家庭成员健康状况。One-way ANOVA 分析发现，F（3，4573）=11.474，p=0.000（p<0.05）。由于基于均值计算的因变量的方差在自变量各组间不等，故而，使用 Tamhane 多重比较法，发现家庭成员健康状况为良好的大学生的信用显著高于家庭成员健康状况为一般、很差的大学生的信用，但与家庭成员健康状况为较差的大学生的信用无显著差异（α=0.05）。具体数据如表 4-120 和图 4-40 所示。

表 4-120　家庭成员健康状况与大学生信用之间的关系

家庭成员健康状况	频数（人）	均值	标准差
很差	54	3.53	1.042
较差	393	3.91	0.823
一般	2053	3.88	0.821
良好	2077	4.00	0.835
总计	4577	3.93	0.833

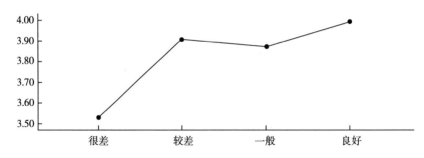

图4-40 家庭成员健康状况与大学生信用之间的关系

（6）独生子女。One-way ANOVA 分析发现，$F_{(1, 4566)} = 0.030$，$p = 0.862$（$p>0.05$），可以发现大学生是否为独生子女对其信用的影响不显著（$\alpha = 0.05$）。具体数据如表4-121 所示。

表4-121 是否为独生子女与大学生信用之间的关系

是否为独生子女	频数（人）	均值	标准差
是	1983	3.93	0.841
否	2585	3.93	0.828
总计	4568	3.93	0.833

（7）家庭月收入。One-way ANOVA 分析发现，$F_{(3, 4566)} = 6.152$，$p = 0.000$（$p<0.05$）。由于基于均值计算的因变量的方差在自变量各组间相等，故而，使用 LSD 多重比较法，发现家庭月收入为 20000 元以上的大学生的信用显著高于家庭月收入为 5000 元及以下、5000～10000 元的大学生的信用，但前者与家庭月收入为 10000～20000 元的大学生的信用无显著差异。家庭月收入为 10000～20000 元的大学生的信用显著高于家庭月收入为 5000 元及以下以及 5000～10000 元的大学生的信用（$\alpha = 0.05$）。具体数据如表4-122 和图4-41 所示。

表4-122 家庭月收入与大学生信用之间的关系

家庭月收入（元）	频数（人）	均值	标准差
≤5000	1310	3.91	0.854
5000<x≤10000	1836	3.88	0.816
10000<x≤20000	1022	3.98	0.811
20000 以上	402	4.05	0.886
总计	4570	3.93	0.834

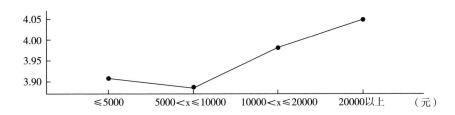

图 4-41 家庭月收入与大学生信用之间的关系

九、家庭人文统计变量对未来规划的影响

此部分将家庭人文统计变量作为自变量，将未来规划作为因变量，运用 One-way ANOVA 分析工具进行方差分析。其中，未来规划包括生涯适应能力、未来承诺。

（一）家庭人文统计变量对生涯适应能力的影响

本书将生涯适应能力的三个题项加总求均值，记为因子分，用这个因子分代表生涯适应能力。这个值越高，表示大学生生涯适应能力越高。它的均值为 3.33，标准差为 0.819。

本书将家庭人文统计变量作为自变量，将生涯适应能力作为因变量，运用 One-way ANOVA 分析工具进行方差分析。以下为家庭人文统计变量对大学生生涯适应能力的影响的检验结果。

（1）父亲职业。One-way ANOVA 分析发现，$F_{(9, 4587)} = 7.198$，$p = 0.000$（$p<0.05$）。由于基于均值所计算的因变量的方差在自变量的各组间不等，故而，使用 Tamhane 多重比较法，发现父亲职业为政府机关、党群组织的负责人或中高级官员，专业技术人员或其他专业人士的大学生的生涯适应能力显著强于父亲务农或为其他职业的大学生的生涯适应能力。另外，父亲职业为企业事业单位的管理人员的大学生的生涯适应能力显著强于父亲职业为技术工人、务农、其他职业以及父亲待业的大学生的生涯适应能力。但父亲职业为政府机关、党群组织的负责人或中高级官员，专业技术人员或其他专业人士，政府或企业事业单位普通员工，个体户，自由职业者的大学生的生涯适应能力之间无显著差异（$\alpha = 0.05$）。具体数据如表 4-123 和图 4-42 所示。

（2）母亲职业。One-way ANOVA 分析发现，$F_{(9, 4575)} = 5.406$，$p = 0.000$（$p<0.05$）。由于基于均值所计算的因变量的方差在自变量的各组间不等，故而，使用 Tamhane 多重比较法，发现母亲职业为企业事业单位的管理人员的大学生的生涯适应能力显著强于母亲职业为技术工人、个体户、务农、其他职业以

表 4-123　父亲职业与大学生生涯适应能力之间的关系

父亲职业	频数（人）	均值	标准差
政府机关、党群组织的负责人或中高级官员	170	3.52	0.961
企业事业单位的管理人员	364	3.54	0.883
专业技术人员或其他专业人士	159	3.51	0.797
技术工人	582	3.31	0.842
政府或企业事业单位普通员工	498	3.37	0.773
个体户	787	3.37	0.783
自由职业者（泛指自由作家、动画师、程序员、配音师等自由工作的脑力劳动者）	134	3.36	0.865
务农	814	3.25	0.829
其他职业	967	3.25	0.761
待业	122	3.20	0.855
总计	4597	3.33	0.819

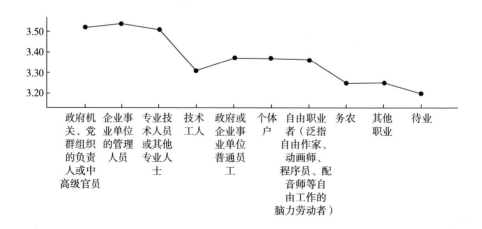

图 4-42　父亲职业与大学生生涯适应能力之间的关系

及母亲待业的大学生的生涯适应能力。母亲职业为政府或企业事业单位普通员工的大学生的生涯适应能力显著强于母亲为其他职业的大学生的生涯适应能力。但母亲职业为政府机关、党群组织的负责人或中高级官员，专业技术人员或其他专业人士，技术工人，政府或企业事业单位普通员工，个体户，自由职业者，务农以及母亲待业的大学生的生涯适应能力之间无显著差异（α=0.05）。具体数据如表 4-124 和图 4-43 所示。

表 4-124　母亲职业与大学生生涯适应能力之间的关系

母亲职业	频数（人）	均值	标准差
政府机关、党群组织的负责人或中高级官员	109	3.48	1.037
企业事业单位的管理人员	257	3.57	0.807
专业技术人员或其他专业人士	99	3.44	0.901
技术工人	246	3.28	0.776
政府或企业事业单位普通员工	617	3.41	0.788
个体户	776	3.36	0.826
自由职业者（泛指自由作家、动画师、程序员、配音师等自由工作的脑力劳动者）	144	3.35	0.859
务农	800	3.28	0.832
其他职业	993	3.26	0.777
待业	544	3.28	0.812
总计	4585	3.33	0.818

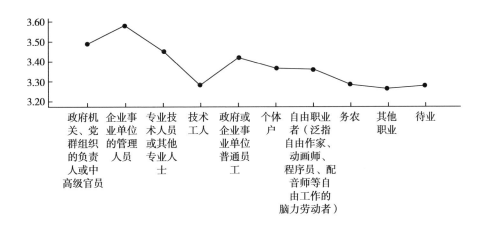

图 4-43　母亲职业与大学生生涯适应能力之间的关系

（3）父亲受教育水平。One - way ANOVA 分析发现，$F_{(3, 4592)}$ = 20.726，p=0.000（p<0.05）。由于基于均值计算的因变量的方差在自变量各组间不等，故而，使用 Tamhane 多重比较法，发现父亲受教育水平为硕士及以上的大学生的生涯适应能力显著强于父亲受教育水平为初中及以下的大学生的生涯适应能力，但前者与父亲受教育水平为大学本科/大专、高中/中专/技校的大学生的生涯适应能力无显著差异。并且，父亲受教育水平为大学本科/大专的生涯适

应能力显著强于父亲受教育水平为高中/中专/技校、初中及以下的大学生的生涯适应能力。总体而言，父亲的受教育水平越高，大学生的生涯适应能力越强（α=0.05）。具体数据如表4-125和图4-44所示。

表4-125　父亲受教育水平与大学生生涯适应能力之间的关系

父亲受教育水平	频数（人）	均值	标准差
初中及以下	2307	3.26	0.823
高中/中专/技校	1249	3.33	0.792
大学本科/大专	943	3.49	0.804
硕士及以上	97	3.56	0.937
总计	4596	3.33	0.819

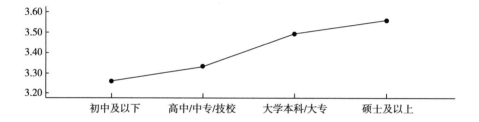

图4-44　父亲受教育水平与大学生生涯适应能力之间的关系

（4）母亲受教育水平。One-way ANOVA分析发现，$F_{(3, 4589)}$=21.166，p=0.000（p<0.05）。由于基于均值计算的因变量的方差在自变量各组间不等，故而，使用Tamhane多重比较法，发现母亲受教育水平为大学本科/大专的大学生生涯适应能力显著强于母亲受教育水平为高中/中专/技校、初中及以下的大学生的生涯适应能力，但前者与母亲受教育水平为硕士及以上的大学生的生涯适应能力无显著差异。母亲受教育水平为高中/中专/技校的大学生生涯适应能力显著强于母亲受教育水平为初中及以下的大学生生涯适应能力（α=0.05）。具体数据如表4-126和图4-45所示。

表4-126　母亲受教育水平与大学生生涯适应能力之间的关系

母亲受教育水平	频数（人）	均值	标准差
初中及以下	2630	3.26	0.806
高中/中专/技校	1157	3.38	0.809

母亲受教育水平	频数（人）	均值	标准差
大学本科/大专	747	3.51	0.825
硕士及以上	59	3.41	1.065
总计	4593	3.33	0.819

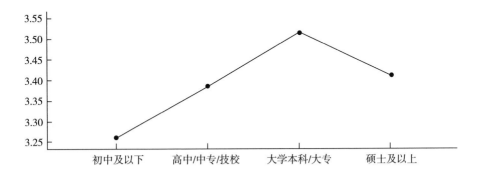

图4-45　母亲受教育水平与大学生生涯适应能力之间的关系

（5）家庭成员健康状况。One-way ANOVA 分析发现，$F_{(3, 4593)}=15.706$，$p=0.000$（$p<0.05$）。由于基于均值计算的因变量的方差在自变量各组间不等，故而，使用 Tamhane 多重比较法，发现家庭成员健康状况为良好的大学生的生涯适应能力显著强于家庭成员健康状况为一般、较差的大学生的生涯适应能力，但前者与家庭成员健康状况为很差的大学生的生涯适应能力无显著差异。另外，家庭成员健康状况为一般、较差、很差的大学生的生涯适应能力无显著差异（$\alpha=0.05$）。具体数据如表4-127和图4-46所示。

表4-127　家庭成员健康状况与大学生生涯适应能力之间的关系

家庭成员健康状况	频数（人）	均值	标准差
很差	55	3.18	0.870
较差	395	3.29	0.812
一般	2069	3.26	0.780
良好	2078	3.42	0.847
总计	4597	3.33	0.819

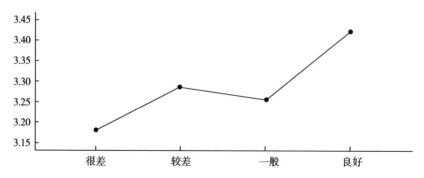

图4-46　家庭成员健康状况与大学生生涯适应能力之间的关系

（6）独生子女。One-way ANOVA 分析发现，$F_{(1, 4586)} = 33.236$，$p = 0.000$（$p<0.05$）。由于基于均值所计算的因变量的方差在自变量的各组间不等，故而，使用 Tamhane 多重比较法，发现是独生子女的大学生的生涯适应能力显著强于不是独生子女的大学生的生涯适应能力（$\alpha = 0.05$）。具体数据如表4-128和图4-47所示。

表4-128　是否为独生子女与大学生生涯适应能力之间的关系

是否为独生子女	频数（人）	均值	标准差
是	2000	3.41	0.822
否	2588	3.27	0.810
总计	4588	3.33	0.818

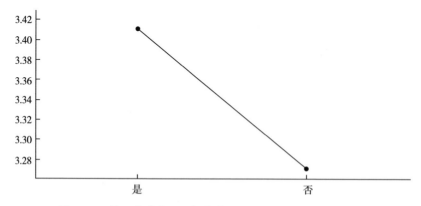

图4-47　是否为独生子女与大学生生涯适应能力之间的关系

（7）家庭月收入。One-way ANOVA 分析发现，$F_{(3, 4585)} = 20.830$，$p = 0.000$（$p<0.05$）。由于基于均值计算的因变量的方差在自变量各组间不等，故

而，使用 Tamhane 多重比较法，发现家庭月收入为 20000 元以上的大学生的生涯适应能力显著强于家庭月收入为 5000 元及以下、5000～10000 元的大学生的生涯适应能力，但前者与家庭月收入为 10000～20000 元的大学生的生涯适应能力无显著差异。家庭月收入为 10000～20000 元的大学生的生涯适应能力显著强于家庭月收入为 5000 元及以下以及 5000～10000 元的大学生的生涯适应能力。但家庭月收入为 5000 元及以下和 5000～10000 元的大学生的生涯适应能力之间无显著差异（$\alpha = 0.05$）。具体数据如表 4-129 和图 4-48 所示。

表 4-129　家庭月收入与大学生生涯适应能力之间的关系

家庭月收入（元）	频数（人）	均值	标准差
≤5000	1322	3.25	0.835
5000<x≤10000	1832	3.29	0.769
10000<x≤20000	1030	3.44	0.830
20000 以上	405	3.54	0.891
总计	4589	3.33	0.819

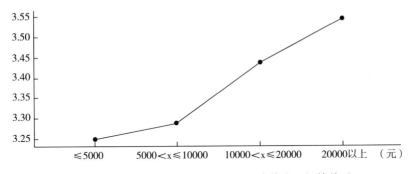

图 4-48　家庭月收入与大学生生涯适应能力之间的关系

（二）家庭人文统计变量对未来承诺的影响

本书将未来承诺的三个题项加总求均值，记为因子分，用这个因子分代表未来承诺。它的均值为 3.46，标准差为 0.807。

此部分将家庭人文统计变量作为自变量，将未来承诺作为因变量，运用 One-way ANOVA 分析工具进行方差分析。以下为家庭人文统计变量对大学生未来承诺的影响的检验结果。

（1）父亲职业。One-way ANOVA 分析发现，$F_{(9, 4584)} = 3.994$，$p = 0.000$（$p < 0.05$）。由于基于均值所计算的因变量的方差在自变量的各组间不等，

故而，使用 Tamhane 多重比较法，发现父亲职业为企业事业单位的管理人员、政府或企业事业单位普通员工的大学生的未来承诺分别显著强于父亲为其他职业的大学生的未来承诺，但前者与父亲职业为政府机关、党群组织的负责人或中高级官员，专业技术人员或其他专业人士，技术工人，务农，个体户，自由职业者的大学生的未来承诺之间无显著差异（α=0.05）。具体数据如表4-130和图4-49所示。

表4-130 父亲职业与大学生未来承诺之间的关系

父亲职业	频数（人）	均值	标准差
政府机关、党群组织的负责人或中高级官员	170	3.60	0.937
企业事业单位的管理人员	366	3.57	0.860
专业技术人员或其他专业人士	159	3.53	0.836
技术工人	580	3.48	0.801
政府或企业事业单位普通员工	499	3.51	0.767
个体户	784	3.48	0.792
自由职业者（泛指自由作家、动画师、程序员、配音师等自由工作的脑力劳动者）	134	3.51	0.894
务农	814	3.40	0.810
其他职业	966	3.37	0.760
待业	122	3.33	0.852
总计	4594	3.46	0.807

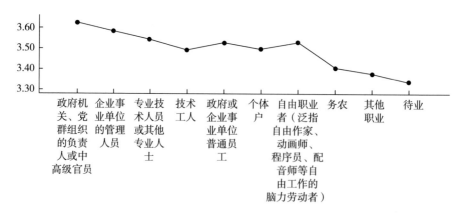

图4-49 父亲职业与大学生未来承诺之间的关系

（2）母亲职业。One-way ANOVA 分析发现，$F_{(9, 4572)} = 5.247$，$p = 0.000$（$p < 0.05$）。由于基于均值所计算的因变量的方差在自变量的各组间不等，

故而，使用 Tamhane 多重比较法，发现母亲职业为企业事业单位的管理人员的大学生的未来承诺显著强于母亲职业为技术工人、个体户、务农、其他职业以及母亲待业的大学生的未来承诺。母亲职业为政府或企业事业单位普通员工的大学生的未来承诺显著强于母亲为其他职业的大学生的未来承诺。但母亲职业为政府机关、党群组织的负责人或中高级官员，专业技术人员或其他专业人士，技术工人，政府或企业事业单位普通员工，个体户，自由职业者，务农以及母亲待业的大学生的未来承诺之间无显著差异（α=0.05）。具体数据如表4-131和图4-50所示。

表4-131　母亲职业与大学生未来承诺之间的关系

母亲职业	频数（人）	均值	标准差
政府机关、党群组织的负责人或中高级官员	110	3.58	1.001
企业事业单位的管理人员	258	3.69	0.834
专业技术人员或其他专业人士	98	3.51	0.902
技术工人	243	3.45	0.787
政府或企业事业单位普通员工	620	3.55	0.774
个体户	773	3.47	0.816
自由职业者（泛指自由作家、动画师、程序员、配音师等自由工作的脑力劳动者）	141	3.40	0.878
务农	801	3.42	0.820
其他职业	995	3.38	0.762
待业	543	3.41	0.776
总计	4582	3.46	0.807

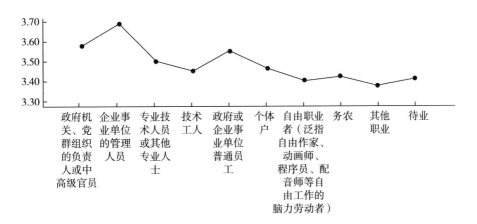

图4-50　母亲职业与大学生未来承诺之间的关系

（3）父亲受教育水平。One－way ANOVA 分析发现，F（3，4590）= 12.557，p=0.000（p<0.05）。由于基于均值计算的因变量的方差在自变量各组间不等，故而，使用 Tamhane 多重比较法，发现父亲受教育水平为大学本科/大专的大学生的未来承诺显著强于父亲受教育水平为高中/中专/技校、初中及以下的大学生的未来承诺，但前者与父亲受教育水平为硕士及以上的大学生的未来承诺无显著差异（α=0.05）。总体而言，父亲的受教育水平越高，大学生的未来承诺越强。具体数据如表 4-132 和图 4-51 所示。

表 4-132　父亲受教育水平与大学生未来承诺之间的关系

父亲受教育水平	频数（人）	均值	标准差
初中及以下	2304	3.40	0.811
高中/中专/技校	1247	3.46	0.777
大学本科/大专	943	3.58	0.806
硕士及以上	100	3.60	0.956
总计	4594	3.46	0.807

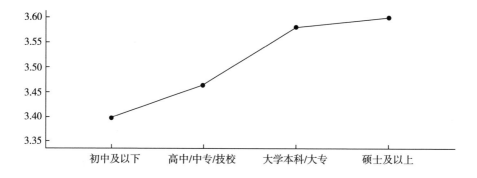

图 4-51　父亲受教育水平与大学生未来承诺之间的关系

（4）母亲受教育水平。One－way ANOVA 分析发现，F（3，4586）= 19.562，p=0.000（p<0.05）。由于基于均值计算的因变量的方差在自变量各组间不等，故而，使用 Tamhane 多重比较法，发现母亲受教育水平为大学本科/大专的大学生的未来承诺显著强于母亲受教育水平为高中/中专/技校、初中及以下的大学生的未来承诺，但前者与母亲受教育水平为硕士及以上的大学生的未来承诺无显著差异。母亲受教育水平为高中/中专/技校的大学生的未来承诺显著强于母亲受教育水平为初中及以下的大学生的未来承诺（α=0.05）。具体数据如表 4-133 和图 4-52 所示。

表 4-133　母亲受教育水平与大学生未来承诺之间的关系

母亲受教育水平	频数（人）	均值	标准差
初中及以下	2625	3.39	0.792
高中/中专/技校	1156	3.52	0.805
大学本科/大专	749	3.62	0.808
硕士及以上	60	3.44	1.094
总计	4590	3.46	0.807

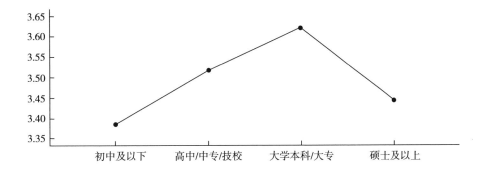

图 4-52　母亲受教育水平与大学生未来承诺之间的关系

（5）家庭成员健康状况。One-way ANOVA 分析发现，F（3，4589）=16.883，p=0.000（p<0.05）。由于基于均值计算的因变量的方差在自变量各组间不等，故而，使用 Tamhane 多重比较法，发现家庭成员健康状况为良好的大学生的未来承诺显著强于家庭成员健康状况为一般、较差、很差的大学生的未来承诺。但家庭成员健康状况为一般、较差、很差的大学生的未来承诺无显著差异（α=0.05）。具体数据如表 4-134 和图 4-53 所示。

表 4-134　家庭成员健康状况与大学生未来承诺之间的关系

家庭成员健康状况	频数（人）	均值	标准差
很差	55	3.10	0.813
较差	396	3.39	0.828
一般	2057	3.39	0.773
良好	2085	3.54	0.826
总计	4593	3.46	0.807

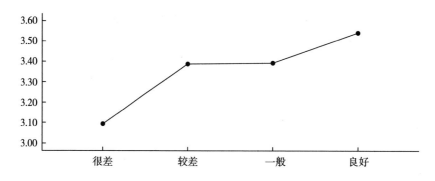

图 4-53　家庭成员健康状况与大学生未来承诺之间的关系

（6）独生子女。One-way ANOVA 分析发现，F（1，4582）= 12.338，p = 0.000（p<0.05）。由于基于均值所计算的因变量的方差在自变量的各组间不等，故而，使用 Tamhane 多重比较法，发现是独生子女的大学生的未来承诺显著强于不是独生子女的大学生的未来承诺（α=0.05）。具体数据如表 4-135 和图 4-54 所示。

表 4-135　是否为独生子女与大学生未来承诺之间的关系

是否为独生子女	频数（人）	均值	标准差
是	1998	3.51	0.811
否	2586	3.42	0.801
总计	4584	3.46	0.807

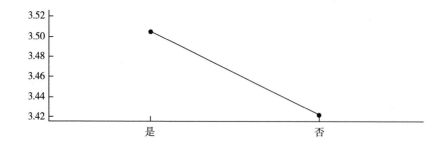

图 4-54　是否为独生子女与大学生未来承诺之间的关系

（7）家庭月收入。One-way ANOVA 分析发现，F（3，4582）= 14.190，p = 0.000（p<0.05）。由于基于均值计算的因变量的方差在自变量各组间不等，故

而，使用 Tamhane 多重比较法，发现家庭月收入为 20000 元以上的大学生的未来承诺显著强于家庭月收入为 5000 元及以下、5000～10000 元的大学生的未来承诺，但前者与家庭月收入为 10000～20000 元的大学生的未来承诺无显著差异。家庭月收入为 10000～20000 元的大学生的未来承诺显著强于家庭月收入为 5000 元及以下以及 5000～10000 元的大学生的未来承诺。但家庭月收入为 5000 元及以下和 5000～10000 元的大学生的未来承诺之间无显著差异（α = 0.05）。具体数据如表 4-136 和图 4-55 所示。

表 4-136 家庭月收入与大学生未来承诺之间的关系

家庭月收入（元）	频数（人）	均值	标准差
≤5000	1322	3.39	0.818
5000<x≤10000	1833	3.42	0.762
10000<x≤20000	1026	3.55	0.815
20000 以上	405	3.61	0.905
总计	4586	3.46	0.807

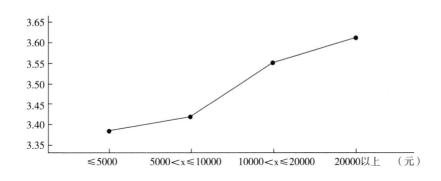

图 4-55 家庭月收入与大学生未来承诺之间的关系

十、心理变量在家庭人文统计变量与财经态度之间的中介效应

本书把家庭人文统计变量作为自变量，包括父亲职业、母亲职业、父亲受教育水平、母亲受教育水平、家庭成员健康状况、独生子女和家庭月收入七种家庭人文统计变量，把认知需求、自我效能和延迟满足三种心理变量作为中介变量，财经态度作为因变量，运用 PROCESS 分析工具进行多重中介效应分析，将样本数量设置为 5000，置信区间的置信度设置为 95%。以下为心理变量在家庭人文

统计变量与财经态度之间的中介效应的检验结果。

（1）父亲职业。将父亲职业作为自变量，心理变量作为中介变量，财经态度作为因变量。父亲职业影响财经态度的总效应置信区间 ［-0.0156，0.0071］ 包含 0，说明总效应在 $\alpha = 0.05$ 的水平上不显著；直接效应置信区间 ［-0.0176，0.0042］ 包含 0，说明直接效应不显著；总间接效应置信区间 ［-0.0010，0.0057］ 中包含 0，因此心理变量在父亲职业与财经态度之间没有发挥显著的中介效应。具体的数据如表 4-137 所示。

表 4-137　心理变量在父亲职业与财经态度之间的中介效应

效应		Effect	置信区间下限	置信区间上限
总效应		-0.0043	-0.0156	0.0071
直接效应		-0.0067	-0.0176	0.0042
间接效应	总间接效应	0.0024	-0.0010	0.0057
	认知需求	0.0013	-0.0016	0.0041
	自我效能	-0.0010	-0.0024	0.0002
	延迟满足	0.0021	0.0004	0.0042

（2）母亲职业。将母亲职业作为自变量，心理变量作为中介变量，财经态度作为因变量。母亲职业影响财经态度的总效应置信区间 ［-0.0255，-0.0023］ 不包含 0，说明总效应在 $\alpha = 0.05$ 的水平上显著，效应大小为 -0.0139；直接效应置信区间 ［-0.0265，-0.0041］ 不包含 0，说明直接效应显著，效应大小为 -0.0153；总间接效应置信区间 ［-0.0021，0.0050］ 中包含 0，因此心理变量在母亲职业与财经态度之间没有发挥显著的中介效应。具体的数据如表 4-138 所示。

表 4-138　心理变量在母亲职业与财经态度之间的中介效应

效应		Effect	置信区间下限	置信区间上限
总效应		-0.0139	-0.0255	-0.0023
直接效应		-0.0153	-0.0265	-0.0041
间接效应	总间接效应	0.0014	-0.0021	0.0050
	认知需求	0.0004	-0.0027	0.0034
	自我效能	-0.0008	-0.0020	0.0001
	延迟满足	0.0018	-0.0001	0.0039

（3）母亲受教育水平。将母亲受教育水平作为自变量，心理变量作为中介变量，财经态度作为因变量。母亲受教育水平影响财经态度的总效应置信区间 [0.0112, 0.0830] 不包含0，说明总效应在 $\alpha = 0.05$ 的水平上显著，效应大小为0.0476；直接效应置信区间 [0.0310, 0.0993] 不包含0，说明直接效应显著，效应大小为0.0652；总间接效应置信区间 [-0.0291, -0.0067] 中不包含0，说明心理变量间接效应显著，发挥的间接效应与直接效应的符号相反，故存在中介效应，效应大小为-0.0176。其中，认知需求和延迟满足的置信区间不包含0，说明两者发挥了显著的中介效应，效应大小依次为-0.0104 和-0.0112；而自我效能的置信区间包含0，说明其中介效应不显著。具体的数据如表4-139 所示。

表4-139　心理变量在母亲受教育水平与财经态度之间的中介效应

效应		Effect	置信区间下限	置信区间上限
总效应		0.0476	0.0112	0.0830
直接效应		0.0652	0.0310	0.0993
间接效应	总间接效应	-0.0176	-0.0291	-0.0067
	认知需求	-0.0104	-0.0201	-0.0013
	自我效能	0.0040	-0.0012	0.0095
	延迟满足	-0.0112	-0.0179	-0.0055

（4）独生子女。将是否为独生子女作为自变量，心理变量作为中介变量，财经态度作为因变量。是否为独生子女影响财经态度的总效应置信区间 [-0.0835, 0.0302] 包含0，说明总效应在 $\alpha = 0.05$ 的水平上不显著；直接效应置信区间 [-0.0853, 0.0239] 包含0，说明直接效应不显著；总间接效应置信区间 [-0.0128, 0.0204] 中包含0，因此心理变量在是否为独生子女与财经态度之间没有发挥显著的中介效应。具体的数据如表4-140 所示。

表4-140　心理变量在是否为独生子女与财经态度之间的中介效应

效应		Effect	置信区间下限	置信区间上限
总效应		-0.0266	-0.0835	0.0302
直接效应		-0.0307	-0.0853	0.0239
间接效应	总间接效应	0.0041	-0.0128	0.0204
	认知需求	0.0041	-0.0101	0.0182
	自我效能	-0.0031	-0.0081	0.0003
	延迟满足	0.0031	-0.0059	0.0128

（5）家庭月收入。将家庭月收入作为自变量，心理变量作为中介变量，财经态度作为因变量。家庭月收入影响财经态度的总效应置信区间［0.0275，0.0887］不包含0，说明总效应在 $\alpha = 0.05$ 的水平上显著，效应大小为0.0581；直接效应置信区间［0.0451，0.1040］不包含0，说明直接效应显著，效应大小为0.0745；总间接效应置信区间［-0.0263，-0.0069］中不包含0，说明心理变量间接效应显著，发挥的间接效应与直接效应的符号相反，故存在中介效应，效应大小为-0.0164。其中，认知需求和延迟满足的置信区间不包含0，说明两者发挥了显著的中介效应，效应大小依次为-0.0114和-0.0082；而自我效能的置信区间包含0，说明其中介效应不显著。具体的数据如表4-141所示。

表4-141　心理变量在家庭月收入与财经态度之间的中介效应

效应		Effect	置信区间下限	置信区间上限
总效应		0.0581	0.0275	0.0887
直接效应		0.0745	0.0451	0.1040
间接效应	总间接效应	-0.0164	-0.0263	-0.0069
	认知需求	-0.0114	-0.0195	-0.0034
	自我效能	0.0031	-0.0014	0.0083
	延迟满足	-0.0082	-0.0138	-0.0033

十一、心理变量在家庭人文统计变量与财经满意感之间的中介效应

本书把家庭人文统计变量作为自变量，包括父亲职业、母亲职业、父亲受教育水平、母亲受教育水平、家庭成员健康状况、独生子女和家庭月收入七种家庭人文统计变量，把认知需求、自我效能和延迟满足三种心理变量作为中介变量，财经满意感作为因变量，运用PROCESS分析工具进行多重中介效应分析，将样本数量设置为5000，置信区间的置信度设置为95%。以下为心理变量在家庭人文统计变量与财经满意感之间的中介效应的检验结果。

（1）父亲职业。将父亲职业作为自变量，心理变量作为中介变量，财经满意感作为因变量。父亲职业影响财经满意感的总效应置信区间［-0.0568，-0.0329］不包含0，说明总效应在 $\alpha = 0.05$ 的水平上显著，效应大小为-0.0449；直接效应置信区间［-0.0527，-0.0290］不包含0，说明直接效应显著，效应大小为-0.0408；总间接效应置信区间［-0.0063，-0.0019］不包含0，说明心理变量间接效应显著，故存在部分中介效应，效应大小为-0.0040，占总效应的8.91%。其中，自我效能和延迟满足的置信区间不包含0，说明两者发挥

了显著的中介效应，效应大小依次为 -0.0036 和 -0.0008；而认知需求的置信区间包含 0，说明其中介效应不显著。具体的数据如表 4-142 所示。

表 4-142 心理变量在父亲职业与财经满意感之间的中介效应

效应		Effect	置信区间下限	置信区间上限
总效应		-0.0449	-0.0568	-0.0329
直接效应		-0.0408	-0.0527	-0.0290
间接效应	总间接效应	-0.0040	-0.0063	-0.0019
	认知需求	0.0004	-0.0003	0.0012
	自我效能	-0.0036	-0.0056	-0.0019
	延迟满足	-0.0008	-0.0020	-0.0001

（2）母亲职业。将母亲职业作为自变量，心理变量作为中介变量，财经满意感作为因变量。母亲职业影响财经满意感的总效应置信区间 [-0.0509, -0.0263] 不包含 0，说明总效应在 $\alpha = 0.05$ 的水平上显著，效应大小为 -0.0386；直接效应置信区间 [-0.0474, -0.0231] 不包含 0，说明直接效应显著，效应大小为 -0.0352；总间接效应置信区间 [-0.0058, -0.0012] 不包含 0，说明心理变量间接效应显著，故存在部分中介效应，效应大小为 -0.0034，占总效应的 8.81%。其中，自我效能的置信区间不包含 0，说明其发挥了显著的中介效应，效应大小为 -0.0028；而认知需求和延迟满足的置信区间包含 0，说明两者的中介效应不显著。具体的数据如表 4-143 所示。

表 4-143 心理变量在母亲职业与财经满意感之间的中介效应

效应		Effect	置信区间下限	置信区间上限
总效应		-0.0386	-0.0509	-0.0263
直接效应		-0.0352	-0.0474	-0.0231
间接效应	总间接效应	-0.0034	-0.0058	-0.0012
	认知需求	0.0001	-0.0006	0.0009
	自我效能	-0.0028	-0.0048	-0.0011
	延迟满足	-0.0007	-0.0018	0.0000

（3）父亲受教育水平。将父亲受教育水平作为自变量，心理变量作为中介变量，财经满意感作为因变量。父亲受教育水平影响财经满意感的总效应置信区间 [0.1319, 0.2013] 不包含 0，说明总效应在 $\alpha = 0.05$ 的水平上显著，效应大

小为0.1666；直接效应置信区间［0.1205，0.1895］不包含0，说明直接效应显著，效应大小为0.1550；总间接效应置信区间［0.0053，0.0186］不包含0，说明心理变量间接效应显著，故存在部分中介效应，效应大小为0.0116，占总效应的6.96%。其中，自我效能和延迟满足的置信区间不包含0，说明两者发挥了显著的中介效应，效应大小依次为0.0118和0.0031；认知需求的置信区间也不包含0，但其发挥的间接效应与直接效应的符号相反，说明发挥了显著的中介效应，效应大小为-0.0033。具体的数据如表4-144所示。

表4-144　心理变量在父亲受教育水平与财经满意感之间的中介效应

效应		Effect	置信区间下限	置信区间上限
总效应		0.1666	0.1319	0.2013
直接效应		0.1550	0.1205	0.1895
间接效应	总间接效应	0.0116	0.0053	0.0186
	认知需求	-0.0033	-0.0065	-0.0008
	自我效能	0.0118	0.0065	0.0182
	延迟满足	0.0031	0.0005	0.0069

（4）母亲受教育水平。将母亲受教育水平作为自变量，心理变量作为中介变量，财经满意感作为因变量。母亲受教育水平影响财经满意感的总效应置信区间［0.1289，0.2034］不包含0，说明总效应在$\alpha=0.05$的水平上显著，效应大小为0.1662；直接效应置信区间［0.1129，0.1869］不包含0，说明直接效应显著，效应大小为0.1499；总间接效应置信区间［0.0091，0.0242］不包含0，说明心理变量间接效应显著，故存在部分中介效应，效应大小为0.0163，占总效应的9.81%。其中，自我效能和延迟满足的置信区间不包含0，说明两者发挥了显著的中介效应，效应大小依次为0.0148和0.0041；认知需求的置信区间也不包含0，但其发挥的间接效应与直接效应的符号相反，说明发挥了显著的中介效应，效应大小为-0.0026。具体的数据如表4-145所示。

表4-145　心理变量在母亲受教育水平与财经满意感之间的中介效应

效应	Effect	置信区间下限	置信区间上限
总效应	0.1662	0.1289	0.2034
直接效应	0.1499	0.1129	0.1869

效应		Effect	置信区间下限	置信区间上限
间接效应	总间接效应	0.0163	0.0091	0.0242
	认知需求	-0.0026	-0.0059	-0.0002
	自我效能	0.0148	0.0084	0.0222
	延迟满足	0.0041	0.0008	0.0088

（5）家庭成员健康状况。将家庭成员健康状况作为自变量，心理变量作为中介变量，财经满意感作为因变量。家庭成员健康状况影响财经满意感的总效应置信区间 [0.1708，0.2572] 不包含0，说明总效应在 $\alpha = 0.05$ 的水平上显著，效应大小为0.2140；直接效应置信区间 [0.1487，0.2351] 不包含0，说明直接效应显著，效应大小为0.1919；总间接效应置信区间 [0.0131，0.0323] 不包含0，说明心理变量间接效应显著，故存在部分中介效应，效应大小为0.0221，占总效应的10.33%。其中，自我效能和延迟满足的置信区间不包含0，说明两者发挥了显著的中介效应，效应大小依次为0.0208和0.0066；认知需求的置信区间也不包含0，但其发挥的间接效应与直接效应的符号相反，说明发挥了显著的中介效应，效应大小为-0.0053。具体的数据如表4-146所示。

表4-146　心理变量在家庭成员健康状况与财经满意感之间的中介效应

效应		Effect	置信区间下限	置信区间上限
总效应		0.2140	0.1708	0.2572
直接效应		0.1919	0.1487	0.2351
间接效应	总间接效应	0.0221	0.0131	0.0323
	认知需求	-0.0053	-0.0097	-0.0020
	自我效能	0.0208	0.0118	0.0309
	延迟满足	0.0066	0.0010	0.0135

（6）独生子女。将是否为独生子女作为自变量，心理变量作为中介变量，财经满意感作为因变量。是否为独生子女影响财经满意感的总效应置信区间 [-0.2275，-0.1073] 不包含0，说明总效应在 $\alpha = 0.05$ 的水平上显著，效应大小为-0.1674；直接效应置信区间 [-0.2162，-0.0972] 不包含0，说明直接效应显著，效应大小为-0.1567；总间接效应置信区间 [-0.0210，-0.0010] 不包含0，说明心理变量间接效应显著，故存在部分中介效应，效应大小为-0.0107，

占总效应的 6.39%。其中，自我效能的置信区间不包含 0，说明其发挥了显著的中介效应，效应大小为 -0.0106；而认知需求和延迟满足的置信区间包含 0，说明其中介效应不显著。具体的数据如表 4-147 所示。

表 4-147　心理变量在是否为独生子女与财经满意感之间的中介效应

效应		Effect	置信区间下限	置信区间上限
总效应		-0.1674	-0.2275	-0.1073
直接效应		-0.1567	-0.2162	-0.0972
间接效应	总间接效应	-0.0107	-0.0210	-0.0010
	认知需求	0.0010	-0.0025	0.0049
	自我效能	-0.0106	-0.0196	-0.0033
	延迟满足	-0.0011	-0.0051	0.0020

（7）家庭月收入。将家庭月收入作为自变量，心理变量作为中介变量，财经满意感作为因变量。家庭月收入影响财经满意感的总效应置信区间 [0.1497，0.2136] 不包含 0，说明总效应在 $\alpha = 0.05$ 的水平上显著，效应大小为 0.1817；直接效应置信区间 [0.1374，0.2010] 不包含 0，说明直接效应显著，效应大小为 0.1692；间接效应置信区间 [0.0062，0.0192] 不包含 0，说明心理变量间接效应显著，故存在部分中介效应，效应大小为 0.0125，占总效应的 6.88%。其中，自我效能和延迟满足的置信区间不包含 0，说明两者发挥了显著的中介效应，效应大小依次为 0.0122 和 0.0034；认知需求的置信区间不包含 0，但其发挥的间接效应与直接效应的符号相反，说明发挥了显著的中介效应，效应大小为 -0.0031。具体的数据如表 4-148 所示。

表 4-148　心理变量在家庭月收入与财经满意感之间的中介效应

效应		Effect	置信区间下限	置信区间上限
总效应		0.1817	0.1497	0.2136
直接效应		0.1692	0.1374	0.2010
间接效应	总间接效应	0.0125	0.0062	0.0192
	认知需求	-0.0031	-0.0061	-0.0008
	自我效能	0.0122	0.0067	0.0189
	延迟满足	0.0034	0.0006	0.0070

十二、心理变量在家庭人文统计变量与财经行为合理性之间的中介效应

本书把家庭人文统计变量作为自变量，包括父亲职业、母亲职业、父亲受教育水平、母亲受教育水平、家庭成员健康状况、独生子女和家庭月收入七种家庭人文统计变量，把认知需求、自我效能和延迟满足三种心理变量作为中介变量，财经行为合理性作为因变量，运用 PROCESS 分析工具进行多重中介效应分析，将样本数量设置为 5000，置信区间的置信度设置为 95%。以下为心理变量在家庭人文统计变量与财经行为合理性之间的中介效应的检验结果。

（1）家庭成员健康状况。将家庭成员健康状况作为自变量，心理变量作为中介变量，财经行为合理性作为因变量。家庭成员健康状况影响财经行为合理性的总效应置信区间 [0.0309, 0.1029] 不包含 0，说明总效应在 $\alpha = 0.05$ 的水平上显著，效应大小为 0.0669；直接效应置信区间 [−0.0330, 0.0319] 包含 0，说明直接效应不显著；总间接效应置信区间 [0.0498, 0.0858] 不包含 0，说明心理变量间接效应显著，故存在完全中介效应，效应大小为 0.0675。其中，认知需求、自我效能和延迟满足的置信区间都不包含 0，说明三者都发挥了显著的中介效应，效应大小依次为 0.0064、0.0266 和 0.0345。具体的数据如表 4-149 所示。

表 4-149　心理变量在家庭成员健康状况与财经行为合理性之间的中介效应

效应		Effect	置信区间下限	置信区间上限
总效应		0.0669	0.0309	0.1029
直接效应		−0.0006	−0.0330	0.0319
间接效应	总间接效应	0.0675	0.0498	0.0858
	认知需求	0.0064	0.0028	0.0108
	自我效能	0.0266	0.0184	0.0357
	延迟满足	0.0345	0.0222	0.0474

（2）独生子女。将是否为独生子女作为自变量，心理变量作为中介变量，财经行为合理性作为因变量。是否为独生子女影响财经行为合理性的总效应置信区间 [−0.0348, 0.0643] 包含 0，说明总效应在 $\alpha = 0.05$ 的水平上不显著；直接效应置信区间 [−0.0114, 0.0771] 包含 0，说明直接效应不显著；总间接效应置信区间 [−0.0414, 0.0042] 包含 0，因此心理变量在是否为独生子女与财经行为合理性之间没有发挥显著的中介效应。具体的数据如表 4-150 所示。

表 4-150　心理变量在是否为独生子女与财经行为合理性之间的中介效应

效应		Effect	置信区间下限	置信区间上限
总效应		0.0147	−0.0348	0.0643
直接效应		0.0329	−0.0114	0.0771
间接效应	总间接效应	−0.0181	−0.0414	0.0042
	认知需求	−0.0015	−0.0067	0.0032
	自我效能	−0.0124	−0.0214	−0.0042
	延迟满足	−0.0042	−0.0198	0.0112

十三、心理变量在家庭人文统计变量与独立之间的中介效应

本书把家庭人文统计变量作为自变量，包括父亲职业、母亲职业、父亲受教育水平、母亲受教育水平、家庭成员健康状况、独生子女和家庭月收入七种家庭人文统计变量，把认知需求、自我效能和延迟满足三种心理变量作为中介变量，独立作为因变量，运用 PROCESS 分析工具进行多重中介效应分析，将样本数量设置为 5000，置信区间的置信度设置为 95%。以下为心理变量在家庭人文统计变量与独立之间的中介效应的检验结果。

（1）父亲受教育水平。将父亲受教育水平作为自变量，心理变量作为中介变量，独立作为因变量。父亲受教育水平影响独立的总效应置信区间 ［0.0170，0.0693］ 不包含 0，说明总效应在 $\alpha = 0.05$ 的水平上显著，效应大小为 0.0432；直接效应置信区间 ［−0.0193，0.0242］ 包含 0，说明直接效应不显著；总间接效应置信区间 ［0.0258，0.0564］ 不包含 0，说明心理变量间接效应显著，故存在完全中介效应，效应大小为 0.0407。其中，认知需求、自我效能和延迟满足的置信区间都不包含 0，说明三者都发挥了显著的中介效应，效应大小依次为为 0.0048、0.0238 和 0.0122。具体的数据如表 4-151 所示。

表 4-151　心理变量在父亲受教育水平与独立之间的中介效应

效应		Effect	置信区间下限	置信区间上限
总效应		0.0432	0.0170	0.0693
直接效应		0.0024	−0.0193	0.0242
间接效应	总间接效应	0.0407	0.0258	0.0564
	认知需求	0.0048	0.0015	0.0087
	自我效能	0.0238	0.0157	0.0321
	延迟满足	0.0122	0.0044	0.0206

（2）母亲受教育水平。将母亲受教育水平作为自变量，心理变量作为中介变量，独立作为因变量。母亲受教育水平影响独立的总效应置信区间［0.0163，0.0723］不包含0，说明总效应在$\alpha = 0.05$的水平上显著，效应大小为0.0443；直接效应置信区间［-0.0296，0.0171］包含0，说明直接效应不显著；总间接效应置信区间［0.0062，0.0672］不包含0，说明心理变量间接效应显著，故存在完全中介效应，效应大小为0.0505。其中，认知需求、自我效能和延迟满足的置信区间都不包含0，说明三者都发挥了显著的中介效应，效应大小依次为0.0041、0.0295和0.0170。具体的数据如表4-152所示。

表4-152 心理变量在母亲受教育水平与独立之间的中介效应

效应		Effect	置信区间下限	置信区间上限
总效应		0.0443	0.0163	0.0723
直接效应		-0.0062	-0.0296	0.0171
间接效应	总间接效应	0.0505	0.0062	0.0672
	认知需求	0.0041	0.0002	0.0081
	自我效能	0.0295	0.0207	0.0390
	延迟满足	0.0170	0.0084	0.0260

（3）家庭成员健康状况。将家庭成员健康状况作为自变量，心理变量作为中介变量，独立作为因变量。家庭成员健康状况影响独立的总效应置信区间［0.0506，0.1158］不包含0，说明总效应在$\alpha = 0.05$的水平上显著，效应大小为0.0832；直接效应置信区间［-0.0230，0.0316］包含0，说明直接效应不显著；总间接效应置信区间［0.0595，0.0986］不包含0，说明心理变量间接效应显著，故存在完全中介效应，效应大小为0.0789。其中，认知需求、自我效能和延迟满足的置信区间都不包含0，说明三者都发挥了显著的中介效应，效应大小依次为0.0074、0.0431和0.0284。具体的数据如表4-153所示。

表4-153 心理变量在家庭成员健康状况与独立之间的中介效应

效应		Effect	置信区间下限	置信区间上限
总效应		0.0832	0.0506	0.1158
直接效应		0.0043	-0.0230	0.0316
间接效应	总间接效应	0.0789	0.0595	0.0986
	认知需求	0.0074	0.0033	0.0123
	自我效能	0.0431	0.0320	0.0546
	延迟满足	0.0284	0.0178	0.0393

（4）家庭月收入。将家庭月收入作为自变量，心理变量作为中介变量，独立作为因变量。家庭月收入影响独立的总效应置信区间［0.0271，0.0754］不包含 0，说明总效应在 α＝0.05 的水平上显著，效应大小为 0.0513；直接效应置信区间［－0.0127，0.0277］包含 0，说明直接效应不显著；总间接效应置信区间［0.0298，0.0578］不包含 0，说明心理变量间接效应显著，故存在完全中介效应，效应大小为 0.0438。其中，认知需求、自我效能和延迟满足的置信区间都不包含 0，说明三者都发挥了显著的中介效应，效应大小依次为 0.0048、0.0260 和0.0130。具体的数据如表 4-154 所示。

表 4-154　心理变量在家庭月收入与独立之间的中介效应

效应		Effect	置信区间下限	置信区间上限
总效应		0.0513	0.0271	0.0754
直接效应		0.0075	−0.0127	0.0277
间接效应	总间接效应	0.0438	0.0298	0.0578
	认知需求	0.0048	0.0016	0.0083
	自我效能	0.0260	0.0180	0.0341
	延迟满足	0.0130	0.0056	0.0206

十四、心理变量在家庭人文统计变量与信用之间的中介效应

本书把家庭人文统计量作为自变量，包括父亲职业、母亲职业、父亲受教育水平、母亲受教育水平、家庭成员健康状况、独生子女和家庭月收入七种家庭人文统计变量，把认知需求、自我效能和延迟满足三种心理变量作为中介变量，信用作为因变量，运用 PROCESS 分析工具进行多重中介效应分析，将样本数量设置为 5000，置信区间的置信度设置为 95%。以下为心理变量在家庭人文统计变量与信用之间的中介效应的检验结果。

（1）父亲职业。将父亲职业作为自变量，心理变量作为中介变量，信用作为因变量。父亲职业影响信用的总效应置信区间［−0.0231，−0.0035］不包含 0，说明总效应在 α＝0.05 的水平上显著，效应大小为−0.0133；直接效应置信区间［−0.0115，0.0056］包含 0，说明直接效应不显著；总间接效应置信区间［−0.0154，−0.0055］不包含 0，说明心理变量间接效应显著，故存在完全中介效应，效应大小为−0.0104。其中，自我效能和延迟满足的置信区间都不包含 0，说明两者都发挥了显著的中介效应，效应大小依次为−0.0067 和−0.0031；而认知需求的置信区间包含 0，说明其中介效应不显著。具体的数据如表 4-155 所示。

表 4-155　心理变量在父亲职业与信用之间的中介效应

效应		Effect	置信区间下限	置信区间上限
总效应		−0.0133	−0.0231	−0.0035
直接效应		−0.0029	−0.0115	0.0056
间接效应	总间接效应	−0.0104	−0.0154	−0.0055
	认知需求	−0.0006	−0.0019	0.0005
	自我效能	−0.0067	−0.0095	−0.0040
	延迟满足	−0.0031	−0.0058	−0.0005

（2）父亲受教育水平。将父亲受教育水平作为自变量，心理变量作为中介变量，信用作为因变量。父亲受教育水平影响信用的总效应置信区间［0.0435，0.1005］不包含 0，说明总效应在 $\alpha = 0.05$ 的水平上显著，效应大小为 0.0720；直接效应置信区间［0.0086，0.0585］不包含 0，说明直接效应显著，效应大小为 0.0335；总间接效应置信区间［0.0240，0.0528］不包含 0，说明心理变量间接效应显著，故存在部分中介效应，效应大小为 0.0385，占总效应的 53.47%。其中，认知需求、自我效能和延迟满足的置信区间都不包含 0，说明三者都发挥了显著的中介效应，效应大小依次为 0.0049、0.0223 和 0.0112。具体的数据如表 4-156 所示。

表 4-156　心理变量在父亲受教育水平与信用之间的中介效应

效应		Effect	置信区间下限	置信区间上限
总效应		0.0720	0.0435	0.1005
直接效应		0.0335	0.0086	0.0585
间接效应	总间接效应	0.0385	0.0240	0.0528
	认知需求	0.0049	0.0016	0.0087
	自我效能	0.0223	0.0144	0.0308
	延迟满足	0.0112	0.0038	0.0191

（3）母亲受教育水平。将母亲受教育水平作为自变量，心理变量作为中介变量，信用作为因变量。母亲受教育水平影响信用的总效应置信区间［0.0281，0.0893］不包含 0，说明总效应在 $\alpha = 0.05$ 的水平上显著，效应大小为 0.0587；直接效应置信区间［−0.0173，0.0363］包含 0，说明直接效应不显著；总间接效应置信区间［0.0334，0.0656］不包含 0，说明心理变量间接效应显著，故存

在完全中介效应，效应大小为 0.0492。其中，认知需求、自我效能和延迟满足的置信区间都不包含 0，说明三者都发挥了显著的中介效应，效应大小依次为 0.0045、0.0289 和 0.0159。具体的数据如表 4-157 所示。

表 4-157 心理变量在母亲受教育水平与信用之间的中介效应

效应		Effect	置信区间下限	置信区间上限
总效应		0.0587	0.0281	0.0893
直接效应		0.0095	−0.0173	0.0363
间接效应	总间接效应	0.0492	0.0334	0.0656
	认知需求	0.0045	0.0007	0.0084
	自我效能	0.0289	0.0201	0.0387
	延迟满足	0.0159	0.0078	0.0246

（4）家庭成员健康状况。将家庭成员健康状况作为自变量，心理变量作为中介变量，信用作为因变量。家庭成员健康状况影响信用的总效应置信区间 [0.0580，0.1292] 不包含 0，说明总效应在 $\alpha = 0.05$ 的水平上显著，效应大小为 0.0936；直接效应置信区间 [−0.0125，0.0501] 包含 0，说明直接效应不显著；总间接效应置信区间 [0.0558，0.0937] 不包含 0，说明心理变量间接效应显著，故存在完全中介效应，效应大小为 0.0748。其中，认知需求、自我效能和延迟满足的置信区间都不包含 0，说明三者都发挥了显著的中介效应，效应大小依次为 0.0075、0.0411 和 0.0262。具体的数据如表 4-158 所示。

表 4-158 心理变量在家庭成员健康状况与信用之间的中介效应

效应		Effect	置信区间下限	置信区间上限
总效应		0.0936	0.0580	0.1292
直接效应		0.0188	−0.0125	0.0501
间接效应	总间接效应	0.0748	0.0558	0.0937
	认知需求	0.0075	0.0035	0.0123
	自我效能	0.0411	0.0299	0.0532
	延迟满足	0.0262	0.0161	0.0368

（5）家庭月收入。将家庭月收入作为自变量，心理变量作为中介变量，信用作为因变量。家庭月收入影响信用的总效应置信区间 [0.0186，0.0715] 不包

含 0，说明总效应在 α=0.05 的水平上显著，效应大小为 0.0450；直接效应置信区间 [-0.0198，0.0266] 包含 0，说明直接效应不显著；总间接效应置信区间 [0.0282，0.0558] 不包含 0，说明心理变量间接效应显著，故存在完全中介效应，效应大小为 0.0416。其中，认知需求、自我效能和延迟满足的置信区间都不包含 0，说明三者都发挥了显著的中介效应，效应大小依次为 0.0044、0.0255 和 0.0117。具体的数据如表 4-159 所示。

表 4-159 心理变量在家庭月收入与信用之间的中介效应

效应		Effect	置信区间下限	置信区间上限
总效应		0.0450	0.0186	0.0715
直接效应		0.0034	-0.0198	0.0266
间接效应	总间接效应	0.0416	0.0282	0.0558
	认知需求	0.0044	0.0014	0.0082
	自我效能	0.0255	0.0177	0.0338
	延迟满足	0.0117	0.0048	0.0194

十五、心理变量在家庭人文统计变量与未来规划之间的中介效应

（一）心理变量在家庭人文统计变量与生涯适应能力之间的中介效应

本书把家庭人文统计变量作为自变量，包括父亲职业、母亲职业、父亲受教育水平、母亲受教育水平、家庭成员健康状况、独生子女和家庭月收入七种家庭人文统计变量，把认知需求、自我效能和延迟满足三种心理变量作为中介变量，生涯适应能力作为因变量，运用 PROCESS 分析工具进行多重中介效应分析，将样本数量设置为 5000，置信区间的置信度设置为 95%。以下为心理变量在家庭人文统计变量与生涯适应能力之间的中介效应的检验结果。

（1）父亲职业。将父亲职业作为自变量，心理变量作为中介变量，生涯适应能力作为因变量。父亲职业影响生涯适应能力的总效应置信区间 [-0.0434，-0.0242] 不包含 0，说明总效应在 α=0.05 的水平上显著，效应大小为 -0.0338；直接效应置信区间 [-0.0363，-0.0182] 不包含 0，说明直接效应显著，效应大小为 -0.0272；总间接效应置信区间 [-0.0102，-0.0030] 不包含 0，说明心理变量间接效应显著，故存在部分中介效应，效应大小为 -0.0066，占总效应的 19.53%。其中，自我效能和延迟满足的置信区间不包含 0，说明两者发挥了显著的中介效应，效应大小依次为 -0.0037 和 -0.0027；而认知需求的置信区间包含 0，说明其中介效应不显著。具体的数据如表 4-160 所示。

表 4-160 心理变量在父亲职业与生涯适应能力之间的中介效应

效应		Effect	置信区间下限	置信区间上限
总效应		-0.0338	-0.0434	-0.0242
直接效应		-0.0272	-0.0363	-0.0182
间接效应	总间接效应	-0.0066	-0.0102	-0.0030
	认知需求	-0.0002	-0.0006	0.0001
	自我效能	-0.0037	-0.0058	-0.0020
	延迟满足	-0.0027	-0.0051	-0.0004

（2）母亲职业。将母亲职业作为自变量，心理变量作为中介变量，生涯适应能力作为因变量。母亲职业影响生涯适应能力的总效应置信区间 [-0.0392，-0.0195] 不包含 0，说明总效应在 $\alpha = 0.05$ 的水平上显著，效应大小为 -0.0293；直接效应置信区间 [-0.0336，-0.0150] 不包含 0，说明直接效应显著，效应大小为 -0.0243；总间接效应置信区间 [-0.0089，-0.0014] 不包含 0，说明心理变量间接效应显著，故存在部分中介效应，效应大小为 -0.0051，占总效应的 17.41%。其中，自我效能的置信区间不包含 0，说明其发挥了显著的中介效应，效应大小为 -0.0028；而认知需求和延迟满足的置信区间包含 0，说明两者的中介效应不显著。具体的数据如表 4-161 所示。

表 4-161 心理变量在母亲职业与生涯适应能力之间的中介效应

效应		Effect	置信区间下限	置信区间上限
总效应		-0.0293	-0.0392	-0.0195
直接效应		-0.0243	-0.0336	-0.0150
间接效应	总间接效应	-0.0051	-0.0089	-0.0014
	认知需求	-0.0001	-0.0005	0.0003
	自我效能	-0.0028	-0.0048	-0.0011
	延迟满足	-0.0022	-0.0048	0.0001

（3）父亲受教育水平。将父亲受教育水平作为自变量，心理变量作为中介变量，生涯适应能力作为因变量。父亲受教育水平影响生涯适应能力的总效应置信区间 [0.0804，0.1364] 不包含 0，说明总效应在 $\alpha = 0.05$ 的水平上显著，效应大小为 0.1084；直接效应置信区间 [0.0573，0.1103] 不包含 0，说明直接效应显著，效应大小为 0.0838；总间接效应置信区间 [0.0136，0.0354] 不包含 0，说明心理变量间接效应显著，故存在部分中介效应，效应大小为 0.0246，占

总效应的 22.69%。其中,自我效能和延迟满足的置信区间不包含 0,说明两者发挥了显著的中介效应,效应大小依次为 0.0131 和 0.0104;而认知需求的置信区间包含 0,说明其中介效应不显著。具体的数据如表 4-162 所示。

表 4-162 心理变量在父亲受教育水平与生涯适应能力之间的中介效应

效应		Effect	置信区间下限	置信区间上限
总效应		0.1084	0.0804	0.1364
直接效应		0.0838	0.0573	0.1103
间接效应	总间接效应	0.0246	0.0136	0.0354
	认知需求	0.0011	-0.0003	0.0033
	自我效能	0.0131	0.0077	0.0195
	延迟满足	0.0104	0.0034	0.0176

(4)母亲受教育水平。将母亲受教育水平作为自变量,心理变量作为中介变量,生涯适应能力作为因变量。母亲受教育水平影响生涯适应能力的总效应置信区间 [0.0861,0.1462] 不包含 0,说明总效应在 $\alpha = 0.05$ 的水平上显著,效应大小为 0.1162;直接效应置信区间 [0.0561,0.1129] 不包含 0,说明直接效应显著,效应大小为 0.0845;总间接效应置信区间 [0.0206,0.0428] 不包含 0,说明心理变量间接效应显著,故存在部分中介效应,效应大小为 0.0316,占总效应的 27.19%。其中,自我效能和延迟满足的置信区间不包含 0,说明两者发挥了显著的中介效应,效应大小依次为 0.0164 和 0.0144;而认知需求的置信区间包含 0,说明其中介效应不显著。具体的数据如表 4-163 所示。

表 4-163 心理变量在母亲受教育水平与生涯适应能力之间的中介效应

效应		Effect	置信区间下限	置信区间上限
总效应		0.1162	0.0861	0.1462
直接效应		0.0845	0.0561	0.1129
间接效应	总间接效应	0.0316	0.0206	0.0428
	认知需求	0.0009	-0.0002	0.0029
	自我效能	0.0164	0.0072	0.0232
	延迟满足	0.0144	0.0072	0.0221

(5)家庭成员健康状况。将家庭成员健康状况作为自变量,心理变量作为中介变量,生涯适应能力作为因变量。家庭成员健康状况影响生涯适应能力的总

效应置信区间［0.0700，0.1399］不包含0，说明总效应在α＝0.05的水平上显著，效应大小为0.1049；直接效应置信区间［0.0212，0.0876］不包含0，说明直接效应显著，效应大小为0.0544；总间接效应置信区间［0.0366，0.0646］不包含0，说明心理变量间接效应显著，故存在部分中介效应，效应大小为0.0505，占总效应的48.14%。其中，自我效能和延迟满足的置信区间不包含0，说明两者发挥了显著的中介效应，效应大小依次为0.0245和0.0242；而认知需求的置信区间包含0，说明其中介效应不显著。具体的数据如表4-164所示。

表4-164　心理变量在家庭成员健康状况与生涯适应能力之间的中介效应

效应		Effect	置信区间下限	置信区间上限
总效应		0.1049	0.0700	0.1399
直接效应		0.0544	0.0212	0.0876
间接效应	总间接效应	0.0505	0.0366	0.0646
	认知需求	0.0018	−0.0005	0.0047
	自我效能	0.0245	0.0162	0.0341
	延迟满足	0.0242	0.0153	0.0339

（6）独生子女。将是否为独生子女作为自变量，心理变量作为中介变量，生涯适应能力作为因变量。是否为独生子女影响生涯适应能力的总效应置信区间［−0.1901，−0.0937］不包含0，说明总效应在α＝0.05的水平上显著，效应大小为−0.1419；直接效应置信区间［−0.1721，−0.0815］不包含0，说明直接效应显著，效应大小为−0.1268；总间接效应置信区间［−0.0325，0.0017］包含0，因此心理变量在是否为独生子女与生涯适应能力之间没有发挥显著的中介效应。具体的数据如表4-165所示。

表4-165　心理变量在是否为独生子女与生涯适应能力之间的中介效应

效应		Effect	置信区间下限	置信区间上限
总效应		−0.1419	−0.1901	−0.0937
直接效应		−0.1268	−0.1721	−0.0815
间接效应	总间接效应	−0.0151	−0.0325	0.0017
	认知需求	−0.0006	−0.0029	0.0010
	自我效能	−0.0109	−0.0197	−0.0032
	延迟满足	−0.0036	−0.0145	0.0068

（7）家庭月收入。将家庭月收入作为自变量，心理变量作为中介变量，生涯适应能力作为因变量。家庭月收入影响生涯适应能力的总效应置信区间 [0.0705, 0.1223] 不包含0，说明总效应在 $\alpha = 0.05$ 的水平上显著，效应大小为 0.0964；直接效应置信区间 [0.0465, 0.0955] 不包含0，说明直接效应显著，效应大小为 0.0710；总间接效应置信区间 [0.0156, 0.0354] 不包含0，说明心理变量间接效应显著，故存在部分中介效应，效应大小为 0.0254，占总效应的 26.35%。其中，自我效能和延迟满足的置信区间不包含0，说明两者发挥了显著的中介效应，效应大小依次为 0.0140 和 0.0104；而认知需求的置信区间包含0，说明其中介效应不显著。具体的数据如表 4-166 所示。

表 4-166　心理变量在家庭月收入与生涯适应能力之间的中介效应

效应		Effect	置信区间下限	置信区间上限
总效应		0.0964	0.0705	0.1223
直接效应		0.0710	0.0465	0.0955
间接效应	总间接效应	0.0254	0.0156	0.0354
	认知需求	0.0010	−0.0003	0.0029
	自我效能	0.0140	0.0088	0.0201
	延迟满足	0.0104	0.0042	0.0173

（二）心理变量在家庭人文统计变量与未来承诺之间的中介效应

本书把家庭人文统计变量作为自变量，包括父亲职业、母亲职业、父亲受教育水平、母亲受教育水平、家庭成员健康状况、独生子女和家庭月收入七种家庭人文统计变量，把认知需求、自我效能和延迟满足三种心理变量作为中介变量，未来承诺作为因变量，运用 PROCESS 分析工具进行多重中介效应分析，将样本数量设置为 5000，置信区间的置信度设置为 95%。以下为心理变量在家庭人文统计变量与未来承诺之间的中介效应的检验结果。

（1）父亲职业。将父亲职业作为自变量，心理变量作为中介变量，未来承诺作为因变量。父亲职业影响未来承诺的总效应置信区间 [−0.0370, −0.0180] 不包含0，说明总效应在 $\alpha = 0.05$ 的水平上显著，效应大小为 −0.0275；直接效应置信区间 [−0.0270, −0.0098] 不包含0，说明直接效应显著，效应大小为 −0.0184；总间接效应置信区间 [−0.0134, −0.0050] 不包含0，说明心理变量间接效应显著，故存在部分中介效应，效应大小为 −0.0091，占总效应的

33.09%。其中，自我效能和延迟满足的置信区间不包含 0，说明两者发挥了显著的中介效应，效应大小依次为 -0.0060 和 -0.0027；而认知需求的置信区间包含 0，说明其中介效应不显著。具体的数据如表 4-167 所示。

表 4-167　心理变量在父亲职业与未来承诺之间的中介效应

效应		Effect	置信区间下限	置信区间上限
总效应		-0.0275	-0.0370	-0.0180
直接效应		-0.0184	-0.0270	-0.0098
间接效应	总间接效应	-0.0091	-0.0134	-0.0050
	认知需求	-0.0004	-0.0012	0.0003
	自我效能	-0.0060	-0.0086	-0.0037
	延迟满足	-0.0027	-0.0049	-0.0005

（2）母亲职业。将母亲职业作为自变量，心理变量作为中介变量，未来承诺作为因变量。母亲职业影响未来承诺的总效应置信区间 ［-0.0388，-0.0194］不包含 0，说明总效应在 α=0.05 的水平上显著，效应大小为 -0.0291；直接效应置信区间 ［-0.0311，-0.0134］不包含 0，说明直接效应显著，效应大小为 -0.0223；总间接效应置信区间 ［-0.0112，-0.0026］不包含 0，说明心理变量间接效应显著，故存在部分中介效应，效应大小为 -0.0068，占总效应的 23.37%。其中，自我效能和延迟满足的置信区间不包含 0，说明两者发挥了显著的中介效应，效应大小依次为 -0.0044 和 -0.0023；而认知需求的置信区间包含 0，说明其中介效应不显著。具体的数据如表 4-168 所示。

表 4-168　心理变量在母亲职业与未来承诺之间的中介效应

效应		Effect	置信区间下限	置信区间上限
总效应		-0.0291	-0.0388	-0.0194
直接效应		-0.0223	-0.0311	-0.0134
间接效应	总间接效应	-0.0068	-0.0112	-0.0026
	认知需求	-0.0002	-0.0010	0.0006
	自我效能	-0.0044	-0.0070	-0.0020
	延迟满足	-0.0023	-0.0045	-0.0001

（3）父亲受教育水平。将父亲受教育水平作为自变量，心理变量作为中介变量，未来承诺作为因变量。父亲受教育水平影响未来承诺的总效应置信区间 [0.0582, 0.1134] 不包含0，说明总效应在 $\alpha = 0.05$ 的水平上显著，效应大小为 0.0858；直接效应置信区间 [0.0281, 0.0785] 不包含0，说明直接效应显著，效应大小为 0.0533；总间接效应置信区间 [0.0199, 0.0445] 不包含0，说明心理变量间接效应显著，故存在部分中介效应，效应大小为 0.0324，占总效应的 37.76%。其中，认知需求、自我效能和延迟满足的置信区间不包含0，说明三者都发挥了显著的中介效应，效应大小依次为 0.0029、0.0201 和 0.0095。具体的数据如表4-169所示。

表4-169　心理变量在父亲受教育水平与未来承诺之间的中介效应

效应		Effect	置信区间下限	置信区间上限
总效应		0.0858	0.0582	0.1134
直接效应		0.0533	0.0281	0.0785
间接效应	总间接效应	0.0324	0.0199	0.0445
	认知需求	0.0029	0.0007	0.0057
	自我效能	0.0201	0.0128	0.0278
	延迟满足	0.0095	0.0032	0.0161

（4）母亲受教育水平。将母亲受教育水平作为自变量，心理变量作为中介变量，未来承诺作为因变量。母亲受教育水平影响未来承诺的总效应置信区间 [0.0814, 0.1404] 不包含0，说明总效应在 $\alpha = 0.05$ 的水平上显著，效应大小为 0.1109；直接效应置信区间 [0.0430, 0.0970] 不包含0，说明直接效应显著，效应大小为 0.0700；总间接效应置信区间 [0.0272, 0.0544] 不包含0，说明心理变量间接效应显著，故存在部分中介效应，效应大小为 0.0409，占总效应的 36.88%。其中，认知需求、自我效能和延迟满足的置信区间不包含0，说明三者都发挥了显著的中介效应，效应大小依次为 0.0025、0.0254 和 0.0131。具体的数据如表4-170所示。

表4-170　心理变量在母亲受教育水平与未来承诺之间的中介效应

效应	Effect	置信区间下限	置信区间上限
总效应	0.1109	0.0814	0.1404
直接效应	0.0700	0.0430	0.0970

续表

效应		Effect	置信区间下限	置信区间上限
间接效应	总间接效应	0.0409	0.0272	0.0544
	认知需求	0.0025	0.0002	0.0054
	自我效能	0.0254	0.0174	0.0344
	延迟满足	0.0131	0.0062	0.0206

（5）家庭成员健康状况。将家庭成员健康状况作为自变量，心理变量作为中介变量，未来承诺作为因变量。家庭成员健康状况影响未来承诺的总效应置信区间 [0.0794，0.1482] 不包含0，说明总效应在 $\alpha=0.05$ 的水平上显著，效应大小为0.1138；直接效应置信区间 [0.0172，0.0804] 不包含0，说明直接效应显著，效应大小为0.0488；总间接效应置信区间 [0.0499，0.0811] 不包含0，说明心理变量间接效应显著，故存在部分中介效应，效应大小为0.0650，占总效应的57.12%。其中，认知需求、自我效能和延迟满足的置信区间不包含0，说明三者都发挥了显著的中介效应，效应大小依次为0.0047、0.0375 和0.0228。具体的数据如表4-171 所示。

表 4-171　心理变量在家庭成员健康状况与未来承诺之间的中介效应

效应		Effect	置信区间下限	置信区间上限
总效应		0.1138	0.0794	0.1482
直接效应		0.0488	0.0172	0.0804
间接效应	总间接效应	0.0650	0.0499	0.0811
	认知需求	0.0047	0.0019	0.0084
	自我效能	0.0375	0.0276	0.0487
	延迟满足	0.0228	0.0146	0.0318

（6）独生子女。将是否为独生子女作为自变量，心理变量作为中介变量，未来承诺作为因变量。是否为独生子女影响未来承诺的总效应置信区间 [-0.1299，-0.0347] 不包含0，说明总效应在 $\alpha=0.05$ 的水平上显著，效应大小为-0.0823；直接效应置信区间 [-0.1051，-0.0186] 不包含0，说明直接效应显著，效应大小为-0.0618；总间接效应置信区间 [-0.0408，0.0001] 包含0，因此心理变量在是否为独生子女与未来承诺之间没有发挥显著的中介效应。具体的数据如表4-172 所示。

表 4-172 心理变量在是否为独生子女与未来承诺之间的中介效应

效应		Effect	置信区间下限	置信区间上限
总效应		-0.0823	-0.1299	-0.0347
直接效应		-0.0618	-0.1051	-0.0186
间接效应	总间接效应	-0.0205	-0.0408	0.0001
	认知需求	-0.0013	-0.0052	0.0020
	自我效能	-0.0163	-0.0283	-0.0046
	延迟满足	-0.0028	-0.0130	0.0074

（7）家庭月收入。将家庭月收入作为自变量，心理变量作为中介变量，未来承诺作为因变量。家庭月收入影响未来承诺的总效应置信区间 [0.0559，0.1069] 不包含0，说明总效应在 $\alpha=0.05$ 的水平上显著，效应大小为0.0814；直接效应置信区间 [0.0223，0.0690] 不包含0，说明直接效应显著，效应大小为0.0457；总间接效应置信区间 [0.0241，0.0476] 不包含0，说明心理变量间接效应显著，故存在部分中介效应，效应大小为0.0358，占总效应的43.98%。其中，认知需求、自我效能和延迟满足的置信区间不包含0，说明三者都发挥了显著的中介效应，效应大小依次为0.0028、0.0227 和0.0102。具体的数据如表4-173 所示。

表 4-173 心理变量在家庭月收入与未来承诺之间的中介效应

效应		Effect	置信区间下限	置信区间上限
总效应		0.0814	0.0559	0.1069
直接效应		0.0457	0.0223	0.0690
间接效应	总间接效应	0.0358	0.0241	0.0476
	认知需求	0.0028	0.0008	0.0054
	自我效能	0.0227	0.0155	0.0305
	延迟满足	0.0102	0.0045	0.0165

本节分析了家庭人文统计变量对大学生心理变量及财经素养的影响。发现对认知需求影响显著的家庭人文统计变量有母亲职业、父亲受教育水平、家庭成员健康状况、家庭月收入；对延迟满足影响显著的家庭人文统计变量有母亲职业、父亲受教育水平、母亲受教育水平、家庭成员健康状况、家庭月收入；对财经态度影响显著的家庭人文统计变量有父亲职业、母亲职业、母亲受教育水平、家庭月收入；对财经行为合理性影响显著的家庭人文统计变量有父亲职业、母亲职业、父亲受教育水平、母亲受教育水平、家庭成员健康状况；对独立、信用影响显著的家庭人文

统计变量有父亲职业、母亲职业、父亲受教育水平、母亲受教育水平、家庭成员健康状况、家庭月收入。其中，对自我效能、财经满意感、未来规划——生涯适应能力及未来规划——未来承诺而言，所有家庭人文统计变量的影响都显著。

同时，心理变量作为中介，在母亲职业和家庭月收入对财经态度的影响过程中发挥了中介效应，其中，认知需求和延迟满足发挥了显著的中介效应；在家庭人文统计变量对财经满意感的影响过程中发挥了部分中介效应，其中，自我效能发挥了显著的中介效应；在父亲职业对财经行为合理性的影响过程中发挥了完全中介效应，认知需求、自我效能和延迟满足都发挥了显著的中介效应；在父母亲受教育水平、家庭成员健康状况和家庭月收入对独立的影响过程中发挥了完全中介效应，认知需求、自我效能和延迟满足都发挥了显著的中介效应；在父亲职业、母亲受教育水平和家庭月收入对信用的影响过程中发挥了完全中介效应，其中，自我效能和延迟满足发挥了显著的中介效应；在父亲受教育水平对信用的影响过程中发挥了部分中介效应，认知需求、自我效能和延迟满足都发挥了显著的中介效应；在除了是否为独生子女以外的其他家庭人文统计变量对生涯适应能力和未来承诺的影响过程中发挥了部分中介效应，其中，自我效能发挥了显著的中介效应。

第四节　家庭财经交流对心理变量及财经素养的影响

父母通过潜移默化和主动交流两种方式和孩子在预算、储蓄、信贷、理财和消费五个财经方面交流，可培养大学生的心智，如认知需求、自我效能和延迟满足，进而提升大学生的财经素养。首先，运用 One-way ANOVA 分析工具，分析了家庭财经交流对大学生认知需求、自我效能和延迟满足三个心理变量及财经素养的影响，并在此基础上进行多重组间比较分析；其次，运用 PROCESS 分析工具，将上述三个心理变量作为中介变量，检验中介效应是否显著。

一、家庭财经交流对认知需求的影响

本书把家庭财经交流作为自变量，包括预算、储蓄、信贷、理财和消费五种家庭交流方式，每种交流方式又分为潜移默化和主动交流，把认知需求作为因变量，运用 One-way ANOVA 分析工具进行方差分析。以下为家庭财经交流对大学生认知需求的影响的方差分析检验结果。

（1）预算家庭交流——潜移默化。One-way ANOVA 分析发现，$F_{(4, 4638)} = 1.154$，$p = 0.329$（$p > 0.05$）。可以发现父母给大学生生活费的时间间隔

对大学生的认知需求无显著影响。各组具体的数据如表 4-174 所示。

表 4-174 预算家庭交流——潜移默化与大学生认知需求之间的关系

频率	频数（人）	均值	标准差
一周	208	3.55	0.828
半个月	298	3.46	0.753
一个月	3450	3.54	0.797
一学期	243	3.47	0.852
不确定	444	3.54	0.909
总计	4643	3.53	0.810

（2）预算家庭交流——主动交流。One-way ANOVA 分析发现，F（3, 4635）= 6.822，p=0.000（p<0.05）。由于基于均值所计算的因变量的方差在自变量的各组间不等，故而，使用 Tamhane 多重比较法发现，父母和大学生交流花钱计划的频率为偶尔的受访者认知需求显著低于频率为从来没有的受访者，而前者与频率为极少和经常这两组受访者之间的认知需求无显著差异（α=0.05）。各组具体的数据如表 4-175 和图 4-56 所示。

表 4-175 预算家庭交流——主动交流与大学生认知需求之间的关系

频率	频数（人）	均值	标准差
从来没有	482	3.67	0.892
极少	1011	3.55	0.761
偶尔	2310	3.49	0.764
经常	836	3.55	0.925
总计	4639	3.53	0.810

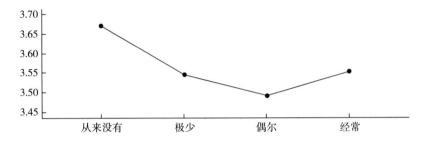

图 4-56 预算家庭交流——主动交流与大学生认知需求之间的关系

（3）储蓄家庭交流——潜移默化。One-way ANOVA 分析发现，F（3，4625）=1.147，p=0.329（p>0.05）。可以发现父母告诉大学生如何管理储蓄账户的频率对大学生的认知需求无显著影响。各组具体的数据如表4-176所示。

表4-176　储蓄家庭交流——潜移默化与大学生认知需求之间的关系

频率	频数（人）	均值	标准差
从来没有	869	3.58	0.866
极少	1151	3.52	0.727
偶尔	1887	3.53	0.762
经常	722	3.53	0.968
总计	4629	3.53	0.809

（4）储蓄家庭交流——主动交流。One-way ANOVA 分析发现，F（3，4632）=7.248，p=0.000（p<0.05）。由于基于均值所计算的因变量的方差在自变量的各组间不等，故而，使用 Tamhane 多重比较法发现，父母与大学生交流如何进行存钱的频率为偶尔的受访者认知需求显著低于频率为从来没有的受访者，而前者与频率为极少和经常的受访者之间的认知需求水平无显著差异；同时，频率为从来没有、极少和经常三组受访者之间的认知需求水平无显著差异（α=0.05）。各组具体的数据如表4-177和图4-57所示。

表4-177　储蓄家庭交流——主动交流与大学生认知需求之间的关系

频率	频数（人）	均值	标准差
从来没有	827	3.62	0.844
极少	1206	3.54	0.765
偶尔	1893	3.48	0.754
经常	710	3.58	0.956
总计	4636	3.53	0.809

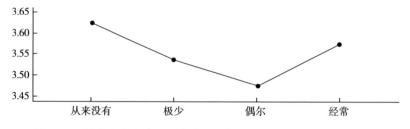

图4-57　储蓄家庭交流——主动交流与大学生认知需求之间的关系

（5）信贷家庭交流——潜移默化。One－way ANOVA 分析发现，F（3，4634）＝6.464，p＝0.000（p<0.05）。由于基于均值所计算的因变量的方差在自变量的各组间不等，故而，使用 Tamhane 多重比较法发现，父母与大学生交流如果不按时偿还信贷就会影响个人信誉的频率为偶尔的受访者认知需求显著低于频率为从来没有的受访者，而它与频率为极少和经常的受访者认知需求无显著差异；频率为极少的受访者认知需求显著低于频率为从来没有的受访者（α＝0.05）。各组具体的数据如表4-178和图4-58所示。

表 4-178　信贷家庭交流——潜移默化与大学生认知需求之间的关系

频率	频数（人）	均值	标准差
从来没有	735	3.64	0.829
极少	687	3.51	0.746
偶尔	1589	3.48	0.747
经常	1627	3.55	0.876
总计	4638	3.53	0.809

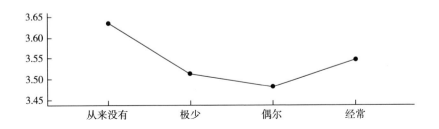

图 4-58　信贷家庭交流——潜移默化与大学生认知需求之间的关系

（6）信贷家庭交流——主动交流。One－way ANOVA 分析发现，F（3，4636）＝7.269，p＝0.000（p<0.05）。由于基于均值所计算的因变量的方差在自变量的各组间不等，故而，使用 Tamhane 多重比较法发现，父母与大学生交流他们如何利用信用贷款做重要的事的频率为偶尔的受访者认知需求显著低于频率为从来没有和极少的受访者，而它与频率为经常的受访者认知需求无显著差异；同时，频率为从来没有、极少和经常三组受访者之间的认知需求水平无显著差异（α＝0.05）。各组具体的数据如表4-179和图4-59所示。

表 4-179　信贷家庭交流——主动交流与大学生认知需求之间的关系

频率	频数（人）	均值	标准差
从来没有	1116	3.61	0.845
极少	1089	3.56	0.732
偶尔	1702	3.47	0.756
经常	733	3.55	0.963
总计	4640	3.53	0.810

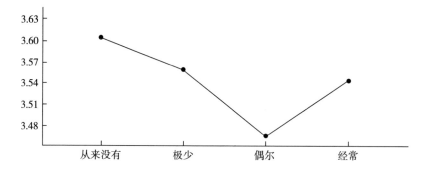

图 4-59　信贷家庭交流——主动交流与大学生认知需求之间的关系

（7）理财家庭交流——潜移默化。One-way ANOVA 分析发现，F（3，4629）= 3.391，p=0.017（p<0.05）。由于基于均值所计算的因变量的方差在自变量的各组间不等，故而，使用 Tamhane 多重比较法发现，父母告诉大学生理财重要性的频率为偶尔的受访者认知需求显著低于频率为极少的受访者，而前者与频率为经常和从来没有的受访者认知需求无显著差异（α=0.05）。各组具体的数据如表 4-180 和图 4-60 所示。

表 4-180　理财家庭交流——潜移默化与大学生认知需求之间的关系

频率	频数（人）	均值	标准差
从来没有	658	3.57	0.838
极少	828	3.57	0.737
偶尔	1713	3.49	0.750
经常	1434	3.55	0.898
总计	4633	3.53	0.810

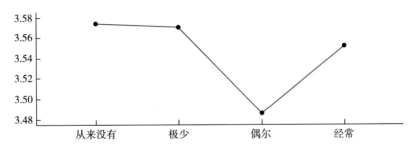

图 4-60　理财家庭交流——潜移默化与大学生认知需求之间的关系

（8）理财家庭交流——主动交流。One－way ANOVA 分析发现，F（3，4629）= 5.351，p＝0.001（p<0.05）。由于基于均值所计算的因变量的方差在自变量的各组间不等，故而，使用 Tamhane 多重比较法发现，父母与大学生交流如何理财的频率为偶尔的受访者认知需求显著低于频率为从来没有和极少的受访者，而它与频率为经常的受访者认知需求无显著差异；同时，频率为从来没有、极少和经常三组受访者之间的认知需求水平无显著差异（α＝0.05）。各组具体的数据如表 4-181 和图 4-61 所示。

表 4-181　理财家庭交流——主动交流与大学生认知需求之间的关系

频率	频数（人）	均值	标准差
从来没有	829	3.61	0.840
极少	1199	3.56	0.747
偶尔	1845	3.48	0.760
经常	760	3.54	0.964
总计	4633	3.53	0.809

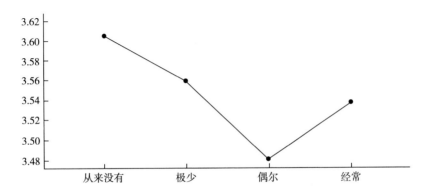

图 4-61　理财家庭交流——主动交流与大学生认知需求之间的关系

（9）消费家庭交流——潜移默化。One－way ANOVA 分析发现，F（3，4633）＝18.651，p＝0.000（p<0.05）。由于基于均值所计算的因变量的方差在自变量的各组间不等，故而，使用 Tamhane 多重比较法发现，父母告诉大学生"量入为出，适度消费"消费观的频率为偶尔的受访者认知需求显著低于频率为从来没有和经常的受访者，而它与频率为极少的受访者认知需求无显著差异；频率为从来没有的受访者与频率为极少的受访者认知需求也无显著差异（α＝0.05）。各组具体的数据如表4-182和图4-62所示。

表4-182 消费家庭交流——潜移默化与大学生认知需求之间的关系

频率	频数（人）	均值	标准差
从来没有	260	3.64	0.862
极少	345	3.50	0.705
偶尔	1344	3.40	0.767
经常	2688	3.60	0.829
总计	4637	3.54	0.809

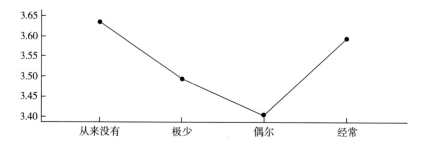

图4-62 消费家庭交流——潜移默化与大学生认知需求之间的关系

（10）消费家庭交流——主动交流。One－way ANOVA 分析发现，F（3，4631）＝17.881，p＝0.000（p<0.05）。由于基于均值所计算的因变量的方差在自变量的各组间不等，故而，使用 Tamhane 多重比较法发现，父母与大学生交流他们的消费观念的频率为偶尔的受访者认知需求显著低于频率为从来没有、极少和经常的受访者；同时，频率为从来没有、极少和经常的三组受访者之间的认知需求无显著差异（α＝0.05）。各组具体的数据如表4-183和图4-63所示。

表 4-183 消费家庭交流——主动交流与大学生认知需求之间的关系

频率	频数（人）	均值	标准差
从来没有	319	3.67	0.851
极少	665	3.53	0.728
偶尔	2009	3.44	0.759
经常	1642	3.62	0.878
总计	4635	3.53	0.810

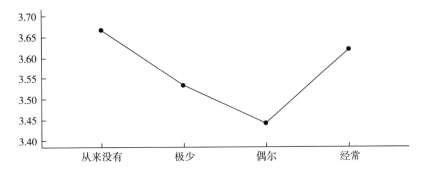

图 4-63 消费家庭交流——主动交流与大学生认知需求之间的关系

二、家庭财经交流对自我效能的影响

本书把家庭财经交流作为自变量，包括预算、储蓄、信贷、理财和消费五种家庭交流方式，每种交流方式又分为潜移默化和主动交流，把自我效能作为因变量，运用 One-way ANOVA 分析工具进行方差分析。以下为家庭财经交流对大学生自我效能的影响的方差分析检验结果。

（1）预算家庭交流——潜移默化。One-way ANOVA 分析发现，$F_{(4, 4612)} = 3.127$，$p = 0.014$（$p < 0.05$）。由于基于均值所计算的因变量的方差在自变量的各组间不等，故而，使用 Tamhane 多重比较法发现，父母给大学生生活费的时间间隔为一周、半个月、一个月、一学期和不确定的受访者自我效能无显著差异（$\alpha = 0.05$）。各组具体的数据如表 4-184 所示。

表 4-184 预算家庭交流——潜移默化与大学生自我效能之间的关系

频率	频数（人）	均值	标准差
一周	206	2.65	0.806
半个月	291	2.70	0.641

续表

频率	频数（人）	均值	标准差
一个月	3435	2.78	0.644
一学期	242	2.79	0.694
不确定	443	2.80	0.713
总计	4617	2.77	0.662

（2）预算家庭交流——主动交流。One－way ANOVA 分析发现，F（3，4607）= 29.757，p=0.000（p<0.05）。由于基于均值所计算的因变量的方差在自变量的各组间不等，故而，使用 Tamhane 多重比较法发现，父母和大学生交流花钱计划的频率为经常的受访者自我效能显著高于频率为从来没有、极少和偶尔的受访者；频率为偶尔的受访者自我效能显著高于频率为从来没有的受访者；频率为从来没有和极少两组受访者之间的自我效能无显著差异（α=0.05）。总体而言，父母和大学生交流花钱计划的频率越高，大学生自我效能感越强。各组具体的数据如表 4-185 和图 4-64 所示。

表 4-185 预算家庭交流——主动交流与大学生自我效能之间的关系

频率	频数（人）	均值	标准差
从来没有	481	2.65	0.779
极少	998	2.70	0.640
偶尔	2299	2.77	0.622
经常	833	2.95	0.682
总计	4611	2.77	0.661

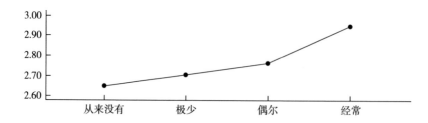

图 4-64 预算家庭交流——主动交流与大学生自我效能之间的关系

（3）储蓄家庭交流——潜移默化。One－way ANOVA 分析发现，F（3，

4598）=28.713，p=0.000（p<0.05）。由于基于均值所计算的因变量的方差在自变量的各组间不等，故而，使用 Tamhane 多重比较法发现，父母告诉大学生如何管理储蓄账户的频率为经常的受访者自我效能显著高于频率为从来没有、极少和偶尔的受访者；频率为偶尔的受访者自我效能显著高于频率为从来没有的受访者，而前者与频率为极少的受访者之间无显著差异；频率为从来没有和极少的受访者两组之间的自我效能无显著差异（α=0.05）。总体而言，父母告诉大学生如何管理储蓄账户的频率越高，大学生的自我效能越高。各组具体的数据如表4-186 和图 4-65 所示。

表 4-186　储蓄家庭交流——潜移默化与大学生自我效能之间的关系

频率	频数（人）	均值	标准差
从来没有	868	2.68	0.720
极少	1139	2.72	0.606
偶尔	1877	2.78	0.638
经常	718	2.96	0.698
总计	4599	2.32	0.966

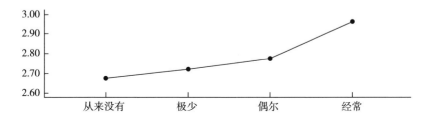

图 4-65　储蓄家庭交流——潜移默化与大学生自我效能之间的关系

（4）储蓄家庭交流——主动交流。One-way ANOVA 分析发现，F（3，4606）=33.939，p=0.000（p<0.05）。由于基于均值所计算的因变量的方差在自变量的各组间不等，故而，使用 Tamhane 多重比较法发现，父母与大学生交流如何进行存钱的频率为经常的受访者自我效能显著高于频率为从来没有、极少和偶尔的受访者；频率为偶尔的受访者自我效能显著高于频率为从来没有和极少的受访者；频率为从来没有和极少的受访者两组之间的自我效能无显著差异（α=0.05）。总体而言，父母告诉大学生如何进行存钱的频率越高，大学生的自我效能越高。各组具体的数据如表 4-187 和图 4-66 所示。

表4-187　储蓄家庭交流——主动交流与大学生自我效能之间的关系

频率	频数（人）	均值	标准差
从来没有	829	2.66	0.727
极少	1189	2.72	0.625
偶尔	1887	2.78	0.623
经常	705	2.98	0.696
总计	4610	2.77	0.662

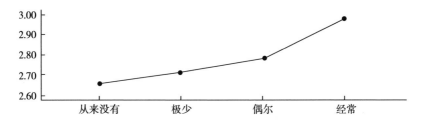

图4-66　储蓄家庭交流——主动交流与大学生自我效能之间的关系

（5）信贷家庭交流——潜移默化。One-way ANOVA 分析发现，F（3，4606）= 46.470，p=0.000（p<0.05）。由于基于均值所计算的因变量的方差在自变量的各组间不等，故而，使用 Tamhane 多重比较法发现，父母与大学生交流如果不按时偿还信贷就会影响个人信誉的频率为经常的受访者自我效能显著高于频率为从来没有、极少和偶尔的受访者；频率为从来没有、极少和偶尔的受访者三组之间的自我效能无显著差异（α=0.05）。总体而言，父母与大学生交流如果不按时偿还信贷就会影响个人信誉的频率越高，大学生的自我效能越高。各组具体的数据如表 4-188 和图 4-67 所示。

表4-188　信贷家庭交流——潜移默化与大学生自我效能之间的关系

频率	频数（人）	均值	标准差
从来没有	732	2.65	0.728
极少	679	2.68	0.673
偶尔	1579	2.71	0.610
经常	1620	2.92	0.645
总计	4610	2.77	0.661

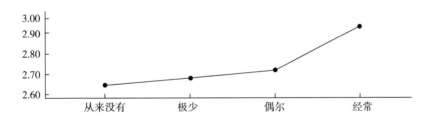

图4-67　信贷家庭交流——潜移默化与大学生自我效能之间的关系

（6）信贷家庭交流——主动交流。One-way ANOVA 分析发现，F（3，4609）=26.975，p=0.000（p<0.05）。由于基于均值所计算的因变量的方差在自变量的各组间不等，故而，使用 Tamhane 多重比较法发现，父母与大学生交流他们如何利用信用贷款做重要的事的频率为经常的受访者自我效能显著高于频率为从来没有、极少和偶尔的受访者；频率为从来没有、极少和偶尔的受访者三组之间的自我效能无显著差异（α=0.05）。各组具体的数据如表4-189和图4-68所示。

表4-189　信贷家庭交流——主动交流与大学生自我效能之间的关系

频率	频数（人）	均值	标准差
从来没有	1108	2.73	0.720
极少	1081	2.71	0.636
偶尔	1694	2.75	0.614
经常	730	2.97	0.682
总计	4613	2.77	0.662

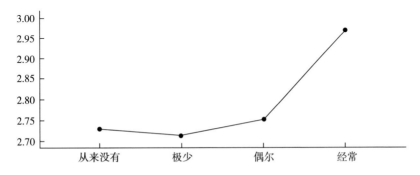

图4-68　信贷家庭交流——主动交流与大学生自我效能之间的关系

（7）理财家庭交流——潜移默化。One-way ANOVA 分析发现，F（3，4603）=45.845，p=0.000（p<0.05）。由于基于均值所计算的因变量的方差在

自变量的各组间不等，故而，使用 Tamhane 多重比较法发现，父母告诉大学生理财重要性的频率为经常的受访者自我效能显著高于频率为从来没有、极少和偶尔的受访者；频率为偶尔的受访者自我效能显著高于频率为从来没有的受访者；频率为从来没有和极少的受访者两组之间的自我效能无显著差异（α=0.05）。总体而言，父母告诉大学生理财重要性的频率越高，大学生的自我效能越高。各组具体的数据如表4-190和图4-69所示。

表 4-190　理财家庭交流——潜移默化与大学生自我效能之间的关系

频率	频数（人）	均值	标准差
从来没有	660	2.63	0.728
极少	818	2.71	0.645
偶尔	1696	2.72	0.619
经常	1433	2.93	0.660
总计	4607	2.77	0.662

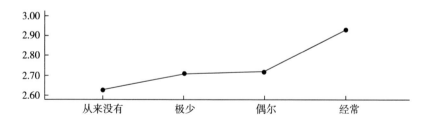

图 4-69　理财家庭交流——潜移默化与大学生自我效能之间的关系

（8）理财家庭交流——主动交流。One-way ANOVA 分析发现，F（3，4603）=26.080，p=0.000（p<0.05）。由于基于均值所计算的因变量的方差在自变量的各组间不等，故而，使用 Tamhane 多重比较法发现，父母与大学生交流如何理财的频率为经常的受访者自我效能显著高于频率为从来没有、极少和偶尔的受访者；频率为偶尔的受访者自我效能显著高于频率为从来没有和极少的受访者；频率为从来没有和极少的受访者两组之间的自我效能无显著差异（α=0.05）。总体而言，父母与大学生交流如何理财的频率越高，大学生的自我效能越高。各组具体的数据如表4-191和图4-70所示。

表 4-191 理财家庭交流——主动交流与大学生自我效能之间的关系

频率	频数（人）	均值	标准差
从来没有	830	2.70	0.726
极少	1183	2.71	0.624
偶尔	1838	2.78	0.621
经常	756	2.95	0.706
总计	4607	2.77	0.661

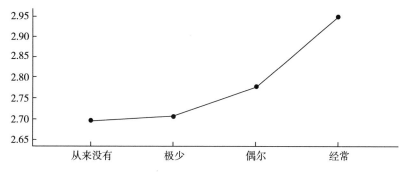

图 4-70 理财家庭交流——主动交流与大学生自我效能之间的关系

（9）消费家庭交流——潜移默化。One-way ANOVA 分析发现，F（3，4605）= 83.137，p = 0.000（p<0.05）。由于基于均值所计算的因变量的方差在自变量的各组间不等，故而，使用 Tamhane 多重比较法发现，父母告诉大学生"量入为出，适度消费"消费观的频率为经常的受访者自我效能显著高于频率为从来没有、极少和偶尔的受访者；频率为偶尔的受访者自我效能显著高于频率为从来没有和极少的受访者；频率为从来没有和极少的受访者两组之间的自我效能无显著差异（α=0.05）。总体而言，父母告诉大学生"量入为出，适度消费"消费观的频率越高，大学生的自我效能越高。各组具体的数据如表 4-192 和图 4-71 所示。

表 4-192 消费家庭交流——潜移默化与大学生自我效能之间的关系

频率	频数（人）	均值	标准差
从来没有	260	2.47	0.765
极少	335	2.50	0.666
偶尔	1331	2.66	0.618
经常	2683	2.89	0.643
总计	4609	2.77	0.662

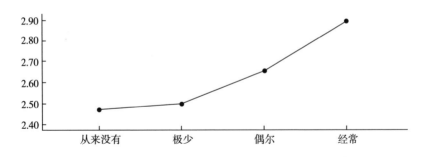

图 4-71　消费家庭交流——潜移默化与大学生自我效能之间的关系

（10）消费家庭交流——主动交流。One-way ANOVA 分析发现，F（3，4606）=61.751，p=0.000（p<0.05）。由于基于均值所计算的因变量的方差在自变量的各组间不等，故而，使用 Tamhane 多重比较法发现，父母与大学生交流他们的消费观念的频率为经常的受访者自我效能显著高于频率为从来没有、极少和偶尔的受访者；频率为偶尔的受访者自我效能显著高于频率为从来没有和极少的受访者；频率为从来没有和极少的受访者两组之间的自我效能无显著差异（α=0.05）。总体而言，父母与大学生交流他们的消费观念的频率越高，大学生的自我效能越高。各组具体的数据如表 4-193 和图 4-72 所示。

表 4-193　消费家庭交流——主动交流与大学生自我效能之间的关系

频率	频数（人）	均值	标准差
从来没有	317	2.53	0.733
极少	658	2.62	0.651
偶尔	2002	2.73	0.622
经常	1633	2.93	0.665
总计	4610	2.77	0.662

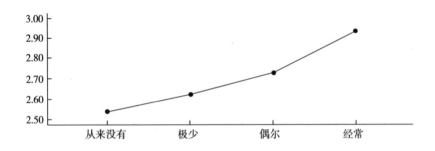

图 4-72　消费家庭交流——主动交流与大学生自我效能之间的关系

三、家庭财经交流对延迟满足的影响

本书把家庭财经交流作为自变量,包括预算、储蓄、信贷、理财和消费五种家庭交流方式,每种交流方式又分为潜移默化和主动交流,把延迟满足作为因变量,运用 One-way ANOVA 分析工具进行方差分析。以下为家庭财经交流对大学生延迟满足的影响的方差分析检验结果。

(1)预算家庭交流——潜移默化。One-way ANOVA 分析发现,$F_{(4, 4595)} = 7.475$,$p = 0.000$($p < 0.05$)。由于基于均值所计算的因变量的方差在自变量的各组间不等,故而,使用 Tamhane 多重比较法发现,父母给大学生生活费的时间间隔为一个月和一学期的受访者延迟满足显著高于时间间隔为一周和半个月的受访者;时间间隔为不确定的受访者延迟满足显著高于时间间隔为一周的受访者;而时间间隔为一周和半个月的受访者之间的延迟满足无显著差异($\alpha = 0.05$)。总体而言,父母给大学生生活费的时间间隔越长,大学生的延迟满足能力越强。各组具体的数据如表 4-194 和图 4-73 所示。

表 4-194 预算家庭交流——潜移默化与大学生延迟满足之间的关系

频率	频数(人)	均值	标准差
一周	203	3.18	0.856
半个月	295	3.25	0.719
一个月	3423	3.39	0.673
一学期	238	3.43	0.676
不确定	441	3.38	0.740
总计	4600	3.38	0.694

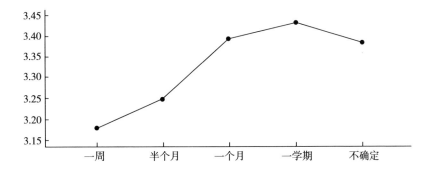

图 4-73 预算家庭交流——潜移默化与大学生延迟满足之间的关系

（2）预算家庭交流——主动交流。One-way ANOVA 分析发现，F（3,
4589）= 29.353，p = 0.000（p<0.05）。由于基于均值所计算的因变量的方差在
自变量的各组间不等，故而，使用 Tamhane 多重比较法发现，父母和大学生交流
花钱计划的频率为经常的受访者延迟满足显著高于频率为从来没有、极少和偶尔
的受访者；频率为从来没有、极少和偶尔的三组受访者之间的延迟满足无显著差
异（α=0.05）。总体而言，父母和大学生交流花钱计划的频率越高，大学生的延
迟满足能力越强。各组具体的数据如表 4-195 和图 4-74 所示。

表 4-195　预算家庭交流——主动交流与大学生延迟满足之间的关系

频率	频数（人）	均值	标准差
从来没有	477	3.26	0.843
极少	997	3.30	0.671
偶尔	2291	3.37	0.648
经常	828	3.56	0.706
总计	4593	3.38	0.693

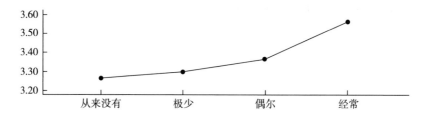

图 4-74　预算家庭交流——主动交流与大学生延迟满足之间的关系

（3）储蓄家庭交流——潜移默化。One-way ANOVA 分析发现，F（3,
4582）= 29.048，p = 0.000（p<0.05）。由于基于均值所计算的因变量的方差在
自变量的各组间不等，故而，使用 Tamhane 多重比较法发现，父母告诉大学生如
何管理储蓄账户的频率为经常的受访者延迟满足显著高于频率为从来没有、极少
和偶尔的受访者；频率为偶尔的受访者延迟满足显著高于频率为极少的受访者；
频率为从来没有和极少的受访者两组之间的延迟满足无显著差异（α=0.05）。总
体而言，父母告诉大学生如何管理储蓄账户的频率越高，大学生的延迟满足能力
越强。各组具体的数据如表 4-196 和图 4-75 所示。

表 4-196　储蓄家庭交流——潜移默化与大学生延迟满足之间的关系

频率	频数（人）	均值	标准差
从来没有	863	3.31	0.755
极少	1142	3.30	0.658
偶尔	1873	3.38	0.645
经常	708	3.58	0.757
总计	4586	3.38	0.694

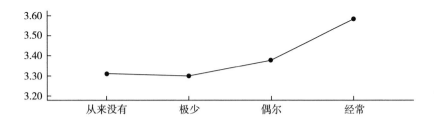

图 4-75　储蓄家庭交流——潜移默化与大学生延迟满足之间的关系

（4）储蓄家庭交流——主动交流。One-way ANOVA 分析发现，F（3，4588）= 41.858，p=0.000（p<0.05）。由于基于均值所计算的因变量的方差在自变量的各组间不等，故而，使用 Tamhane 多重比较法发现，父母与大学生交流如何进行存钱的频率为经常的受访者延迟满足显著高于频率为从来没有、极少和偶尔的受访者；频率为偶尔的受访者延迟满足显著高于频率为从来没有和极少的受访者；频率为从来没有和极少的受访者两组之间的延迟满足无显著差异（α=0.05）。总体而言，父母与大学生交流如何进行存钱的频率越高，大学生的延迟满足能力越强。各组具体的数据如表 4-197 和图 4-76 所示。

表 4-197　储蓄家庭交流——主动交流与大学生延迟满足之间的关系

频率	频数（人）	均值	标准差
从来没有	826	3.28	0.753
极少	1192	3.29	0.664
偶尔	1873	3.39	0.639
经常	701	3.62	0.745
总计	4592	3.38	0.693

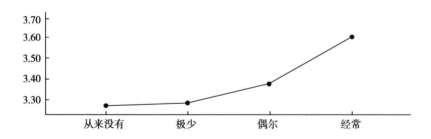

图 4-76　储蓄家庭交流——主动交流与大学生延迟满足之间的关系

（5）信贷家庭交流——潜移默化。One－way ANOVA 分析发现，F（3，4590）＝35.785，p＝0.000（p<0.05）。由于基于均值所计算的因变量的方差在自变量的各组间不等，故而，使用 Tamhane 多重比较法发现，父母与大学生交流如果不按时偿还信贷就会影响个人信誉的频率为经常的受访者延迟满足显著高于频率为从来没有、极少和偶尔的受访者；频率为从来没有、极少和偶尔的受访者三组之间的延迟满足无显著差异（α＝0.05）。各组具体的数据如表 4-198 和图 4-77 所示。

表 4-198　信贷家庭交流——潜移默化与大学生延迟满足之间的关系

频率	频数（人）	均值	标准差
从来没有	730	3.28	0.747
极少	677	3.26	0.687
偶尔	1579	3.33	0.640
经常	1608	3.51	0.698
总计	4594	3.38	0.693

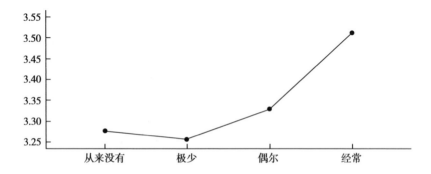

图 4-77　信贷家庭交流——潜移默化与大学生延迟满足之间的关系

（6）信贷家庭交流——主动交流。One‒way ANOVA 分析发现，F（3，4592）=21.224，p=0.000（p<0.05）。由于基于均值所计算的因变量的方差在自变量的各组间不等，故而，使用 Tamhane 多重比较法发现，父母与大学生交流他们如何利用信用贷款做重要的事的频率为经常的受访者延迟满足显著高于频率为从来没有、极少和偶尔的受访者；频率为从来没有、极少和偶尔的受访者三组之间的延迟满足无显著差异（α=0.05）。各组具体的数据如表4‒199和图4‒78所示。

表4‒199　信贷家庭交流——主动交流与大学生延迟满足之间的关系

频率	频数（人）	均值	标准差
从来没有	1111	3.34	0.741
极少	1077	3.31	0.685
偶尔	1683	3.36	0.623
经常	725	3.56	0.755
总计	4596	3.38	0.694

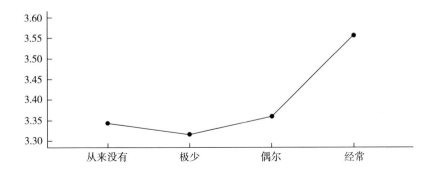

图4-78　信贷家庭交流——主动交流与大学生延迟满足之间的关系

（7）理财家庭交流——潜移默化。One‒way ANOVA 分析发现，F（3，4586）=46.955，p=0.000（p<0.05）。由于基于均值所计算的因变量的方差在自变量的各组间不等，故而，使用 Tamhane 多重比较法发现，父母告诉大学生理财重要性的频率为经常的受访者延迟满足显著高于频率为从来没有、极少和偶尔的受访者；频率为从来没有、极少和偶尔的受访者三组之间的延迟满足无显著差异（α=0.05）。总体来看，父母告诉大学生理财重要性的频率越高，大学生延迟满足能力越强。各组具体的数据如表4‒200和图4‒79所示。

表 4-200　理财家庭交流——潜移默化与大学生延迟满足之间的关系

频率	频数（人）	均值	标准差
从来没有	655	3.25	0.777
极少	817	3.30	0.693
偶尔	1692	3.31	0.627
经常	1426	3.55	0.696
总计	4590	3.38	0.694

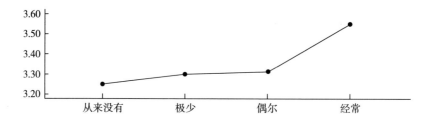

图 4-79　理财家庭交流——潜移默化与大学生延迟满足之间的关系

（8）理财家庭交流——主动交流。One-way ANOVA 分析发现，F（3，4585）＝31.148，p＝0.000（p<0.05）。由于基于均值所计算的因变量的方差在自变量的各组间不等，故而，使用 Tamhane 多重比较法发现，父母与大学生交流如何理财的频率为经常的受访者延迟满足显著高于频率为从来没有、极少和偶尔的受访者；频率为偶尔的受访者延迟满足显著高于频率为极少的受访者；频率为从来没有的受访者与频率为极少的受访者延迟满足无显著差异（α＝0.05）。各组具体的数据如表 4-201 和图 4-80 所示。

表 4-201　理财家庭交流——主动交流与大学生延迟满足之间的关系

频率	频数（人）	均值	标准差
从来没有	826	3.31	0.751
极少	1186	3.29	0.669
偶尔	1828	3.38	0.629
经常	749	3.58	0.770
总计	4589	3.38	0.693

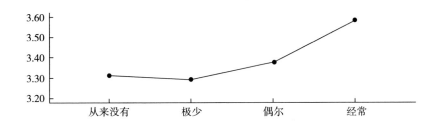

图 4-80 理财家庭交流——主动交流与大学生延迟满足之间的关系

（9）消费家庭交流——潜移默化。One-way ANOVA 分析发现，F（3，4588）= 101.071，p = 0.000（p<0.05）。由于基于均值所计算的因变量的方差在自变量的各组间不等，故而，使用 Tamhane 多重比较法发现，父母告诉大学生"量入为出，适度消费"消费观的频率为经常的受访者延迟满足显著高于频率为从来没有、极少和偶尔的受访者；频率为偶尔的受访者延迟满足显著高于频率为从来没有的受访者；频率为从来没有的受访者与频率为极少的受访者延迟满足无显著差异（α = 0.05）。总体来看，父母告诉大学生"量入为出，适度消费"消费观的频率越高，大学生延迟满足能力越强。各组具体的数据如表 4-202 和图 4-81 所示。

表 4-202 消费家庭交流——潜移默化与大学生延迟满足之间的关系

频率	频数（人）	均值	标准差
从来没有	256	2.98	0.852
极少	338	3.14	0.739
偶尔	1325	3.24	0.625
经常	2673	3.51	0.665
总计	4592	3.38	0.693

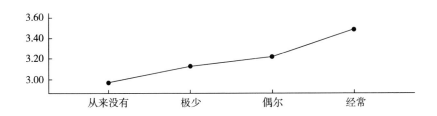

图 4-81 消费家庭交流——潜移默化与大学生延迟满足之间的关系

（10）消费家庭交流——主动交流。One-way ANOVA 分析发现，F（3，

4587）= 80.442，p = 0.000（p<0.05）。由于基于均值所计算的因变量的方差在自变量的各组间不等，故而，使用 Tamhane 多重比较法发现，父母与大学生交流他们的消费观念的频率为经常的受访者延迟满足显著高于频率为从来没有、极少和偶尔的受访者；频率为偶尔的受访者延迟满足显著高于频率为从来没有和极少的受访者；频率为从来没有的受访者与频率为极少的受访者延迟满足无显著差异（α = 0.05）。总体来看，父母与大学生交流他们的消费观念的频率越高，大学生延迟满足能力越强。各组具体的数据如表 4-203 和图 4-82 所示。

表 4-203　消费家庭交流——主动交流与大学生延迟满足之间的关系

频率	频数（人）	均值	标准差
从来没有	317	3.13	0.841
极少	657	3.18	0.685
偶尔	1984	3.33	0.626
经常	1633	3.57	0.695
总计	4591	3.38	0.694

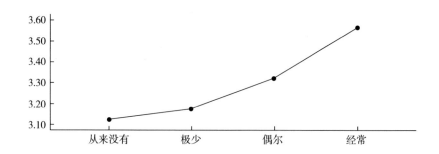

图 4-82　消费家庭交流——主动交流与大学生延迟满足之间的关系

四、家庭财经交流对财经态度的影响

本书把家庭财经交流的五个方向和两种方式交互而成的十种变量（5×2 = 10）作为自变量，把财经态度作为因变量，运用 One-way ANOVA 分析工具进行方差分析。以下为家庭财经交流对大学生财经态度的影响的方差分析检验结果。

（1）预算家庭交流——潜移默化。One-way ANOVA 分析发现，F（4，4607）= 4.648，p = 0.001（p<0.05）。由于基于均值所计算的因变量的方差在自变量的各组间不等，故而，使用 Tamhane 多重比较法发现，父母给大学生生活费

的时间间隔为一个月的受访者财经态度积极性显著低于时间间隔为半个月的受访者，而前者与时间间隔为一周、一学期及不确定三种受访者的财经态度积极性无显著差异（α＝0.05）。各组具体的数据如表4-204和图4-83所示。

表4-204 预算家庭交流——潜移默化与大学生财经态度之间的关系

频率	频数（人）	均值	标准差
一周	205	2.33	0.951
半个月	295	2.54	0.909
一个月	3426	2.29	0.961
一学期	244	2.36	1.019
不确定	442	2.33	1.010
总计	4612	2.32	0.967

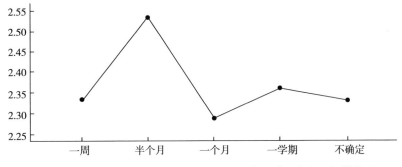

图4-83 预算家庭交流——潜移默化与大学生财经态度之间的关系

（2）预算家庭交流——主动交流。One-way ANOVA 分析发现，$F_{(3, 4602)}=1.340$，$p=0.259$（$p>0.05$）。可以发现父母和大学生交流花钱计划的频率对大学生的财经态度无显著影响。各组具体的数据如表4-205所示。

表4-205 预算家庭交流——主动交流与大学生财经态度之间的关系

频率	频数（人）	均值	标准差
从来没有	483	2.23	1.009
极少	995	2.31	0.903
偶尔	2295	2.33	0.939
经常	833	2.32	1.080
总计	4606	2.31	0.966

（3）储蓄家庭交流——潜移默化。One-way ANOVA 分析发现，F（3,4595）= 3.018，p=0.029（p<0.05）。由于基于均值所计算的因变量的方差在自变量的各组间不等，故而，使用 Tamhane 多重比较法发现，父母告诉大学生如何管理储蓄账户的频率为偶尔的受访者财经态度积极性显著高于频率为从来没有的受访者，而前者与频率为极少和经常的受访者财经态度积极性无显著差异（α=0.05）。各组具体的数据如表 4-206 和图 4-84 所示。

表 4-206　储蓄家庭交流——潜移默化与大学生财经态度之间的关系

频率	频数（人）	均值	标准差
从来没有	866	2.24	0.953
极少	1141	2.33	0.932
偶尔	1877	2.35	0.947
经常	715	2.28	1.076
总计	4599	2.32	0.966

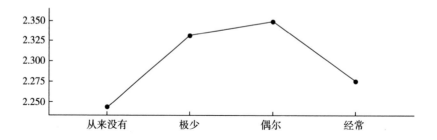

图 4-84　储蓄家庭交流——潜移默化与大学生财经态度之间的关系

（4）储蓄家庭交流——主动交流。One-way ANOVA 分析发现，F（3,4602）= 3.950，p=0.008（p<0.05）。由于基于均值所计算的因变量的方差在自变量的各组间不等，故而，使用 Tamhane 多重比较法发现，父母与大学生交流如何进行存钱的频率为偶尔的受访者财经态度积极性显著高于频率为从来没有的受访者，而前者与频率为经常和极少的受访者财经态度积极性无显著差异（α=0.05）。各组具体的数据如表 4-207 和图 4-85 所示。

表 4-207 储蓄家庭交流——主动交流与大学生财经态度之间的关系

频率	频数（人）	均值	标准差
从来没有	828	2.24	0.978
极少	1195	2.32	0.924
偶尔	1880	2.36	0.937
经常	703	2.26	1.086
总计	4606	2.31	0.966

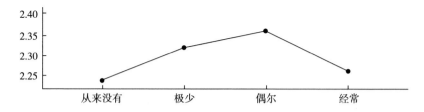

图 4-85 储蓄家庭交流——主动交流与大学生财经态度之间的关系

（5）信贷家庭交流——潜移默化。One-way ANOVA 分析发现，$F_{(3, 4602)} = 9.974$，$p = 0.000$（$p<0.05$）。由于基于均值所计算的因变量的方差在自变量的各组间不等，故而，使用 Tamhane 多重比较法发现，父母与大学生交流如果不按时偿还信贷就会影响个人信誉的频率为偶尔的受访者财经态度积极性显著高于频率为从来没有和经常的受访者，而前者与频率为极少的受访者财经态度积极性无显著差异；频率为极少的受访者财经态度积极性显著高于频率为从来没有的受访者（$\alpha = 0.05$）。各组具体的数据如表 4-208 和图 4-86 所示。

表 4-208 信贷家庭交流——潜移默化与大学生财经态度之间的关系

频率	频数（人）	均值	标准差
从来没有	732	2.20	0.993
极少	680	2.37	0.929
偶尔	1580	2.40	0.912
经常	1614	2.26	1.011
总计	4606	2.32	0.966

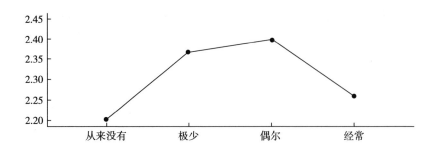

图 4-86　信贷家庭交流——潜移默化与大学生财经态度之间的关系

（6）信贷家庭交流——主动交流。One－way ANOVA 分析发现，F（3，4605）= 10. 145，p=0. 000（p<0. 05）。由于基于均值所计算的因变量的方差在自变量的各组间不等，故而，使用 Tamhane 多重比较法发现，父母与大学生交流他们如何利用信用贷款做重要的事的频率为偶尔的受访者财经态度积极性显著高于频率为从来没有和极少的受访者，而前者与频率为经常的受访者财经态度积极性无显著差异（α=0. 05）。各组具体的数据如表 4-209 和图 4-87 所示。

表 4-209　信贷家庭交流——主动交流与大学生财经态度之间的关系

频率	频数（人）	均值	标准差
从来没有	1110	2. 21	0. 971
极少	1078	2. 28	0. 919
偶尔	1690	2. 41	0. 930
经常	731	2. 33	1. 088
总计	4609	2. 32	0. 967

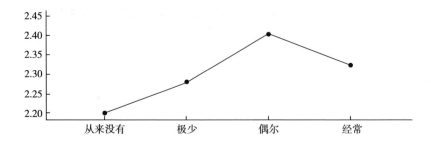

图 4-87　信贷家庭交流——主动交流与大学生财经态度之间的关系

（7）理财家庭交流——潜移默化。One－way ANOVA 分析发现，$F_{(3, 4597)} = 7.594$，$p = 0.000$（$p<0.05$）。由于基于均值所计算的因变量的方差在自变量的各组间不等，故而，使用 Tamhane 多重比较法发现，父母告诉大学生理财重要性的频率为偶尔的受访者财经态度积极性显著高于频率为从来没有和经常的受访者，前者与频率为极少的受访者财经态度积极性无显著差异（$\alpha = 0.05$）。各组具体的数据如表 4-210 和图 4-88 所示。

表 4-210　理财家庭交流——潜移默化与大学生财经态度之间的关系

频率	频数（人）	均值	标准差
从来没有	655	2.24	0.984
极少	820	2.35	0.934
偶尔	1699	2.39	0.913
经常	1427	2.24	1.031
总计	4601	2.31	0.967

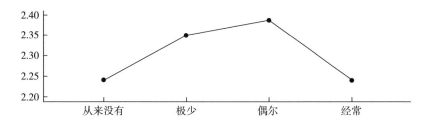

图 4-88　理财家庭交流——潜移默化与大学生财经态度之间的关系

（8）理财家庭交流——主动交流。One－way ANOVA 分析发现，$F_{(3, 4598)} = 6.453$，$p = 0.000$（$p<0.05$）。由于基于均值所计算的因变量的方差在自变量的各组间不等，故而，使用 Tamhane 多重比较法发现，父母与大学生交流如何理财的频率为偶尔的受访者财经态度积极性显著高于频率为从来没有的受访者，而它与频率为极少和经常的受访者财经态度积极性无显著差异；频率为从来没有的受访者与频率为极少的受访者财经态度积极性无显著差异（$\alpha = 0.05$）。各组具体的数据如表 4-211 和图 4-89 所示。

表4-211 理财家庭交流——主动交流与大学生财经态度之间的关系

频率	频数（人）	均值	标准差
从来没有	824	2.20	0.966
极少	1185	2.29	0.944
偶尔	1839	2.38	0.926
经常	754	2.31	1.086
总计	4602	2.31	0.967

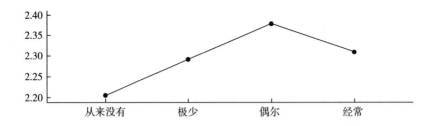

图4-89 理财家庭交流——主动交流与大学生财经态度之间的关系

（9）消费家庭交流——潜移默化。One-way ANOVA 分析发现，F（3，4599）＝38.549，p＝0.000（p<0.05）。由于基于均值所计算的因变量的方差在自变量的各组间不等，故而，使用 Tamhane 多重比较法发现，父母告诉大学生"量入为出，适度消费"消费观的频率为偶尔的受访者财经态度积极性显著高于频率为经常的受访者，但前者与频率为从来没有和极少的受访者之间的财经态度积极性无显著差异（α＝0.05）。各组具体的数据如表4-212和图4-90所示。

表4-212 消费家庭交流——潜移默化与大学生财经态度之间的关系

频率	频数（人）	均值	标准差
从来没有	260	2.35	1.052
极少	339	2.57	0.967
偶尔	1334	2.49	0.906
经常	2670	2.19	0.968
总计	4603	2.32	0.967

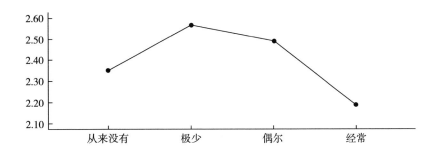

图 4-90 消费家庭交流——潜移默化与大学生财经态度之间的关系

（10）消费家庭交流——主动交流。One-way ANOVA 分析发现，F（3, 4599）= 12.344，p = 0.000（p<0.05）。由于基于均值所计算的因变量的方差在自变量的各组间不等，故而，使用 Tamhane 多重比较法发现，父母与大学生交流他们的消费观念的频率为偶尔和极少的受访者财经态度积极性显著高于频率为经常的受访者；频率为从来没有的受访者与频率为极少的受访者财经态度积极性无显著差异（α = 0.05）。各组具体的数据如表 4-213 和图 4-91 所示。

表 4-213 消费家庭交流——主动交流与大学生财经态度之间的关系

频率	频数（人）	均值	标准差
从来没有	318	2.29	0.969
极少	663	2.40	0.928
偶尔	1994	2.38	0.925
经常	1628	2.20	1.021
总计	4603	2.32	0.967

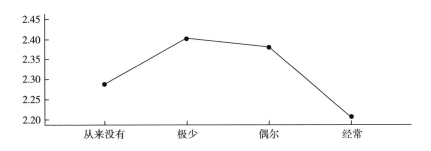

图 4-91 消费家庭交流——主动交流与大学生财经态度之间的关系

五、家庭财经交流对财经满意感的影响

本书把家庭财经交流的五个方向和两种方式交互而成的十种变量（5×2＝10）作为自变量，把财经满意感作为因变量，运用 One-way ANOVA 分析工具进行方差分析。以下为家庭财经交流对大学生财经满意感的影响的方差分析检验结果。

（1）预算家庭交流——潜移默化。One-way ANOVA 分析发现，$F_{(4, 4628)}＝2.858$，$p＝0.022$（$p<0.05$）。由于基于均值所计算的因变量的方差在自变量的各组间不等，故而，使用 Tamhane 多重比较法发现，父母给大学生生活费的时间间隔为一学期的受访者财经满意感显著高于时间间隔为一周的受访者，并与时间间隔为半个月、一个月和不确定的三组受访者无显著差异；时间间隔为半个月、一个月和不确定的三组受访者之间的财经满意感也无显著差异（$\alpha＝0.05$）。各组具体的数据如表 4-214 和图 4-92 所示。

表 4-214　预算家庭交流——潜移默化与大学生财经满意感之间的关系

频率	频数（人）	均值	标准差
一周	206	2.63	1.156
半个月	297	2.82	1.030
一个月	3441	2.79	1.014
一学期	245	2.94	1.083
不确定	444	2.74	1.001
总计	4633	2.79	1.025

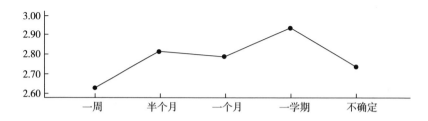

图 4-92　预算家庭交流——潜移默化与大学生财经满意感之间的关系

（2）预算家庭交流——主动交流。One-way ANOVA 分析发现，$F_{(3, 4623)}＝14.600$，$p＝0.000$（$p<0.05$）。由于基于均值所计算的因变量的方差在自变量的各组间不等，故而，使用 Tamhane 多重比较法发现，父母和大学生交流

花钱计划的频率为经常的受访者财经满意感显著高于频率为从来没有、极少和偶尔的受访者；频率为偶尔的受访者财经满意感显著高于频率为极少的受访者；而频率为从来没有的受访者和频率为极少的受访者的财经满意感没有显著差异（α=0.05）。总体来看，父母和大学生交流花钱计划的频率越高，大学生的财经满意感越高。各组具体的数据如表4-215和图4-93所示。

表 4-215 预算家庭交流——主动交流与大学生财经满意感之间的关系

频率	频数（人）	均值	标准差
从来没有	484	2.68	1.174
极少	1001	2.68	0.990
偶尔	2305	2.79	0.960
经常	837	2.97	1.116
总计	4627	2.79	1.025

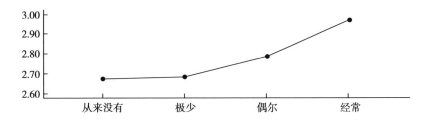

图 4-93 预算家庭交流——主动交流与大学生财经满意感之间的关系

（3）储蓄家庭交流——潜移默化。One-way ANOVA 分析发现，F（3，4615）=33.065，p=0.000（p<0.05）。由于基于均值所计算的因变量的方差在自变量的各组间不等，故而，使用 Tamhane 多重比较法发现，父母告诉大学生如何管理储蓄账户的频率为经常的受访者财经满意感显著高于频率为从来没有、极少和偶尔的受访者；频率为偶尔的受访者财经满意感显著高于频率为从来没有和极少的受访者；频率为极少的受访者财经满意感与频率为从来没有的受访者无显著差异（α=0.05）。总的来说，父母告诉大学生如何管理储蓄账户的频率越高，大学生的财经满意感越高。各组具体的数据如表4-216和图4-94所示。

表4-216　储蓄家庭交流——潜移默化与大学生财经满意感之间的关系

频率	频数（人）	均值	标准差
从来没有	869	2.57	1.091
极少	1145	2.68	0.963
偶尔	1885	2.86	0.981
经常	720	3.02	1.085
总计	4619	2.79	1.026

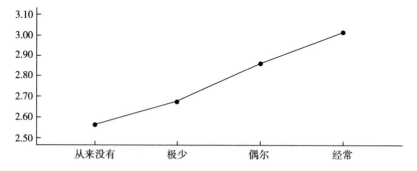

图4-94　储蓄家庭交流——潜移默化与大学生财经满意感之间的关系

（4）储蓄家庭交流——主动交流。One－way ANOVA 分析发现，F（3，4622）＝24.556，p＝0.000（p<0.05）。由于基于均值所计算的因变量的方差在自变量的各组间不等，故而，使用 Tamhane 多重比较法发现，父母与大学生交流如何进行存钱的频率为经常的受访者财经满意感显著高于频率为从来没有、极少和偶尔的受访者；频率为偶尔的受访者财经满意感显著高于频率为从来没有和极少的受访者；频率为极少的受访者与频率为从来没有的受访者财经满意感无显著差异（α＝0.05）。总的来说，父母与大学生交流如何进行存钱的频率越高，大学生的财经满意感越高。各组具体的数据如表4-217和图4-95所示。

表4-217　储蓄家庭交流——主动交流与大学生财经满意感之间的关系

频率	频数（人）	均值	标准差
从来没有	829	2.60	1.062
极少	1202	2.70	0.989
偶尔	1887	2.85	0.965
经常	708	2.99	1.140
总计	4626	2.79	1.025

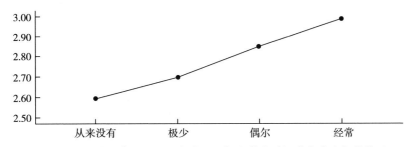

图 4-95　储蓄家庭交流——主动交流与大学生财经满意感之间的关系

（5）信贷家庭交流——潜移默化。One－way ANOVA 分析发现，F（3，4623）= 16.200，p = 0.000（p<0.05）。由于基于均值所计算的因变量的方差在自变量的各组间不等，故而，使用 Tamhane 多重比较法发现，父母与大学生交流如果不按时偿还信贷就会影响个人信誉的频率为经常的受访者财经满意感显著高于频率为从来没有、极少和偶尔的受访者；频率为偶尔的受访者财经满意感显著高于频率为从来没有和极少的受访者；频率为极少的受访者与频率为从来没有的受访者财经满意感无显著差异（α = 0.05）。总的来说，父母与大学生交流如果不按时偿还信贷就会影响个人信誉的频率越高，大学生的财经满意感越高。各组具体的数据如表 4-218 和图 4-96 所示。

表 4-218　信贷家庭交流——潜移默化与大学生财经满意感之间的关系

频率	频数（人）	均值	标准差
从来没有	735	2.61	1.101
极少	685	2.68	0.994
偶尔	1588	2.81	0.938
经常	1619	2.89	1.068
总计	4627	2.79	1.025

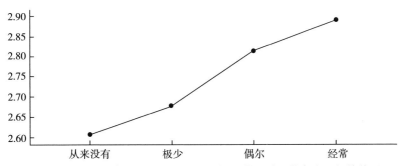

图 4-96　信贷家庭交流——潜移默化与大学生财经满意感之间的关系

（6）信贷家庭交流——主动交流。One - way ANOVA 分析发现，$F_{(3, 4625)} = 23.642$，$p = 0.000$（$p < 0.05$）。由于基于均值所计算的因变量的方差在自变量的各组间不等，故而，使用 Tamhane 多重比较法发现，父母与大学生交流他们如何利用信用贷款做重要的事的频率为经常和偶尔的受访者财经满意感显著高于频率为从来没有和极少的受访者；频率为极少的受访者与频率为从来没有的受访者财经满意感无显著差异（$\alpha = 0.05$）。总的来说，父母与大学生交流他们如何利用信用贷款做重要的事的频率越高，大学生的财经满意感越高。各组具体的数据如表 4-219 和图 4-97 所示。

表 4-219　信贷家庭交流——主动交流与大学生财经满意感之间的关系

频率	频数（人）	均值	标准差
从来没有	1116	2.65	1.069
极少	1080	2.67	0.993
偶尔	1700	2.88	0.959
经常	733	2.97	1.104
总计	4629	2.79	1.025

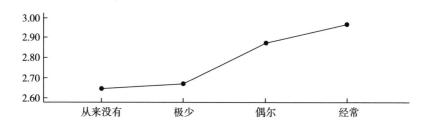

图 4-97　信贷家庭交流——主动交流与大学生财经满意感之间的关系

（7）理财家庭交流——潜移默化。One - way ANOVA 分析发现，$F_{(3, 4618)} = 28.972$，$p = 0.000$（$p < 0.05$）。由于基于均值所计算的因变量的方差在自变量的各组间不等，故而，使用 Tamhane 多重比较法发现，父母告诉大学生理财重要性的频率为经常的受访者财经满意感显著高于频率为从来没有、极少和偶尔的受访者；频率为偶尔和极少的受访者财经满意感显著高于频率为从来没有的受访者；而频率为偶尔的受访者与频率为极少的受访者财经满意感无显著差异（$\alpha = 0.05$）。总的来说，父母告诉大学生理财重要性的频率越高，大学生的财经满意感越高。各组具体的数据如表 4-220 和图 4-98 所示。

表 4-220 理财家庭交流——潜移默化与大学生财经满意感之间的关系

频率	频数（人）	均值	标准差
从来没有	659	2.53	1.108
极少	821	2.70	1.001
偶尔	1709	2.79	0.944
经常	1433	2.96	1.059
总计	4622	2.79	1.024

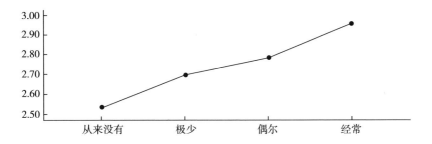

图 4-98 理财家庭交流——潜移默化与大学生财经满意感之间的关系

（8）理财家庭交流——主动交流。One-way ANOVA 分析发现，F（3，4618）= 36.815，p=0.000（p<0.05）。由于基于均值所计算的因变量的方差在自变量的各组间不等，故而，使用 Tamhane 多重比较法发现，父母与大学生交流如何理财的频率为经常的受访者财经满意感显著高于频率为从来没有、极少和偶尔的受访者；频率为偶尔的受访者财经满意感显著高于频率为从来没有和极少的受访者；频率为极少的受访者与频率为从来没有的受访者财经满意感无显著差异（α=0.05）。总的来说，父母与大学生交流如何理财的频率越高，大学生的财经满意感越高。各组具体的数据如表 4-221 和图 4-99 所示。

表 4-221 理财家庭交流——主动交流与大学生财经满意感之间的关系

频率	频数（人）	均值	标准差
从来没有	827	2.56	1.099
极少	1189	2.70	0.976
偶尔	1847	2.84	0.957
经常	759	3.06	1.102
总计	4622	2.79	1.025

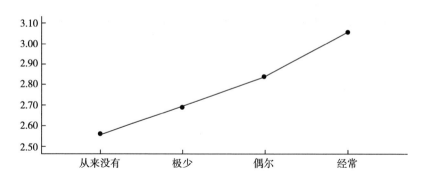

图 4-99　理财家庭交流——主动交流与大学生财经满意感之间的关系

（9）消费家庭交流——潜移默化。One－way ANOVA 分析发现，F（3，4620）＝2.546，p＝0.054（p＞0.05）。可以发现，父母告诉大学生"量入为出，适度消费"消费观的频率对大学生的财经满意感无显著影响。各组具体的数据如表 4-222 所示。

表 4-222　消费家庭交流——潜移默化与大学生财经满意感之间的关系

频率	频数（人）	均值	标准差
从来没有	262	2.63	1.173
极少	342	2.83	1.008
偶尔	1341	2.82	0.923
经常	2679	2.78	1.059
总计	4624	2.79	1.025

（10）消费家庭交流——主动交流。One－way ANOVA 分析发现，F（3，4620）＝14.398，p＝0.000（p＜0.05）。由于基于均值所计算的因变量的方差在自变量的各组间不等，故而，使用 Tamhane 多重比较法发现，父母与大学生交流他们的消费观念的频率为经常的受访者财经满意感显著高于频率为从来没有、极少和偶尔的受访者；频率为偶尔的受访者财经满意感显著高于频率为从来没有的受访者；频率为极少的受访者与频率为从来没有的受访者财经满意感无显著差异（α＝0.05）。总的来说，父母与大学生交流他们的消费观念的频率越高，大学生的财经满意感越高。各组具体的数据如表 4-223 和图 4-100 所示。

表 4-223 消费家庭交流——主动交流与大学生财经满意感之间的关系

频率	频数（人）	均值	标准差
从来没有	321	2.53	1.146
极少	664	2.68	0.976
偶尔	2007	2.79	0.958
经常	1632	2.89	1.086
总计	4624	2.79	1.025

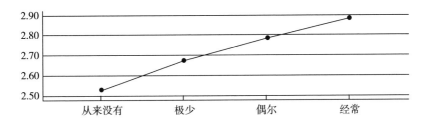

图 4-100 消费家庭交流——主动交流与大学生财经满意感之间的关系

六、家庭财经交流对财经行为合理性的影响

本书把家庭财经交流的五个方向和两种方式交互而成的十种变量（5×2＝10）作为自变量，把财经行为合理性作为因变量，运用 One-way ANOVA 分析工具进行方差分析。以下为家庭财经交流对大学生财经行为合理性的影响的方差分析检验结果。

（1）预算家庭交流——潜移默化。One-way ANOVA 分析发现，$F_{(4, 4589)} = 13.508$，$p = 0.000$（$p < 0.05$）。由于基于均值所计算的因变量的方差在自变量的各组间不等，故而，使用 Tamhane 多重比较法发现，父母给大学生生活费的时间间隔为一学期和不确定的受访者财经行为合理性显著高于时间间隔为一周的受访者；时间间隔为一个月的受访者财经行为合理性显著高于时间间隔为一周和半个月的受访者；而时间间隔为一周和半个月的两组受访者的财经行为合理性无显著差异（$\alpha = 0.05$）。各组具体的数据如表 4-224 和图 4-101 所示。

表 4-224　预算家庭交流——潜移默化与大学生财经行为合理性之间的关系

频率	频数（人）	均值	标准差
一周	205	3.46	1.032
半个月	296	3.59	0.864
一个月	3410	3.82	0.826
一学期	244	3.75	0.830
不确定	439	3.76	0.832
总计	4594	3.78	0.844

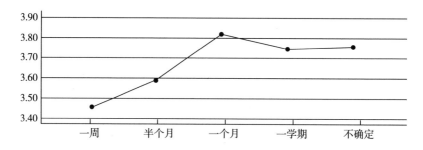

图 4-101　预算家庭交流——潜移默化与大学生财经行为合理性之间的关系

（2）预算家庭交流——主动交流。One-way ANOVA 分析发现，F（3，4584）= 17.963，p = 0.000（p<0.05）。由于基于均值所计算的因变量的方差在自变量的各组间不等，故而，使用 Tamhane 多重比较法发现，父母和大学生交流花钱计划的频率为经常的受访者财经行为合理性显著高于频率为从来没有、极少和偶尔的受访者；频率为从来没有、极少和偶尔的受访者的财经行为合理性之间并无显著差异（α=0.05）。总体来看，父母和大学生交流花钱计划的频率越高，大学生的财经行为合理性越高。各组具体的数据如表 4-225 和图 4-102 所示。

表 4-225　预算家庭交流——主动交流与大学生财经行为合理性之间的关系

频率	频数（人）	均值	标准差
从来没有	478	3.65	0.957
极少	995	3.72	0.824
偶尔	2283	3.77	0.810
经常	832	3.96	0.858
总计	4588	3.78	0.843

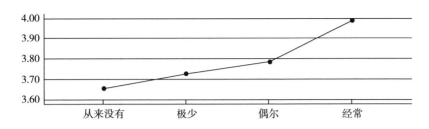

图4-102 预算家庭交流——主动交流与大学生财经行为合理性之间的关系

（3）储蓄家庭交流——潜移默化。One－way ANOVA 分析发现，F（3，4576）＝20.122，p＝0.000（p<0.05）。由于基于均值所计算的因变量的方差在自变量的各组间不等，故而，使用 Tamhane 多重比较法发现，父母告诉大学生如何管理储蓄账户的频率为经常的受访者财经行为合理性显著高于频率为从来没有、极少和偶尔的受访者；频率为偶尔的受访者财经行为合理性显著高于频率为从来没有的受访者，而前者与频率为极少的受访者没有显著差异；频率为极少的受访者财经行为合理性与频率为从来没有的受访者也没有显著差异。总的来说，父母告诉大学生如何管理储蓄账户的频率越高，大学生的财经行为合理性越高。各组具体的数据如表4-226和图4-103所示。

表4-226 储蓄家庭交流——潜移默化与大学生财经行为合理性之间的关系

频率	频数（人）	均值	标准差
从来没有	857	3.68	0.887
极少	1137	3.74	0.807
偶尔	1871	3.78	0.805
经常	715	3.99	0.909
总计	4580	3.78	0.844

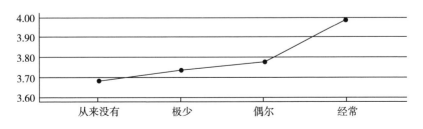

图4-103 储蓄家庭交流——潜移默化与大学生财经行为合理性之间的关系

（4）储蓄家庭交流——主动交流。One-way ANOVA 分析发现，F（3，4583）=18.661，p=0.000（p<0.05）。由于基于均值所计算的因变量的方差在自变量的各组间不等，故而，使用 Tamhane 多重比较法发现，父母与大学生交流如何进行存钱的频率为经常的受访者财经行为合理性显著高于频率为从来没有、极少和偶尔的受访者；频率为从来没有、极少和偶尔的受访者的财经行为合理性之间并无显著差异（α=0.05）。总体来看，父母和大学生交流如何进行存钱的频率越高，大学生的财经行为合理性越高。各组具体的数据如表 4-227 和图 4-104 所示。

表 4-227　储蓄家庭交流——主动交流与大学生财经行为合理性之间的关系

频率	频数（人）	均值	标准差
从来没有	820	3.72	0.901
极少	1190	3.74	0.793
偶尔	1871	3.76	0.810
经常	706	4.00	0.910
总计	4587	3.78	0.843

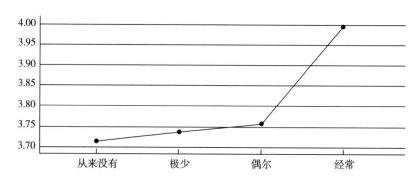

图 4-104　储蓄家庭交流——主动交流与大学生财经行为合理性之间的关系

（5）信贷家庭交流——潜移默化。One-way ANOVA 分析发现，F（3，4584）=50.633，p=0.000（p<0.05）。由于基于均值所计算的因变量的方差在自变量的各组间不等，故而，使用 Tamhane 多重比较法发现，父母与大学生交流如果不按时偿还信贷就会影响个人信誉的频率为经常的受访者财经行为合理性显著高于频率为从来没有、极少和偶尔的受访者；频率为从来没有、极少和偶尔的受访者的财经行为合理性之间并无显著差异（α=0.05）。各组具体的数据如表 4-228 和图 4-105 所示。

表 4-228　信贷家庭交流——潜移默化与大学生财经行为合理性之间的关系

频率	频数（人）	均值	标准差
从来没有	727	3.67	0.918
极少	675	3.65	0.816
偶尔	1571	3.68	0.793
经常	1615	3.98	0.829
总计	4588	3.78	0.844

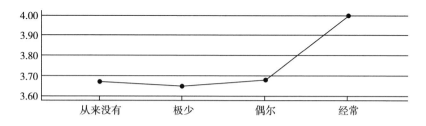

图 4-105　信贷家庭交流——潜移默化与大学生财经行为合理性之间的关系

（6）信贷家庭交流——主动交流。One-way ANOVA 分析发现，$F_{(3, 4586)} = 16.355$，$p = 0.000$（$p < 0.05$）。由于基于均值所计算的因变量的方差在自变量的各组间不等，故而，使用 Tamhane 多重比较法发现，父母与大学生交流他们如何利用信用贷款做重要的事的频率为经常的受访者财经行为合理性显著高于频率为从来没有、极少和偶尔的受访者；频率为从来没有、极少和偶尔的受访者的财经行为合理性之间并无显著差异（$\alpha = 0.05$）。各组具体的数据如表 4-229 和图 4-106 所示。

表 4-229　信贷家庭交流——主动交流与大学生财经行为合理性之间的关系

频率	频数（人）	均值	标准差
从来没有	1105	3.73	0.882
极少	1069	3.75	0.823
偶尔	1683	3.75	0.802
经常	733	3.98	0.882
总计	4590	3.78	0.844

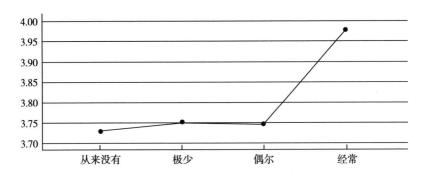

图 4-106　信贷家庭交流——主动交流与大学生财经行为合理性之间的关系

（7）理财家庭交流——潜移默化。One–way ANOVA 分析发现，F（3，4579）= 35.983，p = 0.000（p<0.05）。由于基于均值所计算的因变量的方差在自变量的各组间不等，故而，使用 Tamhane 多重比较法发现，父母告诉大学生理财重要性的频率为经常的受访者财经行为合理性显著高于频率为从来没有、极少和偶尔的受访者；频率为从来没有、极少和偶尔的受访者的财经行为合理性之间并无显著差异（α=0.05）。各组具体的数据如表 4-230 和图 4-107 所示。

表 4-230　理财家庭交流——潜移默化与大学生财经行为合理性之间的关系

频率	频数（人）	均值	标准差
从来没有	649	3.62	0.940
极少	812	3.73	0.797
偶尔	1690	3.71	0.807
经常	1432	3.96	0.836
总计	4583	3.78	0.844

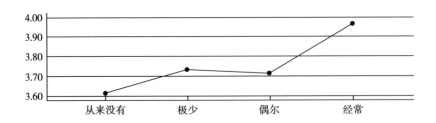

图 4-107　理财家庭交流——潜移默化与大学生财经行为合理性之间的关系

（8）理财家庭交流——主动交流。One‐way ANOVA 分析发现，F（3，4579）= 17.551，p=0.000（p<0.05）。由于基于均值所计算的因变量的方差在自变量的各组间不等，故而，使用 Tamhane 多重比较法发现，父母与大学生交流如何理财的频率为经常的受访者财经行为合理性显著高于频率为从来没有、极少和偶尔的受访者；频率为从来没有、极少和偶尔的受访者的财经行为合理性之间并无显著差异（α=0.05）。各组具体的数据如表 4-231 和图 4-108 所示。

表 4-231　理财家庭交流——主动交流与大学生财经行为合理性之间的关系

频率	频数（人）	均值	标准差
从来没有	816	3.72	0.899
极少	1180	3.78	0.802
偶尔	1831	3.74	0.811
经常	756	3.98	0.892
总计	4583	3.78	0.843

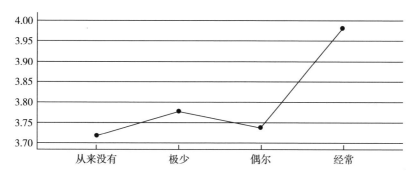

图 4-108　理财家庭交流——主动交流与大学生财经行为合理性之间的关系

（9）消费家庭交流——潜移默化。One‐way ANOVA 分析发现，F（3，4581）= 132.040，p=0.000（p<0.05）。由于基于均值所计算的因变量的方差在自变量的各组间不等，故而，使用 Tamhane 多重比较法发现，父母告诉大学生"量入为出，适度消费"消费观的频率为经常的受访者财经行为合理性显著高于频率为从来没有、极少和偶尔的受访者；频率为偶尔的受访者财经行为合理性显著高于频率为从来没有和极少的受访者；频率为从来没有和极少的受访者的财经行为合理性之间并无显著差异（α=0.05）。总的来说，父母告诉大学生"量入为出，适度消费"消费观的频率越高，大学生实施财经行为的合理性越高。各组具体的数据如表 4-232 和图 4-109 所示。

表4-232　消费家庭交流——潜移默化与大学生财经行为合理性之间的关系

频率	频数（人）	均值	标准差
从来没有	257	3.30	1.024
极少	336	3.42	0.851
偶尔	1326	3.58	0.791
经常	2666	3.98	0.789
总计	4585	3.78	0.843

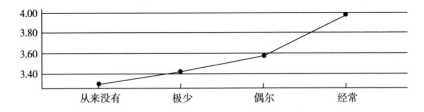

图4-109　消费家庭交流——潜移默化与大学生财经行为合理性之间的关系

（10）消费家庭交流——主动交流。One-way ANOVA 分析发现，F（3，4581）=70.627，p=0.000（p<0.05）。由于基于均值所计算的因变量的方差在自变量的各组间不等，故而，使用 Tamhane 多重比较法发现，父母与大学生交流他们的消费观念的频率为经常的受访者财经行为合理性显著高于频率为从来没有、极少和偶尔的受访者；频率为偶尔的受访者财经行为合理性显著高于频率为从来没有和极少的受访者；频率为极少的受访者财经行为合理性显著高于频率为从来没有的受访者（α=0.05）。总的来说，父母与大学生交流他们的消费观念的频率越高，大学生实施财经行为的合理性越高。各组具体的数据如表4-233和图4-110所示。

表4-233　消费家庭交流——主动交流与大学生财经行为合理性之间的关系

频率	频数（人）	均值	标准差
从来没有	314	3.42	1.007
极少	654	3.62	0.834
偶尔	1991	3.72	0.782
经常	1626	4.00	0.834
总计	4585	3.78	0.844

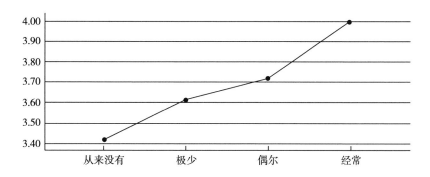

图 4-110 消费家庭交流——主动交流与大学生财经行为合理性之间的关系

七、家庭财经交流对独立的影响

本书把家庭财经交流的五个方向和两种方式交互而成的十种变量（5×2＝10）作为自变量，把独立作为因变量，运用 One-way ANOVA 分析工具进行方差分析。以下为家庭财经交流对大学生独立的影响的方差分析检验结果。

（1）预算家庭交流——潜移默化。One-way ANOVA 分析发现，$F_{(4, 4558)} = 9.900$，$p = 0.000$（$p < 0.05$）。由于基于均值所计算的因变量的方差在自变量的各组间不等，故而，使用 Tamhane 多重比较法发现，父母给大学生生活费的时间间隔为一个月、一学期和不确定的受访者独立都显著高于时间间隔为一周和半个月的受访者，而前三者之间无显著差异；时间间隔为半个月的受访者与时间间隔为一周的受访者的独立也无显著差异（$\alpha = 0.05$）。总体而言，父母给大学生生活费的时间间隔越长，大学生越独立。各组具体的数据如表 4-234 和图 4-111 所示。

表 4-234 预算家庭交流——潜移默化与大学生独立之间的关系

频率	频数（人）	均值	标准差
一周	204	3.44	0.938
半个月	292	3.51	0.797
一个月	3392	3.70	0.743
一学期	240	3.72	0.756
不确定	435	3.72	0.755
总计	4563	3.68	0.761

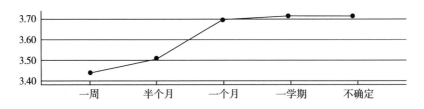

图 4-111　预算家庭交流——潜移默化与大学生独立之间的关系

（2）预算家庭交流——主动交流。One-way ANOVA 分析发现，F（3，4553）= 19.140，p=0.000（p<0.05）。由于基于均值所计算的因变量的方差在自变量的各组间不等，故而，使用 Tamhane 多重比较法发现，父母和大学生交流花钱计划的频率为经常的受访者独立显著高于频率为从来没有、极少和偶尔的受访者；频率为从来没有、极少和偶尔的受访者之间独立并无显著差异（α = 0.05）。各组具体的数据如表 4-235 和图 4-112 所示。

表 4-235　预算家庭交流——主动交流与大学生独立之间的关系

频率	频数（人）	均值	标准差
从来没有	470	3.64	0.873
极少	993	3.59	0.743
偶尔	2273	3.66	0.722
经常	821	3.85	0.789
总计	4557	3.68	0.760

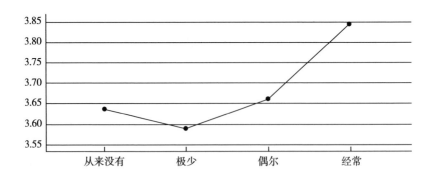

图 4-112　预算家庭交流——主动交流与大学生独立之间的关系

（3）储蓄家庭交流——潜移默化。One-way ANOVA 分析发现，F（3，

4545）＝17.511，p＝0.000（p<0.05）。由于基于均值所计算的因变量的方差在自变量的各组间不等，故而，使用 Tamhane 多重比较法发现，父母告诉大学生如何管理储蓄账户的频率为经常的受访者独立显著高于频率为从来没有、极少和偶尔的受访者；其他三种交流频率的受访者之间独立无显著差异（α＝0.05）。各组具体的数据如表 4-236 和图 4-113 所示。

表 4-236　储蓄家庭交流——潜移默化与大学生独立之间的关系

频率	频数（人）	均值	标准差
从来没有	854	3.65	0.801
极少	1131	3.61	0.726
偶尔	1853	3.66	0.734
经常	711	3.86	0.811
总计	4549	3.68	0.762

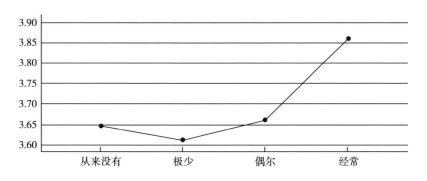

图 4-113　储蓄家庭交流——潜移默化与大学生独立之间的关系

（4）储蓄家庭交流——主动交流。One-way ANOVA 分析发现，F（3，4553）＝23.846，p＝0.000（p<0.05）。由于基于均值所计算的因变量的方差在自变量的各组间不等，故而，使用 Tamhane 多重比较法发现，父母与大学生交流如何进行存钱的频率为经常的受访者独立显著高于频率为从来没有、极少和偶尔的受访者；频率为从来没有、极少和偶尔的受访者之间独立并无显著差异（α＝0.05）。各组具体的数据如表 4-237 和图 4-114 所示。

表 4-237　储蓄家庭交流——主动交流与大学生独立之间的关系

频率	频数（人）	均值	标准差
从来没有	817	3.66	0.794
极少	1190	3.60	0.717
偶尔	1855	3.66	0.735
经常	695	3.89	0.824
总计	4557	3.68	0.761

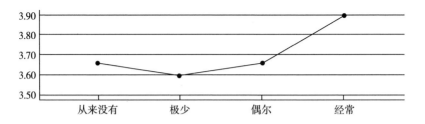

图 4-114　储蓄家庭交流——主动交流与大学生独立之间的关系

（5）信贷家庭交流——潜移默化。One－way ANOVA 分析发现，F（3，4553）＝36.925，p＝0.000（p<0.05）。由于基于均值所计算的因变量的方差在自变量的各组间不等，故而，使用 Tamhane 多重比较法发现，父母与大学生交流如果不按时偿还信贷就会影响个人信誉的频率为经常的受访者独立显著高于频率为从来没有、极少和偶尔的受访者；频率为从来没有、极少和偶尔的受访者之间独立并无显著差异（α＝0.05）。各组具体的数据如表 4-238 和图 4-115 所示。

表 4-238　信贷家庭交流——潜移默化与大学生独立之间的关系

频率	频数（人）	均值	标准差
从来没有	717	3.61	0.814
极少	674	3.54	0.762
偶尔	1564	3.61	0.720
经常	1602	3.83	0.751
总计	4557	3.68	0.761

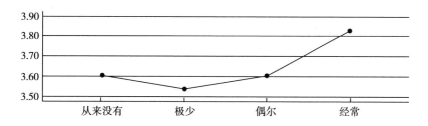

图 4-115 信贷家庭交流——潜移默化与大学生独立之间的关系

（6）信贷家庭交流——主动交流。One－way ANOVA 分析发现，F（3，4555）= 17.830，p=0.000（p<0.05）。由于基于均值所计算的因变量的方差在自变量的各组间不等，故而，使用 Tamhane 多重比较法发现，父母与大学生交流他们如何利用信用贷款做重要的事的频率为经常的受访者独立显著高于频率为从来没有、极少和偶尔的受访者；频率为从来没有、极少和偶尔的受访者之间独立并无显著差异（α=0.05）。各组具体的数据如表 4-239 和图 4-116 所示。

表 4-239 信贷家庭交流——主动交流与大学生独立之间的关系

频率	频数（人）	均值	标准差
从来没有	1091	3.66	0.785
极少	1070	3.63	0.740
偶尔	1673	3.64	0.734
经常	725	3.86	0.792
总计	4559	3.68	0.761

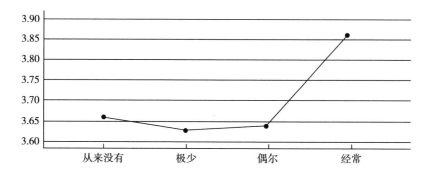

图 4-116 信贷家庭交流——主动交流与大学生独立之间的关系

（7）理财家庭交流——潜移默化。One－way ANOVA 分析发现，F（3，4548）=34.045，p=0.000（p<0.05）。由于基于均值所计算的因变量的方差在自变量的各组间不等，故而，使用 Tamhane 多重比较法发现，父母告诉大学生理财重要性的频率为经常的受访者独立显著高于频率为从来没有、极少和偶尔的受访者；频率为从来没有、极少和偶尔的受访者之间独立并无显著差异（α=0.05）。总的来说，父母告诉大学生理财重要性的频率越高，大学生越独立。各组具体的数据如表 4-240 和图 4-117 所示。

表 4-240 理财家庭交流——潜移默化与大学生独立之间的关系

频率	频数（人）	均值	标准差
从来没有	643	3.59	0.834
极少	814	3.60	0.746
偶尔	1682	3.61	0.716
经常	1413	3.84	0.763
总计	4552	3.68	0.762

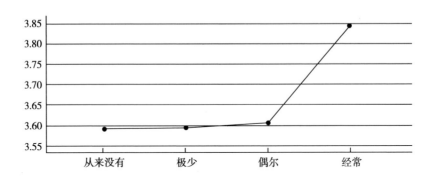

图 4-117 理财家庭交流——潜移默化与大学生独立之间的关系

（8）理财家庭交流——主动交流。One－way ANOVA 分析发现，F（3，4548）=24.978，p=0.000（p<0.05）。由于基于均值所计算的因变量的方差在自变量的各组间不等，故而，使用 Tamhane 多重比较法发现，父母与大学生交流如何理财的频率为经常的受访者独立显著高于频率为从来没有、极少和偶尔的受访者；频率为从来没有、极少和偶尔的受访者之间独立并无显著差异（α=0.05）。各组具体的数据如表 4-241 和图 4-118 所示。

表 4-241　理财家庭交流——主动交流与大学生独立之间的关系

频率	频数（人）	均值	标准差
从来没有	813	3.66	0.798
极少	1178	3.62	0.740
偶尔	1815	3.64	0.726
经常	746	3.90	0.799
总计	4552	3.68	0.761

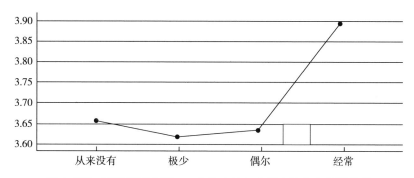

图 4-118　理财家庭交流——主动交流与大学生独立之间的关系

（9）消费家庭交流——潜移默化。One-way ANOVA 分析发现，F（3，4550）＝110.127，p＝0.000（p<0.05）。由于基于均值所计算的因变量的方差在自变量的各组间不等，故而，使用 Tamhane 多重比较法发现，父母告诉大学生"量入为出，适度消费"消费观的频率为经常的受访者独立显著高于频率为从来没有、极少和偶尔的受访者；频率为偶尔的受访者独立显著高于频率为从来没有和极少的受访者；频率为从来没有和极少的受访者之间独立并无显著差异（α＝0.05）。总的来说，父母告诉大学生"量入为出，适度消费"消费观的频率越高，大学生越独立。各组具体的数据如表 4-242 和图 4-119 所示。

表 4-242　消费家庭交流——潜移默化与大学生独立之间的关系

频率	频数（人）	均值	标准差
从来没有	251	3.31	0.928
极少	339	3.36	0.815
偶尔	1318	3.50	0.712
经常	2646	3.84	0.715
总计	4554	3.68	0.761

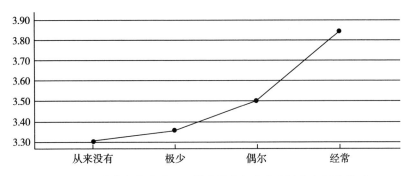

图4-119 消费家庭交流——潜移默化与大学生独立之间的关系

（10）消费家庭交流——主动交流。One－way ANOVA 分析发现，F（3，4550）=59.861，p=0.000（p<0.05）。由于基于均值所计算的因变量的方差在自变量的各组间不等，故而，使用 Tamhane 多重比较法发现，父母与大学生交流他们的消费观念的频率为经常的受访者独立显著高于频率为从来没有、极少和偶尔的受访者；频率为偶尔的受访者独立显著高于频率为从来没有和极少的受访者；频率为从来没有和极少的受访者之间独立并无显著差异（α=0.05）。总的来说，父母与大学生交流他们的消费观念的频率越高，大学生越独立。各组具体的数据如表4-243和图4-120所示。

表4-243 消费家庭交流——主动交流与大学生独立之间的关系

频率	频数（人）	均值	标准差
从来没有	309	3.43	0.932
极少	659	3.51	0.749
偶尔	1971	3.62	0.695
经常	1615	3.86	0.767
总计	4554	3.68	0.761

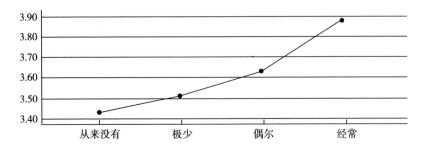

图4-120 消费家庭交流——主动交流与大学生独立之间的关系

八、家庭财经交流对信用的影响

本书把家庭财经交流的五个方向和两种方式交互而成的十种变量（5×2＝10）作为自变量，把信用作为因变量，运用 One－way ANOVA 分析工具进行方差分析。以下为家庭财经交流对大学生信用的影响的方差分析检验结果。

（1）预算家庭交流——潜移默化。One－way ANOVA 分析发现，$F_{(4, 4572)}$ ＝ 10.572，p＝0.000（p<0.05）。由于基于均值所计算的因变量的方差在自变量的各组间不等，故而，使用 Tamhane 多重比较法发现，父母给大学生生活费的时间间隔为一个月的受访者信用显著高于时间间隔为一周和半个月的受访者，而它与时间间隔为一学期和不确定的受访者信用无显著差异；时间间隔为半个月的受访者与时间间隔为一周的受访者的信用也无显著差异（α＝0.05）。各组具体的数据如表 4-244 和图 4-121 所示。

表 4-244　预算家庭交流——潜移默化与大学生信用之间的关系

频率	频数（人）	均值	标准差
一周	206	3.71	1.040
半个月	290	3.71	0.864
一个月	3401	3.97	0.809
一学期	238	3.87	0.860
不确定	442	3.93	0.850
总计	4577	3.93	0.834

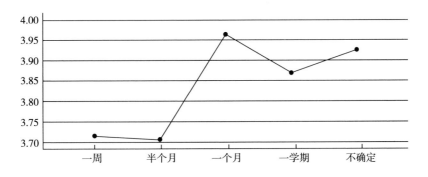

图 4-121　预算家庭交流——潜移默化与大学生信用之间的关系

（2）预算家庭交流——主动交流。One－way ANOVA 分析发现，F（3，4567）＝8.328，p＝0.000（p<0.05）。由于基于均值所计算的因变量的方差在自变量的各组间不等，故而，使用 Tamhane 多重比较法发现，父母和大学生交流花钱计划的频率为经常的受访者信用显著高于频率为从来没有、极少和偶尔的受访者；频率为从来没有、极少和偶尔的受访者之间信用没有显著差异（α＝0.05）。各组具体的数据如表4-245 和图4-122 所示。

表4-245　预算家庭交流——主动交流与大学生信用之间的关系

频率	频数（人）	均值	标准差
从来没有	472	3.91	0.966
极少	988	3.86	0.815
偶尔	2281	3.92	0.801
经常	830	4.05	0.848
总计	4571	3.93	0.833

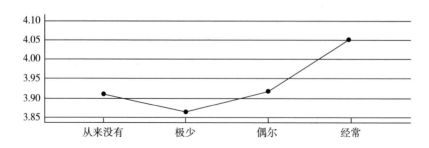

图4-122　预算家庭交流——主动交流与大学生信用之间的关系

（3）储蓄家庭交流——潜移默化。One－way ANOVA 分析发现，F（3，4560）＝4.906，p＝0.002（p<0.05）。由于基于均值所计算的因变量的方差在自变量的各组间不等，故而，使用 Tamhane 多重比较法发现，父母告诉大学生如何管理储蓄账户的频率为经常的受访者信用显著高于频率为极少和偶尔的受访者；交流频率为从来没有、极少和偶尔的受访者之间信用无显著差异（α＝0.05）。各组具体的数据如表4-246 和图4-123 所示。

表 4-246　储蓄家庭交流——潜移默化与大学生信用之间的关系

频率	频数（人）	均值	标准差
从来没有	854	3.92	0.900
极少	1133	3.90	0.785
偶尔	1861	3.91	0.812
经常	716	4.04	0.875
总计	4564	3.93	0.834

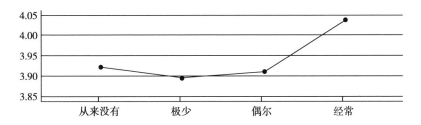

图 4-123　储蓄家庭交流——潜移默化与大学生信用之间的关系

（4）储蓄家庭交流——主动交流。One‐way ANOVA 分析发现，F（3，4566）=10.248，p=0.000（p<0.05）。由于基于均值所计算的因变量的方差在自变量的各组间不等，故而，使用 Tamhane 多重比较法发现，父母与大学生交流如何进行存钱的频率为经常的受访者信用显著高于频率为从来没有、极少和偶尔的受访者；频率为从来没有、极少和偶尔的受访者之间信用并无显著差异（α=0.05）。各组具体的数据如表 4-247 和图 4-124 所示。

表 4-247　储蓄家庭交流——主动交流与大学生信用之间的关系

频率	频数（人）	均值	标准差
从来没有	818	3.95	0.892
极少	1183	3.89	0.784
偶尔	1864	3.89	0.808
经常	705	4.08	0.891
总计	4570	3.93	0.833

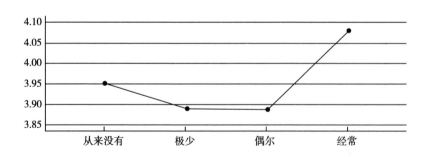

图4-124　储蓄家庭交流——主动交流与大学生信用之间的关系

（5）信贷家庭交流——潜移默化。One－way ANOVA 分析发现，F（3，4567）= 34.253，p = 0.000（p<0.05）。由于基于均值所计算的因变量的方差在自变量的各组间不等，故而，使用 Tamhane 多重比较法发现，父母与大学生交流如果不按时偿还信贷就会影响个人信誉的频率为经常的受访者信用显著高于频率为从来没有、极少和偶尔的受访者；频率为从来没有、极少和偶尔的受访者之间信用并无显著差异（α=0.05）。各组具体的数据如表4-248和图4-125所示。

表4-248　信贷家庭交流——潜移默化与大学生信用之间的关系

频率	频数（人）	均值	标准差
从来没有	726	3.88	0.915
极少	678	3.78	0.816
偶尔	1567	3.85	0.812
经常	1600	4.09	0.799
总计	4571	3.93	0.835

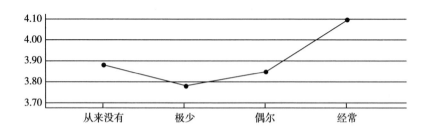

图4-125　信贷家庭交流——潜移默化与大学生信用之间的关系

（6）信贷家庭交流——主动交流。One－way ANOVA 分析发现，F（3，

4569）＝8.875，p＝0.000（p<0.05）。由于基于均值所计算的因变量的方差在自变量的各组间相等，故而，使用 LSD 多重比较法发现，父母与大学生交流他们如何利用信用贷款做重要的事的频率为经常的受访者信用显著高于频率为从来没有、极少和偶尔的受访者；频率为偶尔的受访者信用显著低于频率为从来没有和经常的受访者，前者与频率为极少的受访者之间信用无显著差异；频率为从来没有和极少两类受访者之间信用也无显著差异（α＝0.05）。各组具体的数据如表4-249 和图 4-126 所示。

表 4-249　信贷家庭交流——主动交流与大学生信用之间的关系

频率	频数（人）	均值	标准差
从来没有	1105	3.96	0.864
极少	1066	3.90	0.802
偶尔	1672	3.88	0.820
经常	730	4.05	0.854
总计	4573	3.93	0.835

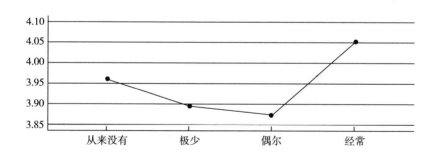

图 4-126　信贷家庭交流——主动交流与大学生信用之间的关系

（7）理财家庭交流——潜移默化。One-way ANOVA 分析发现，F（3，4562）＝24.688，p＝0.000（p<0.05）。由于基于均值所计算的因变量的方差在自变量的各组间不等，故而，使用 Tamhane 多重比较法发现，父母告诉大学生理财重要性的频率为经常的受访者信用显著高于频率为从来没有、极少和偶尔的受访者；频率为从来没有、极少和偶尔的受访者之间信用并无显著差异（α＝0.05）。各组具体的数据如表 4-250 和图 4-127 所示。

表 4-250 理财家庭交流——潜移默化与大学生信用之间的关系

频率	频数（人）	均值	标准差
从来没有	648	3.86	0.912
极少	813	3.85	0.805
偶尔	1680	3.86	0.818
经常	1425	4.09	0.813
总计	4566	3.93	0.835

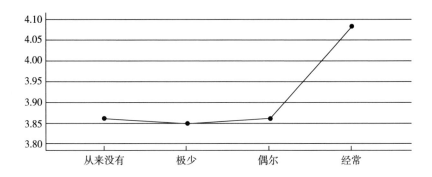

图 4-127 理财家庭交流——潜移默化与大学生信用之间的关系

（8）理财家庭交流——主动交流。One-way ANOVA 分析发现，F（3，4563）=10.737，p=0.000（p<0.05）。由于基于均值所计算的因变量的方差在自变量的各组间不等，故而，使用 Tamhane 多重比较法发现，父母与大学生交流如何理财的频率为经常的受访者信用显著高于频率为从来没有、极少和偶尔的受访者；频率为从来没有、极少和偶尔的受访者之间信用并无显著差异（α=0.05）。各组具体的数据如表 4-251 和图 4-128 所示。

表 4-251 理财家庭交流——主动交流与大学生信用之间的关系

频率	频数（人）	均值	标准差
从来没有	815	3.94	0.885
极少	1181	3.90	0.798
偶尔	1816	3.88	0.812
经常	755	4.08	0.867
总计	4567	3.93	0.834

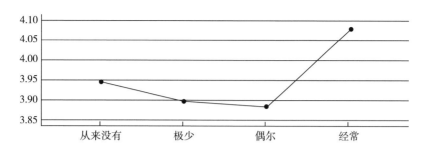

图4-128 理财家庭交流——主动交流与大学生信用之间的关系

（9）消费家庭交流——潜移默化。One - way ANOVA 分析发现，F（3，4564）= 125.168，p = 0.000（p<0.05）。由于基于均值所计算的因变量的方差在自变量的各组间不等，故而，使用 Tamhane 多重比较法发现，父母告诉大学生"量入为出，适度消费"消费观的频率为经常的受访者信用显著高于频率为从来没有、极少和偶尔的受访者；频率为偶尔的受访者信用显著高于频率为从来没有和极少的受访者；频率为从来没有和极少的受访者之间信用并无显著差异（α = 0.05）。总的来说，父母告诉大学生"量入为出，适度消费"消费观的频率越高，大学生越讲信用。各组具体的数据如表4-252和图4-129所示。

表4-252 消费家庭交流——潜移默化与大学生信用之间的关系

频率	频数（人）	均值	标准差
从来没有	253	3.51	1.037
极少	337	3.54	0.868
偶尔	1318	3.73	0.813
经常	2660	4.12	0.761
总计	4568	3.93	0.834

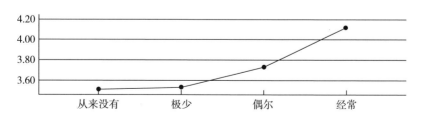

图4-129 消费家庭交流——潜移默化与大学生信用之间的关系

（10）消费家庭交流——主动交流。One-way ANOVA 分析发现，F（3，4564）＝45.666，p＝0.000（p<0.05）。由于基于均值所计算的因变量的方差在自变量的各组间不等，故而，使用 Tamhane 多重比较法发现，父母与大学生交流他们的消费观念的频率为经常的受访者信用显著高于频率为从来没有、极少和偶尔的受访者；频率为偶尔的受访者信用显著高于频率为从来没有和极少的受访者；频率为从来没有和极少的受访者之间信用并无显著差异（α＝0.05）。总的来说，父母与大学生交流他们的消费观念的频率越高，大学生越讲信用。各组具体的数据如表4-253和图4-130所示。

表4-253　消费家庭交流——主动交流与大学生信用之间的关系

频率	频数（人）	均值	标准差
从来没有	310	3.71	1.014
极少	652	3.76	0.851
偶尔	1978	3.87	0.792
经常	1628	4.11	0.806
总计	4568	3.93	0.834

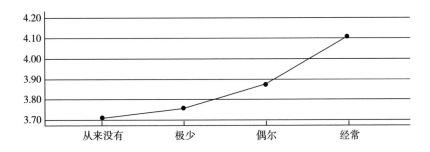

图4-130　消费家庭交流——主动交流与大学生信用之间的关系

九、家庭财经交流对未来规划的影响

（一）家庭财经交流对生涯适应能力的影响

本书把家庭财经交流的五个方向和两种方式交互而成的十种变量（5×2＝10）作为自变量，把生涯适应能力作为因变量，运用 One-way ANOVA 分析工具进行方差分析。以下为家庭财经交流对大学生生涯适应能力的影响的方差分析检验结果。

（1）预算家庭交流——潜移默化。One - way ANOVA 分析发现，$F_{(4, 4592)} = 4.761$，$p = 0.001$（$p < 0.05$）。由于基于均值所计算的因变量的方差在自变量的各组间不等，故而，使用 Tamhane 多重比较法发现，父母给大学生生活费的时间间隔为一周、半个月、一个月、一学期和不确定的五种受访者的生涯适应能力无显著差异（$\alpha = 0.05$）。各组具体的数据如表 4-254 所示。

表 4-254　预算家庭交流——潜移默化与大学生生涯适应能力之间的关系

频率	频数（人）	均值	标准差
一周	204	3.18	0.968
半个月	295	3.27	0.770
一个月	3412	3.36	0.813
一学期	244	3.22	0.778
不确定	442	3.29	0.833
总计	4597	3.33	0.819

（2）预算家庭交流——主动交流。One - way ANOVA 分析发现，$F_{(3, 4587)} = 25.869$，$p = 0.000$（$p < 0.05$）。由于基于均值所计算的因变量的方差在自变量的各组间不等，故而，使用 Tamhane 多重比较法发现，父母和大学生交流花钱计划的频率为经常的受访者生涯适应能力显著高于频率为从来没有、极少和偶尔的受访者；频率为从来没有、极少和偶尔的受访者之间生涯适应能力没有显著差异（$\alpha = 0.05$）。总体来看，父母和大学生交流花钱计划的频率越高，大学生的生涯适应能力越强。各组具体的数据如表 4-255 和图 4-131 所示。

表 4-255　预算家庭交流——主动交流与大学生生涯适应能力之间的关系

频率	频数（人）	均值	标准差
从来没有	480	3.21	0.907
极少	994	3.25	0.778
偶尔	2286	3.32	0.772
经常	831	3.54	0.891
总计	4591	3.33	0.818

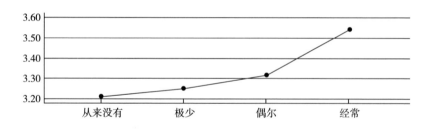

图4-131 预算家庭交流——主动交流与大学生生涯适应能力之间的关系

（3）储蓄家庭交流——潜移默化。One－way ANOVA 分析发现，$F_{(3, 4579)} = 41.326$，$p = 0.000$（$p < 0.05$）。由于基于均值所计算的因变量的方差在自变量的各组间不等，故而，使用 Tamhane 多重比较法发现，父母告诉大学生如何管理储蓄账户的频率为经常的受访者生涯适应能力显著高于频率为从来没有、极少和偶尔的受访者；频率为偶尔的受访者生涯适应能力显著高于频率为从来没有和极少的受访者；频率为极少的受访者生涯适应能力与频率为从来没有的受访者无显著差异（$\alpha = 0.05$）。总的来说，父母告诉大学生如何管理储蓄账户的频率越高，大学生的生涯适应能力越强。各组具体的数据如表4-256 和图4-132 所示。

表4-256 储蓄家庭交流——潜移默化与大学生生涯适应能力之间的关系

频率	频数（人）	均值	标准差
从来没有	862	3.17	0.892
极少	1139	3.25	0.761
偶尔	1865	3.36	0.763
经常	717	3.59	0.889
总计	4583	3.33	0.819

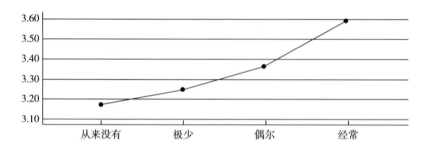

图4-132 储蓄家庭交流——潜移默化与大学生生涯适应能力之间的关系

（4）储蓄家庭交流——主动交流。One - way ANOVA 分析发现，F（3，4586）= 53.771，p = 0.000（p<0.05）。由于基于均值所计算的因变量的方差在自变量的各组间不等，故而，使用 Tamhane 多重比较法发现，父母与大学生交流如何进行存钱的频率为经常的受访者生涯适应能力高于频率为从来没有、极少和偶尔的受访者；频率为偶尔的受访者生涯适应能力显著高于频率为从来没有和极少的受访者；频率为极少的受访者与频率为从来没有的受访者生涯适应能力无显著差异（α = 0.05）。总的来说，父母与大学生交流如何进行存钱的频率越高，大学生的生涯适应能力越强。各组具体的数据如表 4-257 和图 4-133 所示。

表 4-257 储蓄家庭交流——主动交流与大学生生涯适应能力之间的关系

频率	频数（人）	均值	标准差
从来没有	823	3.18	0.871
极少	1190	3.20	0.769
偶尔	1876	3.37	0.750
经常	701	3.63	0.920
总计	4590	3.33	0.819

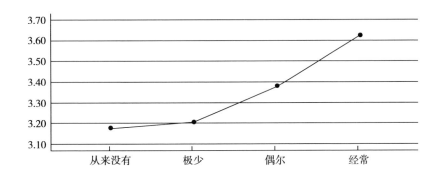

图 4-133 储蓄家庭交流——主动交流与大学生生涯适应能力之间的关系

（5）信贷家庭交流——潜移默化。One - way ANOVA 分析发现，F（3，4587）= 41.888，p = 0.000（p<0.05）。由于基于均值所计算的因变量的方差在自变量的各组间不等，故而，使用 Tamhane 多重比较法发现，父母与大学生交流如果不按时偿还信贷就会影响个人信誉的频率为经常的受访者生涯适应能力高于频率为从来没有、极少和偶尔的受访者；频率为偶尔的受访者生涯适应能力显著高于频率为从来没有的受访者，而前者与频率为极少的受访者之间生涯适应能力无

显著差异；频率为极少的受访者与频率为从来没有的受访者生涯适应能力无显著差异（α＝0.05）。总的来说，父母与大学生交流如果不按时偿还信贷就会影响个人信誉的频率越高，大学生的生涯适应能力越强。各组具体的数据如表4-258和图4-134所示。

表4-258 信贷家庭交流——潜移默化与大学生生涯适应能力之间的关系

频率	频数（人）	均值	标准差
从来没有	724	3.15	0.903
极少	679	3.23	0.808
偶尔	1576	3.29	0.731
经常	1612	3.50	0.834
总计	4591	3.33	0.819

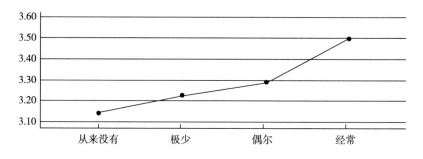

图4-134 信贷家庭交流——潜移默化与大学生生涯适应能力之间的关系

（6）信贷家庭交流——主动交流。One-way ANOVA 分析发现，$F_{(3, 4588)} = 45.950$，$p = 0.000$（$p < 0.05$）。由于基于均值所计算的因变量的方差在自变量的各组间不等，故而，使用 Tamhane 多重比较法发现，父母与大学生交流他们如何利用信用贷款做重要的事的频率为经常的受访者生涯适应能力高于频率为从来没有、极少和偶尔的受访者；频率为偶尔的受访者生涯适应能力显著高于频率为从来没有和极少的受访者；频率为极少的受访者与频率为从来没有的受访者生涯适应能力无显著差异（α＝0.05）。总的来说，父母与大学生交流他们如何利用信用贷款做重要的事的频率越高，大学生的生涯适应能力越强。各组具体的数据如表4-259和图4-135所示。

表 4-259　信贷家庭交流——主动交流与大学生生涯适应能力之间的关系

频率	频数（人）	均值	标准差
从来没有	1103	3.20	0.870
极少	1071	3.23	0.764
偶尔	1687	3.37	0.748
经常	731	3.61	0.898
总计	4592	3.33	0.819

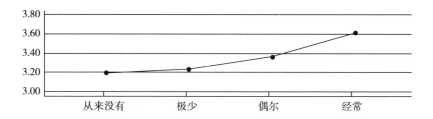

图 4-135　信贷家庭交流——主动交流与大学生生涯适应能力之间的关系

（7）理财家庭交流——潜移默化。One-way ANOVA 分析发现，F（3，4581）= 43.006，p=0.000（p<0.05）。由于基于均值所计算的因变量的方差在自变量的各组间不等，故而，使用 Tamhane 多重比较法发现，父母告诉大学生理财重要性的频率为经常的受访者生涯适应能力高于频率为从来没有、极少和偶尔的受访者；频率为偶尔的受访者生涯适应能力显著高于频率为从来没有和极少的受访者；频率为极少的受访者与频率为从来没有的受访者生涯适应能力无显著差异（α=0.05）。总的来说，父母告诉大学生理财重要性的频率越高，大学生的生涯适应能力越高。各组具体的数据如表 4-260 和图 4-136 所示。

表 4-260　理财家庭交流——潜移默化与大学生生涯适应能力之间的关系

频率	频数（人）	均值	标准差
从来没有	651	3.16	0.914
极少	814	3.20	0.751
偶尔	1695	3.31	0.752
经常	1425	3.52	0.848
总计	4585	3.33	0.818

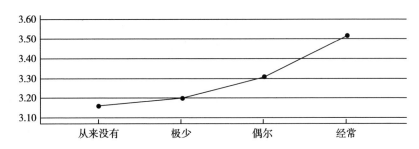

图 4-136　理财家庭交流——潜移默化与大学生生涯适应能力之间的关系

（8）理财家庭交流——主动交流。One‐way ANOVA 分析发现，F（3，4582）= 51.955，p=0.000（p<0.05）。由于基于均值所计算的因变量的方差在自变量的各组间不等，故而，使用 Tamhane 多重比较法发现，父母与大学生交流如何理财的频率为经常的受访者生涯适应能力高于频率为从来没有、极少和偶尔的受访者；频率为偶尔的受访者生涯适应能力显著高于频率为从来没有和极少的受访者；频率为极少的受访者与频率为从来没有的受访者生涯适应能力无显著差异（α=0.05）。总的来说，父母与大学生交流如何理财的频率越高，大学生的生涯适应能力越强。各组具体的数据如表 4-261 和图 4-137 所示。

表 4-261　理财家庭交流——主动交流与大学生生涯适应能力之间的关系

频率	频数（人）	均值	标准差
从来没有	821	3.15	0.896
极少	1181	3.24	0.767
偶尔	1831	3.36	0.747
经常	753	3.62	0.891
总计	4586	3.33	0.819

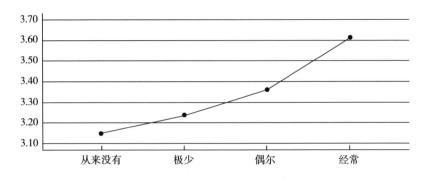

图 4-137　理财家庭交流——主动交流与大学生生涯适应能力之间的关系

（9）消费家庭交流——潜移默化。One-way ANOVA 分析发现，F（3，4583）= 46.250，p=0.000（p<0.05）。由于基于均值所计算的因变量的方差在自变量的各组间不等，故而，使用 Tamhane 多重比较法发现，父母告诉大学生"量入为出，适度消费"消费观的频率为经常的受访者生涯适应能力高于频率为从来没有、极少和偶尔的受访者；频率为偶尔的受访者生涯适应能力显著高于频率为从来没有和极少的受访者；频率为极少的受访者与频率为从来没有的受访者生涯适应能力无显著差异（α=0.05）。总的来说，父母告诉大学生"量入为出，适度消费"消费观的频率越高，大学生的生涯适应能力越强。各组具体的数据如表 4-262 和图 4-138 所示。

表 4-262　消费家庭交流——潜移默化与大学生生涯适应能力之间的关系

频率	频数（人）	均值	标准差
从来没有	257	3.00	0.966
极少	342	3.08	0.768
偶尔	1325	3.25	0.742
经常	2663	3.44	0.826
总计	4587	3.33	0.819

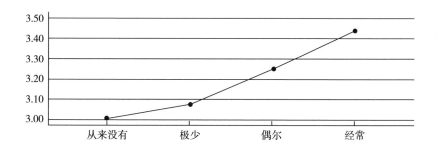

图 4-138　消费家庭交流——潜移默化与大学生生涯适应能力之间的关系

（10）消费家庭交流——主动交流。One-way ANOVA 分析发现，F（3，4583）= 48.432，p=0.000（p<0.05）。由于基于均值所计算的因变量的方差在自变量的各组间不等，故而，使用 Tamhane 多重比较法发现，父母与大学生交流他们的消费观念的频率为经常的受访者生涯适应能力高于频率为从来没有、极少和偶尔的受访者；频率为偶尔的受访者生涯适应能力显著高于频率为从来没有和极少的受访者；频率为极少的受访者与频率为从来没有的受访者生涯适应能力无

显著差异（α=0.05）。总的来说，父母与大学生交流他们的消费观念的频率越高，大学生的生涯适应能力越强。各组具体的数据如表4-263和图4-139所示。

表4-263 消费家庭交流——主动交流与大学生生涯适应能力之间的关系

频率	频数（人）	均值	标准差
从来没有	317	3.04	0.957
极少	659	3.14	0.783
偶尔	1988	3.32	0.747
经常	1623	3.49	0.854
总计	4587	3.33	0.819

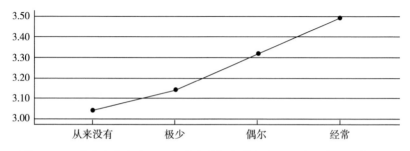

图4-139 消费家庭交流——主动交流与大学生生涯适应能力之间的关系

（二）家庭财经交流对未来承诺的影响

本书把家庭财经交流的五个方向和两种方式交互而成的十种变量（5×2=10）作为自变量，把未来承诺作为因变量，运用One-way ANOVA分析工具进行方差分析。以下为家庭财经交流对大学生未来承诺的影响的方差分析检验结果。

（1）预算家庭交流——潜移默化。One-way ANOVA分析发现，$F_{(4, 4588)}=1.861$，$p=0.114$（$p>0.05$）。可以发现，父母给大学生生活费的时间间隔对大学生的未来承诺无显著影响。各组具体的数据如表4-264所示。

表4-264 预算家庭交流——潜移默化与大学生未来承诺之间的关系

频率	频数（人）	均值	标准差
一周	205	3.40	0.952
半个月	294	3.40	0.818
一个月	3410	3.48	0.792
一学期	243	3.40	0.801

频率	频数（人）	均值	标准差
不确定	441	3.41	0.844
总计	4593	3.46	0.807

（2）预算家庭交流——主动交流。One‐way ANOVA 分析发现，F（3，4583）= 26.329，p = 0.000（p<0.05）。由于基于均值所计算的因变量的方差在自变量的各组间不等，故而，使用 Tamhane 多重比较法发现，父母和大学生交流花钱计划的频率为经常的受访者未来承诺显著高于频率为从来没有、极少和偶尔的受访者；频率为偶尔的受访者未来承诺显著高于频率为从来没有和极少的受访者；频率为从来没有和极少的两组受访者之间未来承诺没有显著差异（α = 0.05）。总体来看，父母和大学生交流花钱计划的频率越高，大学生的未来承诺越强。各组具体的数据如表 4-265 和图 4-140 所示。

表 4-265　预算家庭交流——主动交流与大学生未来承诺之间的关系

频率	频数	均值	标准差
从来没有	861	3.31	0.861
极少	1139	3.38	0.767
偶尔	1866	3.48	0.764
经常	713	3.71	0.858
总计	4579	3.46	0.808

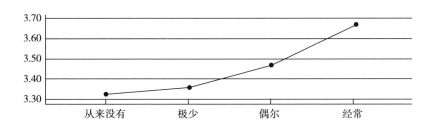

图 4-140　预算家庭交流——主动交流与大学生未来承诺之间的关系

（3）储蓄家庭交流——潜移默化。One‐way ANOVA 分析发现，F（3，4575）= 38.399，p = 0.000（p<0.05）。由于基于均值所计算的因变量的方差在自变量的各组间不等，故而，使用 Tamhane 多重比较法发现，父母告诉大学生如

何管理储蓄账户的频率为经常的受访者未来承诺显著高于频率为从来没有、极少和偶尔的受访者；频率为偶尔的受访者未来承诺显著高于频率为从来没有和极少的受访者；频率为极少的受访者未来承诺与频率为从来没有的受访者无显著差异（α＝0.05）。总的来说，父母告诉大学生如何管理储蓄账户的频率越高，大学生的未来承诺越强。各组具体的数据如表4-266和图4-141所示。

表4-266 储蓄家庭交流——潜移默化与大学生未来承诺之间的关系

频率	频数（人）	均值	标准差
从来没有	869	2.57	1.091
极少	1145	2.68	0.963
偶尔	1885	2.86	0.981
经常	720	3.02	1.085
总计	4619	2.79	1.026

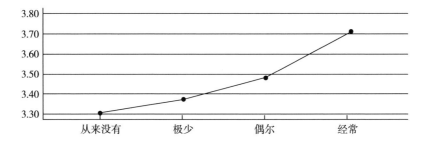

图4-141 储蓄家庭交流——潜移默化与大学生未来承诺之间的关系

（4）储蓄家庭交流——主动交流。One-way ANOVA 分析发现，$F_{(3, 4582)}$＝35.492，p＝0.000（p<0.05）。由于基于均值所计算的因变量的方差在自变量的各组间不等，故而，使用 Tamhane 多重比较法发现，父母与大学生交流如何进行存钱的频率为经常的受访者未来承诺高于频率为从来没有、极少和偶尔的受访者；频率为偶尔的受访者未来承诺显著高于频率为从来没有和极少的受访者；频率为极少的受访者与频率为从来没有的受访者未来承诺无显著差异（α＝0.05）。总的来说，父母与大学生交流如何进行存钱的频率越高，大学生的未来承诺越强。各组具体的数据如表4-267和图4-142所示。

表 4-267　储蓄家庭交流——主动交流与大学生未来承诺之间的关系

频率	频数（人）	均值	标准差
从来没有	824	3.32	0.872
极少	1193	3.37	0.758
偶尔	1866	3.49	0.754
经常	703	3.70	0.881
总计	4586	3.46	0.807

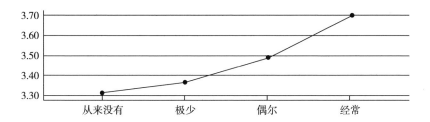

图 4-142　储蓄家庭交流——主动交流与大学生未来承诺之间的关系

（5）信贷家庭交流——潜移默化。One-way ANOVA 分析发现，F（3，4583）= 39.488，p=0.000（p<0.05）。由于基于均值所计算的因变量的方差在自变量的各组间不等，故而，使用 Tamhane 多重比较法发现，父母与大学生交流如果不按时偿还信贷就会影响个人信誉的频率为经常的受访者未来承诺高于频率为从来没有、极少和偶尔的受访者；频率为偶尔的受访者未来承诺显著高于频率为从来没有的受访者，而前者与频率为极少的受访者之间未来承诺无显著差异；频率为极少的受访者与频率为从来没有的受访者未来承诺无显著差异（α=0.05）。总的来说，父母与大学生交流如果不按时偿还信贷就会影响个人信誉的频率越高，大学生的未来承诺越强。各组具体的数据如表 4-268 和图 4-143 所示。

表 4-268　信贷家庭交流——潜移默化与大学生未来承诺之间的关系

频率	频数（人）	均值	标准差
从来没有	731	3.29	0.884
极少	679	3.33	0.787
偶尔	1565	3.42	0.742
经常	1612	3.62	0.812
总计	4587	3.46	0.807

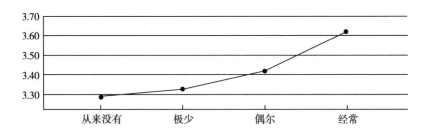

图 4-143　信贷家庭交流——潜移默化与大学生未来承诺之间的关系

（6）信贷家庭交流——主动交流。One-way ANOVA 分析发现，$F_{(3, 4585)} = 30.108$，$p = 0.000$（$p<0.05$）。由于基于均值所计算的因变量的方差在自变量的各组间不等，故而，使用 Tamhane 多重比较法发现，父母与大学生交流他们如何利用信用贷款做重要的事的频率为经常的受访者未来承诺高于频率为从来没有、极少和偶尔的受访者；频率为偶尔的受访者未来承诺显著高于频率为从来没有和极少的受访者；频率为极少的受访者与频率为从来没有的受访者未来承诺无显著差异（$\alpha = 0.05$）。总的来说，父母与大学生交流他们如何利用信用贷款做重要的事的频率越高，大学生的未来承诺越强。各组具体的数据如表 4-269 和图 4-144 所示。

表 4-269　信贷家庭交流——主动交流与大学生未来承诺之间的关系

频率	频数（人）	均值	标准差
从来没有	1106	3.36	0.845
极少	1073	3.39	0.786
偶尔	1677	3.47	0.750
经常	733	3.69	0.861
总计	4589	3.46	0.808

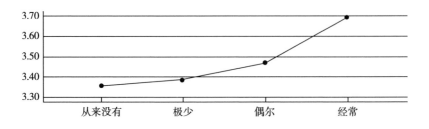

图 4-144　信贷家庭交流——主动交流与大学生未来承诺之间的关系

（7）理财家庭交流——潜移默化。One - way ANOVA 分析发现，$F_{(3, 4578)}$ = 37.925，p=0.000（p<0.05）。由于基于均值所计算的因变量的方差在自变量的各组间不等，故而，使用 Tamhane 多重比较法发现，父母告诉大学生理财重要性的频率为经常的受访者未来承诺高于频率为从来没有、极少和偶尔的受访者；频率为偶尔的受访者未来承诺显著高于频率为从来没有和极少的受访者；频率为极少的受访者与频率为从来没有的受访者未来承诺无显著差异（α = 0.05）。总的来说，父母告诉大学生理财重要性的频率越高，大学生的未来承诺越强。各组具体的数据如表 4-270 和图 4-145 所示。

表 4-270 理财家庭交流——潜移默化与大学生未来承诺之间的关系

频率	频数（人）	均值	标准差
从来没有	653	3.30	0.877
极少	819	3.32	0.765
偶尔	1684	3.44	0.750
经常	1426	3.63	0.831
总计	4582	3.46	0.807

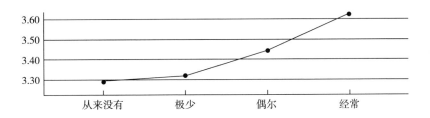

图 4-145 理财家庭交流——潜移默化与大学生未来承诺之间的关系

（8）理财家庭交流——主动交流。One - way ANOVA 分析发现，$F_{(3, 4578)}$ = 29.927，p=0.000（p<0.05）。由于基于均值所计算的因变量的方差在自变量的各组间不等，故而，使用 Tamhane 多重比较法发现，父母与大学生交流如何理财的频率为经常的受访者未来承诺高于频率为从来没有、极少和偶尔的受访者；频率为偶尔的受访者未来承诺显著高于频率为从来没有和极少的受访者；频率为极少的受访者与频率为从来没有的受访者未来承诺无显著差异（α = 0.05）。总的来说，父母与大学生交流如何理财的频率越高，大学生的未来承诺越强。各组具体的数据如表 4-271 和图 4-146 所示。

表 4-271 理财家庭交流——主动交流与大学生未来承诺之间的关系

频率	频数（人）	均值	标准差
从来没有	824	3.33	0.869
极少	1184	3.37	0.765
偶尔	1822	3.48	0.757
经常	752	3.67	0.873
总计	4582	3.46	0.808

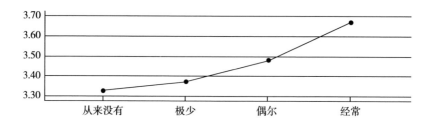

图 4-146 理财家庭交流——主动交流与大学生未来承诺之间的关系

（9）消费家庭交流——潜移默化。One-way ANOVA 分析发现，$F_{(3, 4581)} = 48.491$，$p = 0.000$（$p < 0.05$）。由于基于均值所计算的因变量的方差在自变量的各组间不等，故而，使用 Tamhane 多重比较法发现，父母告诉大学生"量入为出，适度消费"消费观的频率为经常的受访者未来承诺高于频率为从来没有、极少和偶尔的受访者；频率为偶尔的受访者未来承诺显著高于频率为从来没有和极少的受访者；频率为极少的受访者与频率为从来没有的受访者未来承诺无显著差异（$\alpha = 0.05$）。总的来说，父母告诉大学生"量入为出，适度消费"消费观的频率越高，大学生的未来承诺越强。各组具体的数据如表 4-272 和图 4-147 所示。

表 4-272 消费家庭交流——潜移默化与大学生未来承诺之间的关系

频率	频数（人）	均值	标准差
从来没有	261	3.11	0.947
极少	342	3.19	0.790
偶尔	1319	3.38	0.752
经常	2663	3.56	0.800
总计	4585	3.46	0.807

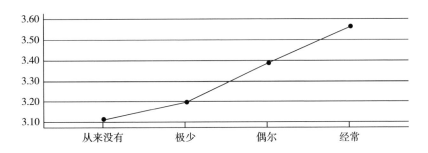

图 4-147 消费家庭交流——潜移默化与大学生未来承诺之间的关系

（10）消费家庭交流——主动交流。One-way ANOVA 分析发现，F（3,4580）= 43.030，p = 0.000（p<0.05）。由于基于均值所计算的因变量的方差在自变量的各组间不等，故而，使用 Tamhane 多重比较法发现，父母与大学生交流他们的消费观念的频率为经常的受访者未来承诺高于频率为从来没有、极少和偶尔的受访者；频率为偶尔的受访者未来承诺显著高于频率为从来没有和极少的受访者；频率为极少的受访者与频率为从来没有的受访者未来承诺无显著差异（α = 0.05）。总的来说，父母与大学生交流他们的消费观念的频率越高，大学生的未来承诺越强。各组具体的数据如表 4-273 和图 4-148 所示。

表 4-273 消费家庭交流——主动交流与大学生未来承诺之间的关系

频率	频数（人）	均值	标准差
从来没有	319	3.22	0.927
极少	663	3.27	0.797
偶尔	1977	3.44	0.736
经常	1625	3.61	0.839
总计	4584	3.46	0.808

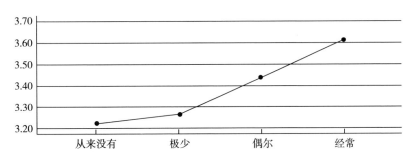

图 4-148 消费家庭交流——主动交流与大学生未来承诺之间的关系

十、心理变量在家庭财经交流与财经态度之间的中介效应

本书把家庭财经交流作为自变量，它包括预算、储蓄、信贷、理财和消费五种家庭交流方式，每种方式又分为潜移默化和主动交流，把认知需求、自我效能和延迟满足三种心理变量作为中介变量，财经态度作为因变量，将样本数量设置为5000，置信区间的置信度设置为95%，运用 PROCESS 分析工具进行多重中介效应分析。以下为心理变量在家庭财经交流与财经态度之间的中介效应的检验结果。

（1）预算家庭交流——潜移默化。将预算家庭交流——潜移默化作为自变量，心理变量作为中介变量，财经态度作为因变量。预算家庭交流——潜移默化影响财经态度的总效应置信区间［-0.0530，0.0158］包含0，说明总效应在 $\alpha=0.05$ 水平上不显著；直接效应置信区间［-0.0449，0.0212］包含0，说明直接效应不显著；总间接效应置信区间［-0.0171，0.0035］中包含0，因此，三种心理变量在预算家庭交流——潜移默化与财经态度之间没有发挥中介效应。具体的数据如表4-274所示。

表4-274　心理变量在预算家庭交流——潜移默化与财经态度之间的中介效应

效应		Effect	置信区间下限	置信区间上限
总效应		-0.0186	-0.0530	0.0158
直接效应		-0.0118	-0.0449	0.0212
间接效应	总间接效应	-0.0068	-0.0171	0.0035
	认知需求	0.0007	-0.0081	0.0098
	自我效能	0.0016	-0.0003	0.0046
	延迟满足	-0.0091	-0.0283	-0.0030

（2）预算家庭交流——主动交流。将预算家庭交流——主动交流作为自变量，心理变量作为中介变量，财经态度作为因变量。预算家庭交流——主动交流影响财经态度的总效应置信区间［-0.0095，0.0554］包含0，说明总效应在 $\alpha=0.05$ 水平上不显著；直接效应置信区间［-0.0035，0.0595］包含0，说明直接效应不显著；总间接效应置信区间［-0.0168，0.0062］包含0，因此三种心理变量在预算家庭交流——主动交流与财经态度之间没有发挥显著的中介效应。具体的数据如表4-275所示。

表 4-275 心理变量在预算家庭交流——主动交流与财经态度之间的中介效应

效应		Effect	置信区间下限	置信区间上限
总效应		0.0230	−0.0095	0.0554
直接效应		0.0280	−0.0035	0.0595
间接效应	总间接效应	−0.0051	−0.0168	0.0062
	认知需求	0.0112	0.0028	0.0200
	自我效能	0.0045	−0.0012	0.0105
	延迟满足	−0.0208	−0.0290	−0.0140

（3）储蓄家庭交流——潜移默化。将储蓄家庭交流——潜移默化作为自变量，心理变量作为中介变量，财经态度作为因变量。储蓄家庭交流——潜移默化影响财经态度的总效应置信区间 ［−0.0120，0.0464］ 包含 0，说明总效应在 $\alpha = 0.05$ 水平上不显著；直接效应置信区间 ［−0.0016，0.0549］ 包含 0，说明直接效应不显著；总间接效应置信区间 ［−0.0198，0.0010］ 包含 0，因此三种心理变量在储蓄家庭交流——潜移默化与财经态度之间没有发挥显著的中介效应。具体的数据如表 4-276 所示。

表 4-276 心理变量在储蓄家庭交流——潜移默化与财经态度之间的中介效应

效应		Effect	置信区间下限	置信区间上限
总效应		0.0172	−0.0120	0.0464
直接效应		0.0266	−0.0016	0.0549
间接效应	总间接效应	−0.0094	−0.0198	0.0010
	认知需求	0.0040	−0.0039	0.0120
	自我效能	0.0041	−0.0009	0.0095
	延迟满足	−0.0175	−0.0245	−0.0115

（4）储蓄家庭交流——主动交流。将储蓄家庭交流——主动交流作为自变量，心理变量作为中介变量，财经态度作为因变量。储蓄家庭交流——主动交流影响财经态度的总效应置信区间 ［−0.0103，0.0486］ 包含 0，说明总效应在 $\alpha = 0.05$ 水平上不显著；直接效应置信区间 ［−0.0003，0.0570］ 包含 0，说明直接效应不显著；总间接效应置信区间 ［−0.0203，0.0016］ 包含 0，因此三种心理变量在储蓄家庭交流——主动交流与财经态度之间没有发挥显著的中介效应。具体的数据如表 4-277 所示。

表4-277　心理变量在储蓄家庭交流——主动交流与财经态度之间的中介效应

效应		Effect	置信区间下限	置信区间上限
总效应		0.0191	-0.0103	0.0486
直接效应		0.0283	-0.0003	0.0570
间接效应	总间接效应	-0.0092	-0.0203	0.0016
	认知需求	0.0088	0.0014	0.0168
	自我效能	0.0046	-0.0010	0.0101
	延迟满足	-0.0226	-0.0305	-0.0155

（5）信贷家庭交流——潜移默化。将信贷家庭交流——潜移默化作为自变量，心理变量作为中介变量，财经态度作为因变量。信贷家庭交流——潜移默化影响财经态度的总效应置信区间［-0.0223，0.0310］包含0，说明总效应在α=0.05水平上不显著；直接效应置信区间［-0.0144，0.0374］包含0，说明直接效应不显著；总间接效应置信区间［-0.0168，0.0026］包含0，因此三种心理变量在信贷家庭交流——潜移默化与财经态度之间没有发挥显著的中介效应。具体的数据如表4-278所示。

表4-278　心理变量在信贷家庭交流——潜移默化与财经态度之间的中介效应

效应		Effect	置信区间下限	置信区间上限
总效应		0.0044	-0.0223	0.0310
直接效应		0.0115	-0.0144	0.0374
间接效应	总间接效应	-0.0072	-0.0168	0.0026
	认知需求	0.0064	-0.0005	0.0135
	自我效能	0.0046	-0.0008	0.0103
	延迟满足	-0.0182	-0.0248	-0.0123

（6）信贷家庭交流——主动交流。将信贷家庭交流——主动交流作为自变量，心理变量作为中介变量，财经态度作为因变量。信贷家庭交流——主动交流影响财经态度的总效应置信区间［0.0280，0.0831］不包含0，说明总效应在α=0.05水平上显著，效应大小为0.0556；直接效应置信区间［0.0274，0.0806］不包含0，说明直接效应显著，效应大小为0.0540；总间接效应置信区间［-0.0080，0.0110］包含0，因此三种心理变量在信贷家庭交流——主动交流与财经态度之间没有发挥显著的中介效应。具体的数据如表4-279所示。

表 4-279 心理变量在信贷家庭交流——主动交流与财经态度之间的中介效应

效应		Effect	置信区间下限	置信区间上限
总效应		0.0556	0.0280	0.0831
直接效应		0.0540	0.0274	0.0806
间接效应	总间接效应	0.0016	−0.0080	0.0110
	认知需求	0.0110	0.0037	0.0189
	自我效能	0.0028	−0.0009	0.0067
	延迟满足	−0.0122	−0.0181	−0.0071

（7）理财家庭交流——主动交流。将理财家庭交流——主动交流作为自变量，心理变量作为中介变量，财经态度作为因变量。理财家庭交流——主动交流影响财经态度的总效应置信区间 ［0.0157，0.0740］ 不包含 0，说明总效应在 α = 0.05 水平上显著，效应大小为 0.0448；直接效应置信区间 ［0.0213，0.0778］ 不包含 0，说明直接效应显著，效应大小为 0.0496；总间接效应置信区间 ［−0.0152，0.0057］ 包含 0，因此三种心理变量在理财家庭交流——主动交流与财经态度之间没有发挥显著的中介效应。具体的数据如表 4-280 所示。

表 4-280 心理变量在理财家庭交流——主动交流与财经态度之间的中介效应

效应		Effect	置信区间下限	置信区间上限
总效应		0.0448	0.0157	0.0740
直接效应		0.0496	0.0213	0.0778
间接效应	总间接效应	−0.0047	−0.0152	0.0057
	认知需求	0.0098	0.0026	0.0179
	自我效能	0.0040	−0.0005	0.0091
	延迟满足	−0.0186	−0.0261	−0.0120

（8）消费家庭交流——潜移默化。将消费家庭交流——潜移默化作为自变量，心理变量作为中介变量，财经态度作为因变量。消费家庭交流——潜移默化影响财经态度的总效应置信区间 ［−0.1624，−0.0961］ 不包含 0，说明总效应在 α = 0.05 水平上显著，效应大小为 −0.1292；直接效应置信区间 ［−0.1258，−0.0599］ 不包含 0，说明直接效应显著，效应大小为 −0.0928；总间接效应置信区间 ［−0.0503，−0.0231］ 不包含 0，说明心理变量间接效应显著，故存在部分中介效应，效应大小为 −0.0364，占总效应的 28.17%。其中，认知需求和延迟满

足的置信区间不包含 0，说明两者发挥了显著的中介效应，效应大小依次为 -0.0096 和 -0.0381；自我效能的置信区间不包含 0，但其发挥的间接效应与直接效应的符号相反，说明发挥了显著的中介效应，效应大小为 0.0114。具体的数据如表 4-281 所示。

表 4-281　心理变量在消费家庭交流——潜移默化与财经态度之间的中介效应

效应		Effect	置信区间下限	置信区间上限
总效应		-0.1292	-0.1624	-0.0961
直接效应		-0.0928	-0.1258	-0.0599
间接效应	总间接效应	-0.0364	-0.0503	-0.0231
	认知需求	-0.0096	-0.0184	-0.0012
	自我效能	0.0114	0.0011	0.0216
	延迟满足	-0.0381	-0.0504	-0.0264

（9）消费家庭交流——主动交流。将消费家庭交流——主动交流作为自变量，心理变量作为中介变量，财经态度作为因变量。消费家庭交流——主动交流影响财经态度的总效应置信区间 [-0.0998，-0.0328] 不包含 0，说明总效应在 $\alpha = 0.05$ 水平上显著，效应大小为 -0.0676；直接效应置信区间 [-0.0692，-0.0042] 不包含 0，说明直接效应显著，效应大小为 -0.0375；总间接效应置信区间 [-0.0429，-0.0165] 不包含 0，说明心理变量间接效应显著，故存在部分中介效应，效应大小为 -0.0301，占总效应的 44.53%。其中，延迟满足的置信区间不包含 0，说明其发挥了显著的中介效应，效应大小为 -0.0344；自我效能的置信区间不包含 0，但其发挥的间接效应与直接效应的符号相反，说明发挥了显著的中介效应，效应大小为 0.0081；而认知需求的置信区间包含 0，说明其中介效应不显著。具体的数据如表 4-282 所示。

表 4-282　心理变量在消费家庭交流——主动交流与财经态度之间的中介效应

效应		Effect	置信区间下限	置信区间上限
总效应		-0.0676	-0.0998	-0.0328
直接效应		-0.0375	-0.0692	-0.0042
间接效应	总间接效应	-0.0301	-0.0429	-0.0165
	认知需求	-0.0038	-0.0120	0.0052
	自我效能	0.0081	0.0002	0.0164
	延迟满足	-0.0344	-0.0455	-0.0247

十一、心理变量在家庭财经交流与财经满意感之间的中介效应

本书把家庭财经交流作为自变量，它包括预算、储蓄、信贷、理财和消费五种家庭交流方式，每种方式又分为潜移默化和主动交流，把认知需求、自我效能和延迟满足三种心理变量作为中介变量，财经满意感作为因变量，将样本数量设置为5000，置信区间的置信度设置为95%，运用 PROCESS 分析工具进行多重中介效应分析。以下为心理变量在家庭财经交流与财经满意感之间的中介效应的检验结果。

（1）预算家庭交流——主动交流。将预算家庭交流——主动交流作为自变量，心理变量作为中介变量，财经满意感作为因变量。预算家庭交流——主动交流影响财经满意感的总效应置信区间 [0.0694，0.1380] 不包含 0，说明总效应在 $\alpha = 0.05$ 水平上显著，效应大小为 0.1037；直接效应置信区间 [0.0432，0.1119] 不包含 0，说明直接效应显著，效应大小为 0.0775；总间接效应置信区间 [0.0181，0.0348] 不包含 0，说明心理变量间接效应显著，故存在部分中介效应，效应大小为 0.0261，占总效应的 25.17%。其中，认知需求、自我效能和延迟满足的置信区间都不包含 0，说明三者都发挥了显著的中介效应，效应大小依次为 0.0026、0.0170 和 0.0066。具体的数据如表 4-283 所示。

表 4-283　心理变量在预算家庭交流——主动交流与财经满意感之间的中介效应

效应		Effect	置信区间下限	置信区间上限
总效应		0.1037	0.0694	0.1380
直接效应		0.0775	0.0432	0.1119
间接效应	总间接效应	0.0261	0.0181	0.0348
	认知需求	0.0026	0.0005	0.0057
	自我效能	0.0170	0.0100	0.0248
	延迟满足	0.0066	0.0004	0.0132

（2）储蓄家庭交流——潜移默化。将储蓄家庭交流——潜移默化作为自变量，心理变量作为中介变量，财经满意感作为因变量。储蓄家庭交流——潜移默化影响财经满意感的总效应置信区间 [0.1273，0.1885] 不包含 0，说明总效应在 $\alpha = 0.05$ 水平上显著，效应大小为 0.1579；直接效应置信区间 [0.1074，0.1686] 不包含 0，说明直接效应显著，效应大小为 0.1380；总间接效应置信区间 [0.0136，0.0273] 不包含 0，说明心理变量间接效应显著，故存在部分中介效应，效应大小为 0.0199，占总效应的 12.60%。其中，自我效能和延迟满足的

置信区间都不包含 0，说明两者都发挥了显著的中介效应，效应大小依次为 0.0139 和 0.0051；认知需求的置信区间包含 0，说明其中介效应不显著。具体的数据如表 4-284 所示。

表 4-284 心理变量在储蓄家庭交流——潜移默化与财经满意感之间的中介效应

效应		Effect	置信区间下限	置信区间上限
总效应		0.1579	0.1273	0.1885
直接效应		0.1380	0.1074	0.1686
间接效应	总间接效应	0.0199	0.0136	0.0273
	认知需求	0.0008	−0.0008	0.0030
	自我效能	0.0139	0.0081	0.0206
	延迟满足	0.0051	0.0003	0.0107

（3）储蓄家庭交流——主动交流。将储蓄家庭交流——主动交流作为自变量，心理变量作为中介变量，财经满意感作为因变量。储蓄家庭交流——主动交流影响财经满意感的总效应置信区间 [0.1050，0.1670] 不包含 0，说明总效应在 $\alpha = 0.05$ 水平上显著，效应大小为 0.1360；直接效应置信区间 [0.0812，0.1435] 不包含 0，说明直接效应显著，效应大小为 0.1123；总间接效应置信区间 [0.0161，0.0319] 不包含 0，说明心理变量间接效应显著，故存在部分中介效应，效应大小为 0.0236，占总效应的 17.35%。其中，认知需求和自我效能的置信区间都不包含 0，说明两者都发挥了显著的中介效应，效应大小依次为 0.0019 和 0.0157；延迟满足的置信区间包含 0，说明其中介效应不显著。具体的数据如表 4-285 所示。

表 4-285 心理变量在储蓄家庭交流——主动交流与财经满意感之间的中介效应

效应		Effect	置信区间下限	置信区间上限
总效应		0.1360	0.1050	0.1670
直接效应		0.1123	0.0812	0.1435
间接效应	总间接效应	0.0236	0.0161	0.0319
	认知需求	0.0019	0.0002	0.0046
	自我效能	0.0157	0.0091	0.0228
	延迟满足	0.0059	−0.0005	0.0128

（4）信贷家庭交流——潜移默化。将信贷家庭交流——潜移默化作为自变量，心理变量作为中介变量，财经满意感作为因变量。信贷家庭交流——潜移默化影响财经满意感的总效应置信区间［0.0638，0.1200］不包含0，说明总效应在 $\alpha = 0.05$ 水平上显著，效应大小为0.0919；直接效应置信区间［0.0402，0.0967］不包含0，说明直接效应显著，效应大小为0.0684；总间接效应置信区间［0.0167，0.0309］不包含0，说明心理变量间接效应显著，故存在部分中介效应，效应大小为0.0235，占总效应的25.57%。其中，自我效能和延迟满足的置信区间都不包含0，说明两者都发挥了显著的中介效应，效应大小依次为0.0163和0.0057；认知需求的置信区间包含0，说明其中介效应不显著。具体的数据如表4-286所示。

表4-286 心理变量在信贷家庭交流——潜移默化与财经满意感之间的中介效应

效应		Effect	置信区间下限	置信区间上限
总效应		0.0919	0.0638	0.1200
直接效应		0.0684	0.0402	0.0967
间接效应	总间接效应	0.0235	0.0167	0.0309
	认知需求	0.0014	-0.0002	0.0036
	自我效能	0.0163	0.0100	0.0236
	延迟满足	0.0057	0.0003	0.0116

（5）信贷家庭交流——主动交流。将信贷家庭交流——主动交流作为自变量，心理变量作为中介变量，财经满意感作为因变量。信贷家庭交流——主动交流影响财经满意感的总效应置信区间［0.0849，0.1430］不包含0，说明总效应在 $\alpha = 0.05$ 水平上显著，效应大小为0.1140；直接效应置信区间［0.0681，0.1261］不包含0，说明直接效应显著，效应大小为0.0971；总间接效应置信区间［0.0110，0.0237］不包含0，说明心理变量间接效应显著，故存在部分中介效应，效应大小为0.0169，占总效应的14.82%。其中，认知需求、自我效能和延迟满足的置信区间都不包含0，说明三者都发挥了显著的中介效应，效应大小依次为0.0023、0.0105和0.0040。具体的数据如表4-287所示。

表4-287 心理变量在信贷家庭交流——主动交流与财经满意感之间的中介效应

效应	Effect	置信区间下限	置信区间上限
总效应	0.1140	0.0849	0.1430
直接效应	0.0971	0.0681	0.1261

续表

效应		Effect	置信区间下限	置信区间上限
间接效应	总间接效应	0.0169	0.0110	0.0237
	认知需求	0.0023	0.0004	0.0050
	自我效能	0.0105	0.0059	0.0164
	延迟满足	0.0040	0.0003	0.0084

（6）理财家庭交流——潜移默化。将理财家庭交流——潜移默化作为自变量，心理变量作为中介变量，财经满意感作为因变量。理财家庭交流——潜移默化影响财经满意感的总效应置信区间 [0.1060，0.1640] 不包含 0，说明总效应在 $\alpha = 0.05$ 水平上显著，效应大小为 0.1350；直接效应置信区间 [0.0828，0.1412] 不包含 0，说明直接效应显著，效应大小为 0.1120；总间接效应置信区间 [0.0159，0.0306] 不包含 0，说明心理变量间接效应显著，故存在部分中介效应，效应大小为 0.0230，占总效应的 17.04%。其中，自我效能的置信区间不包含 0，说明其发挥了显著的中介效应，效应大小为 0.0164；认知需求和延迟满足的置信区间包含 0，说明两者的中介效应不显著。具体的数据如表 4-288 所示。

表 4-288　心理变量在理财家庭交流——潜移默化与财经满意感之间的中介效应

效应		Effect	置信区间下限	置信区间上限
总效应		0.1350	0.1060	0.1640
直接效应		0.1120	0.0828	0.1412
间接效应	总间接效应	0.0230	0.0159	0.0306
	认知需求	0.0007	-0.0009	0.0027
	自我效能	0.0164	0.0096	0.0239
	延迟满足	0.0059	-0.0006	0.0126

（7）理财家庭交流——主动交流。将理财家庭交流——主动交流作为自变量，心理变量作为中介变量，财经满意感作为因变量。理财家庭交流——主动交流影响财经满意感的总效应置信区间 [0.1281，0.1891] 不包含 0，说明总效应在 $\alpha = 0.05$ 水平上显著，效应大小为 0.1586；直接效应置信区间 [0.1073，0.1684] 不包含 0，说明直接效应显著，效应大小为 0.1378；总间接效应置信区间 [0.0141，0.0283] 不包含 0，说明心理变量间接效应显著，故存在部分中介效应，效应大小为

0.0208，占总效应的 13.11%。其中，认知需求和自我效能的置信区间都不包含 0，说明两者都发挥了显著的中介效应，效应大小依次为 0.0021 和 0.0136；而延迟满足的置信区间包含 0，说明其中介效应不显著。具体的数据如表 4-289 所示。

表 4-289 心理变量在理财家庭交流——主动交流与财经满意感之间的中介效应

效应		Effect	置信区间下限	置信区间上限
总效应		0.1586	0.1281	0.1891
直接效应		0.1378	0.1073	0.1684
间接效应	总间接效应	0.0208	0.0141	0.0283
	认知需求	0.0021	0.0003	0.0047
	自我效能	0.0136	0.0080	0.0206
	延迟满足	0.0050	-0.0004	0.0108

（8）消费家庭交流——主动交流。将消费家庭交流——主动交流作为自变量，心理变量作为中介变量，财经满意感作为因变量。消费家庭交流——主动交流影响财经满意感的总效应置信区间 [0.0748，0.1428] 不包含 0，说明总效应在 $\alpha = 0.05$ 水平上显著，效应大小为 0.1088；直接效应置信区间 [0.0411，0.1101] 不包含 0，说明直接效应显著，效应大小为 0.0756；总间接效应置信区间 [0.0227，0.0437] 不包含 0，说明心理变量间接效应显著，故存在部分中介效应，效应大小为 0.0332，占总效应的 30.51%。其中，自我效能的置信区间不包含 0，说明其发挥了显著的中介效应，效应大小为 0.0247；认知需求和延迟满足的置信区间包含 0，说明两者的中介效应不显著。具体的数据如表 4-290 所示。

表 4-290 心理变量在消费家庭交流——主动交流与财经满意感之间的中介效应

效应		Effect	置信区间下限	置信区间上限
总效应		0.1088	0.0748	0.1428
直接效应		0.0756	0.0411	0.1101
间接效应	总间接效应	0.0332	0.0227	0.0437
	认知需求	-0.0010	-0.0036	0.0010
	自我效能	0.0247	0.0157	0.0345
	延迟满足	0.0096	-0.0009	0.0199

十二、心理变量在家庭财经交流与财经行为合理性之间的中介效应

本书把家庭财经交流作为自变量，包括预算、储蓄、信贷、理财和消费五种家庭交流方式，每种方式又分为潜移默化和主动交流，把认知需求、自我效能和延迟满足三种心理变量作为中介变量，财经行为合理性作为因变量，将样本数量设置为 5000，置信区间的置信度设置为 95%，运用 PROCESS 分析工具进行多重中介效应分析。以下为心理变量在家庭财经交流与财经行为合理性之间的中介效应的检验结果。

（1）预算家庭交流——潜移默化。将预算家庭交流——潜移默化作为自变量，心理变量作为中介变量，财经行为合理性作为因变量。预算家庭交流——潜移默化影响财经行为合理性的总效应置信区间 [0.0188，0.0788] 不包含 0，说明总效应在 $\alpha=0.05$ 水平上显著，效应大小为 0.0488；直接效应置信区间 [−0.0010，0.0526] 包含 0，说明直接效应不显著；总间接效应置信区间 [0.0085，0.0387] 不包含 0，说明心理变量间接效应显著，故存在完全中介效应，效应大小为 0.0229。其中，自我效能和延迟满足的置信区间都不包含 0，说明两者都发挥了显著的中介效应，效应大小依次为 0.0064 和 0.0164；而认知需求的置信区间包含 0，说明其中介效应不显著。具体的数据如表 4-291 所示。

表 4-291 心理变量在预算家庭交流——潜移默化与财经行为合理性之间的中介效应

效应		Effect	置信区间下限	置信区间上限
总效应		0.0488	0.0188	0.0788
直接效应		0.0258	−0.0010	0.0526
间接效应	总间接效应	0.0229	0.0085	0.0387
	认知需求	0.0001	−0.0029	0.0030
	自我效能	0.0064	0.0010	0.0126
	延迟满足	0.0164	0.0064	0.0277

（2）预算家庭交流——主动交流。将预算家庭交流——主动交流作为自变量，心理变量作为中介变量，财经行为合理性作为因变量。预算家庭交流——主动交流影响财经行为合理性的总效应置信区间 [0.0649，0.1213] 不包含 0，说明总效应在 $\alpha=0.05$ 水平上显著，效应大小为 0.0931；直接效应置信区间 [0.0153，0.0664] 不包含 0，说明直接效应显著，效应大小为 0.0409；总间接效应置信区间 [0.0379，0.0676] 不包含 0，说明心理变量间接效应显著，故存

在部分中介效应，效应大小为 0.0522，占总效应的 56.07%。其中，自我效能和延迟满足的置信区间不包含 0，说明两者都发挥了显著的中介效应，效应大小依次为 0.0195 和 0.0364；认知需求的置信区间也不包含 0，但其发挥的间接效应与直接效应的符号相反，说明发挥了显著的中介效应，效应大小为 -0.0037。具体的数据如表 4-292 所示。

表 4-292　心理变量在预算家庭交流——主动交流与财经行为合理性之间的中介效应

效应		Effect	置信区间下限	置信区间上限
总效应		0.0931	0.0649	0.1213
直接效应		0.0409	0.0153	0.0664
间接效应	总间接效应	0.0522	0.0379	0.0676
	认知需求	-0.0037	-0.0071	-0.0007
	自我效能	0.0195	0.0132	0.0268
	延迟满足	0.0364	0.0263	0.0474

（3）储蓄家庭交流——潜移默化。将储蓄家庭交流——潜移默化作为自变量，心理变量作为中介变量，财经行为合理性作为因变量。储蓄家庭交流——潜移默化影响财经行为合理性的总效应置信区间 [0.0653，0.1159] 不包含 0，说明总效应在 $\alpha = 0.05$ 水平上显著，效应大小为 0.0906；直接效应置信区间 [0.0223，0.0680] 不包含 0，说明直接效应显著，效应大小为 0.0452；总间接效应置信区间 [0.0328，0.0588] 不包含 0，说明心理变量间接效应显著，故存在部分中介效应，效应大小为 0.0455，占总效应的 50.22%。其中，自我效能和延迟满足的置信区间都不包含 0，说明两者都发挥了显著的中介效应，效应大小依次为 0.0165 和 0.0303；而认知需求的置信区间包含 0，说明其中介效应不显著。具体的数据如表 4-293 所示。

表 4-293　心理变量在储蓄家庭交流——潜移默化与财经行为合理性之间的中介效应

效应		Effect	置信区间下限	置信区间上限
总效应		0.0906	0.0653	0.1159
直接效应		0.0452	0.0223	0.0680
间接效应	总间接效应	0.0455	0.0328	0.0588
	认知需求	-0.0013	-0.0041	0.0013
	自我效能	0.0165	0.0111	0.0228
	延迟满足	0.0303	0.0215	0.0401

（4）储蓄家庭交流——主动交流。将储蓄家庭交流——主动交流作为自变量，心理变量作为中介变量，财经行为合理性作为因变量。储蓄家庭交流——主动交流影响财经行为合理性的总效应置信区间 [0.0470，0.0982] 不包含 0，说明总效应在 $\alpha = 0.05$ 水平上显著，效应大小为 0.0726；直接效应置信区间 [−0.0050，0.0415] 包含 0，说明直接效应不显著；总间接效应置信区间 [0.0415，0.0676] 不包含 0，说明心理变量间接效应显著，故存在完全中介效应，效应大小为 0.0543。其中，自我效能和延迟满足的置信区间都不包含 0，说明两者都发挥了显著的中介效应，效应大小依次为 0.0190 和 0.0383；认知需求的置信区间也不包含 0，但其发挥的间接效应与总间接效应的符号相反，说明发挥了显著的中介效应，效应大小为 −0.0030。具体的数据如表 4-294 所示。

表 4-294　心理变量在储蓄家庭交流——主动交流与财经行为合理性之间的中介效应

效应		Effect	置信区间下限	置信区间上限
总效应		0.0726	0.0470	0.0982
直接效应		0.0183	−0.0050	0.0415
间接效应	总间接效应	0.0543	0.0415	0.0676
	认知需求	−0.0030	−0.0060	−0.0003
	自我效能	0.0190	0.0129	0.0256
	延迟满足	0.0383	0.0292	0.0481

（5）信贷家庭交流——潜移默化。将信贷家庭交流——潜移默化作为自变量，心理变量作为中介变量，财经行为合理性作为因变量。信贷家庭交流——潜移默化影响财经行为合理性的总效应置信区间 [0.0855，0.1315] 不包含 0，说明总效应在 $\alpha = 0.05$ 水平上显著，效应大小为 0.1085；直接效应置信区间 [0.0402，0.0820] 不包含 0，说明直接效应显著，效应大小为 0.0611；总间接效应置信区间 [0.0357，0.0591] 不包含 0，说明心理变量间接效应显著，故存在部分中介效应，效应大小为 0.0473，占总效应的 43.59%。其中，自我效能和延迟满足的置信区间都不包含 0，说明两者都发挥了显著的中介效应，效应大小依次为 0.0182 和 0.0312；而认知需求的置信区间包含 0，说明其中介效应不显著。具体的数据如表 4-295 所示。

表 4-295　心理变量在信贷家庭交流——潜移默化与财经行为合理性之间的中介效应

效应	Effect	置信区间下限	置信区间上限
总效应	0.1085	0.0855	0.1315

续表

效应		Effect	置信区间下限	置信区间上限
直接效应		0.0611	0.0402	0.0820
间接效应	总间接效应	0.0473	0.0357	0.0591
	认知需求	−0.0020	−0.0045	0.0003
	自我效能	0.0182	0.0126	0.0243
	延迟满足	0.0312	0.0231	0.0397

（6）信贷家庭交流——主动交流。将信贷家庭交流——主动交流作为自变量，心理变量作为中介变量，财经行为合理性作为因变量。信贷家庭交流——主动交流影响财经行为合理性的总效应置信区间［0.0353，0.0833］不包含0，说明总效应在 $\alpha = 0.05$ 水平上显著，效应大小为0.0593；直接效应置信区间［0.0065，0.0497］不包含0，说明直接效应显著，效应大小为0.0281；总间接效应置信区间［0.0191，0.0434］不包含0，说明心理变量间接效应显著，故存在部分中介效应，效应大小为0.0312，占总效应的54.13%。其中，自我效能和延迟满足的置信区间都不包含0，说明两者都发挥了显著的中介效应，效应大小依次为0.0125和0.0222；认知需求的置信区间也不包含0，但其发挥的间接效应与直接效应的符号相反，说明发挥了显著的中介效应，效应大小为−0.0035。具体的数据如表4-296所示。

表4-296 心理变量在信贷家庭交流——主动交流与财经行为合理性之间的中介效应

效应		Effect	置信区间下限	置信区间上限
总效应		0.0593	0.0353	0.0833
直接效应		0.0281	0.0065	0.0497
间接效应	总间接效应	0.0312	0.0191	0.0434
	认知需求	−0.0035	−0.0063	−0.0010
	自我效能	0.0125	0.0080	0.0181
	延迟满足	0.0222	0.0140	0.0310

（7）理财家庭交流——潜移默化。将理财家庭交流——潜移默化作为自变量，心理变量作为中介变量，财经行为合理性作为因变量。理财家庭交流——潜移默化影响财经行为合理性的总效应置信区间［0.0837，0.1316］不包含0，说明总效应在 $\alpha = 0.05$ 水平上显著，效应大小为0.1076；直接效应置信区间

［0.0301，0.0736］不包含 0，说明直接效应显著，效应大小为 0.0519；总间接效应置信区间 ［0.0439，0.0683］不包含 0，说明心理变量间接效应显著，故存在部分中介效应，效应大小为 0.0558，占总效应的 51.86%。其中，自我效能和延迟满足的置信区间都不包含 0，说明两者都发挥了显著的中介效应，效应大小依次为 0.0197 和 0.0370；而认知需求的置信区间包含 0，说明其中介效应不显著。具体的数据如表 4-297 所示。

表 4-297　心理变量在理财家庭交流——潜移默化与财经行为合理性之间的中介效应

效应		Effect	置信区间下限	置信区间上限
总效应		0.1076	0.0837	0.1316
直接效应		0.0519	0.0301	0.0736
间接效应	总间接效应	0.0558	0.0439	0.0683
	认知需求	−0.0009	−0.0034	0.0015
	自我效能	0.0197	0.0139	0.0263
	延迟满足	0.0370	0.0284	0.0463

（8）理财家庭交流——主动交流。将理财家庭交流——主动交流作为自变量，心理变量作为中介变量，财经行为合理性作为因变量。理财家庭交流——主动交流影响财经行为合理性的总效应置信区间 ［0.0365，0.0872］不包含 0，说明总效应在 $\alpha = 0.05$ 水平上显著，效应大小为 0.0619；直接效应置信区间 ［−0.0060，0.0397］包含 0，说明直接效应不显著；总间接效应置信区间 ［0.0320，0.0588］不包含 0，说明心理变量间接效应显著，故存在完全中介效应，效应大小为 0.0451。其中，自我效能和延迟满足的置信区间都不包含 0，说明两者都发挥了显著的中介效应，效应大小依次为 0.0161 和 0.0320；认知需求的置信区间也不包含 0，但其发挥的间接效应与总间接效应的符号相反，说明发挥了显著的中介效应，效应大小为 −0.0030。具体的数据如表 4-298 所示。

表 4-298　心理变量在理财家庭交流——主动交流与财经行为合理性之间的中介效应

效应	Effect	置信区间下限	置信区间上限
总效应	0.0619	0.0365	0.0872
直接效应	0.0168	−0.0060	0.0397

效应		Effect	置信区间下限	置信区间上限
间接效应	总间接效应	0.0451	0.0320	0.0588
	认知需求	−0.0030	−0.0059	−0.0004
	自我效能	0.0161	0.0107	0.0226
	延迟满足	0.0320	0.0229	0.0417

（9）消费家庭交流——潜移默化。将消费家庭交流——潜移默化作为自变量，心理变量作为中介变量，财经行为合理性作为因变量。消费家庭交流——潜移默化影响财经行为合理性的总效应置信区间［0.2328，0.2890］不包含0，说明总效应在 α = 0.05 水平上显著，效应大小为 0.2609；直接效应置信区间［0.1333，0.1861］不包含0，说明直接效应显著，效应大小为 0.1597；总间接效应置信区间［0.0858，0.1171］不包含0，说明心理变量间接效应显著，故存在部分中介效应，效应大小为 0.1012，占总效应的 38.79%。其中，认知需求、自我效能和延迟满足的置信区间都不包含0，说明三者都发挥了显著的中介效应，效应大小依次为 0.0037、0.0311 和 0.0665。具体的数据如表 4-299 所示。

表 4-299　心理变量在消费家庭交流——潜移默化与财经行为合理性之间的中介效应

效应		Effect	置信区间下限	置信区间上限
总效应		0.2609	0.2328	0.2890
直接效应		0.1597	0.1333	0.1861
间接效应	总间接效应	0.1012	0.0858	0.1171
	认知需求	0.0037	0.0009	0.0068
	自我效能	0.0311	0.0222	0.0406
	延迟满足	0.0665	0.0539	0.0801

（10）消费家庭交流——主动交流。将消费家庭交流——主动交流作为自变量，心理变量作为中介变量，财经行为合理性作为因变量。消费家庭交流——主动交流影响财经行为合理性的总效应置信区间［0.1591，0.2144］不包含0，说明总效应在 α = 0.05 水平上显著，效应大小为 0.1867；直接效应置信区间［0.0729，0.1240］不包含0，说明直接效应显著，效应大小为 0.1240；总间接效应置信区间［0.0737，0.1034］不包含0，说明心理变量间接效应显著，故存在部分中介效应，效应大小为 0.0883，占总效应的 47.30%。其中，自我效能和

延迟满足的置信区间都不包含 0，说明两者都发挥了显著的中介效应，效应大小依次为 0.0273 和 0.0593；而认知需求的置信区间包含 0，说明其中介效应不显著。具体的数据如表 4-300 所示。

表 4-300　心理变量在消费家庭交流——主动交流与财经行为合理性之间的中介效应

效应		Effect	置信区间下限	置信区间上限
总效应		0.1867	0.1591	0.2144
直接效应		0.1240	0.0729	0.1240
间接效应	总间接效应	0.0883	0.0737	0.1034
	认知需求	0.0017	-0.0010	0.0047
	自我效能	0.0273	0.0194	0.0359
	延迟满足	0.0593	0.0477	0.0718

十三、心理变量在家庭财经交流与独立之间的中介效应

本书把家庭财经交流作为自变量，包括预算、储蓄、信贷、理财和消费五种家庭交流变量，每种家庭交流变量又分为潜移默化和主动交流，把认知需求、自我效能和延迟满足三种心理变量作为中介变量，独立作为因变量，运用 PROCESS 分析工具进行多重中介效应分析，将样本数量设置为 5000，置信区间的置信度设置为 95%。以下为心理变量在家庭财经交流与独立之间的中介效应的检验结果。

（1）预算家庭交流——潜移默化。将预算家庭交流——潜移默化作为自变量，心理变量作为中介变量，独立作为因变量。预算家庭交流——潜移默化影响独立的总效应置信区间 [0.0356，0.0901] 不包含 0，说明总效应在 $\alpha = 0.05$ 水平上显著，效应大小为 0.0628；直接效应置信区间 [0.0149，0.0602] 不包含 0，说明直接效应显著，效应大小为 0.0376；总间接效应置信区间 [0.0085，0.0421] 不包含 0，说明心理变量间接效应显著，故存在部分中介效应，效应大小为 0.0253，占总效应的 40.29%。其中，自我效能和延迟满足的置信区间都不包含 0，说明两者都发挥了显著的中介效应，效应大小依次为 0.0109 和 0.0144；而认知需求的置信区间包含 0，说明其中介效应不显著。具体的数据如表 4-301 所示。

表 4-301　心理变量在预算家庭交流——潜移默化与独立之间的中介效应

效应		Effect	置信区间下限	置信区间上限
总效应		0.0628	0.0356	0.0901
直接效应		0.0376	0.0149	0.0602
间接效应	总间接效应	0.0253	0.0085	0.0421
	认知需求	0.0000	−0.0035	0.0037
	自我效能	0.0109	0.0020	0.0201
	延迟满足	0.0144	0.0054	0.0234

（2）预算家庭交流——主动交流。将预算家庭交流——主动交流作为自变量，心理变量作为中介变量，独立作为因变量。预算家庭交流——主动交流影响独立的总效应置信区间 [0.0497，0.1011] 不包含 0，说明总效应在 $\alpha = 0.05$ 水平上显著，效应大小为 0.0754；直接效应置信区间 [−0.0037，0.0395] 包含 0，说明直接效应不显著；总间接效应置信区间 [0.0412，0.0744] 不包含 0，说明心理变量间接效应显著，故存在完全中介效应，效应大小为 0.0575。其中，自我效能和延迟满足的置信区间都不包含 0，说明两者都发挥了显著的中介效应，效应大小依次为 0.0321 和 0.0304；认知需求的置信区间也不包含 0，但其发挥的间接效应与总间接效应的符号相反，说明发挥了显著的中介效应，效应大小为 −0.0051。具体的数据如表 4-302 所示。

表 4-302　心理变量在预算家庭交流——主动交流与独立之间的中介效应

效应		Effect	置信区间下限	置信区间上限
总效应		0.0754	0.0497	0.1011
直接效应		0.0179	−0.0037	0.0395
间接效应	总间接效应	0.0575	0.0412	0.0744
	认知需求	−0.0051	−0.0089	−0.0016
	自我效能	0.0321	0.0231	0.0416
	延迟满足	0.0304	0.0217	0.0397

（3）储蓄家庭交流——潜移默化。将储蓄家庭交流——潜移默化作为自变量，心理变量作为中介变量，独立作为因变量。储蓄家庭交流——潜移默化影响独立的总效应置信区间 [0.0393，0.0854] 不包含 0，说明总效应在 $\alpha = 0.05$ 水平上显著，效应大小为 0.0624；直接效应置信区间 [−0.0087，0.0300] 包含 0，说明直接效应不显著；总间接效应置信区间 [0.0373，0.0663] 不包含 0，说明

心理变量间接效应显著，故存在完全中介效应，效应大小为0.0517。其中，自我效能和延迟满足的置信区间都不包含0，说明两者都发挥了显著的中介效应，效应大小依次为0.0278和0.0259；而认知需求的置信区间包含0，说明其中介效应不显著。具体的数据如表4-303所示。

表4-303　心理变量在储蓄家庭交流——潜移默化与独立之间的中介效应

效应		Effect	置信区间下限	置信区间上限
总效应		0.0624	0.0393	0.0854
直接效应		0.0107	-0.0087	0.0300
间接效应	总间接效应	0.0517	0.0373	0.0663
	认知需求	-0.0020	-0.0052	0.0012
	自我效能	0.0278	0.0201	0.0361
	延迟满足	0.0259	0.0182	0.0339

（4）储蓄家庭交流——主动交流。将储蓄家庭交流——主动交流作为自变量，心理变量作为中介变量，独立作为因变量。储蓄家庭交流——主动交流影响独立的总效应置信区间 [0.0448，0.0914] 不包含0，说明总效应在 $\alpha = 0.05$ 水平上显著，效应大小为0.0681；直接效应置信区间 [-0.0130，0.0263] 包含0，说明直接效应不显著；总间接效应置信区间 [0.0471，0.0764] 不包含0，说明心理变量间接效应显著，故存在完全中介效应，效应大小为0.0615。其中，自我效能和延迟满足的置信区间都不包含0，说明两者都发挥了显著的中介效应，效应大小依次为0.0316和0.0334；认知需求的置信区间也不包含0，但其发挥的间接效应与总间接效应的符号相反，说明发挥了显著的中介效应，效应大小为-0.0036。具体的数据如表4-304所示。

表4-304　心理变量在储蓄家庭交流——主动交流与独立之间的中介效应

效应		Effect	置信区间下限	置信区间上限
总效应		0.0681	0.0448	0.0914
直接效应		0.0066	-0.0130	0.0263
间接效应	总间接效应	0.0615	0.0471	0.0764
	认知需求	-0.0036	-0.0070	-0.0004
	自我效能	0.0316	0.0236	0.0403
	延迟满足	0.0334	0.0255	0.0418

（5）信贷家庭交流——潜移默化。将信贷家庭交流——潜移默化作为自变量，心理变量作为中介变量，独立作为因变量。信贷家庭交流——潜移默化影响独立的总效应置信区间［0.0641，0.1061］不包含0，说明总效应在α＝0.05水平上显著，效应大小为0.0851；直接效应置信区间［0.0120，0.0474］不包含0，说明直接效应显著，效应大小为0.0297；总间接效应置信区间［0.0430，0.0685］不包含0，说明心理变量间接效应显著，故存在部分中介效应，效应大小为0.0554，占总效应的65.10%。其中，自我效能和延迟满足的置信区间都不包含0，说明两者都发挥了显著的中介效应，效应大小依次为0.0312和0.0270；认知需求的置信区间也不包含0，但其发挥的间接效应与直接效应的符号相反，说明发挥了显著的中介效应，效应大小为-0.0028。具体的数据如表4-305所示。

表4-305　心理变量在信贷家庭交流——潜移默化与独立之间的中介效应

效应		Effect	置信区间下限	置信区间上限
总效应		0.0851	0.0641	0.1061
直接效应		0.0297	0.0120	0.0474
间接效应	总间接效应	0.0554	0.0430	0.0685
	认知需求	-0.0028	-0.0058	-0.0001
	自我效能	0.0312	0.0240	0.0387
	延迟满足	0.0270	0.0200	0.0349

（6）信贷家庭交流——主动交流。将信贷家庭交流——主动交流作为自变量，心理变量作为中介变量，独立作为因变量。信贷家庭交流——主动交流影响独立的总效应置信区间［0.0274，0.0710］不包含0，说明总效应在α＝0.05水平上显著，效应大小为0.0492；直接效应置信区间［-0.0038，0.0327］包含0，说明直接效应不显著；总间接效应置信区间［0.0211，0.0483］不包含0，说明心理变量间接效应显著，故存在完全中介效应，效应大小为0.0348。其中，自我效能和延迟满足的置信区间都不包含0，说明两者都发挥了显著的中介效应，效应大小依次为0.0206和0.0187；认知需求的置信区间也不包含0，但其发挥的间接效应与总间接效应的符号相反，说明发挥了显著的中介效应，效应大小为-0.0045。具体的数据如表4-306所示。

表4-306　心理变量信贷家庭交流——主动交流与独立之间的中介效应

效应		Effect	置信区间下限	置信区间上限
总效应		0.0492	0.0274	0.0710
直接效应		0.0144	−0.0038	0.0327
间接效应	总间接效应	0.0348	0.0211	0.0483
	认知需求	−0.0045	−0.0077	−0.0015
	自我效能	0.0206	0.0134	0.0281
	延迟满足	0.0187	0.0118	0.0263

（7）理财家庭交流——潜移默化。将理财家庭交流——潜移默化作为自变量，心理变量作为中介变量，独立作为因变量。理财家庭交流——潜移默化影响独立的总效应置信区间 [0.0661, 0.1097] 不包含0，说明总效应在 $\alpha = 0.05$ 水平上显著，效应大小为0.0879；直接效应置信区间 [0.0076, 0.0445] 不包含0，说明直接效应显著，效应大小为0.0261；总间接效应置信区间 [0.0487, 0.0758] 不包含0，说明心理变量间接效应显著，故存在部分中介效应，效应大小为0.0619，占总效应的70.42%。其中，自我效能和延迟满足的置信区间都不包含0，说明两者都发挥了显著的中介效应，效应大小依次为0.0322和0.0312；而认知需求的置信区间包含0，说明其中介效应不显著。具体的数据如表4-307所示。

表4-307　心理变量在理财家庭交流——潜移默化与独立之间的中介效应

效应		Effect	置信区间下限	置信区间上限
总效应		0.0879	0.0661	0.1097
直接效应		0.0261	0.0076	0.0445
间接效应	总间接效应	0.0619	0.0487	0.0758
	认知需求	−0.0016	−0.0045	0.0014
	自我效能	0.0322	0.0245	0.0402
	延迟满足	0.0312	0.0240	0.0397

（8）理财家庭交流——主动交流。将理财家庭交流——主动交流作为自变量，心理变量作为中介变量，独立作为因变量。理财家庭交流——主动交流影响独立的总效应置信区间 [0.0391, 0.0851] 不包含0，说明总效应在 $\alpha = 0.05$ 水平上显著，效应大小为0.0621；直接效应置信区间 [−0.0078, 0.0309] 包含0，说明直接效应不显著；总间接效应置信区间 [0.0363, 0.0655] 不包含0，说明

心理变量间接效应显著，故存在完全中介效应，效应大小为0.0506。其中，自我效能和延迟满足的置信区间都不包含0，说明两者都发挥了显著的中介效应，效应大小依次为0.0268和0.0276；认知需求的置信区间也不包含0，但其发挥的间接效应与总间接效应的符号相反，说明发挥了显著的中介效应，效应大小为-0.0039。具体的数据如表4-308所示。

表4-308　心理变量在理财家庭交流——主动交流与独立之间的中介效应

效应		Effect	置信区间下限	置信区间上限
总效应		0.0621	0.0391	0.0851
直接效应		0.0115	-0.0078	0.0309
间接效应	总间接效应	0.0506	0.0363	0.0655
	认知需求	-0.0039	-0.0072	-0.0008
	自我效能	0.0268	0.0190	0.0352
	延迟满足	0.0276	0.0198	0.0361

（9）消费家庭交流——潜移默化。将消费家庭交流——潜移默化作为自变量，心理变量作为中介变量，独立作为因变量。消费家庭交流——潜移默化影响独立的总效应置信区间 [0.1896, 0.2410] 不包含0，说明总效应在 $\alpha = 0.05$ 水平上显著，效应大小为0.2153；直接效应置信区间 [0.0749, 0.1200] 不包含0，说明直接效应显著，效应大小为0.0974；总间接效应置信区间 [0.1011, 0.1352] 不包含0，说明心理变量间接效应显著，故存在部分中介效应，效应大小为0.1179，占总效应的54.76%。其中，认知需求、自我效能和延迟满足的置信区间都不包含0，说明三者都发挥了显著的中介效应，效应大小依次为0.0040、0.0552和0.0587。具体的数据如表4-309所示。

表4-309　心理变量在消费家庭交流——潜移默化与独立之间的中介效应

效应		Effect	置信区间下限	置信区间上限
总效应		0.2153	0.1896	0.2410
直接效应		0.0974	0.0749	0.1200
间接效应	总间接效应	0.1179	0.1011	0.1352
	认知需求	0.0040	0.0006	0.0075
	自我效能	0.0552	0.0446	0.0669
	延迟满足	0.0587	0.0479	0.0706

（10）消费家庭交流——主动交流。将消费家庭交流——主动交流作为自变量，心理变量作为中介变量，独立作为因变量。消费家庭交流——主动交流影响独立的总效应置信区间［0.1330，0.1832］不包含0，说明总效应在 $\alpha = 0.05$ 水平上显著，效应大小为0.1581；直接效应置信区间［0.0378，0.0811］不包含0，说明直接效应显著，效应大小为0.0595；总间接效应置信区间［0.0828，0.1153］不包含0，说明心理变量间接效应显著，故存在部分中介效应，效应大小为0.0986，占总效应的62.37%。其中，自我效能和延迟满足的置信区间都不包含0，说明两者都发挥了显著的中介效应，效应大小依次为0.0464和0.0509；而认知需求的置信区间包含0，说明其中介效应不显著。具体的数据如表4-310所示。

表4-310 心理变量在消费家庭交流——主动交流与独立之间的中介效应

效应		Effect	置信区间下限	置信区间上限
总效应		0.1581	0.1330	0.1832
直接效应		0.0595	0.0378	0.0811
间接效应	总间接效应	0.0986	0.0828	0.1153
	认知需求	0.0014	−0.0019	0.0049
	自我效能	0.0464	0.0368	0.0568
	延迟满足	0.0509	0.0411	0.0615

十四、心理变量在家庭财经交流与信用之间的中介效应

本书把家庭财经交流作为自变量，包括预算、储蓄、信贷、理财和消费五种家庭交流变量，每种家庭交流变量又分为潜移默化和主动交流，把认知需求、自我效能和延迟满足三种心理变量作为中介变量，信用作为因变量，运用PROCESS分析工具进行多重中介效应分析，将样本数量设置为5000，置信区间的置信度设置为95%。以下为心理变量在家庭财经交流与信用之间的中介效应的检验结果。

（1）预算家庭交流——潜移默化。将预算家庭交流——潜移默化作为自变量，心理变量作为中介变量，信用作为因变量。预算家庭交流——潜移默化影响信用的总效应置信区间［0.0147，0.0741］不包含0，说明总效应在 $\alpha = 0.05$ 水平上显著，效应大小为0.0444；直接效应置信区间［-0.0039，0.0478］包含0，说明直接效应不显著；总间接效应置信区间［0.0067，0.0384］不包含0，说明心理变量间接效应显著，故存在完全中介效应，效应大小为0.0224。其中，自我

效能和延迟满足的置信区间都不包含 0，说明两者都发挥了显著的中介效应，效应大小依次为 0.0102 和 0.0126；而认知需求的置信区间包含 0，说明其中介效应不显著。具体的数据如表 4-311 所示。

表 4-311　心理变量在预算家庭交流——潜移默化与信用之间的中介效应

效应		Effect	置信区间下限	置信区间上限
总效应		0.0444	0.0147	0.0741
直接效应		0.0220	-0.0039	0.0478
间接效应	总间接效应	0.0224	0.0067	0.0384
	认知需求	-0.0004	-0.0040	0.0033
	自我效能	0.0102	0.0015	0.0189
	延迟满足	0.0126	0.0043	0.0213

（2）预算家庭交流——主动交流。将预算家庭交流——主动交流作为自变量，心理变量作为中介变量，信用作为因变量。预算家庭交流——主动交流影响信用的总效应置信区间 [0.0237，0.0799] 不包含 0，说明总效应在 $\alpha = 0.05$ 水平上显著，效应大小为 0.0518；直接效应置信区间 [-0.0298，0.0197] 包含 0，说明直接效应不显著；总间接效应置信区间 [0.0408，0.0731] 不包含 0，说明心理变量间接效应显著，故存在完全中介效应，效应大小为 0.0569。其中，自我效能和延迟满足的置信区间都不包含 0，说明两者都发挥了显著的中介效应，效应大小依次为 0.0322 和 0.0291；认知需求的置信区间也不包含 0，但其发挥的间接效应与总间接效应的符号相反，说明发挥了显著的中介效应，效应大小为 -0.0045。具体的数据如表 4-312 所示。

表 4-312　心理变量在预算家庭交流——主动交流与信用之间的中介效应

效应		Effect	置信区间下限	置信区间上限
总效应		0.0518	0.0237	0.0799
直接效应		-0.0051	-0.0298	0.0197
间接效应	总间接效应	0.0569	0.0408	0.0731
	认知需求	-0.0045	-0.0084	-0.0009
	自我效能	0.0322	0.0231	0.0421
	延迟满足	0.0291	0.0204	0.0388

（3）储蓄家庭交流——潜移默化。将储蓄家庭交流——潜移默化作为自变量，心理变量作为中介变量，信用作为因变量。储蓄家庭交流——潜移默化影响信用的总效应置信区间［0.0035，0.0539］不包含0，说明总效应在α＝0.05水平上显著，效应大小为0.0287；直接效应置信区间［-0.0446，0.0004］包含0，说明直接效应不显著；总间接效应置信区间［0.0374，0.0658］不包含0，说明心理变量间接效应显著，故存在完全中介效应，效应大小为0.0512。其中，自我效能和延迟满足的置信区间都不包含0，说明两者都发挥了显著的中介效应，效应大小依次为0.0279和0.0248；而认知需求的置信区间包含0，说明其中介效应不显著。具体的数据如表4-313所示。

表4-313　心理变量在储蓄家庭交流——潜移默化与信用之间的中介效应

效应		Effect	置信区间下限	置信区间上限
总效应		0.0287	0.0035	0.0539
直接效应		-0.0225	-0.0446	0.0004
间接效应	总间接效应	0.0512	0.0374	0.0658
	认知需求	-0.0015	-0.0046	0.0017
	自我效能	0.0279	0.0200	0.0365
	延迟满足	0.0248	0.0173	0.0335

（4）储蓄家庭交流——主动交流。将储蓄家庭交流——主动交流作为自变量，心理变量作为中介变量，信用作为因变量。储蓄家庭交流——主动交流影响信用的总效应置信区间［0.0010，0.0519］不包含0，说明总效应在α＝0.05水平上显著，效应大小为0.0264；直接效应置信区间［-0.0557，-0.0109］不包含0，说明直接效应显著，效应大小为-0.0333；总间接效应置信区间［0.0453，0.0746］不包含0，说明心理变量间接效应显著，间接效应与直接效应的符号相反，故存在中介效应，效应大小为0.0597。其中，自我效能和延迟满足的置信区间都不包含0，说明两者都发挥了显著的中介效应，效应大小都为0.0315；认知需求的置信区间也不包含0，但其发挥的间接效应与直接效应的符号相反，说明发挥了显著的中介效应，效应大小为-0.0032。具体的数据如表4-314所示。

表 4-314　心理变量在储蓄家庭交流——主动交流与信用之间的中介效应

效应		Effect	置信区间下限	置信区间上限
总效应		0.0264	0.0010	0.0519
直接效应		-0.0333	-0.0557	-0.0109
间接效应	总间接效应	0.0597	0.0453	0.0746
	认知需求	-0.0032	-0.0065	-0.0003
	自我效能	0.0315	0.0233	0.0407
	延迟满足	0.0315	0.0233	0.0405

（5）信贷家庭交流——潜移默化。将信贷家庭交流——潜移默化作为自变量，心理变量作为中介变量，信用作为因变量。信贷家庭交流——潜移默化影响信用的总效应置信区间［0.0597，0.1055］不包含 0，说明总效应在 $\alpha = 0.05$ 水平上显著，效应大小为 0.0826；直接效应置信区间［0.0088，0.0494］不包含 0，说明直接效应显著，效应大小为 0.0291；总间接效应置信区间［0.0408，0.0667］不包含 0，说明心理变量间接效应显著，故存在部分中介效应，效应大小为 0.0534，占总效应的 64.65%。其中，自我效能和延迟满足的置信区间都不包含 0，说明两者都发挥了显著的中介效应，效应大小依次为 0.0305 和 0.0255；而认知需求的置信区间包含 0，说明其中介效应不显著。具体的数据如表 4-315 所示。

表 4-315　心理变量在信贷家庭交流——潜移默化与信用之间的中介效应

效应		Effect	置信区间下限	置信区间上限
总效应		0.0826	0.0597	0.1055
直接效应		0.0291	0.0088	0.0494
间接效应	总间接效应	0.0534	0.0408	0.0667
	认知需求	-0.0025	-0.0054	0.0002
	自我效能	0.0305	0.0230	0.0387
	延迟满足	0.0255	0.0184	0.0329

（6）理财家庭交流——潜移默化。将理财家庭交流——潜移默化作为自变量，心理变量作为中介变量，信用作为因变量。理财家庭交流——潜移默化影响信用的总效应置信区间［0.0555，0.1031］不包含 0，说明总效应在 $\alpha = 0.05$ 水平上显著，效应大小为 0.0793；直接效应置信区间［-0.0019，0.0403］包含 0，说明直接效应不显著；总间接效应置信区间［0.0469，0.0737］不包含 0，说明

心理变量间接效应显著，故存在完全中介效应，效应大小为 0.0601。其中，自我效能和延迟满足的置信区间都不包含 0，说明两者都发挥了显著的中介效应，效应大小依次为 0.0317 和 0.0295；而认知需求的置信区间包含 0，说明其中介效应不显著。具体的数据如表 4-316 所示。

表 4-316　心理变量在理财家庭交流——潜移默化与信用之间的中介效应

效应		Effect	置信区间下限	置信区间上限
总效应		0.0793	0.0555	0.1031
直接效应		0.0192	-0.0019	0.0403
间接效应	总间接效应	0.0601	0.0469	0.0737
	认知需求	-0.0012	-0.0042	0.0015
	自我效能	0.0317	0.0242	0.0402
	延迟满足	0.0295	0.0219	0.0376

（7）理财家庭交流——主动交流。将理财家庭交流——主动交流作为自变量，心理变量作为中介变量，信用作为因变量。理财家庭交流——主动交流影响信用的总效应置信区间 [0.0033，0.0536] 不包含 0，说明总效应在 $\alpha = 0.05$ 水平上显著，效应大小为 0.0285；直接效应置信区间 [-0.0419，0.0023] 包含 0，说明直接效应不显著；总间接效应置信区间 [0.0341，0.0627] 不包含 0，说明心理变量间接效应显著，故存在完全中介效应，效应大小为 0.0483。其中，自我效能和延迟满足的置信区间都不包含 0，说明两者都发挥了显著的中介效应，效应大小依次为 0.0262 和 0.0255；认知需求的置信区间也不包含 0，但其发挥的间接效应与总间接效应的符号相反，说明发挥了显著的中介效应，效应大小为 -0.0034。具体的数据如表 4-317 所示。

表 4-317　心理变量在理财家庭交流——主动交流与信用之间的中介效应

效应		Effect	置信区间下限	置信区间上限
总效应		0.0285	0.0033	0.0536
直接效应		-0.0198	-0.0419	0.0023
间接效应	总间接效应	0.0483	0.0341	0.0627
	认知需求	-0.0034	-0.0068	-0.0005
	自我效能	0.0262	0.0182	0.0350
	延迟满足	0.0255	0.0178	0.0340

（8）消费家庭交流——潜移默化。将消费家庭交流——潜移默化作为自变量，心理变量作为中介变量，信用作为因变量。消费家庭交流——潜移默化影响信用的总效应置信区间［0.2189，0.2748］不包含0，说明总效应在 $\alpha = 0.05$ 水平上显著，效应大小为0.2468；直接效应置信区间［0.1117，0.1630］不包含0，说明直接效应显著，效应大小为0.1374；总间接效应置信区间［0.0937，0.1260］不包含0，说明心理变量间接效应显著，故存在部分中介效应，效应大小为0.1095，占总效应的44.37%。其中，认知需求、自我效能和延迟满足的置信区间都不包含0，说明三者都发挥了显著的中介效应，效应大小依次为0.0039、0.0524和0.0532。具体的数据如表4-318所示。

表4-318　心理变量在消费家庭交流——潜移默化与信用之间的中介效应

效应		Effect	置信区间下限	置信区间上限
总效应		0.2468	0.2189	0.2748
直接效应		0.1374	0.1117	0.1630
间接效应	总间接效应	0.1095	0.0937	0.1260
	认知需求	0.0039	0.0007	0.0076
	自我效能	0.0524	0.0418	0.0645
	延迟满足	0.0532	0.0421	0.0651

（9）消费家庭交流——主动交流。将消费家庭交流——主动交流作为自变量，心理变量作为中介变量，信用作为因变量。消费家庭交流——主动交流影响信用的总效应置信区间［0.1205，0.1756］不包含0，说明总效应在 $\alpha = 0.05$ 水平上显著，效应大小为0.1481；直接效应置信区间［0.0274，0.0770］不包含0，说明直接效应显著，效应大小为0.0522；总间接效应置信区间［0.0800，0.1123］不包含0，说明心理变量间接效应显著，故存在部分中介效应，效应大小为0.0959，占总效应的64.75%。其中，自我效能和延迟满足的置信区间都不包含0，说明两者都发挥了显著的中介效应，效应大小依次为0.0456和0.0486；而认知需求的置信区间包含0，说明其中介效应不显著。具体的数据如表4-319所示。

表4-319　心理变量在消费家庭交流——主动交流与信用之间的中介效应

效应	Effect	置信区间下限	置信区间上限
总效应	0.1481	0.1205	0.1756
直接效应	0.0522	0.0274	0.0770

续表

效应		Effect	置信区间下限	置信区间上限
间接效应	总间接效应	0.0959	0.0800	0.1123
	认知需求	0.0017	−0.0016	0.0051
	自我效能	0.0456	0.0357	0.0568
	延迟满足	0.0486	0.0380	0.0601

十五、心理变量在家庭财经交流与未来规划之间的中介效应

未来规划包括生涯适应能力和未来承诺。

（一）心理变量在家庭财经交流与生涯适应能力之间的中介效应

本书把家庭财经交流作为自变量，包括预算、储蓄、信贷、理财和消费五种家庭交流变量，每种家庭交流变量又分为潜移默化和主动交流，把认知需求、自我效能和延迟满足三种心理变量作为中介变量，生涯适应能力作为因变量，运用PROCESS 分析工具进行多重中介效应分析，将样本数量设置为5000，置信区间的置信度设置为95%。以下为心理变量在家庭财经交流与生涯适应能力之间的中介效应检验结果。

（1）预算家庭交流——主动交流。将预算家庭交流——主动交流作为自变量，心理变量作为中介变量，生涯适应能力作为因变量。预算家庭交流——主动交流影响生涯适应能力的总效应置信区间 [0.0770，0.1319] 不包含0，说明总效应在 $\alpha=0.05$ 水平上显著，效应大小为 0.1044；直接效应置信区间 [0.0373，0.0896] 不包含0，说明直接效应显著，效应大小为 0.0634；总间接效应置信区间 [0.0297，0.0525] 不包含0，说明心理变量间接效应显著，故存在部分中介效应，效应大小为 0.0410，占总效应的 39.27%。其中，自我效能和延迟满足的置信区间都不包含0，说明两者都发挥了显著的中介效应，效应大小依次为 0.0178 和 0.0244；而认知需求的置信区间包含0，说明其中介效应不显著。具体的数据如表 4-320 所示。

表 4-320　心理变量在预算家庭交流——主动交流与生涯适应能力之间的中介效应

效应	Effect	置信区间下限	置信区间上限
总效应	0.1044	0.0770	0.1319
直接效应	0.0634	0.0373	0.0896

效应		Effect	置信区间下限	置信区间上限
间接效应	总间接效应	0.0410	0.0297	0.0525
	认知需求	−0.0012	−0.0030	0.0001
	自我效能	0.0178	0.0114	0.0250
	延迟满足	0.0244	0.0167	0.0327

（2）储蓄家庭交流——潜移默化。将储蓄家庭交流——潜移默化作为自变量，心理变量作为中介变量，生涯适应能力作为因变量。储蓄家庭交流——潜移默化影响生涯适应能力的总效应置信区间［0.1042，0.1532］不包含0，说明总效应在 $\alpha = 0.05$ 水平上显著，效应大小为0.1287；直接效应置信区间［0.0701，0.1168］不包含0，说明直接效应显著，效应大小为0.0934；总间接效应置信区间［0.0260，0.0451］不包含0，说明心理变量间接效应显著，故存在部分中介效应，效应大小为0.0353，占总效应的27.43%。其中，自我效能和延迟满足的置信区间都不包含0，说明两者都发挥了显著的中介效应，效应大小依次为0.0151和0.0205；而认知需求的置信区间包含0，说明其中介效应不显著。具体的数据如表4-321所示。

表4-321 心理变量在储蓄家庭交流——潜移默化与生涯适应能力之间的中介效应

效应		Effect	置信区间下限	置信区间上限
总效应		0.1287	0.1042	0.1532
直接效应		0.0934	0.0701	0.1168
间接效应	总间接效应	0.0353	0.0260	0.0451
	认知需求	−0.0004	−0.0015	0.0005
	自我效能	0.0151	0.0097	0.0214
	延迟满足	0.0205	0.0141	0.0276

（3）储蓄家庭交流——主动交流。将储蓄家庭交流——主动交流作为自变量，心理变量作为中介变量，生涯适应能力作为因变量。储蓄家庭交流——主动交流影响生涯适应能力的总效应置信区间［0.1228，0.1723］不包含0，说明总效应在 $\alpha = 0.05$ 水平上显著，效应大小为0.1476；直接效应置信区间［0.0828，0.1301］不包含0，说明直接效应显著，效应大小为0.1065；总间接效应置信区间［0.0311，0.0513］不包含0，说明心理变量间接效应显著，故存在部分中介

效应，效应大小为 0.0411，占总效应的 27.85%。其中，自我效能和延迟满足的置信区间都不包含 0，说明两者都发挥了显著的中介效应，效应大小依次为 0.0166 和 0.0255；而认知需求的置信区间包含 0，说明其中介效应不显著。具体的数据如表 4-322 所示。

表 4-322　心理变量在储蓄家庭交流——主动交流与生涯适应能力之间的中介效应

效应		Effect	置信区间下限	置信区间上限
总效应		0.1476	0.1228	0.1723
直接效应		0.1065	0.0828	0.1301
间接效应	总间接效应	0.0411	0.0311	0.0513
	认知需求	-0.0010	-0.0026	0.0001
	自我效能	0.0166	0.0107	0.0232
	延迟满足	0.0255	0.0181	0.0335

（4）信贷家庭交流——潜移默化。将信贷家庭交流——潜移默化作为自变量，心理变量作为中介变量，生涯适应能力作为因变量。信贷家庭交流——潜移默化影响生涯适应能力的总效应置信区间 [0.0950, 0.1399] 不包含 0，说明总效应在 $\alpha = 0.05$ 水平上显著，效应大小为 0.1175；直接效应置信区间 [0.0581, 0.1010] 不包含 0，说明直接效应显著，效应大小为 0.0795；总间接效应置信区间 [0.0292, 0.0473] 不包含 0，说明心理变量间接效应显著，故存在部分中介效应，效应大小为 0.0379，占总效应的 32.26%。其中，自我效能和延迟满足的置信区间都不包含 0，说明两者都发挥了显著的中介效应，效应大小依次为 0.0168 和 0.0218；而认知需求的置信区间包含 0，说明其中介效应不显著。具体的数据如表 4-323 所示。

表 4-323　心理变量在信贷家庭交流——潜移默化与生涯适应能力之间的中介效应

效应		Effect	置信区间下限	置信区间上限
总效应		0.1175	0.0950	0.1399
直接效应		0.0795	0.0581	0.1010
间接效应	总间接效应	0.0379	0.0292	0.0473
	认知需求	-0.0006	-0.0019	0.0002
	自我效能	0.0168	0.0109	0.0230
	延迟满足	0.0218	0.0158	0.0288

（5）信贷家庭交流——主动交流。将信贷家庭交流——主动交流作为自变量，心理变量作为中介变量，生涯适应能力作为因变量。信贷家庭交流——主动交流影响生涯适应能力的总效应置信区间［0.1015，0.1479］不包含0，说明总效应在 $\alpha=0.05$ 水平上显著，效应大小为0.1247；直接效应置信区间［0.0782，0.1221］不包含0，说明直接效应显著，效应大小为0.1001；总间接效应置信区间［0.0158，0.0337］不包含0，说明心理变量间接效应显著，故存在部分中介效应，效应大小为0.0246，占总效应的19.73%。其中，自我效能和延迟满足的置信区间都不包含0，说明两者都发挥了显著的中介效应，效应大小依次为0.0111和0.0147；而认知需求的置信区间包含0，说明其中介效应不显著。具体的数据如表4-324所示。

表4-324　心理变量在信贷家庭交流——主动交流与生涯适应能力之间的中介效应

效应		Effect	置信区间下限	置信区间上限
总效应		0.1247	0.1015	0.1479
直接效应		0.1001	0.0782	0.1221
间接效应	总间接效应	0.0246	0.0158	0.0337
	认知需求	-0.0012	-0.0030	0.0000
	自我效能	0.0111	0.0066	0.0164
	延迟满足	0.0147	0.0089	0.0210

（6）理财家庭交流——潜移默化。将理财家庭交流——潜移默化作为自变量，心理变量作为中介变量，生涯适应能力作为因变量。理财家庭交流——潜移默化影响生涯适应能力的总效应置信区间［0.0986，0.1451］不包含0，说明总效应在 $\alpha=0.05$ 水平上显著，效应大小为0.1218；直接效应置信区间［0.0573，0.1018］不包含0，说明直接效应显著，效应大小为0.0795；总间接效应置信区间［0.0332，0.0517］不包含0，说明心理变量间接效应显著，故存在部分中介效应，效应大小为0.0423，占总效应的34.73%。其中，自我效能和延迟满足的置信区间都不包含0，说明两者都发挥了显著的中介效应，效应大小依次为0.0176和0.0250；而认知需求的置信区间包含0，说明其中介效应不显著。具体的数据如表4-325所示。

表4-325　心理变量在理财家庭交流——潜移默化与生涯适应能力之间的中介效应

效应		Effect	置信区间下限	置信区间上限
总效应		0.1218	0.0986	0.1451
直接效应		0.0795	0.0573	0.1018
间接效应	总间接效应	0.0423	0.0332	0.0517
	认知需求	−0.0004	−0.0015	0.0005
	自我效能	0.0176	0.0118	0.0243
	延迟满足	0.0250	0.0184	0.0327

（7）理财家庭交流——主动交流。将理财家庭交流——主动交流作为自变量，心理变量作为中介变量，生涯适应能力作为因变量。理财家庭交流——主动交流影响生涯适应能力的总效应置信区间 ［0.1191，0.1680］ 不包含0，说明总效应在 $\alpha = 0.05$ 水平上显著，效应大小为0.1436；直接效应置信区间 ［0.0857，0.1323］ 不包含0，说明直接效应显著，效应大小为0.1090；总间接效应置信区间 ［0.0249，0.0445］ 不包含0，说明心理变量间接效应显著，故存在部分中介效应，效应大小为0.0345，占总效应的24.03%。其中，自我效能和延迟满足的置信区间都不包含0，说明两者都发挥了显著的中介效应，效应大小依次为0.0142和0.0215；而认知需求的置信区间包含0，说明其中介效应不显著。具体的数据如表4-326所示。

表4-326　心理变量在理财家庭交流——主动交流与生涯适应能力之间的中介效应

效应		Effect	置信区间下限	置信区间上限
总效应		0.1436	0.1191	0.1680
直接效应		0.1090	0.0857	0.1323
间接效应	总间接效应	0.0345	0.0249	0.0445
	认知需求	−0.0012	−0.0029	0.0000
	自我效能	0.0142	0.0088	0.0205
	延迟满足	0.0215	0.0150	0.0288

（8）消费家庭交流——潜移默化。将消费家庭交流——潜移默化作为自变量，心理变量作为中介变量，生涯适应能力作为因变量。消费家庭交流——潜移默化影响生涯适应能力的总效应置信区间 ［0.1274，0.1835］ 不包含0，说明总效应在 $\alpha = 0.05$ 水平上显著，效应大小为0.1555；直接效应置信区间 ［0.0481，

0.1030]不包含0，说明直接效应显著，效应大小为0.0756；总间接效应置信区间[0.0669，0.0945]不包含0，说明心理变量间接效应显著，故存在部分中介效应，效应大小为0.0799，占总效应的51.38%。其中，自我效能和延迟满足的置信区间都不包含0，说明两者都发挥了显著的中介效应，效应大小依次为0.0305和0.0483；而认知需求的置信区间包含0，说明其中介效应不显著。具体的数据如表4-327所示。

表4-327 心理变量在消费家庭交流——潜移默化与生涯适应能力之间的中介效应

效应		Effect	置信区间下限	置信区间上限
总效应		0.1555	0.1274	0.1835
直接效应		0.0756	0.0481	0.1030
间接效应	总间接效应	0.0799	0.0669	0.0945
	认知需求	0.0011	−0.0002	0.0029
	自我效能	0.0305	0.0208	0.0410
	延迟满足	0.0483	0.0371	0.0602

（9）消费家庭交流——主动交流。将消费家庭交流——主动交流作为自变量，心理变量作为中介变量，生涯适应能力作为因变量。消费家庭交流——主动交流影响生涯适应能力的总效应置信区间[0.1282，0.1823]不包含0，说明总效应在 $\alpha = 0.05$ 水平上显著，效应大小为0.1553；直接效应置信区间[0.0624，0.1149]不包含0，说明直接效应显著，效应大小为0.0886；总间接效应置信区间[0.0552，0.0786]不包含0，说明心理变量间接效应显著，故存在部分中介效应，效应大小为0.0666，占总效应的42.88%。其中，自我效能和延迟满足的置信区间都不包含0，说明两者都发挥了显著的中介效应，效应大小依次为0.0257和0.0405；而认知需求的置信区间包含0，说明其中介效应不显著。具体的数据如表4-328所示。

表4-328 心理变量在消费家庭交流——主动交流与生涯适应能力之间的中介效应

效应	Effect	置信区间下限	置信区间上限
总效应	0.1553	0.1282	0.1823
直接效应	0.0886	0.0624	0.1149

续表

效应		Effect	置信区间下限	置信区间上限
间接效应	总间接效应	0.0666	0.0552	0.0786
	认知需求	0.0005	−0.0004	0.0018
	自我效能	0.0257	0.0179	0.0346
	延迟满足	0.0405	0.0306	0.0514

（二）心理变量在家庭财经交流与未来承诺之间的中介效应

本书把家庭财经交流作为自变量，包括预算、储蓄、信贷、理财和消费五种家庭交流变量，每种家庭交流变量又分为潜移默化和主动交流，把认知需求、自我效能和延迟满足三种心理变量作为中介变量，未来承诺作为因变量，运用PROCESS分析工具进行多重中介效应分析，将样本数量设置为5000，置信区间的置信度设置为95%。以下为心理变量在家庭财经交流与未来承诺之间的中介效应检验结果。

（1）预算家庭交流——主动交流。将预算家庭交流——主动交流作为自变量，心理变量作为中介变量，未来承诺作为因变量。预算家庭交流——主动交流影响未来承诺的总效应置信区间 [0.0845, 0.1386] 不包含0，说明总效应在 $\alpha = 0.05$ 水平上显著，效应大小为0.1115；直接效应置信区间 [0.0381, 0.0880] 不包含0，说明直接效应显著，效应大小为0.0631；总间接效应置信区间 [0.0354, 0.0621] 不包含0，说明心理变量间接效应显著，故存在部分中介效应，效应大小为0.0485，占总效应的43.50%。其中，自我效能和延迟满足的置信区间都不包含0，说明两者都发挥了显著的中介效应，效应大小依次为0.0280和0.0234；认知需求的置信区间也不包含0，但其发挥的间接效应与直接效应的符号相反，说明发挥了显著的中介效应，效应大小为-0.0028。具体的数据如表4-329所示。

表4-329　心理变量在预算家庭交流——主动交流与未来承诺之间的中介效应

效应		Effect	置信区间下限	置信区间上限
总效应		0.1115	0.0845	0.1386
直接效应		0.0631	0.0381	0.0880
间接效应	总间接效应	0.0485	0.0354	0.0621
	认知需求	−0.0028	−0.0056	−0.0006
	自我效能	0.0280	0.0200	0.0369
	延迟满足	0.0234	0.0164	0.0313

（2）储蓄家庭交流——潜移默化。将储蓄家庭交流——潜移默化作为自变量，心理变量作为中介变量，未来承诺作为因变量。储蓄家庭交流——潜移默化影响未来承诺的总效应置信区间［0.0970，0.1455］不包含0，说明总效应在 α = 0.05 水平上显著，效应大小为 0.1212；直接效应置信区间［0.0563，0.1010］不包含0，说明直接效应显著，效应大小为 0.0787；总间接效应置信区间［0.0309，0.0543］不包含0，说明心理变量间接效应显著，故存在部分中介效应，效应大小为 0.0426，占总效应的 35.15%。其中，自我效能和延迟满足的置信区间都不包含0，说明两者都发挥了显著的中介效应，效应大小依次为 0.0240 和 0.0195；而认知需求的置信区间包含0，说明其中介效应不显著。具体的数据如表 4-330 所示。

表 4-330　心理变量在储蓄家庭交流——潜移默化与未来承诺之间的中介效应

效应		Effect	置信区间下限	置信区间上限
总效应		0.1212	0.0970	0.1455
直接效应		0.0787	0.0563	0.1010
间接效应	总间接效应	0.0426	0.0309	0.0543
	认知需求	−0.0010	−0.0030	0.0010
	自我效能	0.0240	0.0172	0.0319
	延迟满足	0.0195	0.0131	0.0265

（3）储蓄家庭交流——主动交流。将储蓄家庭交流——主动交流作为自变量，心理变量作为中介变量，未来承诺作为因变量。储蓄家庭交流——主动交流影响未来承诺的总效应置信区间［0.0957，0.1445］不包含0，说明总效应在 α = 0.05 水平上显著，效应大小为 0.1201；直接效应置信区间［0.0490，0.0942］不包含0，说明直接效应显著，效应大小为 0.0716；总间接效应置信区间［0.0373，0.0604］不包含0，说明心理变量间接效应显著，故存在部分中介效应，效应大小为 0.0485，占总效应的 40.38%。其中，自我效能和延迟满足的置信区间都不包含0，说明两者都发挥了显著的中介效应，效应大小依次为 0.0263 和 0.0245；认知需求的置信区间也不包含0，但其发挥的间接效应与直接效应的符号相反，说明发挥了显著的中介效应，效应大小为−0.0023。具体的数据如表 4-331 所示。

表4-331　心理变量在储蓄家庭交流——主动交流与未来承诺之间的中介效应

效应		Effect	置信区间下限	置信区间上限
总效应		0.1201	0.0957	0.1445
直接效应		0.0716	0.0490	0.0942
间接效应	总间接效应	0.0485	0.0373	0.0604
	认知需求	−0.0023	−0.0047	−0.0002
	自我效能	0.0263	0.0190	0.0346
	延迟满足	0.0245	0.0181	0.0322

（4）信贷家庭交流——潜移默化。将信贷家庭交流——潜移默化作为自变量，心理变量作为中介变量，未来承诺作为因变量。信贷家庭交流——潜移默化影响未来承诺的总效应置信区间［0.0905，0.1346］不包含0，说明总效应在 α = 0.05 水平上显著，效应大小为 0.1126；直接效应置信区间［0.0473，0.0881］不包含0，说明直接效应显著，效应大小为 0.0677；总间接效应置信区间［0.0347，0.0553］不包含0，说明心理变量间接效应显著，故存在部分中介效应，效应大小为 0.0449，占总效应的 39.88%。其中，自我效能和延迟满足的置信区间都不包含0，说明两者都发挥了显著的中介效应，效应大小依次为 0.0261 和 0.0203；而认知需求的置信区间包含0，说明其中介效应不显著。具体的数据如表4-332 所示。

表4-332　心理变量在信贷家庭交流——潜移默化与未来承诺之间的中介效应

效应		Effect	置信区间下限	置信区间上限
总效应		0.1126	0.0905	0.1346
直接效应		0.0677	0.0473	0.0881
间接效应	总间接效应	0.0449	0.0347	0.0553
	认知需求	−0.0016	−0.0036	0.0002
	自我效能	0.0261	0.0196	0.0337
	延迟满足	0.0203	0.0143	0.0269

（5）信贷家庭交流——主动交流。将信贷家庭交流——主动交流作为自变量，心理变量作为中介变量，未来承诺作为因变量。信贷家庭交流——主动交流影响未来承诺的总效应置信区间［0.0756，0.1215］不包含0，说明总效应在 α = 0.05 水平上显著，效应大小为 0.0985；直接效应置信区间［0.0485，0.0906］不包含0，说明直接效应显著，效应大小为 0.0695；总间接效应置信区间［0.0184，0.0402］不包含0，说明心理变量间接效应显著，故存在部分中介

效应，效应大小为 0.0290，占总效应的 29.44%。其中，自我效能和延迟满足的置信区间都不包含 0，说明两者都发挥了显著的中介效应，效应大小依次为 0.0176 和 0.0141；认知需求的置信区间也不包含 0，但其发挥的间接效应与直接效应的符号相反，说明发挥了显著的中介效应，效应大小为 -0.0027。具体的数据如表 4-333 所示。

表 4-333　心理变量在信贷家庭交流——主动交流与未来承诺之间的中介效应

效应		Effect	置信区间下限	置信区间上限
总效应		0.0985	0.0756	0.1215
直接效应		0.0695	0.0485	0.0906
间接效应	总间接效应	0.0290	0.0184	0.0402
	认知需求	-0.0027	-0.0051	-0.0007
	自我效能	0.0176	0.0113	0.0243
	延迟满足	0.0141	0.0087	0.0202

（6）理财家庭交流——潜移默化。将理财家庭交流——潜移默化作为自变量，心理变量作为中介变量，未来承诺作为因变量。理财家庭交流——潜移默化影响未来承诺的总效应置信区间 [0.0933，0.1391] 不包含 0，说明总效应在 $\alpha = 0.05$ 水平上显著，效应大小为 0.1162；直接效应置信区间 [0.0444，0.0869] 不包含 0，说明直接效应显著，效应大小为 0.0656；总间接效应置信区间 [0.0398，0.0620] 不包含 0，说明心理变量间接效应显著，故存在部分中介效应，效应大小为 0.0506，占总效应的 43.55%。其中，自我效能和延迟满足的置信区间都不包含 0，说明两者都发挥了显著的中介效应，效应大小依次为 0.0278 和 0.0235；而认知需求的置信区间包含 0，说明其中介效应不显著。具体的数据如表 4-334 所示。

表 4-334　心理变量在理财家庭交流——潜移默化与未来承诺之间的中介效应

效应		Effect	置信区间下限	置信区间上限
总效应		0.1162	0.0933	0.1391
直接效应		0.0656	0.0444	0.0869
间接效应	总间接效应	0.0506	0.0398	0.0620
	认知需求	-0.0007	-0.0027	0.0010
	自我效能	0.0278	0.0206	0.0360
	延迟满足	0.0235	0.0171	0.0307

（7）理财家庭交流——主动交流。将理财家庭交流——主动交流作为自变量，心理变量作为中介变量，未来承诺作为因变量。理财家庭交流——主动交流影响未来承诺的总效应置信区间 ［0.0816，0.1301］ 不包含 0，说明总效应在 $\alpha = 0.05$ 水平上显著，效应大小为 0.1059；直接效应置信区间 ［0.0421，0.0868］ 不包含 0，说明直接效应显著，效应大小为 0.0645；总间接效应置信区间 ［0.0302，0.0531］ 不包含 0，说明心理变量间接效应显著，故存在部分中介效应，效应大小为 0.0414，占总效应的 39.09%。其中，自我效能和延迟满足的置信区间都不包含 0，说明两者都发挥了显著的中介效应，效应大小依次为 0.0229 和 0.0208；认知需求的置信区间也不包含 0，但其发挥的间接效应与直接效应的符号相反，说明发挥了显著的中介效应，效应大小为 -0.0023。具体的数据如表 4-335 所示。

表 4-335　心理变量在理财家庭交流——主动交流与未来承诺之间的中介效应

效应		Effect	置信区间下限	置信区间上限
总效应		0.1059	0.0816	0.1301
直接效应		0.0645	0.0421	0.0868
间接效应	总间接效应	0.0414	0.0302	0.0531
	认知需求	-0.0023	-0.0048	-0.0004
	自我效能	0.0229	0.0160	0.0309
	延迟满足	0.0208	0.0145	0.0280

（8）消费家庭交流——潜移默化。将消费家庭交流——潜移默化作为自变量，心理变量作为中介变量，未来承诺作为因变量。消费家庭交流——潜移默化影响未来承诺的总效应置信区间 ［0.1307，0.1857］ 不包含 0，说明总效应在 $\alpha = 0.05$ 水平上显著，效应大小为 0.1582；直接效应置信区间 ［0.0365，0.0886］ 不包含 0，说明直接效应显著，效应大小为 0.0626；总间接效应置信区间 ［0.0815，0.1104］ 不包含 0，说明心理变量间接效应显著，故存在部分中介效应，效应大小为 0.0956，占总效应的 60.42%。其中，认知需求、自我效能和延迟满足的置信区间都不包含 0，说明三者都发挥了显著的中介效应，效应大小依次为 0.0026、0.0475 和 0.0455。具体的数据如表 4-336 所示。

表4-336　心理变量在消费家庭交流——潜移默化与未来承诺之间的中介效应

效应		Effect	置信区间下限	置信区间上限
总效应		0.1582	0.1307	0.1857
直接效应		0.0626	0.0365	0.0886
间接效应	总间接效应	0.0956	0.0815	0.1104
	认知需求	0.0026	0.0006	0.0052
	自我效能	0.0475	0.0371	0.0591
	延迟满足	0.0455	0.0352	0.0565

（9）消费家庭交流——主动交流。将消费家庭交流——主动交流作为自变量，心理变量作为中介变量，未来承诺作为因变量。消费家庭交流——主动交流影响未来承诺的总效应置信区间［0.1185，0.1718］不包含0，说明总效应 $\alpha = 0.05$ 水平上显著，效应大小为0.1451；直接效应置信区间［0.0402，0.0902］不包含0，说明直接效应显著，效应大小为0.0652；总间接效应置信区间［0.0666，0.0941］不包含0，说明心理变量间接效应显著，故存在部分中介效应，效应大小为0.0799，占总效应的55.07%。其中，自我效能和延迟满足的置信区间都不包含0，说明两者都发挥了显著的中介效应，效应大小依次为0.0404和0.0384；而认知需求的置信区间包含0，说明其中介效应不显著。具体的数据如表4-337所示。

表4-337　心理变量在消费家庭交流——主动交流与未来承诺之间的中介效应

效应		Effect	置信区间下限	置信区间上限
总效应		0.1451	0.1185	0.1718
直接效应		0.0652	0.0402	0.0902
间接效应	总间接效应	0.0799	0.0666	0.0941
	认知需求	0.0011	-0.0010	0.0033
	自我效能	0.0404	0.0313	0.0504
	延迟满足	0.0384	0.0288	0.0488

本节通过分析家庭财经交流对心理变量及财经素养的影响，发现信贷家庭交流和理财家庭交流对所有心理变量和财经素养都有显著影响，而预算家庭交流、储蓄家庭交流和消费家庭交流对个别心理变量及个别财经素养影响不显著，其中包括预算家庭交流——潜移默化对认知需求和未来承诺无显著影响、预算家庭交流——主动交流对财经态度无显著影响、储蓄家庭交流——潜移默化对认知需求

无显著影响以及消费家庭交流——潜移默化对财经满意感无显著影响。

同时，心理变量作为中介，在消费家庭交流——潜移默化和消费家庭交流——主动交流对财经态度的影响过程中发挥了部分中介效应，其中延迟满足发挥了显著的中介效应；在家庭财经交流对财经满意感、财经行为合理性、独立、信用和未来规划的影响过程中发挥了完全或部分的中介效应，其中，自我效能发挥了显著的中介效应。

第五节　家庭成长环境对自我控制及消费倾向的影响

家庭作为大学生社会化的重要环节，是大学生主要的信息来源之一。根据家庭社会化理论以及消费者行为学理论，家庭成长环境等通过大学生在家庭中与父母的交流、模仿、学习行为等，对其的自我控制能力、消费心理产生一定影响，同时，消费作为一种规划，涉及对当下与未来的选择，因此消费心理也受其自我控制能力的影响。

为探析家庭成长环境、自我控制、消费心理的关系，首先，运用 One-way ANOVA 分析工具，分析了大学生家庭成长环境对大学生自我控制能力以及大学生消费倾向的影响，并在此基础上进行了多重组间比较分析。其次，运用 PROCESS 分析工具，将自我控制作为中介，进行中介效应分析，研究家庭成长环境是否通过自我控制对大学生消费倾向产生影响。

本书中，家庭成长环境的相关变量有：①家庭财经决策负责人；②父母谁的收入更高；③父母谁更擅长理财；④父母谁的空闲时间更多；⑤父母谁的陪伴更多；⑥是否主动参与家庭财经决策；⑦父亲的消费风格；⑧母亲的消费风格；⑨童年社会地位。其中，将涉及童年社会地位变量的四个题项加总求均值，并根据均值结果将大学生童年社会地位划分为四级。其中 $1 \leq$ 均值 ≤ 2 记为"1"级，表示童年社会地位低；$2 <$ 均值 ≤ 3 记为"2"级，表示童年社会地位中等；$3 <$ 均值 ≤ 4 记为"3"级，表示童年社会地位较高；$4 <$ 均值 ≤ 5 记为"4"级，表示童年社会地位高。

一、家庭成长环境对自我控制的影响

本书将家庭成长环境作为自变量，自我控制作为因变量，运用 One-way ANOVA 分析工具进行方差分析。其中，将自我控制涉及的两个题项加总求均值，记为因子分，用这个因子分代表自我控制。该变量值越高，表示大学生自我控制能力越强。该变量均值为 3.29，标准差为 0.775。以下为家庭成长环境对自我控制影响的检验结果。

（1）家庭财经决策负责人。One-way ANOVA 分析发现，F（3，4616）=3.92，p＝0.0083（p＜0.05）。由于基于均值所计算的因变量的方差在自变量的各组间相等，故而，使用 LSD 多重比较法，可以发现家庭财经决策由父母共同决定的大学生的自我控制能力显著强于家庭财经决策负责人仅为父亲或母亲的大学生自我控制能力，同时也强于不知道家庭财经决策负责人是谁的大学生的自我控制能力。但家庭财经决策负责人仅为父亲或母亲的大学生之间的自我控制能力没有显著差异。具体数据如表 4-338 和图 4-149 所示。

表 4-338　家庭财经决策负责人与大学生自我控制能力之间的关系

家庭财经决策负责人	频数（人）	均值	标准差
父亲	669	3.243	0.830
母亲	1060	3.261	0.773
父母共同决定	2481	3.327	0.756
不知道	410	3.233	0.798
合计	4620	3.291	0.775

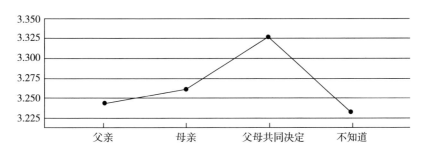

图 4-149　家庭财经决策负责人与大学生自我控制能力之间的关系

（2）父母谁的收入更高。One-way ANOVA 分析发现，F（3，4620）=0.478，p＝0.697（p＞0.05），说明父母谁的收入更高对大学生的自我控制能力影响不显著（α＝0.05）。具体数据如表 4-339 所示。

表 4-339　父母谁的收入更高与大学生自我控制能力之间的关系

父母谁的收入更高	频数（人）	均值	标准差
父亲	2424	3.29	0.778
母亲	530	3.29	0.792

续表

父母谁的收入更高	频数（人）	均值	标准差
父母亲差不多一样高	1227	3.30	0.749
不知道	443	3.25	0.811
总计	4624	3.29	0.775

（3）父母谁更擅长理财。One-way ANOVA 分析发现，F（4，4618）= 5.081，p=0.000（p<0.05）。由于基于均值所计算的因变量的方差在自变量的各组间不等，故而，使用 Tamhane 多重比较法，分析结果发现父母亲同样擅长理财的大学生自我控制能力显著强于仅母亲擅长理财、父母亲都不擅长理财以及不知道父母谁更擅长理财情况下的大学生的自我控制能力，但前者与仅父亲擅长理财的大学生的自我控制能力没有显著差异（α=0.05）。具体数据如表 4-340 和图 4-150 所示。

表 4-340　父母谁更擅长理财与大学生自我控制能力之间的关系

父母谁更擅长理财	频数（人）	均值	标准差
父亲	698	3.31	0.836
母亲	1713	3.28	0.746
父母亲同样擅长	652	3.40	0.775
父母亲同样不擅长	772	3.28	0.773
不知道	788	3.22	0.774
总计	4623	3.30	0.775

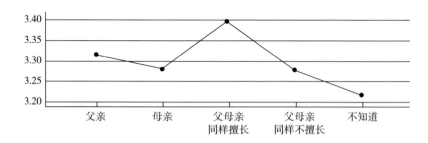

图 4-150　父母谁更擅长理财与大学生自我控制能力之间的关系

（4）父母谁的空闲时间更多。One-way ANOVA 分析发现，F（3，4617）= 1.233，p=0.296（p>0.05），可以发现父母谁的空闲时间更多对大学生的自我控制能力影响不显著（α=0.05）。具体数据如表 4-341 所示。

表 4-341　父母谁的空闲时间更多与大学生自我控制能力之间的关系

父母谁的空闲时间更多	频数（人）	平均值	标准偏差
父亲	818	3.30	0.831
母亲	1872	3.30	0.764
父母一样	1205	3.30	0.762
不知道	726	3.24	0.761
总计	4621	3.29	0.775

（5）父母谁的陪伴更多。One-way ANOVA 分析发现，F（4，4619）=
3.872，p=0.004（p<0.05）。由于基于均值计算的因变量的方差在自变量各组间
相等，故而，使用 LSD 多重比较法发现，父母亲陪伴都很多的大学生的自我控制
能力显著强于父母亲陪伴都很少以及不知道家庭中谁陪伴更多的大学生的自我
控制能力，但与仅父亲或母亲陪伴更多的大学生的自我控制能力无显著差异
（α=0.05）。具体数据如表 4-342 和图 4-151 所示。

表 4-342　父母谁的陪伴更多与大学生自我控制能力之间的关系

父母谁的陪伴更多	频数（人）	平均值	标准差
父亲	214	3.28	0.854
母亲	1728	3.29	0.768
父母亲都很多	1504	3.34	0.747
父母亲都很少	963	3.24	0.803
不知道	215	3.18	0.798
总计	4624	3.29	0.775

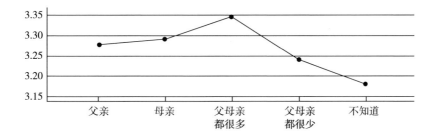

图 4-151　父母谁的陪伴更多与大学生自我控制能力之间的关系

（6）是否主动参与家庭财经决策。One-way ANOVA 分析发现，F（2，4611）= 29.517，p = 0.000（p<0.05）。由于基于均值计算的因变量的方差在自变量各组间相等，故而，使用 LSD 多重比较法，数据分析结果发现主动参与家庭财经决策的大学生的自我控制能力显著强于不主动参与家庭财经决策的大学生的自我控制能力（α = 0.05）。具体数据如表 4-343 和图 4-152 所示。

表 4-343　是否主动参与家庭财经决策与大学生自我控制能力之间的关系

是否主动参与家庭财经决策	频数（人）	平均值	标准差
不会	1767	3.23	0.780
会	2066	3.39	0.766
无法回答	781	3.18	0.753
总计	4614	3.29	0.774

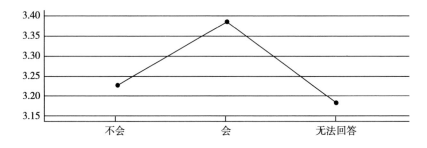

图 4-152　是否主动参与家庭财经决策与大学生自我控制能力之间的关系

（7）父亲的消费风格。One-way ANOVA 分析发现，F（4，4607）= 3.263，p = 0.011（p<0.05）。认为父亲的消费风格对大学生的自我控制能力存在显著影响。由于基于均值计算的因变量的方差在自变量各组间不等，故而，使用 Tamhane 多重比较法，结果发现该变量各组间对大学生的自我控制能力的影响不存在显著差异（α = 0.05）。具体数据如表 4-344 和图 4-153 所示。

表 4-344　父亲的消费风格与大学生自我控制能力之间的关系

父亲的消费风格	频数（人）	平均值	标准差
非常节俭	755	3.33	0.926
比较节俭	1210	3.28	0.749
中立	1880	3.26	0.705

续表

父亲的消费风格	频数（人）	平均值	标准差
比较大手大脚	539	3.33	0.767
非常大手大脚	228	3.42	0.903
总计	4612	3.29	0.775

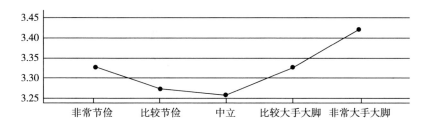

图 4-153　父亲的消费风格与大学生自我控制能力之间的关系

（8）母亲的消费风格。One-way ANOVA 分析发现，F（4，4607）＝8.636，p＝0.000（p<0.05）。由于基于均值计算的因变量的方差在自变量各组间不等，故而，使用 Tamhane 多重比较法，结果发现母亲消费风格为非常大手大脚的大学生的自我控制能力显著强于母亲消费风格为非常节俭、比较节俭、中立、比较大手大脚四种情形下大学生的自我控制能力（α＝0.05）。具体数据如表 4-345 和图 4-154 所示。

表 4-345　母亲的消费风格与大学生自我控制能力之间的关系

母亲的消费风格	频数（人）	均值	标准差
非常节俭	899	3.36	0.919
比较节俭	1449	3.26	0.745
中立	1778	3.26	0.695
比较大手大脚	392	3.28	0.775
非常大手大脚	94	3.68	1.018
总计	4612	3.29	0.775

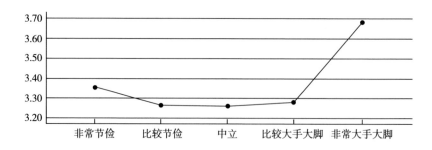

图 4-154 母亲的消费风格与大学生自我控制能力之间的关系

（9）童年社会地位。One-way ANOVA 分析发现，$F_{(3, 4597)} = 37.828$，$p = 0.000$（$p < 0.05$）。由于基于均值计算的因变量的方差在自变量各组间不等，故而，使用 Tamhane 多重比较法，结果发现童年社会地位高的大学生的自我控制能力显著强于童年社会地位低、中等、较高的大学生的自我控制能力。同时，童年社会地位较高的大学生的自我控制能力显著强于童年社会地位低和中等的大学生的自我控制能力。总的来说，童年社会地位越高，大学生自我控制能力就越强（$\alpha = 0.05$）。具体数据如表 4-346 和图 4-155 所示。

表 4-346 童年社会地位与大学生自我控制能力之间的关系

童年社会地位	频数（人）	平均值	标准偏差
低	1268	3.21	0.862
中等	2013	3.24	0.695
较高	1024	3.40	0.720
高	296	3.65	0.915
总计	4601	3.29	0.774

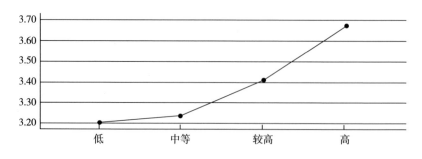

图 4-155 童年社会地位与大学生自我控制能力之间的关系

二、家庭成长环境对大学生冲动性消费倾向的影响

本书将家庭成长环境作为自变量，大学生冲动性消费倾向作为因变量，其中，将冲动性消费倾向涉及的两个题项加总求均值，记为因子分，用这个因子分代表冲动性消费倾向。这个值越高，表示大学生的冲动性消费倾向越高。该变量的均值为2.88，标准差为0.896。以下为家庭成长环境对大学生冲动性消费倾向影响的检验结果。

（1）家庭财经决策负责人。One-way ANOVA 分析发现，$F_{(3, 4616)} = 0.805$，$p = 0.491$（$p > 0.05$），说明家庭财经决策负责人对大学生冲动性消费倾向的影响不显著（$\alpha = 0.05$）。具体数据如表4-347所示。

表4-347 家庭财经决策负责人与大学生冲动性消费倾向之间的关系

家庭财经决策负责人	频数（人）	平均值	标准偏差
父亲	665	2.89	0.881
母亲	1061	2.89	0.907
父母共同决定	2485	2.86	0.886
不知道	409	2.93	0.941
总计	4620	2.88	0.895

（2）父母谁的收入更高。One-way ANOVA 分析发现，$F_{(3, 4620)} = 1.090$，$p = 0.352$（$p > 0.05$），说明父母谁的收入更高对大学生冲动性消费倾向的影响不显著（$\alpha = 0.05$）。具体数据如表4-348所示。

表4-348 父母谁的收入更高与大学生冲动性消费倾向之间的关系

父母谁的收入更高	频数（人）	平均值	标准偏差
父亲	2424	2.87	0.912
母亲	529	2.92	0.918
父母亲差不多一样高	1230	2.85	0.867
不知道	441	2.92	0.857
总计	4624	2.88	0.895

（3）父母谁更擅长理财。One-way ANOVA 分析发现，$F_{(4, 4618)} = 0.199$，$p = 0.939$（$p > 0.05$），说明父母谁更擅长理财对大学生冲动性消费倾向的影响不显著（$\alpha = 0.05$）。具体数据如表4-349所示。

表 4-349　父母谁更擅长理财与大学生冲动性消费倾向之间的关系

父母谁更擅长理财	频数（人）	平均值	标准偏差
父亲	698	2.89	0.906
母亲	1711	2.87	0.879
父母亲同样擅长	653	2.9	0.915
父母亲同样不擅长	774	2.87	0.899
不知道	787	2.87	0.904
总计	4623	2.88	0.895

（4）父母谁的空闲时间更多。One-way ANOVA 分析发现，F（3，4617）= 0.724，p=0.538（p>0.05），说明父母谁的空闲时间更多对大学生冲动性消费倾向的影响不显著（α=0.05）。具体数据如表 4-350 所示。

表 4-350　父母谁的空闲时间更多与大学生冲动性消费倾向之间的关系

父母谁的空闲时间更多	频数（人）	平均值	标准差
父亲	815	2.87	0.940
母亲	1872	2.88	0.903
父母一样	1205	2.85	0.846
不知道	729	2.91	0.902
总计	4621	2.88	0.895

（5）父母谁的陪伴更多。One-way ANOVA 分析发现，F（4，4620）= 1.845，p=0.117（p>0.05），说明父母谁的陪伴更多对大学生冲动性消费倾向的影响不显著（α=0.05）。具体数据如表 4-351 所示。

表 4-351　父母谁的陪伴更多与大学生冲动性消费倾向之间的关系

父母谁的陪伴更多	频数（人）	平均值	标准偏差
父亲	215	2.94	0.965
母亲	1729	2.88	0.888
父母亲都很多	1505	2.84	0.907
父母亲都很少	964	2.88	0.876
不知道	212	3.00	0.877
总计	4625	2.88	0.895

（6）是否主动参与家庭财经决策。One－way ANOVA 分析发现，$F_{(2, 4611)} = 1.547$，$p = 0.213$（$p > 0.05$），说明大学生是否主动参与家庭财经决策对其冲动性消费倾向的影响不显著（$\alpha = 0.05$）。具体数据如表 4-352 所示。

表 4-352　是否主动参与家庭财经决策与大学生冲动性消费倾向之间的关系

是否主动参与家庭财经决策	频数（人）	平均值	标准偏差
不会	1769	2.90	0.886
会	2069	2.87	0.922
无法回答	776	2.84	0.839
总计	4614	2.88	0.895

（7）父亲的消费风格。One－way ANOVA 分析发现，$F_{(4, 4608)} = 18.180$，$p = 0.000$（$p < 0.05$）。由于基于均值计算的因变量的方差在自变量各组间不等，故而，使用 Tamhane 多重比较法，结果发现父亲消费风格为非常大手大脚的大学生的冲动性消费倾向显著高于父亲的消费风格为中立、比较节俭、非常节俭的大学生，但与父亲消费风格为比较大手大脚的大学生没有显著差异。同时，父亲消费风格为比较大手大脚的大学生的冲动性消费倾向显著高于父亲消费风格为比较节俭以及非常节俭的大学生的冲动性消费倾向。父亲消费风格为中立的大学生的冲动性消费倾向显著高于父亲消费风格为比较节俭以及非常节俭的大学生的冲动性消费倾向（$\alpha = 0.05$）。总体而言，父亲消费风格越大手大脚，大学生的冲动性消费倾向就越高。具体数据如表 4-353 和图 4-156 所示。

表 4-353　父亲的消费风格与大学生冲动性消费倾向之间的关系

父亲的消费风格	频数（人）	平均值	标准差
非常节俭	753	2.73	1.036
比较节俭	1215	2.79	0.877
中立	1876	2.91	0.799
比较大手大脚	539	3.01	0.890
非常大手大脚	230	3.17	1.086
总计	4613	2.88	0.895

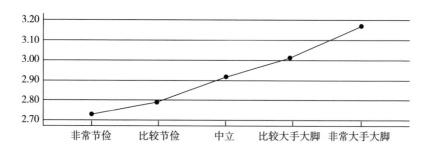

图 4-156　父亲的消费风格与大学生冲动性消费倾向之间的关系

（8）母亲的消费风格。One－way ANOVA 分析发现，F（4，4609）＝27.951，p＝0.000（p<0.05）由于基于均值计算的因变量的方差在自变量各组间不等，故而，使用 Tamhane 多重比较法，结果发现母亲消费风格为非常大手大脚的大学生的冲动性消费倾向显著高于母亲的消费风格为比较大手大脚、中立、比较节俭、非常节俭的大学生的冲动性消费倾向。母亲消费风格为比较大手大脚的大学生的冲动性消费倾向显著高于母亲消费风格为中立、比较节俭、非常节俭的大学生的冲动性消费倾向。同时，母亲消费风格为中立的大学生的冲动性消费倾向也显著高于母亲消费风格为比较节俭、非常节俭的大学生的冲动性消费性倾向。但母亲消费风格为比较节俭和非常节俭的大学生的冲动性消费倾向之间无显著差异（α＝0.05）。总体而言，母亲消费风格越大手大脚，大学生的冲动性消费倾向就越高。具体数据如表 4-354 和图 4-157 所示。

表 4-354　母亲的消费风格与大学生冲动性消费倾向之间的关系

母亲的消费风格	频数（人）	平均值	标准差
非常节俭	903	2.77	1.047
比较节俭	1451	2.80	0.862
中立	1773	2.91	0.788
比较大手大脚	393	3.12	0.934
非常大手大脚	94	3.55	1.048
总计	4614	2.88	0.896

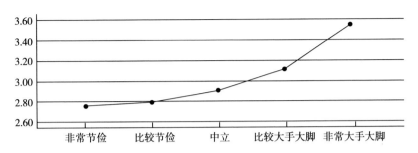

图 4-157　母亲的消费风格与大学生冲动性消费倾向之间的关系

（9）童年社会地位。One-way ANOVA 分析发现，F（3, 4597）= 18.888，p = 0.000（p<0.05）。由于基于均值计算的因变量的方差在自变量各组间不等，故而，使用 Tamhane 多重比较法，结果发现童年社会地位高的大学生的冲动性消费倾向显著高于童年社会地位低、中等、较高的大学生的冲动性消费倾向。童年社会地位较高的大学生的冲动性消费倾向显著高于童年社会地位低的大学生的冲动性消费倾向，但与童年社会地位中等的大学生无显著差异。另外，童年社会地位中等的大学生的冲动性消费倾向也显著高于童年社会地位低的大学生的冲动性消费倾向（α = 0.05）。总体而言，童年社会地位越高，大学生的冲动性消费倾向就越高。具体数据如表 4-355 和图 4-158 所示。

表 4-355　童年社会地位与大学生冲动性消费倾向之间的关系

童年社会地位	频数（人）	平均值	标准差
低	1268	2.76	0.919
中等	2012	2.87	0.818
较高	1028	2.96	0.934
高	293	3.14	1.06
总计	4601	2.88	0.895

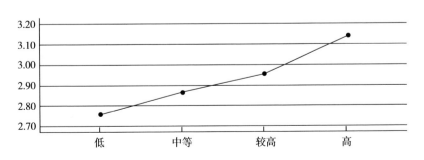

图 4-158　童年社会地位与大学生冲动性消费倾向之间的关系

三、家庭成长环境对大学生超前消费倾向的影响

本书将家庭成长环境作为自变量，大学生超前消费倾向作为因变量，其中，将超前消费倾向涉及的四个题项加总求均值，记为因子分，用这个因子分代表超前消费倾向。这个值越高，则表示大学生的超前消费倾向越高。该变量的均值为2.81，标准差为0.841。以下为家庭成长环境对大学生超前消费倾向影响的检验结果。

（1）家庭财经决策负责人。One-way ANOVA 分析发现，$F_{(3, 4586)} = 1.934$，$p = 0.122$（$p > 0.05$），说明家庭财经决策负责人对大学生超前消费倾向的影响不显著（$\alpha = 0.05$）。具体数据如表4-356所示。

表4-356　家庭财经决策负责人与大学生超前消费倾向之间的关系

家庭财经决策负责人	频数（人）	平均值	标准差
父亲	661	2.87	0.812
母亲	1055	2.80	0.863
父母共同决定	2468	2.80	0.827
不知道	406	2.75	0.904
总计	4590	2.81	0.840

（2）父母谁的收入更高。One-way ANOVA 分析发现，$F_{(3, 4590)} = 0.409$，$p = 0.746$（$p > 0.05$），说明父母谁的收入更高对大学生超前消费倾向的影响不显著（$\alpha = 0.05$）。具体数据如表4-357所示。

表4-357　父母谁的收入更高与大学生超前消费倾向之间的关系

父母谁的收入更高	频数（人）	平均值	标准差
父亲	2408	2.80	0.847
母亲	527	2.84	0.822
父母亲差不多一样高	1221	2.81	0.833
不知道	438	2.80	0.851
总计	4594	2.81	0.841

（3）父母谁更擅长理财。One-way ANOVA 分析发现，$F_{(4, 4588)} = 2.062$，$p = 0.083$（$p > 0.05$），说明父母谁更擅长理财对大学生超前消费倾向的影

响不显著（α=0.05）。具体数据如表 4-358 所示。

表 4-358 父母谁更擅长理财与大学生超前消费倾向之间的关系

父母谁更擅长理财	频数（人）	平均值	标准差
父亲	689	2.87	0.827
母亲	1707	2.78	0.827
父母亲同样擅长	646	2.81	0.885
父母亲同样不擅长	769	2.84	0.831
不知道	782	2.77	0.852
总计	4593	2.81	0.841

（4）父母谁的空闲时间更多。One-way ANOVA 分析发现，$F_{(3, 4587)} = 0.508$，$p=0.667$（$p>0.05$），说明父母谁的空闲时间更多对大学生超前消费倾向的影响不显著（α=0.05）。具体数据如表 4-359 所示。

表 4-359 父母谁的空闲时间更多与大学生超前消费倾向之间的关系

父母谁的空闲时间更多	频数（人）	平均值	标准差
父亲	809	2.80	0.872
母亲	1862	2.79	0.829
父母一样	1195	2.83	0.830
不知道	725	2.83	0.855
总计	4591	2.81	0.841

（5）父母谁的陪伴更多。One-way ANOVA 分析发现，$F_{(3, 4589)} = 2.093$，$p=0.079$（$p>0.05$），说明父母谁的陪伴更多对大学生超前消费倾向的影响不显著（α=0.05）。具体数据如表 4-360 所示。

表 4-360 父母谁的陪伴更多与大学生超前消费倾向之间的关系

父母的陪伴谁更多	频数（人）	平均值	标准差
父亲	809	2.8	0.872
母亲	1862	2.79	0.829
父母一样	1195	2.83	0.830
不知道	725	2.83	0.855
总计	4591	2.81	0.841

（6）是否主动参与家庭财经决策。One－way ANOVA 分析发现，F（2，4581）＝2.108，p＝0.122（p>0.05），说明大学生是否主动参与家庭财经决策对其超前消费倾向的影响不显著（α＝0.05）。具体数据如表4-361 所示。

表4-361　是否主动参与家庭财经决策与大学生超前消费倾向之间的关系

是否主动参与家庭财经决策	频数（人）	平均值	标准差
不会	1761	2.8	0.827
会	2052	2.83	0.870
无法回答	771	2.77	0.789
总计	4584	2.81	0.840

（7）父亲的消费风格。One－way ANOVA 分析发现，F（4，4577）＝13.163，p＝0.000（p<0.05）。由于基于均值计算的因变量的方差在自变量各组间不等，故而，使用 Tamhane 多重比较法，结果发现父亲消费风格为非常大手大脚的大学生的超前消费倾向显著高于父亲消费风格为非常节俭、比较节俭的大学生的超前消费倾向，但与父亲消费风格为中立、比较大手大脚的大学生无显著差异。父亲消费风格为比较大手大脚和中立的大学生的超前消费倾向显著高于父亲消费风格为比较节俭和非常节俭的大学生的超前消费倾向。但父亲消费风格为比较节俭和非常节俭的大学生的超前消费倾向之间无显著差异（α＝0.05）。总体而言，父亲消费风格越大手大脚，大学生的超前消费倾向就越高。具体数据如表4-362 和图4-159 所示。

表4-362　父亲的消费风格与大学生超前消费倾向之间的关系

父亲的消费风格	频数（人）	平均值	标准差
非常节俭	750	2.66	0.949
比较节俭	1204	2.75	0.821
中立	1868	2.86	0.775
比较大手大脚	533	2.88	0.828
非常大手大脚	227	3.01	1.007
总计	4582	2.81	0.840

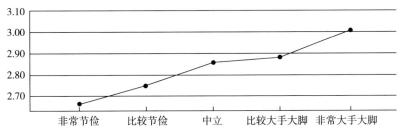

图 4-159 父亲的消费风格与大学生超前消费倾向之间的关系

（8）母亲的消费风格。One - way ANOVA 分析发现，F（4，4577）= 15.514，p=0.000（p<0.05）由于基于均值计算的因变量的方差在自变量各组间不等，故而，使用 Tamhane 多重比较法，结果发现母亲消费风格为非常大手大脚的大学生的超前消费倾向显著高于母亲消费风格为非常节俭、比较节俭、中立、比较大手大脚的大学生的超前消费倾向。母亲的消费风格为比较大手大脚和中立的大学生的超前消费倾向显著高于母亲消费风格为比较节俭和非常节俭的大学生的超前消费倾向。但母亲消费风格为比较节俭和非常节俭的大学生的超前消费倾向之间无显著差异（α=0.05）。总体而言，母亲消费风格越大手大脚，大学生的超前消费倾向就越高。具体数据如表 4-363 和图 4-160 所示。

表 4-363 母亲的消费风格与大学生超前消费倾向之间的关系

母亲的消费风格	频数（人）	平均值	标准偏差
非常节俭	899	2.704	0.939
比较节俭	1440	2.762	0.788
中立	1764	2.848	0.798
比较大手大脚	386	2.929	0.843
非常大手大脚	93	3.296	1.116
总计	4582	2.808	0.841

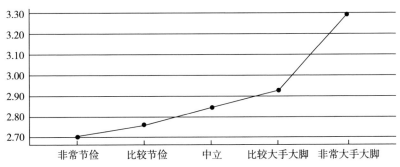

图 4-160 母亲的消费风格与大学生超前消费倾向之间的关系

（9）童年社会地位。One-way ANOVA 分析发现，F（3，4566）= 20.254，p=0.000（p<0.05）由于基于均值计算的因变量的方差在自变量各组间不等，故而，使用 Tamhane 多重比较法，结果发现童年社会地位高的大学生的超前消费倾向显著高于童年社会地位低、中等的大学生的超前消费倾向，但与童年社会地位较高的大学生无显著差异。童年社会地位较高的大学生的超前消费倾向显著高于童年社会地位低的大学生的超前消费倾向，但与童年社会地位中等的大学生无显著差异。同时，童年社会地位中等的大学生的超前消费倾向显著高于童年社会地位低的大学生的超前消费倾向（α=0.05）。总体而言，童年社会地位越高，大学生的超前消费倾向就越高。具体数据如表 4-364 和图 4-161 所示。

表 4-364　童年社会地位与大学生超前消费倾向之间的关系

童年社会地位	频数（人）	平均值	标准差
低	1265	2.68	0.88
中等	1993	2.82	0.767
较高	1020	2.88	0.847
高	292	3.05	1.015
总计	4570	2.81	0.840

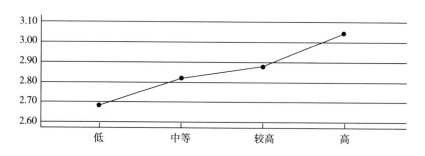

图 4-161　童年社会地位与大学生超前消费倾向之间的关系

四、家庭成长环境对大学生炫耀性消费倾向的影响

本书将家庭成长环境作为自变量，大学生炫耀性消费倾向作为因变量，其中，将炫耀性消费倾向涉及的四个题项加总求均值，记为因子分，用这个因子分代表炫耀性消费倾向。这个值越高，则表示大学生的炫耀性消费倾向越高。该变

量的均值为 2.54，标准差为 0.891。以下为家庭成长环境对大学生炫耀性消费倾向影响的检验结果。

（1）家庭财经决策负责人。One-way ANOVA 分析发现，$F_{(3, 4594)} = 1.803$，$p = 0.144$（$p > 0.05$），说明家庭财经决策负责人对大学生炫耀性消费倾向的影响不显著（$\alpha = 0.05$）。具体数据如表 4-365 所示。

表 4-365　家庭财经决策负责人与大学生炫耀性消费倾向之间的关系

家庭财经决策负责人	频数（人）	平均值	标准差
父亲	665	2.61	0.853
母亲	1057	2.54	0.92
父母共同决定	2467	2.52	0.879
不知道	409	2.56	0.936
总计	4598	2.54	0.89

（2）父母谁的收入更高。One-way ANOVA 分析发现，$F_{(3, 4598)} = 1.545$，$p = 0.201$（$p > 0.05$），说明父母谁的收入更高对大学生炫耀性消费倾向的影响不显著（$\alpha = 0.05$）。具体数据如表 4-366 所示。

表 4-366　父母谁的收入更高与大学生炫耀性消费倾向之间的关系

父母谁的收入更高	频数（人）	平均值	标准差
父亲	2418	2.52	0.886
母亲	524	2.61	0.944
父母亲差不多一样高	1220	2.53	0.863
不知道	440	2.58	0.924
总计	4602	2.54	0.891

（3）父母谁更擅长理财。One-way ANOVA 分析发现，$F_{(4, 4596)} = 1.338$，$p = 0.253$（$p > 0.05$），说明父母谁更擅长理财对大学生炫耀性消费倾向的影响不显著（$\alpha = 0.05$）。具体数据如表 4-367 所示。

表4-367　父母谁更擅长理财与大学生炫耀性消费倾向之间的关系

父母谁更擅长理财	频数（人）	平均值	标准差
父亲	694	2.59	0.877
母亲	1702	2.56	0.887
父母亲同样擅长	649	2.54	0.943
父母亲同样不擅长	771	2.52	0.859
不知道	785	2.49	0.896
总计	4601	2.54	0.891

（4）父母谁的空闲时间更多。One-way ANOVA 分析发现，F（3，4595）= 1.207，p=0.306（p>0.05），说明父母谁的空闲时间更多对大学生炫耀性消费倾向的影响不显著（α=0.05）。具体数据如表4-368所示。

表4-368　父母谁的空闲时间更多与大学生炫耀性消费倾向之间的关系

父母谁的空闲时间更多	频数（人）	平均值	标准差
父亲	813	2.53	0.893
母亲	1861	2.53	0.889
父母一样	1200	2.54	0.869
不知道	725	2.6	0.924
总计	4599	2.54	0.890

（5）父母谁的陪伴更多。One-way ANOVA 分析发现，F（4，4597）= 8.338，p=0.000（p<0.05）。由于基于均值计算的因变量的方差在自变量各组间相等，故而，使用LSD多重比较法发现，不知道父母谁的陪伴更多的大学生的炫耀性消费倾向显著高于母亲陪伴更多、父母亲陪伴都很多、父母亲陪伴都很少的大学生的炫耀性消费倾向，但与父亲陪伴更多的大学生的炫耀性消费倾向无显著差异。同时，父亲陪伴更多的大学生的炫耀性消费倾向显著高于母亲陪伴更多、父母亲陪伴都很多、父母亲陪伴都很少的大学生的炫耀性消费倾向。而母亲陪伴更多、父母亲陪伴都很多、父母亲陪伴都很少的大学生的炫耀性消费倾向之间无显著差异。具体数据如表4-369和图4-162所示。

表 4-369　父母谁的陪伴更多与大学生炫耀性消费倾向之间的关系

父母谁的陪伴更多	频数（人）	平均值	标准偏差
父亲	214	2.72	0.933
母亲	1720	2.54	0.883
父母亲都很多	1492	2.51	0.892
父母亲都很少	962	2.49	0.874
不知道	214	2.81	0.912
总计	4602	2.54	0.891

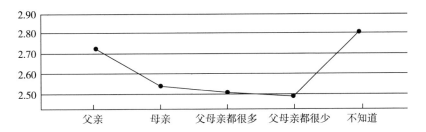

图 4-162　父母谁的陪伴更多与大学生炫耀性消费倾向之间的关系

（6）是否主动参与家庭财经决策。One-way ANOVA 分析发现，F（2，4590）= 0.669，p = 0.512（p>0.05），说明大学生是否主动参与家庭财经决策对其炫耀性消费倾向的影响不显著（α=0.05）。具体数据如表 4-370 所示。

表 4-370　是否主动参与家庭财经决策与大学生炫耀性消费倾向之间的关系

是否主动参与家庭财经决策	频数（人）	平均值	标准差
不会	1763	2.52	0.886
会	2054	2.56	0.911
无法回答	776	2.54	0.845
总计	4593	2.54	0.891

（7）父亲的消费风格。One-way ANOVA 分析发现，F（4，4585）= 21.966，p = 0.000（p<0.05）。由于基于均值计算的因变量的方差在自变量各组间不等，故而，使用 Tamhane 多重比较法，结果发现父亲的消费风格为非常大手大脚的大学生的炫耀性消费倾向显著高于父亲的消费风格为非常节俭、比较节

俭、中立的大学生的炫耀性消费倾向，但与父亲的消费风格为比较大手大脚的大学生无显著差异。总体而言，父亲的消费风格越大手大脚，大学生的炫耀性消费倾向就越高。具体数据如表4-371和图4-163所示。

表4-371 父亲的消费风格与大学生炫耀性消费倾向之间的关系

父亲的消费风格	频数（人）	平均值	标准差
非常节俭	751	2.36	0.970
比较节俭	1206	2.47	0.872
中立	1871	2.57	0.820
比较大手大脚	536	2.70	0.886
非常大手大脚	226	2.86	1.107
总计	4590	2.54	0.891

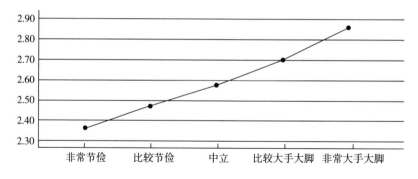

图4-163 父亲的消费风格与大学生炫耀性消费倾向之间的关系

（8）母亲的消费风格。One-way ANOVA分析发现，F（4, 4586）=32.400，p=0.000（p<0.05）。由于基于均值计算的因变量的方差在自变量各组间不等，故而，使用Tamhane多重比较法，结果发现母亲的消费风格为非常大手大脚的大学生的炫耀性消费倾向显著高于母亲的消费风格为非常节俭、比较节俭、中立、比较大手大脚的大学生的炫耀性消费倾向。总体而言，母亲的消费风格越大手大脚，大学生的炫耀性消费倾向就越高。具体数据如表4-372和图4-164所示。

表 4-372 母亲的消费风格与大学生炫耀性消费倾向之间的关系

母亲的消费风格	频数（人）	平均值	标准偏差
非常节俭	892	2.39	0.995
比较节俭	1443	2.45	0.843
中立	1772	2.60	0.820
比较大手大脚	392	2.79	0.918
非常大手大脚	92	3.18	1.130
总计	4591	2.54	0.891

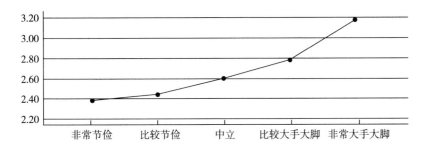

图 4-164 母亲的消费风格与大学生炫耀性消费倾向之间的关系

（9）童年社会地位。One-way ANOVA 分析发现，F（3，4574）=26.613，p=0.000（p<0.05）。由于基于均值计算的因变量的方差在自变量各组间不等，故而，使用 Tamhane 多重比较法，结果发现童年社会地位高的大学生的炫耀性消费倾向显著高于童年社会地位低、中等的大学生的炫耀性消费倾向，但与童年社会地位较高的大学生无显著差异。总体而言，童年社会地位越高的大学生的炫耀性消费倾向越高。具体数据如表 4-373 和图 4-165 所示。

表 4-373 童年社会地位与大学生炫耀性消费倾向之间的关系

童年社会地位	频数（人）	平均值	标准差
低	1263	2.37	0.903
中等	2002	2.57	0.833
较高	1019	2.63	0.884
高	294	2.78	1.099
总计	4578	2.54	0.891

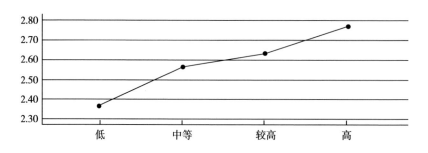

图 4-165　童年社会地位与大学生炫耀性消费倾向之间的关系

五、自我控制在家庭成长环境与冲动性消费倾向之间的中介效应

本书把家庭成长环境作为自变量，包括家庭财经决策负责人、父母谁的收入更高、父母谁更擅长理财、父母谁的空闲时间更多、父母谁的陪伴更多、是否主动参与家庭财经决策、父亲的消费风格、母亲的消费风格、童年社会地位九种家庭成长环境变量。将自我控制作为中介变量，冲动性消费倾向作为因变量，运用PROCESS 分析工具进行分析。其中，将样本数量设置为 5000，置信区间的置信度设置为 95%。以下为自我控制在家庭成长环境与冲动性消费倾向之间的中介效应的检验结果。

（1）家庭财经决策负责人。将家庭财经决策负责人作为自变量，自我控制作为中介变量，冲动性消费倾向作为因变量。家庭财经决策负责人影响冲动性消费倾向的总效应置信区间 $[-0.0317, 0.0296]$ 包含 0，说明总效应在 $\alpha = 0.05$ 的水平上不显著；直接效应置信区间 $[-0.0323, 0.0290]$ 包含 0，说明直接效应不显著；间接效应置信区间 $[-0.0005, 0.0022]$ 包含 0，说明自我控制中介效应不显著。具体数据如表 4-374 所示。

表 4-374　自我控制在家庭财经决策负责人与冲动性消费倾向之间的中介效应

效应	Effect	置信区间下限	置信区间上限
总效应	-0.0011	-0.0317	0.0296
直接效应	-0.0016	-0.0323	0.0290
间接效应	0.0005	-0.0005	0.0022

（2）父母谁的收入更高。将父母谁的收入更高作为自变量，自我控制作为中介变量，冲动性消费倾向作为因变量。父母谁的收入更高影响冲动性消费倾向

的总效应置信区间［-0.0197，0.0282］包含 0，说明总效应在 $\alpha = 0.05$ 的水平上不显著；直接效应置信区间［-0.0196，0.0283］包含 0，说明直接效应不显著；间接效应置信区间［-0.0010，0.0006］包含 0，说明自我控制中介效应不显著。具体数据如表 4-375 所示。

表 4-375　自我控制在父母谁的收入更高与冲动性消费倾向之间的中介效应

效应	Effect	置信区间下限	置信区间上限
总效应	0.0042	-0.0197	0.0282
直接效应	0.0043	-0.0196	0.0283
间接效应	-0.0001	-0.0010	0.0006

（3）父母谁更擅长理财。将父母谁更擅长理财作为自变量，自我控制作为中介变量，冲动性消费倾向作为因变量。父母谁更擅长理财影响冲动性消费倾向的总效应置信区间［-0.0221，0.0165］包含 0，说明总效应在 $\alpha = 0.05$ 的水平上不显著；直接效应置信区间［-0.0217，0.0169］包含 0，说明直接效应不显著；间接效应置信区间［-0.0015，0.0004］包含 0，说明自我控制中介效应不显著。具体数据如表 4-376 所示。

表 4-376　自我控制在父母谁更擅长理财与冲动性消费倾向之间的中介效应

效应	Effect	置信区间下限	置信区间上限
总效应	-0.0028	-0.0221	0.0165
直接效应	-0.0024	-0.0217	0.0169
间接效应	-0.0004	-0.0015	0.0004

（4）父母谁的空闲时间更多。将父母谁的空闲时间更多作为自变量，自我控制作为中介变量，冲动性消费倾向作为因变量。父母谁的空闲时间更多影响冲动性消费倾向的总效应置信区间［-0.0207，0.0336］包含 0，说明总效应在 $\alpha = 0.05$ 的水平上不显著；直接效应置信区间［-0.0203，0.0340］包含 0，说明直接效应不显著；间接效应置信区间［-0.0017，0.0005］包含 0，说明自我控制中介效应不显著。具体数据如表 4-377 所示。

表 4-377 自我控制在父母谁的空闲时间更多与冲动性消费倾向之间的中介效应

效应	Effect	置信区间下限	置信区间上限
总效应	0.0065	−0.0207	0.0336
直接效应	0.0068	−0.0203	0.0340
间接效应	−0.0004	−0.0017	0.0005

（5）父母谁的陪伴更多。将父母谁的陪伴更多作为自变量，自我控制作为中介变量，冲动性消费倾向作为因变量。父母谁的陪伴更多影响冲动性消费倾向的总效应置信区间 ［−0.0213，0.0325］ 包含 0，说明总效应在 $\alpha = 0.05$ 的水平上不显著；直接效应置信区间 ［−0.0208，0.0330］ 包含 0，说明直接效应不显著；间接效应置信区间 ［−0.0020，0.0005］ 包含 0，说明自我控制中介效应不显著。具体数据如表 4-378 所示。

表 4-378 自我控制在父母谁的陪伴更多与冲动性消费倾向之间的中介效应

效应	Effect	置信区间下限	置信区间上限
总效应	0.0056	−0.0213	0.0325
直接效应	0.0061	−0.0208	0.0330
间接效应	−0.0005	−0.0020	0.0005

（6）是否主动参与家庭财经决策。将是否主动参与家庭财经决策作为自变量，自我控制作为中介变量，冲动性消费倾向作为因变量。是否主动参与家庭财经决策影响冲动性消费倾向的总效应置信区间 ［−0.0691，0.0036］ 包含 0，说明总效应在 $\alpha = 0.05$ 的水平上不显著；直接效应置信区间 ［−0.0694，0.0033］ 包含 0，说明直接效应不显著；间接效应置信区间 ［−0.0008，0.0017］ 包含 0，说明自我控制中介效应不显著。具体数据如表 4-379 所示。

表 4-379 自我控制在是否主动参与家庭财经决策与冲动性消费倾向之间的中介效应

效应	Effect	置信区间下限	置信区间上限
总效应	−0.0328	−0.0691	0.0036
直接效应	−0.0330	−0.0694	0.0033
间接效应	0.0003	−0.0008	0.0017

（7）父亲的消费风格。将父亲的消费风格作为自变量，自我控制作为中介

变量，冲动性消费倾向作为因变量。父亲的消费风格影响冲动性消费倾向的总效应置信区间［0.0786，0.1277］不包含 0，说明总效应在 α=0.05 的水平上显著，效应大小为 0.1032；直接效应置信区间［0.0784，0.1257］不包含 0，说明直接效应显著，效应大小为 0.1030；间接效应置信区间［-0.0005，0.0014］包含 0，说明自我控制中介效应不显著。具体数据如表 4-380 所示。

表 4-380　自我控制在父亲的消费风格与冲动性消费倾向之间的中介效应

效应	Effect	置信区间下限	置信区间上限
总效应	0.1032	0.0786	0.1277
直接效应	0.1030	0.0784	0.1275
间接效应	0.0002	-0.0005	0.0014

（8）母亲的消费风格。将母亲的消费风格作为自变量，自我控制作为中介变量，冲动性消费倾向作为因变量。母亲的消费风格影响冲动性消费倾向的总效应置信区间［0.0987，0.1519］不包含 0，说明总效应在 α=0.05 的水平上显著，效应大小为 0.1253；直接效应置信区间［0.0987，0.1520］不包含 0，说明直接效应显著，效应大小为 0.1253；间接效应置信区间［-0.0010，0.0010］包含 0，说明自我控制中介效应不显著。具体数据如表 4-381 所示。

表 4-381　自我控制在母亲的消费风格与冲动性消费倾向之间的中介效应

效应	Effect	置信区间下限	置信区间上限
总效应	0.1253	0.0987	0.1519
直接效应	0.1253	0.0987	0.1520
间接效应	0.0000	-0.0010	0.0010

（9）童年社会地位。将童年社会地位作为自变量，自我控制作为中介变量，冲动性消费倾向作为因变量。童年社会地位影响冲动性消费倾向的总效应置信区间［0.0811，0.1406］不包含 0，说明总效应在 α=0.05 的水平上显著，效应大小为 0.1109；直接效应置信区间［0.0797，0.1399］不包含 0，说明直接效应显著，效应大小为 0.1098；间接效应置信区间［-0.0045，0.0068］包含 0，说明自我控制中介效应不显著。具体数据如表 4-382 所示。

表 4-382   自我控制在童年社会地位与冲动性消费倾向之间的中介效应

效应	Effect	置信区间下限	置信区间上限
总效应	0.1109	0.0811	0.1406
直接效应	0.1098	0.0797	0.1399
间接效应	0.0011	−0.0045	0.0068

六、自我控制在家庭成长环境与超前消费倾向之间的中介效应

本书把家庭成长环境作为自变量，包括家庭财经决策负责人、父母谁的收入更高、父母谁更擅长理财、父母谁的空闲时间更多、父母谁的陪伴更多、是否主动参与家庭财经决策、父亲的消费风格、母亲的消费风格、童年社会地位九种家庭成长环境变量。将自我控制作为中介变量，超前消费倾向作为因变量，运用 PROCESS 分析工具进行分析。其中，将样本数量设置为 5000，置信区间的置信度设置为 95%。以下为自我控制在家庭成长环境与超前消费倾向之间的中介效应的检验结果。

（1）家庭财经决策负责人。将家庭财经决策负责人作为自变量，自我控制作为中介变量，超前消费倾向作为因变量。家庭财经决策负责人影响超前消费倾向的总效应置信区间 [−0.0587，−0.0009] 不包含 0，说明总效应在 $\alpha = 0.05$ 的水平上显著，效应大小为 −0.0298；直接效应置信区间 [−0.0622，−0.0052] 不包含 0，说明直接效应显著，效应大小为 −0.0337；间接效应置信区间 [−0.0009，0.0091] 包含 0，说明自我控制中介效应不显著。具体数据如表 4-383 所示。

表 4-383   自我控制在家庭财经决策负责人与超前消费倾向之间的中介效应

效应	Effect	置信区间下限	置信区间上限
总效应	−0.0298	−0.0587	−0.0009
直接效应	−0.0337	−0.0622	−0.0052
间接效应	0.0039	−0.0009	0.0091

（2）父母谁的收入更高。将父母谁的收入更高作为自变量，自我控制作为中介变量，超前消费倾向作为因变量。父母谁的收入更高影响超前消费倾向的总效应置信区间 [−0.0181，0.0271] 包含 0，说明总效应在 $\alpha = 0.05$ 的水平上不显著；直接效应置信区间 [−0.0172，−0.0274] 包含 0，说明直接效应不显著；间接效应置信区间 [−0.0042，0.0032] 包含 0，说明自我控制中介效应不显著。具体数据如表 4-384 所示。

表 4-384   自我控制在父母谁的收入更高与超前消费倾向之间的中介效应

效应	Effect	置信区间下限	置信区间上限
总效应	0.0045	−0.0181	0.0271
直接效应	0.0051	−0.0172	0.0274
间接效应	−0.0006	−0.0042	0.0032

（3）父母谁更擅长理财。将父母谁更擅长理财作为自变量，自我控制作为中介变量，超前消费倾向作为因变量。父母谁更擅长理财影响超前消费倾向的总效应置信区间［−0.0271，0.0093］包含 0，说明总效应在 $\alpha = 0.05$ 的水平上不显著；直接效应置信区间［−0.0239，0.0120］包含 0，说明直接效应不显著；间接效应置信区间［−0.0061，0.0001］包含 0，说明自我控制中介效应不显著。具体数据如表 4-385 所示。

表 4-385   自我控制在父母谁更擅长理财与超前消费倾向之间的中介效应

效应	Effect	置信区间下限	置信区间上限
总效应	−0.0089	−0.0271	0.0093
直接效应	−0.0060	−0.0239	0.0120
间接效应	−0.0030	−0.0061	0.0001

（4）父母谁的空闲时间更多。将父母谁的空闲时间更多作为自变量，自我控制作为中介变量，超前消费倾向作为因变量。父母谁的空闲时间更多影响超前消费倾向的总效应置信区间［−0.0110，0.0402］包含 0，说明总效应在 $\alpha = 0.05$ 的水平上不显著；直接效应置信区间［−0.0083，0.0422］包含 0，说明直接效应不显著；间接效应置信区间［−0.0067，0.0020］包含 0，说明自我控制中介效应不显著。具体数据如表 4-386 所示。

表 4-386   自我控制在父母谁的空闲时间更多与超前消费倾向之间的中介效应

效应	Effect	置信区间下限	置信区间上限
总效应	0.0146	−0.0110	0.0402
直接效应	0.0169	−0.0083	0.0422
间接效应	−0.0024	−0.0067	0.0020

（5）父母谁的陪伴更多。将父母谁的陪伴更多作为自变量，自我控制作为

中介变量，超前消费倾向作为因变量。父母谁的陪伴更多影响超前消费倾向的总效应置信区间 ［-0.0150，0.0357］ 包含 0，说明总效应在 $\alpha=0.05$ 的水平上不显著；直接效应置信区间 ［-0.0110，0.0391］ 包含 0，说明直接效应不显著；间接效应置信区间 ［-0.0083，0.0003］ 包含 0，说明自我控制中介效应不显著。具体数据如表 4-387 所示。

表 4-387　自我控制在父母谁的陪伴更多与超前消费倾向之间的中介效应

效应	Effect	置信区间下限	置信区间上限
总效应	0.0103	-0.0150	0.0357
直接效应	0.0140	-0.0110	0.0391
间接效应	-0.0037	-0.0083	0.0003

（6）是否主动参与家庭财经决策。将是否主动参与家庭财经决策作为自变量，自我控制作为中介变量，超前消费倾向作为因变量。是否主动参与家庭财经决策影响超前消费倾向的总效应置信区间 ［-0.0393，0.0292］ 包含 0，说明总效应在 $\alpha=0.05$ 的水平上不显著；直接效应置信区间 ［-0.0409，0.0268］ 包含 0，说明直接效应不显著；间接效应置信区间 ［-0.0035，0.0077］ 包含 0，说明自我控制中介效应不显著。具体数据如表 4-388 所示。

表 4-388　自我控制在是否主动参与家庭财经决策与超前消费倾向之间的中介效应

效应	Effect	置信区间下限	置信区间上限
总效应	-0.0050	-0.0393	0.0292
直接效应	-0.0070	-0.0409	0.0268
间接效应	0.0020	-0.0035	0.0077

（7）父亲的消费风格。将父亲的消费风格作为自变量，自我控制作为中介变量，超前消费倾向作为因变量。父亲的消费风格影响超前消费倾向的总效应置信区间 ［0.0603，0.1067］ 不包含 0，说明总效应在 $\alpha=0.05$ 的水平上显著，效应大小为 0.0835；直接效应置信区间 ［0.0594，0.1052］ 不包含 0，效应大小为 0.0823，说明直接效应显著；间接效应置信区间 ［-0.0028，0.0056］ 包含 0，说明自我控制中介效应不显著。具体数据如表 4-389 所示。

表4-389 自我控制在父亲的消费风格与超前消费倾向之间的中介效应

效应	Effect	置信区间下限	置信区间上限
总效应	0.0835	0.0603	0.1067
直接效应	0.0823	0.0594	0.1052
间接效应	0.0012	−0.0028	0.0056

（8）母亲的消费风格。将母亲的消费风格作为自变量，自我控制作为中介变量，超前消费倾向作为因变量。母亲的消费风格影响超前消费倾向的总效应置信区间 [0.0675, 0.1179] 不包含0，说明总效应在 $\alpha = 0.05$ 的水平上显著，效应大小为0.0927；直接效应置信区间 [0.0685, 0.1183] 不包含0，效应大小为0.0934，说明直接效应显著；间接效应置信区间 [−0.0052, 0.0041] 包含0，说明自我控制中介效应不显著。具体数据如表4-390所示。

表4-390 自我控制在母亲的消费风格与超前消费倾向之间的中介效应

效应	Effect	置信区间下限	置信区间上限
总效应	0.0927	0.0675	0.1179
直接效应	0.0934	0.0685	0.1183
间接效应	−0.0006	−0.0052	0.0041

（9）童年社会地位。将童年社会地位作为自变量，自我控制作为中介变量，超前消费倾向作为因变量。童年社会地位影响超前消费倾向的总效应置信区间 [0.0797, 0.1357] 不包含0，说明总效应在 $\alpha = 0.05$ 的水平上显著，效应大小为0.1077；直接效应置信区间 [0.0597, 0.1158] 不包含0，效应大小为0.0877，说明直接效应显著；间接效应置信区间 [0.0131, 0.0274] 包含0，说明自我控制中介效应不显著。具体数据如表4-391所示。

表4-391 自我控制在家庭童年社会地位与超前消费倾向之间的中介效应

效应	Effect	置信区间下限	置信区间上限
总效应	0.1077	0.0797	0.1357
直接效应	0.0877	0.0597	0.1158
间接效应	0.0199	0.0131	0.0274

七、自我控制在家庭成长环境与炫耀性消费倾向之间的中介效应

本书把家庭成长环境作为自变量，包括家庭财经决策负责人、父母谁的收入更高、父母谁更擅长理财、父母谁的空闲时间更多、父母谁的陪伴更多、是否主动参与家庭财经决策、父亲的消费风格、母亲的消费风格、童年社会地位九种家庭成长环境变量。将自我控制作为中介变量，炫耀性消费倾向作为因变量，运用PROCESS分析工具进行分析。其中，将样本数量设置为5000，置信区间的置信度设置为95%。以下为自我控制在家庭成长环境与炫耀性消费倾向之间的中介效应的检验结果。

（1）家庭财经决策负责人。将家庭财经决策负责人作为自变量，自我控制作为中介变量，炫耀性消费倾向作为因变量。家庭财经决策负责人影响炫耀性消费倾向的总效应置信区间 [-0.0548，0.0062] 包含 0，说明总效应在 $\alpha = 0.05$ 的水平上不显著；直接效应置信区间 [-0.0569，0.0040] 包含 0，说明直接效应不显著；间接效应置信区间 [-0.0003，0.0051] 包含 0，说明自我控制中介效应不显著。具体数据如表 4-392 所示。

表 4-392　自我控制在家庭财经决策负责人与炫耀性消费倾向之间的中介效应

效应	Effect	置信区间下限	置信区间上限
总效应	-0.0243	-0.0548	0.0062
直接效应	-0.0264	-0.0569	0.0040
间接效应	0.0021	-0.0003	0.0051

（2）父母谁的收入更高。将父母谁的收入更高作为自变量，自我控制作为中介变量，炫耀性消费倾向作为因变量。父母谁的收入更高影响炫耀性消费倾向的总效应置信区间 [-0.0116，0.0361] 包含 0，说明总效应在 $\alpha = 0.05$ 的水平上不显著；直接效应置信区间 [-0.0112，0.0364] 包含 0，说明直接效应不显著；间接效应置信区间 [-0.0024，0.0016] 包含 0，说明自我控制中介效应不显著。具体数据如表 4-393 所示。

表 4-393　自我控制在父母谁的收入更高与炫耀性消费倾向之间的中介效应

效应	Effect	置信区间下限	置信区间上限
总效应	0.0122	-0.0116	0.0361
直接效应	0.0126	-0.0112	0.0364
间接效应	-0.0004	-0.0024	0.0016

（3）父母谁更擅长理财。将父母谁更擅长理财作为自变量，自我控制作为中介变量，炫耀性消费倾向作为因变量。父母谁更擅长理财影响炫耀性消费倾向的总效应置信区间［-0.0416，-0.0032］不包含0，说明总效应在 $\alpha = 0.05$ 的水平上显著，效应大小为-0.0224；直接效应置信区间［-0.0401，-0.0017］不包含0，说明直接效应显著，效应大小为-0.0209；间接效应置信区间［-0.0035，0.0000］包含0，说明自我控制中介效应不显著。具体数据如表4-394所示。

表4-394　自我控制在父母谁更擅长理财与炫耀性消费倾向之间的中介效应

效应	Effect	置信区间下限	置信区间上限
总效应	-0.0224	-0.0416	-0.0032
直接效应	-0.0209	-0.0401	-0.0017
间接效应	-0.0015	-0.0035	0.0000

（4）父母谁的空闲时间更多。将父母谁的空闲时间更多作为自变量，自我控制作为中介变量，炫耀性消费倾向作为因变量。父母谁的空闲时间更多影响炫耀性消费倾向的总效应置信区间［-0.0061，0.0480］包含0，说明总效应在 $\alpha = 0.05$ 的水平上不显著；直接效应置信区间［-0.0048，0.0492］包含0，说明直接效应不显著；间接效应置信区间［-0.0037，0.0009］包含0，说明自我控制中介效应不显著。具体数据如表4-395所示。

表4-395　自我控制在父母谁的空闲时间更多与炫耀性消费倾向之间的中介效应

效应	Effect	置信区间下限	置信区间上限
总效应	0.0210	-0.0061	0.0480
直接效应	0.0222	-0.0048	0.0492
间接效应	-0.0012	-0.0037	0.0009

（5）父母谁的陪伴更多。将父母谁的陪伴更多作为自变量，自我控制作为中介变量，炫耀性消费倾向作为因变量。父母谁的陪伴更多影响炫耀性消费倾向的总效应置信区间［-0.0305，0.0230］包含0，说明总效应在 $\alpha = 0.05$ 的水平上不显著；直接效应置信区间［-0.0287，0.0247］包含0，说明直接效应不显著；间接效应置信区间［-0.0045，0.0002］包含0，说明自我控制中介效应不显著。具体数据如表4-396所示。

表 4-396　自我控制在父母谁的陪伴更多与炫耀性消费倾向之间的中介效应

效应	Effect	置信区间下限	置信区间上限
总效应	-0.0038	-0.0305	0.0230
直接效应	-0.0020	-0.0287	0.0247
间接效应	-0.0018	-0.0045	0.0002

（6）是否主动参与家庭财经决策。将是否主动参与家庭财经决策作为自变量，自我控制作为中介变量，炫耀性消费倾向作为因变量。是否主动参与家庭财经决策影响炫耀性消费倾向的总效应置信区间 [-0.0209, 0.0515] 包含 0，说明总效应在 $\alpha = 0.05$ 的水平上不显著；直接效应置信区间 [-0.0218, 0.0504] 包含 0，说明直接效应不显著；间接效应置信区间 [-0.0018, 0.0041] 包含 0，说明自我控制中介效应不显著。具体数据如表 4-397 所示。

表 4-397　自我控制在是否主动参与家庭财经决策与炫耀性消费倾向之间的中介效应

效应	Effect	置信区间下限	置信区间上限
总效应	0.0153	-0.0209	0.0515
直接效应	0.0143	-0.0218	0.0504
间接效应	0.0010	-0.0018	0.0041

（7）父亲的消费风格。将父亲的消费风格作为自变量，自我控制作为中介变量，炫耀性消费倾向作为因变量。父亲的消费风格影响炫耀性消费倾向的总效应置信区间 [0.0920, 0.1410] 不包含 0，说明总效应在 $\alpha = 0.05$ 的水平上显著，效应大小为 0.1165；直接效应置信区间 [0.0915, 0.1403] 不包含 0，说明直接效应显著，效应大小为 0.1169；间接效应置信区间 [-0.0014, 0.0031] 包含 0，说明自我控制中介效应不显著。具体数据如表 4-398 所示。

表 4-398　自我控制在父亲的消费风格与炫耀性消费倾向之间的中介效应

效应	Effect	置信区间下限	置信区间上限
总效应	0.1165	0.0920	0.1410
直接效应	0.1169	0.0915	0.1403
间接效应	0.0006	-0.0014	0.0031

（8）母亲的消费风格。将母亲的消费风格作为自变量，自我控制作为中介

变量，炫耀性消费倾向作为因变量。母亲的消费风格影响炫耀性消费倾向的总效应置信区间 [0.1180, 0.1710] 不包含 0，说明总效应在 α = 0.05 的水平上显著，效应大小为 0.1445；直接效应置信区间 [0.1183, 0.1712] 不包含 0，说明直接效应显著，效应大小为 0.1448；间接效应置信区间 [-0.0027, 0.0022] 包含 0，说明自我控制中介效应不显著。具体数据如表 4-399 所示。

表 4-399　自我控制在母亲的消费风格与炫耀性消费倾向之间的中介效应

效应	Effect	置信区间下限	置信区间上限
总效应	0.1445	0.1180	0.1710
直接效应	0.1448	0.1183	0.1712
间接效应	-0.0003	-0.0027	0.0022

（9）童年社会地位。将童年社会地位作为自变量，自我控制作为中介变量，炫耀性消费倾向作为因变量。童年社会地位影响炫耀性消费倾向的总效应置信区间 [0.1008, 0.1600] 不包含 0，说明总效应在 α = 0.05 的水平上显著，效应大小为 0.1304；直接效应置信区间 [0.0918, 0.1515] 不包含 0，说明直接效应显著，效应大小为 0.1216；间接效应置信区间 [0.0031, 0.0154] 不包含 0，说明自我控制间接效应显著，效应大小为 0.0088，存在部分中介效应。具体数据如表 4-400 所示。

表 4-400　自我控制在童年社会地位与炫耀性消费倾向之间的中介效应

效应	Effect	置信区间下限	置信区间上限
总效应	0.1304	0.1008	0.1600
直接效应	0.1216	0.0918	0.1515
间接效应	0.0088	0.0031	0.0154

　　本节分析了家庭成长环境对大学生自我控制能力及消费倾向的影响。对于大学生自我控制能力，除变量"父母谁的收入更高"及"父母谁的空闲时间更多"以外，其他变量均对大学生自我控制能力有着显著影响。同时分析发现，对于大学生消费倾向而言，父母消费风格以及童年社会地位对冲动性消费倾向、超前消费倾向、炫耀性消费倾向三种消费倾向均显著。另外，父母的陪伴对炫耀性消费倾向也存在显著影响，而其他变量则均未发现对消费倾向的显著影响。

　　同时，自我控制作为中介，在童年社会地位对大学生超前消费倾向、炫耀性消费倾向的影响过程中发挥了部分中介效应。但自我控制在其他家庭成长环境变量对大学生消费倾向的影响过程中，中介效应均不显著。

本章小结

在本章中，第一节，完成了对主体相关的 21 个变量的描述性统计，其结果基本符合大学生群体特征，样本具有代表性。第二节，对 2021 年、2022 年客观财经知识正确率对比，发现相较于 2021 年，2022 年的正确率有所下降，其原因可能在于参与项目学生的年龄有所下降，以及更多非经管类的学生成为受试者。第三节，通过运用 One-way ANOVA 分析工具、PROCESS 分析工具探明了家庭人文统计变量通过心理变量对大学生的财经素养产生影响。第四节，通过运用 One-way ANOVA 分析工具、PROCESS 分析工具，探析了家庭财经交流对心理变量及财经素养的影响，证实了家庭财经交流对于大学生财经素养形成的作用，心理变量的培养是作用的路径之一。第五节，通过运用 One-way ANOVA 分析工具、PROCESS 分析工具，完成了对家庭成长环境对自我控制、消费倾向的影响检验，验证了家庭成长环境对自我控制、消费倾向的影响，但以自我控制为中介变量的中介效应不显著。

家庭，作为大学生的主要成长环境、重要的信息来源以及社会化的重要环节，对于大学生形成稳定性的人格，正确的消费倾向，以及积累财经素养都有着重要作用。在家庭交流方面，无论是父母与大学生进行主动交流，还是通过日常行为进行潜移默化交流，都有利于大学生形成心理变量，但不同的交流方式在不同的财经行为方面的效力不同，进一步可以通过分析财经行为的特点，选择合适的交流方式与交流效率来促使大学生积累财经素养。家庭成长环境作为一个综合概念，包含家庭财经环境、家庭结构、父母教养方式、家庭陪伴等诸多方面，因此本书重点考察了家庭的财经环境、父母消费习惯、父母陪伴的作用。虽然家庭成长环境通过自我控制对消费倾向的中介效应不显著，但大学生的消费倾向受父母消费风格、家庭环境优越性的影响显著，自我控制则受到家庭成长环境中多个因素的综合影响。因此，为了培养孩子形成正确的消费倾向，应该合理利用自身家庭环境进行交流和影响，引导孩子主动参与家庭财经行为，同时通过自身树立和展现正确的消费倾向来对孩子进行培育。

第五章　结论与启示

第一节　结论

本书围绕描述大学生财经素养现状和家庭因素（包括家庭人文统计变量、家庭财经交流、家庭成长环境）对财经素养的影响效应两个研究目的，回顾了翔实的外文文献，根据本书先前积累的研究成果，设计了个人和家庭人文统计特征、家庭财经交流、家庭成长环境与个人财经素养之间关系所构建的研究框架，在此基础上通过文献研究和小组访谈建立了变量的测量体系。借助四川省大学生财经素养大赛，把报名参赛学生作为样本框获取受访对象，取得的样本具有一定的代表性，取得的数据具有高质量的特性。运用可靠性分析、描述性统计分析、Cross Tabulation 分析、ANOVA 方差分析、多重对比分析、回归分析、相关分析、PROCESS 分析等定量分析对数据进行了规范的研究，形成如下结论。

一、大学生的财经知识、财经素养及消费倾向总体状况

（一）大学生的财经知识状况

本书用客观财经知识和自我评估的财经知识来评价大学生的财经知识水平。

客观财经知识由 23 个财经类知识问答组成，包括通货膨胀、单利计算、借钱中的利息计算、复利计算、投资的风险性、通货膨胀和生活成本关系、股票的风险性、抵押贷款的利息成本、分散化投资和风险关系、利率和债券价格的关系、美元的买入价识别、高回报金融产品的识别、收益波动资产的识别、债券和股票的风险比较、资产的时间价值、股票共同基金的含义、存款准备金率、股票的意义、医疗保险、个人信用评级、不良信用记录、分期付款购买汽车、个人信用报告。数据分析发现，23 道常识性的客观财经知识问题都回答正确的人数占比 0 人。回答正确 22 道题的人数为 6 人，占 0.1%；12 道题都回答正确，也就是 50% 的题都回答正确的人数累计占比 68.7%。换而言之，另外 50% 的题都无法回

答正确的人数占比31.3%。此外，单一问题做对的比例最高的为投资的风险性（高投资高风险的识别），正确率为87.2%；做对的比例最低的为抵押贷款的利息成本，正确率仅为24.4%。每道题的平均正确率为58.3%。

值得注意的是，本书对2021年、2022年客观财经知识测试中设置的相同题目进行对比分析。结果发现，相比2021年，2022年大学生的客观财经知识的正确率处于下降状态。在 $\alpha = 0.05$ 的水平上，11个客观财经知识呈现下降态势，分别是：单利计算、借钱中的利息计算、投资的风险性、股票的风险性、抵押贷款的利息成本、分散化投资和风险关系、利率和债券价格的关系、美元的买入价识别、高回报金融产品的识别、债券和股票的风险比较、资产的时间价值。

自我评估的财经知识（Self-Assessed Literacy），又称主观财经知识，是由受访者对财经知识的掌握和理解程度的自我评判。数据分析结果显示，自我评估的财经知识低于中等水平的大学生累计达到50.7%；自我评估的财经知识高于中等水平的大学生累计为19.3%。

（二）大学生的财经素养状况

本书从六个维度界定大学生财经素养的内涵：财经态度、财经满意感、财经行为合理性、独立、信用和未来规划（生涯适应能力和未来承诺）。

（1）财经态度。财经态度由两个题项构成，分别是"我倾向于今朝有酒今朝醉而不去考虑明天""相比存钱而言，我更愿意把这些钱花掉"。得分越高代表越不同意测项的观点，财经态度则表现出正向积极的特性。数据分析结果显示，12%的受访者更赞同"今朝有酒今朝醉而不去考虑明天"的财经态度，58.5%的受访者不赞同这种观点，29.5%的受访者持中立态度；13.0%的受访者认为花钱比储蓄更重要；53.8%的受访者认为储蓄比花钱更重要；33.1%的受访者处于中立态度。由于"我倾向于今朝有酒今朝醉而不去考虑明天""我发现花钱比长期保存更令人满意"两个变量之间的Pearson相关系数为0.596，在 $\alpha = 0.01$ 的水平上显著。因此，两个量表的测量结果共同说明约1/8的受访者倾向于即时满足的财经态度，而一半以上的受访者则倾向于延迟满足的财经态度。

（2）财经满意感。财经满意感代表个体对目前财务状况的满意程度。本书采取测项"我对目前的财务状况感到满意"来进行测量。数据分析结果显示，12.1%的受访者对自己的财经状况不满意；20%的受访者对自己目前的财经状况处于满意状态。财经满意感的均值为2.79，小于中值3，说明大学生普遍对当下的财经状况处于不满意状态。

（3）财经行为合理性。财经行为合理性是指个人的财经行为是否符合正常的规范。此变量的测量由四个题项构成，包括"在买东西之前，我会仔细考虑一下我是否能负担得起""我会按时偿还借款""我会密切关注自己的财务事宜""我制定了长期财务目标并努力实现这些目标"。采用 Likert5 级量表进行打分，1表示完全不同意，5表示完全同意，得分越高，说明受访者的财经行为合理性越高。

数据结果显示，受访者量入为出、按时支付账单和关注自身财务状况的信念的均值都大于 3.8（总分为 5 分），说明受访者财经行为合理性较高；对这三个题项完全不同意的比例在 2.7%~3.3%，占比比较低。然而，制定财务目标并努力实现它的均值小于 3.5，完全不同意的比例为 4.5%。总体来讲，受访者财经行为的合理性比较高，但财经行为的目的性还不是很强。

（4）独立。独立是指个体依靠自己的力量去做某事的心理变量，它通常包括人格独立、经济独立、思想独立、生活独立。独立的测量由八个题项构成，如"我通常能根据自身的情况和外部环境变化制订下一步的行动方案""我有勇气面对自己曾经犯过的错误""我会为自己的行为负责"等。

本书对独立的八个关联题项的描述统计结果进行了分析。结果显示，受访者对于正向态度（比较同意和完全同意）均大于 40%，八个题项的均值均大于 3，也就是说，四成的大学生的独立性比较强。但是，八个题项的负向态度（完全不同意和比较不同意）合并的比例在 6%~13%，说明还有接近一成的大学生独立性比较弱。

（5）信用。本书从道德层面和经济学层面界定信用的内涵。通过 6 个题项对信用进行测量，如"我会对我说出的话负责""我借用了他人的东西，我都会如期归还""我会尽最大努力履行我对他人的承诺""我认识的人都很信任我"等。数据分析结果显示，六个题项正向态度（比较同意和完全同意）合并的比例均大于 60%，六个题项负向态度（比较不同意和完全不同意）合并的比例在 5%~7%。这说明，绝大多数大学生遵循信用的规则，但仍有少数学生还未认识到信用的作用和意义。

（6）生涯适应能力。生涯适应能力是指个人在获取更高学历、未来工作和未来家庭所作的思考和长远规划。本书设置 3 个问题进行测试，分别是"您多久筹划一次您未来更高学历的教育""您多久筹划一次您未来的工作""您多久筹划一次您未来的家庭"。得分越高，说明生涯适应能力越强。数据分析结果发现，其中三个题项的均值均大于中值 3，"偶尔"和"经常"两个选项合并的比例均大于 25%，其中，对学历教育和工作的筹划均大于 40%，说明大部分大学生均有较强的生涯适应能力，但是，尚有一成多的大学生没有未来规划的意识。

（7）未来承诺。未来承诺是指个体把未来规划付诸行动的决心。本书用三个题项进行测量，分别是"您大学毕业后实现更高学历教育计划的决心有多大""您大学毕业后实现未来工作计划的决心有多大""您大学毕业后实现未来家庭计划的决心有多大"。采用 Likert 五级量表（1＝非常不同意；5＝非常同意），得分越高，说明未来承诺越强。数据分析结果显示，在这三个题项中，有决心实现继续教育和未来工作计划（决心较大和决心很大）的比例超过50%，有决心实现未来家庭计划的比例达到33.8%，但仍有3%左右的大学生对实现未来规划没有决心。

（三）大学生的消费状况

消费倾向由冲动性消费倾向、超前消费倾向、炫耀性消费倾向三个变量组成。

（1）冲动性消费倾向。冲动性消费行为是指"感受到一种突然意外的冲动，以一种取乐的方式行动，这种行动方式基于冲动，没有仔细考虑随后的不良后果，但该行动能带来立即的满足"。数据分析结果显示，仅有16.7%的受访者对"我经常不假思索地购买商品"持积极态度（比较同意和完全同意），对此持否定态度的比例为41.4%；32.3%的受访者认为自己会"一时冲动购买商品"，对此持否定态度的比例为25.0%。说明大多数受访者在购物时较为理性，但仍有近1/3的受访者具有冲动性消费倾向。

（2）超前消费倾向。超前消费倾向是指消费者当下的收入水平不足以购买现在所需的产品或服务，消费者为了满足短期的消费需求而支付利息进行即期消费，并用未来的现金流来偿还本息的行为。数据分析结果显示，27.2%的大学生认为超前消费是一种很正常的社会现象；17%的大学生认为预支以后的收入用于当前的消费是可行的；36.4%的大学生认为超前消费可以提升生活质量；35%的大学生在超前消费发生后会按时还款。

（3）炫耀性消费倾向。炫耀性消费是指主要为了夸示财富而不是满足真实需求的消费活动。数据分析结果显示，在受访者中，18.8%的大学生购买商品是为了追求独特性；17.5%的大学生具有攀比心态；11.1%的大学生购买某些商品是为了炫耀；22.2%的大学生认为使用某些商品可以在他人眼中增加自己的价值。

二、家庭人文统计变量对大学生财经素养的影响

本书构建的家庭人文统计变量旨在反映大学生的家庭背景，包含父亲职业、母亲职业、父亲受教育水平、母亲受教育水平、家庭成员健康状况、独生子女、家庭月收入共七种变量。本书将家庭人文统计变量作为自变量，将财经态度作为因变量，运用 One-way ANOVA 分析工具进行方差分析，探究家庭人文统计变量对大学生财经素养的影响。同时，探究了心理变量（包括认知需求、自我效能、延迟满足）在其中的中介作用。数据分析结论如下。

（一）家庭人文统计变量对财经态度的影响及心理变量的中介作用

（1）父亲职业对大学生财经态度的影响及心理变量的中介作用。本书研究发现，父亲职业为政府或企业事业单位普通员工的大学生的财经态度显著低于父亲职业为政府机关、党群组织的负责人或中高级官员，企业事业单位的管理人员，专业技术人员或其他专业人士，个体户，自由职业者以及父亲待业的大学生的财经态度。另外，父亲职业为政府机关、党群组织的负责人或中高级官员的大学生的财经态度除显著高于父亲职业为政府或企业事业单位普通员工的大学生的财经态度以外，还显著高于父亲职业为技术工人、务农的大学生的财经态度。同理，父亲为个体户的大学生的财经态度还显著高于父亲职业为技术工人、务农、其他职业的大学生的财经态度。父亲为自由职业者的大学生的财经态度还显著高于父亲为技术工人的大学生的财经态度。

将父亲职业作为自变量，心理变量作为中介变量，财经态度作为因变量。结果显示，三个心理变量（认知需求、自我效能、延迟满足）在父亲职业与财经态度之间没有发挥显著的中介效应。

（2）母亲职业对大学生财经态度的影响及心理变量的中介作用。母亲职业为政府机关、党群组织的负责人或中高级官员的大学生的财经态度显著高于母亲职业为企业事业单位的管理人员、技术工人、政府或企业事业单位普通员工、自由职业者、务农、其他职业以及母亲待业的大学生的财经态度，但与母亲职业为专业技术人员或其他专业人士、个体户的大学生的财经态度之间无显著差异。另外，母亲为个体户的大学生的财经态度显著高于母亲职业为政府或企业事业单位普通员工、务农、其他职业以及母亲处于待业状态的大学生的财经态度。

将母亲职业作为自变量，心理变量作为中介变量，财经态度作为因变量。结果发现，三个心理变量在母亲职业与财经态度之间没有发挥显著的中介效应。

（3）父亲受教育水平对大学生财经态度的影响及心理变量的中介作用。数据分析结果显示，父亲受教育水平对大学生的财经态度不存在显著影响。

（4）母亲受教育水平对大学生财经态度的影响及心理变量的中介作用。母亲受教育水平为硕士及以上的大学生的财经态度显著高于母亲职业为大学本科/大专、高中/中专/技校、初中及以下的大学生的财经态度。并且，母亲的受教育水平为初中及以下、高中/中专/技校、大学本科/大专的大学生的财经态度无显著差异。

将母亲受教育水平作为自变量，心理变量作为中介变量，财经态度作为因变量。结果发现，认知需求和延迟满足在母亲受教育水平与财经态度之间均发挥显著的中介效应，而自我效能在其中的中介效应不显著。这意味着母亲受教育水平会正向影响大学生的认知需求和延迟满足，从而进一步影响其财经态度。

（5）家庭成员健康状况对大学生财经态度的影响及心理变量的中介作用。数据分析结果显示，家庭成员健康状况对财经态度的影响不显著。

（6）独生子女对大学生财经态度的影响及心理变量的中介作用。数据分析结果显示，大学生是否为独生子女对其财经态度的影响不显著。

（7）家庭月收入对大学生财经态度的影响及心理变量的中介作用。家庭月收入为5000元及以下的大学生的财经态度显著低于家庭月收入为5000～10000元、10000～20000元、20000元以上的大学生的财经态度，而家庭月收入为5000～10000元、10000～20000元、20000元以上的大学生的财经态度之间无显著差异。

将家庭月收入作为自变量，心理变量作为中介变量，财经态度作为因变量。结果显示，认知需求和延迟满足在家庭月收入与财经态度之间均发挥显著的中介效应，而自我效能在其中的中介效应不显著。这意味着家庭月收入会正向影响大学生的认知需求和延迟满足，从而进一步影响其财经态度。

（二）家庭人文统计变量对财经满意感的影响及心理变量的中介作用

（1）父亲职业对大学生财经满意感的影响及心理变量的中介作用。父亲职业为政府机关、党群组织的负责人或中高级官员，企业事业单位的管理人员，专业技术人员或其他专业人士，政府或企业事业单位普通员工的大学生的财经满意感分别显著高于父亲务农的大学生的财经满意感。另外，父亲职业为企业事业单位的管理人员的大学生的财经满意感还显著高于父亲职业为技术工人、政府或企业事业单位普通员工、个体户、其他职业以及父亲待业的大学生的财经满意感。

将父亲职业作为自变量，心理变量作为中介变量，财经满意感作为因变量。结果发现，自我效能和延迟满足在父亲职业与大学生财经满意感的关系中起中介作用，而认知需求的中介作用不显著。

（2）母亲职业对大学生财经满意感的影响及心理变量的中介作用。母亲职业为企业事业单位的管理人员、政府或企业事业单位普通员工的大学生的财经满意感分别显著高于母亲职业为个体户、务农、其他职业以及母亲待业的大学生的财经满意感，但与母亲职业为政府机关、党群组织的负责人或中高级官员，专业技术人员或其他专业人士，技术工人，自由职业者的大学生的财经满意感无显著差异。

将母亲职业作为自变量，心理变量作为中介变量，财经满意感作为因变量。数据分析结果发现，自我效能在母亲职业与大学生财经满意感的关系中起中介作用，而认知需求和延迟满足的中介作用不显著。

（3）父亲受教育水平对大学生财经满意感的影响及心理变量的中介作用。父亲受教育水平为硕士及以上、大学本科/大专的财经满意感显著高于父亲受教育水平为高中/中专/技校、初中及以下的大学生的财经满意感，但父亲受教育水平为硕士及以上、大学本科/大专的财经满意感无显著差异。另外，父亲受教育水平为高中/中专/技校的大学生的财经满意感显著高于父亲受教育水平为初中及以下的大学生的财经满意感。

将父亲受教育水平作为自变量，心理变量作为中介变量，财经满意感作为因变量。数据分析结果发现，认知需求、自我效能、延迟满足在父亲受教育水平与大学生财经满意感的关系中均起中介作用。

（4）母亲受教育水平对大学生财经满意感的影响及心理变量的中介作用。母亲受教育水平为硕士及以上、大学本科/大专的财经满意感显著高于母亲受教育水平为高中/中专/技校、初中及以下的大学生的财经满意感，但母亲受教育水平为硕士及以上、大学本科/大专的财经满意感无显著差异。另外，母亲受教育水平为高中/中专/技校的大学生的财经满意感显著高于母亲受教育水平为初中及以下的大学生的财经满意感。总体而言，母亲受教育水平越高，大学生的财经满意感就越高。

将母亲受教育水平作为自变量，心理变量作为中介变量，财经满意感作为因变量。数据分析结果发现，认知需求、自我效能、延迟满足在母亲受教育水平与大学生财经满意感的关系中均起中介作用。

（5）家庭成员健康状况对大学生财经满意感的影响及心理变量的中介作用。家庭成员健康状况为良好的大学生的财经满意感显著高于家庭成员健康状况为一般、较差、很差的大学生的财经满意感。家庭成员健康状况为一般的大学生的财经满意感显著高于家庭成员健康状况为较差的大学生的财经满意感，但与家庭成员健康状况为很差的大学生的财经满意感无显著差异。总体而言，家庭成员健康状况越好，大学生的财经满意感就越高。

将家庭成员健康状况作为自变量，心理变量作为中介变量，财经满意感作为因变量。数据分析结果发现，认知需求、自我效能、延迟满足在家庭成员健康状况与大学生财经满意感的关系中均起中介作用。

（6）独生子女对大学生财经满意感的影响及心理变量的中介作用。是独生子女的大学生的财经满意感显著高于不是独生子女的大学生的财经满意感。

将是否为独生子女作为自变量，心理变量作为中介变量，财经满意感作为因变量。数据分析结果发现，自我效能在独生子女状况与大学生财经满意感的关系中均起中介作用，认知需求和延迟满足的中介效应不显著。

（7）家庭月收入对大学生财经满意感的影响及心理变量的中介作用。家庭月收入为20000元以上的大学生的财经满意感显著高于家庭月收入为5000元及以下、5000~10000元、10000~20000元的大学生的财经满意感。家庭月收入为10000~20000元的大学生的财经满意感显著高于家庭月收入为5000元及以下以及5000~10000元的大学生的财经满意感。家庭月收入为5000~10000元的大学生的财经满意感显著高于家庭月收入为5000元及以下的大学生的财经满意感。总体而言，家庭月收入越高，大学生的财经满意感就越高。

将家庭月收入作为自变量，心理变量作为中介变量，财经满意感作为因变量。数据分析结果发现，自我效能和延迟满足在家庭月收入与大学生财经满意感的关系中均起中介作用，认知需求的中介效应不显著。

（三）家庭人文统计变量对财经行为合理性的影响及心理变量的中介作用

（1）父亲职业对大学生财经行为合理性的影响及心理变量的中介作用。研究结果显示，父亲的不同职业对应的大学生的财经行为合理性不存在显著性差异。

（2）母亲职业对大学生财经行为合理性的影响及心理变量的中介作用。母亲职业为政府或企业事业单位普通员工的大学生的财经行为合理性显著高于母亲职业为政府机关、党群组织的负责人或中高级官员，个体户的大学生的财经行为合理性。而母亲职业为政府机关、党群组织的负责人或中高级官员，企业事业单位的管理人员，专业技术人员或其他专业人士，技术工人，个体户，自由职业者，务农，其他职业以及母亲待业的大学生的财经行为合理性无显著差异。

（3）父亲受教育水平对大学生财经行为合理性的影响及心理变量的中介作用。父亲受教育水平为大学本科/大专的大学生的财经行为合理性显著高于父亲受教育水平为高中/中专/技校、初中及以下的大学生的财经行为合理性，但与父亲受教育水平为硕士及以上的大学生的财经行为合理性无显著差异。

（4）母亲受教育水平对大学生财经行为合理性的影响及心理变量的中介作用。母亲受教育水平为硕士及以上的大学生的财经行为合理性显著低于母亲受教育水平为大学本科/大专、高中/中专/技校、初中及以下的大学生的财经行为合理性。另外，母亲受教育水平为大学本科/大专的大学生的财经行为合理性与母亲受教育水平为高中/中专/技校的大学生的财经行为合理性无差异。

（5）家庭成员健康状况对大学生财经行为合理性的影响及心理变量的中介

作用。家庭成员健康状况为良好的大学生财经行为合理性显著高于家庭成员状况为一般、很差的大学生的财经行为合理性。家庭成员健康状况为一般的大学生的财经行为合理性显著高于家庭成员健康状况为很差的大学生的财经行为合理性，家庭成员健康状况为较差的大学生的财经行为合理性显著高于家庭成员状况为很差的大学生的财经行为合理性。

将家庭成员健康状况作为自变量，心理变量作为中介变量，财经行为合理性作为因变量。数据分析结果显示，认知需求、自我效能和延迟满足三个心理变量在家庭成员健康状况与大学生财经行为合理性的关系中均发挥了显著的中介作用。

（6）独生子女对大学生财经行为合理性的影响及心理变量的中介作用。数据分析结果显示，大学生是否为独生子女对其财经行为合理性的影响不显著。

（7）家庭月收入对大学生财经行为合理性的影响及心理变量的中介作用。数据分析结果显示，大学生的家庭月收入对其财经行为合理性的影响不显著。

（四）家庭人文统计变量对独立的影响及心理变量的中介作用

（1）父亲职业对大学生独立的影响及心理变量的中介作用。父亲职业为企业事业单位的管理人员的大学生的独立性显著高于父亲职业为技术工人的大学生的独立性。但父亲职业为政府机关、党群组织的负责人或中高级官员与父亲为除此之外的其他职业的大学生的独立性之间无显著差异。

（2）母亲职业对大学生独立的影响及心理变量的中介作用。母亲不同职业间的大学生的独立性无显著差异。

（3）父亲受教育水平对大学生独立的影响及心理变量的中介作用。父亲受教育水平为大学本科/大专的独立性显著高于父亲受教育水平为高中/中专/技校、初中及以下的大学生的独立性，但与父亲受教育水平为硕士及以上的大学生的独立性无显著差异。

将父亲受教育水平作为自变量，心理变量作为中介变量，独立作为因变量。数据分析结果显示，认知需求、自我效能和延迟满足在父亲受教育水平与大学生独立的关系中起中介作用。

（4）母亲受教育水平对大学生独立的影响及心理变量的中介作用。母亲受教育水平为大学本科/大专的独立性显著高于母亲受教育水平为高中/中专/技校、初中及以下的大学生的独立性，但与母亲受教育水平为硕士及以上的大学生的独立性无显著差异。

将母亲受教育水平作为自变量，心理变量作为中介变量，独立作为因变量。数据分析结果显示，认知需求、自我效能和延迟满足在母亲受教育水平与大学生独立的关系中起中介作用。

（5）家庭成员健康状况对大学生独立的影响及心理变量的中介作用。家庭成员健康状况为良好的大学生的独立性显著高于家庭成员健康状况为一般、很差的大学生的独立性，但与家庭成员健康状况为较差的大学生的独立性无显著差异。

将家庭成员健康状况作为自变量，心理变量作为中介变量，独立作为因变量。数据分析结果显示，认知需求、自我效能和延迟满足在家庭成员健康状况与大学生独立的关系中起中介作用。

（6）独生子女对大学生独立的影响及心理变量的中介作用。大学生是否为独生子女对其独立性的影响不显著。

（7）家庭月收入对大学生独立的影响及心理变量的中介作用。家庭月收入为20000元以上的大学生的独立性显著高于家庭月收入为5000元及以下、5000~10000元的大学生的独立性。家庭月收入为10000~20000元的大学生的独立性显著高于家庭月收入为5000元及以下以及5000~10000元的大学生的独立性。

将家庭月收入作为自变量，心理变量作为中介变量，独立作为因变量。数据分析结果显示，认知需求、自我效能和延迟满足在家庭月收入与大学生独立的关系中起中介作用。

（五）家庭人文统计变量对信用的影响及心理变量的中介作用

（1）父亲职业对大学生信用的影响及心理变量的中介作用。父亲职业为企业事业单位的管理人员的大学生的信用显著高于父亲职业为技术工人、个体户的大学生的信用，但与父亲职业为政府机关、党群组织的负责人或中高级官员，专业技术人员或其他专业人士，政府或企业事业单位普通员工，自由职业者，务农，其他职业以及父亲待业的大学生的信用之间无显著差异。

将父亲职业作为自变量，心理变量作为中介变量，信用作为因变量。数据分析结果显示，自我效能和延迟满足在父亲职业与大学生信用之间的关系中起中介作用，认知需求的中介效应不显著。

（2）母亲职业对大学生信用的影响及心理变量的中介作用。母亲职业为政府或企业事业单位普通员工的大学生的信用显著高于母亲职业为个体户以及其他职业的大学生的信用，但前者与母亲职业为政府机关、党群组织的负责人或中高级官员，企业事业单位的管理人员，专业技术人员或其他专业人士，技术工人，自由职业者，务农以及母亲待业的大学生的信用之间无显著差异。

（3）父亲受教育水平对大学生信用的影响及心理变量的中介作用。父亲受教育水平为大学本科/大专的大学生的信用显著高于父亲受教育水平为高中/中专/技校、初中及以下的大学生的信用，但前者与父亲受教育水平为硕士及以上的大学生的信用无显著差异。

将父亲受教育水平作为自变量，心理变量作为中介变量，信用作为因变量。数据分析结果显示，认知需求、自我效能和延迟满足三个心理变量在父亲受教育水平与大学生信用的关系中均起到中介作用。

（4）母亲受教育水平对大学生信用的影响及心理变量的中介作用。母亲受教育水平为大学本科/大专的大学生的信用显著高于母亲受教育水平为初中及以下的大学生的信用，但前者与母亲受教育水平为硕士及以上、高中/中专/技校的大学生的信用无显著差异。

将母亲受教育水平作为自变量，心理变量作为中介变量，信用作为因变量。数据分析结果显示，认知需求、自我效能和延迟满足三个心理变量在母亲受教育水平与大学生信用的关系中均起到中介作用。

（5）家庭成员健康状况对大学生信用的影响及心理变量的中介作用。家庭成员健康状况为良好的大学生的信用显著高于家庭成员健康状况为一般、很差的大学生的信用，但与家庭成员健康状况为较差的大学生的信用无显著差异。

将家庭成员健康状况作为自变量，心理变量作为中介变量，信用作为因变量。数据分析结果显示，认知需求、自我效能和延迟满足三个心理变量在家庭成员健康状况与大学生信用的关系中均起到中介作用。

（6）家庭月收入对大学生信用的影响及心理变量的中介作用。家庭月收入为20000元以上的大学生的信用显著高于家庭月收入为5000元及以下、5000~10000元的大学生的信用，但前者与家庭月收入为10000~20000元的大学生的信用无显著差异。家庭月收入为10000~20000元的大学生的信用显著高于家庭月收入为5000元及以下以及5000~10000元的大学生的信用。

将家庭月收入作为自变量，心理变量作为中介变量，信用作为因变量。数据分析结果显示，认知需求、自我效能和延迟满足三个心理变量在家庭月收入与大学生信用的关系中均起到中介作用。

（六）家庭人文统计变量对生涯适应能力的影响及心理变量的中介作用

（1）父亲职业对大学生生涯适应能力的影响及心理变量的中介作用。父亲职业为政府机关、党群组织的负责人或中高级官员，专业技术人员或其他专业人士的大学生的生涯适应能力显著强于父亲务农或为其他职业的大学生的生涯适应能力。另外，父亲职业为企业事业单位的管理人员的大学生的生涯适应能力显著强于父亲职业为技术工人、务农、其他职业以及父亲待业的大学生的生涯适应能力。但父亲职业为政府机关、党群组织的负责人或中高级官员，专业技术人员或其他专业人士，政府或企业事业单位普通员工，个体户，自由职业者的大学生的生涯适应能力之间无显著差异。

将父亲职业作为自变量，心理变量作为中介变量，生涯适应能力作为因变量。数据分析结果显示，自我效能、延迟满足在父亲职业与大学生生涯适应能力的关系中均起到中介作用，而认知需求的中介作用不显著。

（2）母亲职业对大学生生涯适应能力的影响及心理变量的中介作用。母亲职业为企业事业单位的管理人员的大学生的生涯适应能力显著强于母亲职业为技术工人、个体户、务农、其他职业以及母亲待业的大学生的生涯适应能力。母亲职业为政府或企业事业单位普通员工的大学生的生涯适应能力显著强于母亲为其他职业的大学生的生涯适应能力。但母亲职业为政府机关、党群组织的负责人或中高级官员，专业技术人员或其他专业人士，技术工人，政府或企业事业单位普通员工，个体户，自由职业者，务农以及母亲待业的大学生的生涯适应能力之间无显著差异。

将母亲职业作为自变量，心理变量作为中介变量，生涯适应能力作为因变量。数据分析结果显示，自我效能在母亲职业与大学生生涯适应能力的关系中起到中介作用，而认知需求、延迟满足的中介作用均不显著。

（3）父亲受教育水平对大学生生涯适应能力的影响及心理变量的中介作用。父亲受教育水平为硕士及以上的大学生的生涯适应能力显著强于父亲受教育水平为初中及以下的大学生的生涯适应能力，但前者与父亲受教育水平为大学本科/大专、高中/中专/技校的大学生的生涯适应能力无显著差异。并且，父亲受教育水平为大学本科/大专的大学生的生涯适应能力显著强于父亲受教育水平为高中/中专/技校、初中及以下的大学生的生涯适应能力。总体而言，父亲的受教育水平越高，大学生的生涯适应能力越强。

将父亲受教育水平作为自变量，心理变量作为中介变量，生涯适应能力作为因变量。数据分析结果显示，自我效能和延迟满足在父亲受教育水平与大学生生涯适应能力的关系中均起到中介作用，而认知需求的中介作用不显著。

（4）母亲受教育水平对大学生生涯适应能力的影响及心理变量的中介作用。母亲受教育水平为大学本科/大专的大学生的生涯适应能力显著强于母亲受教育水平为高中/中专/技校、初中及以下的大学生的生涯适应能力，但前者与母亲受教育水平为硕士及以上的大学生的生涯适应能力无显著差异。母亲受教育水平为高中/中专/技校的大学生的生涯适应能力显著强于母亲受教育水平为初中及以下的大学生的生涯适应能力。

将母亲受教育水平作为自变量，心理变量作为中介变量，生涯适应能力作为因变量。数据分析结果显示，自我效能和延迟满足在母亲受教育水平与大学生生涯适应能力的关系中均起到中介作用，而认知需求的中介作用不显著。

（5）家庭成员健康状况对大学生生涯适应能力的影响及心理变量的中介作用。家庭成员健康状况为良好的大学生的生涯适应能力显著强于家庭成员健康状况为一般、较差的大学生的生涯适应能力，但前者与家庭成员健康状况为很差的大学生的生涯适应能力无显著差异。另外，家庭成员健康状况为一般、较差、很差的大学生的生涯适应能力无显著差异。

将家庭成员健康状况作为自变量，心理变量作为中介变量，生涯适应能力作为因变量。数据分析结果显示，自我效能和延迟满足在家庭成员健康状况与大学生生涯适应能力的关系中均起到中介作用，而认知需求的中介作用不显著。

（6）独生子女对大学生生涯适应能力的影响及心理变量的中介作用。是独生子女的大学生的生涯适应能力显著强于不是独生子女的大学生的生涯适应能力。

将是否为独生子女作为自变量，心理变量作为中介变量，生涯适应能力作为因变量。数据分析结果显示，三个心理变量在独生子女状况与大学生生涯适应能力的关系中均不发挥中介作用。

（7）家庭月收入对大学生生涯适应能力的影响及心理变量的中介作用。家庭月收入为20000元以上的大学生的生涯适应能力显著强于家庭月收入为5000元及以下、5000~10000元的大学生的生涯适应能力，但前者与家庭月收入为10000~20000元的大学生的生涯适应能力无显著差异。家庭月收入为10000~20000元的大学生的生涯适应能力显著强于家庭月收入为5000元及以下以及5000~10000元的大学生的生涯适应能力。但家庭月收入为5000元及以下和5000~10000元的大学生的生涯适应能力之间无显著差异。

将家庭月收入作为自变量，心理变量作为中介变量，生涯适应能力作为因变量。数据分析结果显示，自我效能和延迟满足在家庭月收入与大学生生涯适应能力的关系中均起到中介作用，而认知需求的中介作用不显著。

（七）家庭人文统计变量对未来承诺的影响及心理变量的中介作用

（1）父亲职业对大学生未来承诺的影响及心理变量的中介作用。父亲职业为企业事业单位的管理人员、政府或企业事业单位普通员工的大学生的未来承诺分别显著强于父亲为其他职业的大学生的未来承诺，但前者与父亲职业为政府机关、党群组织的负责人或中高级官员，专业技术人员或其他专业人士，技术工人，务农，个体户，自由职业者的大学生的未来承诺之间无显著差异。

将父亲职业作为自变量，心理变量作为中介变量，未来承诺作为因变量。数据分析结果显示，自我效能和延迟满足在父亲职业与大学生未来承诺的关系中均起到中介作用，而认知需求的中介作用不显著。

（2）母亲职业对大学生未来承诺的影响及心理变量的中介作用。母亲职业为企业事业单位的管理人员的大学生的未来承诺显著强于母亲职业为技术工人、个体户、务农、其他职业以及母亲待业的大学生的未来承诺。母亲职业为政府或企业事业单位普通员工的大学生的未来承诺显著强于母亲为其他职业的大学生的未来承诺。但母亲职业为政府机关、党群组织的负责人或中高级官员，专业技术人员或其他专业人士，技术工人，政府或企业事业单位普通员工，个体户，自由职业者，务农以及母亲待业的大学生的未来承诺之间无显著差异。

将母亲职业作为自变量，心理变量作为中介变量，未来承诺作为因变量。数据分析结果显示，自我效能和延迟满足在母亲职业与大学生未来承诺的关系中均起到中介作用，而认知需求的中介作用不显著。

（3）父亲受教育水平对大学生未来承诺的影响及心理变量的中介作用。父亲受教育水平为大学本科/大专的未来承诺显著强于父亲受教育水平为高中/中专/技校、初中及以下的大学生的未来承诺，但前者与父亲受教育水平为硕士及以上的大学生的未来承诺无显著差异（$\alpha = 0.05$）。总体而言，父亲的受教育水平越高，大学生的未来承诺越强。

将父亲受教育水平作为自变量，心理变量作为中介变量，未来承诺作为因变量。数据分析结果显示，自我效能、延迟满足、认知需求三个心理变量在父亲受教育水平与大学生未来承诺的关系中均起到中介作用。

（4）母亲受教育水平对大学生未来承诺的影响及心理变量的中介作用。母亲受教育水平为大学本科/大专的未来承诺显著强于母亲受教育水平为高中/中专/技校、初中及以下的大学生的未来承诺，但前者与母亲受教育水平为硕士及以上的大学生的未来承诺无显著差异。母亲受教育水平为高中/中专/技校的未来承诺显著强于母亲受教育水平为初中及以下的大学生的未来承诺。

将母亲受教育水平作为自变量，心理变量作为中介变量，未来承诺作为因变量。数据分析结果显示，自我效能、延迟满足、认知需求三个心理变量在母亲受教育水平与大学生未来承诺的关系中均起到中介作用。

（5）家庭成员健康状况对大学生未来承诺的影响及心理变量的中介作用。家庭成员健康状况为良好的大学生的未来承诺显著强于家庭成员健康状况为一般、较差、很差的大学生的未来承诺。但家庭成员健康状况为一般、较差、很差的大学生的未来承诺无显著差异。

将家庭成员健康状况作为自变量，心理变量作为中介变量，未来规划作为因变量。数据分析结果显示，自我效能、延迟满足、认知需求三个心理变量在家庭成员健康状况与大学生未来承诺的关系中均起到中介作用。

（6）独生子女对大学生未来承诺的影响及心理变量的中介作用。是独生子女的大学生的未来承诺显著强于不是独生子女的大学生的未来承诺。三个心理变量在是否为独生子女与未来承诺之间均没有发挥显著的中介效应。

（7）家庭月收入对大学生未来承诺的影响及心理变量的中介作用。家庭月收入为20000元以上的大学生的未来承诺显著强于家庭月收入为5000元及以下、5000~10000元的大学生的未来承诺，但前者与家庭月收入为10000~20000元的大学生的未来承诺无显著差异。家庭月收入为10000~20000元的大学生的未来承诺显著强于家庭月收入为5000元及以下以及5000~10000元的大学生的未来承诺。但家庭月收入为5000元及以下和5000~10000元的大学生的未来承诺之间无显著差异。

将家庭月收入作为自变量，心理变量作为中介变量，未来承诺作为因变量。数据分析结果显示，自我效能、延迟满足、认知需求三个心理变量在家庭月收入与大学生未来承诺的关系中均起到中介作用。

三、家庭财经交流对大学生财经素养的影响

（一）中国大学生家庭财经交流总体状况

本书用预算家庭交流、储蓄家庭交流、信贷家庭交流、理财家庭交流、消费家庭交流五个维度来测量大学生的家庭财经交流情况。

（1）大学生预算家庭交流情况。预算家庭交流用两个关联题项来进行测量，分别是"您父母通常多长时间给您一次生活费""您父母是否和您交流过如何计划花某笔钱"。前者为潜移默化的交流，后者为主动交流。研究结果显示，预算的潜移默化交流以一个月为主，比例高达74.3%，说明绝大多数父母一般用一个月的时间间隔给孩子一次生活费。但是，4.5%的大学生，其父母一周给一次生活费，说明这类大学生的预算能力很差，父母只能通过压缩给生活费的时长规劝其预算意识。同时，5.2%的大学生，其父母一个学期给一次生活费，说明这类大学生的预算意识和预算能力比较强，父母不担心他们的孩子在必需品（长期且必要的项目）、备用金（短期但必要和长期但非必要）和不受控制的突发事件（短期且非必要）三类消费活动中的筹划和支出问题。

关于预算的主动交流，父母和孩子之间以偶尔交流为主，占到49.8%；18.1%的家庭经常交流预算的内容和方法，这样，大学生会从父母那儿得到更多的预算类的经验和教训。然而，10.4%的父母从来不和孩子交流预算的方法。

（2）大学生储蓄家庭交流情况。储蓄家庭交流包括潜移默化的交流（"您父母是否告诉过您如何管理储蓄账户"）和主动交流（"您父母是否和您交流过他们如何进行存钱"）。父母和孩子之间的交流方式，无论是潜移默化（如何管理储蓄账户）还是主动交流（如何存钱），两项"从来没有"的占比比较接近，大约为18%，这说明接近1/5的家庭父母和孩子之间不会关于家庭储蓄进行交流；两项"经常交流"的占比也比较接近，大约为15%，"偶尔交流"均占比40%左右，说明中国2/5的家庭父母和孩子之间偶尔交流储蓄问题。

（3）大学生信贷家庭交流情况。在信贷家庭交流关联的两个题项的测量中，父母和孩子关于信贷的潜移默化交流（信誉），"从来没有"占到15.9%，"经常交流"占到35.1%。说明父母引导大学生呵护自己的商业信誉占到主流，显著高于不进行交流的家庭。而父母和孩子关于信贷的主动交流（利用信贷做重要的事），"从来没有"占到24.0%，两成多的父母尚未和孩子交流信贷的用途以及如何利用信贷去做有意义的事情，但前提是孩子未来的收入可以支付信贷所产生的成本。

（4）大学生理财家庭交流情况。关于大学生理财家庭交流，从潜移默化（理财重要性）和主动交流（如何理财）两个变量各个水平表现的比例来看，两项"从来没有"的比重在14%~18%，对比而言，也就是说，大约八成的父母和孩子交流理财的重要性和理财的方法，父母引导大学生建立金钱的增值意识，了解理财产品的特点，建立投资的风险意识和回报意识。

（5）大学生消费家庭交流情况。在消费家庭交流的两个关联题项中，从潜移默化（量入为出，适度消费）和主动交流（消费观念）两个变量各个水平表现的比例来看，两项"从来没有"的比重在5%~7%，对比而言，也就是说，大约九成的父母和孩子交流消费观念，尤其是57.9%的父母经常和孩子交流"量入为出，适度消费"的消费观念。35.4%的父母把自己的消费观念灌输给自己的孩子，希望自己的孩子能拥有和自己一样的消费理念。

（二）家庭财经交流对大学生财经态度的影响及心理变量的中介作用

本书探究了预算家庭交流、储蓄家庭交流、信贷家庭交流、理财家庭交流、消费家庭交流五个家庭财经交流变量对大学生财经态度的影响，并探究了认知需求、自我效能和延迟满足三个心理变量在其中的中介作用。研究结论如下：

（1）预算家庭交流对大学生财经态度的影响及心理变量的中介作用。父母给大学生生活费的时间间隔为一个月的受访者财经态度积极性显著低于时间间隔为半个月的受访者，而前者与时间间隔为一周、一学期及不确定三种受访者的财经态度积极性无显著差异。认知需求、自我效能和延迟满足三个心理变量在预算家庭交流——潜移默化与财经态度之间均没有发挥中介效应。

而父母和大学生主动交流花钱计划的频率对大学生的财经态度无显著影响，三种心理变量在预算家庭交流——主动交流与财经态度之间没有发挥显著的中介效应。

（2）储蓄家庭交流对大学生财经态度的影响及心理变量的中介作用。对于储蓄的潜移默化的交流方式，父母告诉大学生如何管理储蓄账户的频率为"偶尔"的受访者的财经态度积极性都显著高于频率为"从来没有"的受访者，而前者与频率为"极少"和"经常"的受访者财经态度积极性无显著差异。认知需求、自我效能和延迟满足三个心理变量在潜移默化的储蓄家庭交流与财经态度之间没有发挥显著的中介效应。

对于储蓄的主动交流方式，父母与大学生交流如何进行存钱的频率为"偶尔"的受访者财经态度积极性显著高于频率为"从来没有"的受访者，而前者与频率为"经常"和"极少"的受访者财经态度积极性无显著差异。三种心理变量在储蓄家庭交流——主动交流与财经态度之间没有发挥显著的中介效应。

这说明不管是潜移默化的交流还是主动交流，在储蓄方面只要有所交流，就会对大学生财经态度产生积极的影响。

（3）信贷家庭交流对大学生财经态度的影响及心理变量的中介作用。对于信贷的潜移默化的交流方式，父母与大学生交流"如果不按时偿还信贷就会影响个人信誉"的频率为"偶尔"的受访者财经态度积极性显著高于频率为"从来没有"和"经常"的受访者，而前者与"极少"的受访者财经态度积极性无显著差异；频率为"极少"的受访者财经态度积极性显著高于频率为"从来没有"的受访者。认知需求、自我效能和延迟满足三个心理变量在信贷家庭交流——潜移默化与财经态度之间没有发挥显著的中介效应。

对于信贷的主动交流方式，父母与大学生交流"他们如何利用信用贷款做重要的事"的频率为"偶尔"的受访者财经态度积极性显著高于频率为"从来没有"和"极少"的受访者，而前者与频率为"经常"的受访者财经态度积极性无显著差异。这意味着，"偶尔"和"经常"主动交流信贷都有助于大学生形成良好的财经态度。认知需求、自我效能和延迟满足三个心理变量在信贷家庭交流——主动交流与财经态度之间没有发挥显著的中介效应。

（4）理财家庭交流对大学生财经态度的影响及心理变量的中介作用。对于理财的潜移默化的交流方式，父母告诉大学生理财重要性的频率为"偶尔"的受访者财经态度积极性显著高于频率为"从来没有"和"经常"的受访者，前者与频率为"极少"的受访者财经态度积极性无显著差异。三种心理变量在理财家庭交流——主动交流与财经态度之间没有发挥显著的中介效应。

对于理财的主动交流方式，父母与大学生交流如何理财的频率为"偶尔"的受访者财经态度积极性显著高于频率为"从来没有"的受访者，而它与频率为"极少"和"经常"的受访者财经态度积极性无显著差异；频率为"从来没有"的受访者与频率为"极少"的受访者财经态度积极性无显著差异。认知需求、自我效能和延迟满足三种心理变量在理财家庭交流——主动交流与财经态度之间均发挥了显著的中介效应。

（5）消费家庭交流对大学生财经态度的影响及心理变量的中介作用。对于消费的潜移默化的交流方式，父母告诉大学生"量入为出，适度消费"消费观的频率为"偶尔"的受访者财经态度积极性显著高于频率为"经常"的受访者，但前者与频率为"从来没有"和"极少"的受访者之间的财经态度积极性无显著差异。认知需求、自我效能、延迟满足三种心理变量在消费家庭交流——潜移默化与财经态度之间均发挥了显著的中介效应。

对于消费的主动交流方式，父母与大学生交流他们的消费观念的频率为"偶尔"和"极少"的受访者财经态度积极性显著高于频率为"经常"的受访者；频率为"从来没有"的受访者与频率为"极少"的受访者财经态度积极性无显著差异。自我效能和延迟满足三种心理变量在消费家庭交流——主动交流与财经态度之间均发挥了显著的中介效应，但认知需求的中介效应不显著。

这意味着大学生不喜欢家人经常与之沟通消费问题，适度沟通反而更有助于大学生财经态度的塑造。

（三）家庭财经交流对大学生财经满意感的影响及心理变量的中介作用

本书探究了预算家庭交流、储蓄家庭交流、信贷家庭交流、理财家庭交流、消费家庭交流五个家庭财经交流变量对大学生财经满意感的影响，并探究了认知需求、自我效能和延迟满足三个心理变量在其中的中介作用。研究结论如下：

（1）预算家庭交流对大学生财经满意感的影响及心理变量的中介作用。在潜移默化的预算家庭交流中，父母给大学生生活费的时间间隔为一学期的受访者财经满意感显著高于时间间隔为一周的受访者，并与时间间隔为半个月、一个月和不确定的三组受访者无显著差异；时间间隔为半个月、一个月和不确定的三组受访者之间的财经满意感也无显著差异。这意味着，父母按一学期为时间间隔给大学生生活费，会显著提高大学生的财经满意感。

父母和大学生主动交流花钱计划的频率为"经常"的受访者财经满意感显著高于频率为"从来没有""极少"和"偶尔"的受访者；频率为"偶尔"的受访者财经满意感显著高于频率为"极少"的受访者；而频率为"从来没有"

的受访者和频率为"极少"的受访者的财经满意感没有显著差异（α＝0.05）。总体来看，父母和大学生主动交流花钱计划的频率越高，大学生的财经满意感越高。此外，我们的研究结果显示，认知需求、自我效能和延迟满足三个心理变量在预算家庭主动交流和大学生财经满意感的关系中均发挥了中介作用。

（2）储蓄家庭交流对大学生财经满意感的影响及心理变量的中介作用。在潜移默化的储蓄家庭交流中，父母告诉大学生如何管理储蓄账户的频率为"经常"的受访者财经满意感显著高于频率为"从来没有""极少"和"偶尔"的受访者；频率为"偶尔"的受访者财经满意感显著高于频率为"从来没有"和"极少"的受访者；频率为"极少"的受访者财经满意感与频率为"从来没有"的受访者无显著差异。总的来说，父母告诉大学生如何管理储蓄账户的频率越高，大学生的财经满意感越高。此外，我们的研究结果显示，自我效能和延迟满足在潜移默化的储蓄家庭交流和大学生财经满意感的关系中均发挥了中介作用，认知需求的中介作用不显著。

父母与大学生主动交流如何进行存钱的频率为"经常"的受访者财经满意感高于频率为"从来没有""极少"和"偶尔"的受访者；频率为"偶尔"的受访者财经满意感显著高于频率为"从来没有"和"极少"的受访者；频率为"极少"的受访者与频率为"从来没有"的受访者财经满意感无显著差异（α＝0.05）。总的来说，父母与大学生交流如何进行存钱的频率越高，大学生的财经满意感越高。此外，我们的研究结果显示，认知需求、自我效能在储蓄家庭主动交流和大学生财经满意感的关系中均发挥了中介作用，延迟满足的中介作用不显著。

（3）信贷家庭交流对大学生财经满意感的影响及心理变量的中介作用。在潜移默化的信贷家庭交流中，父母与大学生交流如果不按时偿还信贷就会影响个人信誉的频率为"经常"的受访者财经满意感高于频率为"从来没有""极少"和"偶尔"的受访者；频率为"偶尔"的受访者财经满意感显著高于频率为"从来没有"和"极少"的受访者；频率为"极少"的受访者与频率为"从来没有"的受访者财经满意感无显著差异。总的来说，父母与大学生交流如果不按时偿还信贷就会影响个人信誉的频率越高，大学生的财经满意感越高。此外，我们的研究结果显示，自我效能和延迟满足在潜移默化的信贷家庭交流和大学生财经满意感的关系中均发挥了中介作用，认知需求的中介作用不显著。

父母与大学生主动交流他们如何利用信用贷款做重要的事的频率为"经常"和"偶尔"的受访者财经满意感高于频率为"从来没有"和"极少"的受访者；频率为"极少"的受访者与频率为"从来没有"的受访者财经满意感无显著差

异。总的来说，父母与大学生交流他们如何利用信用贷款做重要的事的频率越高，大学生的财经满意感越高。此外，我们的研究结果显示，认知需求、自我效能和延迟满足在信贷家庭主动交流和大学生财经满意感的关系中均发挥了中介作用。

（4）理财家庭交流对大学生财经满意感的影响及心理变量的中介作用。在潜移默化的理财家庭交流中，父母告诉大学生理财重要性的频率为"经常"的受访者财经满意感高于频率为"从来没有""极少"和"偶尔"的受访者；频率为"偶尔"和"极少"的受访者财经满意感显著高于频率为"从来没有"的受访者；而频率为"偶尔"的受访者与频率为"极少"的受访者财经满意感无显著差异。总的来说，父母告诉大学生理财重要性的频率越高，大学生的财经满意感越高。此外，我们的研究结果显示，自我效能在潜移默化的理财家庭交流和大学生财经满意感的关系中发挥了中介作用，延迟满足、认知需求的中介作用均不显著。

父母与大学生主动交流如何理财的频率为"经常"的受访者财经满意感高于频率为"从来没有""极少"和"偶尔"的受访者；频率为"偶尔"的受访者财经满意感显著高于频率为"从来没有"和"极少"的受访者；频率为"极少"的受访者与频率为"从来没有"的受访者财经满意感无显著差异。总的来说，父母与大学生交流如何理财的频率越高，大学生的财经满意感越高。此外，我们的研究结果显示，认知需求和自我效能在理财家庭主动交流和大学生财经满意感的关系中发挥了中介作用，延迟满足的中介作用不显著。

（5）消费家庭交流对大学生财经满意感的影响及心理变量的中介作用。在潜移默化的消费家庭交流中，父母告诉大学生"量入为出，适度消费"消费观的频率对大学生的财经满意感无显著影响。

父母与大学生主动交流他们的消费观念的频率为"经常"的受访者财经满意感高于频率为"从来没有""极少"和"偶尔"的受访者；频率为"偶尔"的受访者财经满意感显著高于频率为"从来没有"的受访者；频率为"极少"的受访者与频率为"从来没有"的受访者财经满意感无显著差异。总的来说，父母与大学生主动交流他们的消费观念的频率越高，大学生的财经满意感越高。此外，我们的研究结果显示，自我效能在消费家庭主动交流和大学生财经满意感的关系中发挥了中介作用，认知需求、延迟满足的中介作用不显著。

（四）家庭财经交流对大学生财经行为合理性的影响及心理变量的中介作用

本书探究了预算家庭交流、储蓄家庭交流、信贷家庭交流、理财家庭交流、消费家庭交流五个家庭财经交流变量对大学生财经行为合理性的影响，并探究了认知需求、自我效能和延迟满足三个心理变量在其中的中介作用。研究结论如下：

（1）预算家庭交流对大学生财经行为合理性的影响及心理变量的中介作用。在潜移默化的预算家庭交流中，父母给大学生生活费的时间间隔为"一学期"和"不确定"的受访者财经行为合理性显著高于时间间隔为"一周"的受访者；时间间隔为"一个月"的受访者财经行为合理性显著高于时间间隔为"一周"和"半个月"的受访者；而时间间隔为"一周"和"半个月"的两组受访者的财经行为合理性无显著差异。此外，我们的研究结果显示，自我效能和延迟满足两个心理变量在潜移默化的预算家庭交流和大学生财经行为合理性的关系中发挥了中介作用，认知需求的中介作用不显著。

父母和大学生主动交流花钱计划的频率为"经常"的受访者财经行为合理性显著高于频率为"从来没有""极少"和"偶尔"的受访者；频率为"从来没有""极少"和"偶尔"的受访者的财经行为合理性之间并无显著差异。总体来看，父母和大学生交流花钱计划的频率越高，大学生的财经行为合理性越高。此外，我们的研究结果显示，认知需求、自我效能和延迟满足三个心理变量在预算家庭主动交流和大学生财经行为合理性的关系中均发挥了中介作用。

（2）储蓄家庭交流对大学生财经行为合理性的影响及心理变量的中介作用。在潜移默化的储蓄家庭交流中，父母告诉大学生如何管理储蓄账户的频率为"经常"的受访者财经行为合理性显著高于频率为"从来没有""极少"和"偶尔"的受访者；频率为"偶尔"的受访者财经行为合理性显著高于频率为"从来没有"的受访者，而前者与频率为"极少"的受访者没有显著差异；频率为"极少"的受访者财经行为合理性与频率为"从来没有"的受访者也没有显著差异。总的来说，父母告诉大学生如何管理储蓄账户的频率越高，大学生的财经行为合理性越高。此外，我们的研究结果显示，自我效能和延迟满足两个心理变量在潜移默化的储蓄家庭交流和大学生财经行为合理性的关系中发挥了中介作用，认知需求的中介作用不显著。

父母与大学生主动交流如何进行存钱的频率为"经常"的受访者财经行为合理性显著高于频率为"从来没有""极少"和"偶尔"的受访者；频率为"从来没有""极少"和"偶尔"的受访者的财经行为合理性之间并无显著差异。总体来看，父母和大学生交流如何进行存钱的频率越高，大学生的财经行为合理性越高。此外，我们的研究结果显示，认知需求、自我效能和延迟满足三个心理变量在储蓄家庭主动交流和大学生财经行为合理性的关系中均发挥了中介作用。

（3）信贷家庭交流对大学生财经行为合理性的影响及心理变量的中介作用。

在潜移默化的信贷家庭交流中，父母与大学生交流如果不按时偿还信贷会影响个人信誉的频率为"经常"的受访者财经行为合理性显著高于频率为"从来没有""极少"和"偶尔"的受访者；频率为"从来没有""极少"和"偶尔"的受访者的财经行为合理性之间并无显著差异。这意味着父母与大学生"经常"潜移默化的交流如果不按时偿还信贷就会影响个人信誉的问题，更有助于大学生提升财经行为合理性。此外，我们的研究结果显示，自我效能和延迟满足两个心理变量在潜移默化的信贷家庭交流和大学生财经行为合理性的关系中发挥了中介作用，认知需求的中介作用不显著。

父母与大学生主动交流他们如何利用信用贷款做重要的事的频率为"经常"的受访者财经行为合理性显著高于频率为"从来没有""极少"和"偶尔"的受访者；频率为"从来没有""极少"和"偶尔"的受访者的财经行为合理性之间并无显著差异。这意味着父母与大学生"经常"主动交流他们如何利用信用贷款做重要的事，更有助于大学生提升财经行为合理性。此外，我们的研究结果显示，认知需求、自我效能和延迟满足三个心理变量在信贷家庭主动交流和大学生财经行为合理性的关系中均发挥了中介作用。

（4）理财家庭交流对大学生财经行为合理性的影响及心理变量的中介作用。在潜移默化的理财家庭交流中，父母告诉大学生理财重要性的频率为"经常"的受访者财经行为合理性显著高于频率为"从来没有""极少"和"偶尔"的受访者；频率为"从来没有""极少"和"偶尔"的受访者的财经行为合理性之间并无显著差异。这意味着父母与大学生"经常"潜移默化地交流理财重要性，更有助于大学生提升财经行为合理性。此外，我们的研究结果显示，自我效能和延迟满足两个心理变量在潜移默化的理财家庭交流和大学生财经行为合理性的关系中发挥了中介作用，认知需求的中介作用不显著。

父母与大学生主动交流如何理财的频率为"经常"的受访者财经行为合理性显著高于频率为"从来没有""极少"和"偶尔"的受访者；频率为"从来没有""极少"和"偶尔"的受访者的财经行为合理性之间并无显著差异。这意味着父母与大学生"经常"主动交流如何理财，更有助于大学生提升财经行为合理性。此外，我们的研究结果显示，认知需求、自我效能和延迟满足三个心理变量在理财家庭主动交流和大学生财经行为合理性的关系中均发挥了中介作用。

（5）消费家庭交流对大学生财经行为合理性的影响及心理变量的中介作用。在潜移默化的消费家庭交流中，父母告诉大学生"量入为出，适度消费"消费观的频率为"经常"的受访者财经行为合理性显著高于频率为"从来没有""极少"和"偶尔"的受访者；频率为"偶尔"的受访者财经行为合理性显著高于频率为"从来没有"和"极少"的受访者；频率为"从来没有"和"极少"的受访者的财经行为合理性之间并无显著差异。总的来说，父母告诉大学生"量入为出，适度消费"消费观的频率越高，大学生实施财经行为的合理性越高。此外，我们的研究结果显示，认知需求、自我效能和延迟满足三个心理变量在潜移默化的消费家庭交流和大学生财经行为合理性的关系中均发挥了中介作用。

父母与大学生主动交流他们的消费观念的频率为"经常"的受访者财经行为合理性显著高于频率为"从来没有""极少"和"偶尔"的受访者；频率为"偶尔"的受访者财经行为合理性显著高于频率为"从来没有"和"极少"的受访者；频率为"极少"的受访者财经行为合理性显著高于频率为"从来没有"的受访者。总的来说，父母与大学生交流他们的消费观念的频率越高，大学生实施财经行为的合理性越高。此外，我们的研究结果显示，自我效能和延迟满足两个心理变量在消费家庭主动交流和大学生财经行为合理性的关系中发挥了中介作用，认知需求的中介作用不显著。

（五）家庭财经交流对大学生独立的影响及心理变量的中介作用

本书探究了预算家庭交流、储蓄家庭交流、信贷家庭交流、理财家庭交流、消费家庭交流五个家庭财经交流变量对大学生独立的影响，并探究了认知需求、自我效能和延迟满足三个心理变量在其中的中介作用。研究结论如下：

（1）预算家庭交流对大学生独立的影响及心理变量的中介作用。在潜移默化的预算家庭交流中，父母给大学生生活费的时间间隔为"一个月""一学期"和"不确定"的受访者独立都显著高于时间间隔为"一周"和"半个月"的受访者，而前三者之间无显著差异；时间间隔为"半个月"的受访者与时间间隔为"一周"的受访者的独立也无显著差异。总体而言，父母给大学生生活费的时间间隔越长，大学生越独立。此外，我们的研究结果显示，自我效能和延迟满足两个心理变量在潜移默化的预算家庭交流和大学生独立的关系中发挥了中介作用，认知需求的中介作用不显著。

父母和大学生主动交流花钱计划的频率为"经常"的受访者独立显著高于频率为"从来没有""极少"和"偶尔"的受访者；频率为"从来没有""极少"和"偶尔"的受访者之间独立并无显著差异。总体而言，父母越"偶尔"和"经常"主动与大学生交流花钱计划，大学生越独立。此外，我们的研究结果显示，认知需求、自我效能和延迟满足三个心理变量在预算家庭主动交流和大学生独立的关系中均发挥了中介作用。

（2）储蓄家庭交流对大学生独立的影响及心理变量的中介作用。在潜移默化的储蓄家庭交流中，父母告诉大学生如何管理储蓄账户的频率为"经常"的受访者独立显著高于频率为"从来没有""极少"和"偶尔"的受访者；其他三种交流频率的受访者之间独立无显著差异。这意味着，父母经常与大学生进行潜移默化的储蓄交流，有助于大学生独立能力的培养。此外，我们的研究结果显示，自我效能和延迟满足两个心理变量在潜移默化的储蓄家庭交流和大学生独立的关系中发挥了中介作用，认知需求的中介作用不显著。

父母与大学生主动交流如何进行存钱的频率为"经常"的受访者独立显著高于频率为"从来没有""极少"和"偶尔"的受访者；频率为"从来没有""极少"和"偶尔"的受访者之间独立并无显著差异。这意味着，父母经常与大学生主动交流储蓄问题，有助于大学生独立能力的培养。此外，我们的研究结果显示，认知需求、自我效能和延迟满足三个心理变量在储蓄家庭主动交流和大学生独立的关系中均发挥了中介作用。

（3）信贷家庭交流对大学生独立的影响及心理变量的中介作用。在潜移默化的信贷家庭交流中，父母与大学生交流如果不按时偿还信贷就会影响个人信誉的频率为"经常"的受访者独立显著高于频率为"从来没有""极少"和"偶尔"的受访者；频率为"从来没有""极少"和"偶尔"的受访者之间独立并无显著差异。这意味着，父母经常与大学生进行潜移默化的信贷交流，有助于大学生独立能力的培养。此外，我们的研究结果显示，认知需求、自我效能和延迟满足三个心理变量在潜移默化的信贷家庭交流和大学生独立的关系中均发挥了中介作用。

父母与大学生主动交流他们如何利用信用贷款做重要的事的频率为"经常"的受访者独立显著高于频率为"从来没有""极少"和"偶尔"的受访者；频率为"从来没有""极少"和"偶尔"的受访者之间独立并无显著差异。这意味着，父母经常与大学生主动交流信贷问题，有助于大学生独立能力的培养。此外，我们的研究结果显示，认知需求、自我效能和延迟满足三个心理变量在信贷家庭主动交流和大学生独立的关系中均发挥了中介作用。

（4）理财家庭交流对大学生独立的影响及心理变量的中介作用。在潜移默化的理财家庭交流中，父母告诉大学生理财重要性的频率为"经常"的受访者独立显著高于频率为"从来没有""极少"和"偶尔"的受访者；频率为"从来没有""极少"和"偶尔"的受访者之间独立并无显著差异。总的来说，父母告诉大学生理财重要性的频率越高，大学生越独立。此外，我们的研究结果显示，自我效能和延迟满足两个心理变量在潜移默化的理财家庭交流和大学生独立的关系中发挥了中介作用，认知需求的中介作用不显著。

父母与大学生主动交流如何理财的频率为"经常"的受访者独立显著高于

频率为"从来没有""极少"和"偶尔"的受访者;频率为"从来没有""极少"和"偶尔"的受访者之间独立并无显著差异。这意味着,父母经常与大学生主动交流理财问题,有助于大学生独立能力的培养。此外,我们的研究结果显示,认知需求、自我效能和延迟满足三个心理变量在理财家庭主动交流和大学生独立的关系中均发挥了中介作用。

(5)消费家庭交流对大学生独立的影响及心理变量的中介作用。在潜移默化的消费家庭交流中,父母告诉大学生"量入为出,适度消费"消费观的频率为"经常"的受访者独立显著高于频率为"从来没有""极少"和"偶尔"的受访者;频率为"偶尔"的受访者独立显著高于频率为"从来没有"和"极少"的受访者;频率为"从来没有"和"极少"的受访者之间独立并无显著差异。总的来说,父母告诉大学生"量入为出,适度消费"消费观的频率越高,大学生越独立。此外,我们的研究结果显示,认知需求、自我效能和延迟满足三个心理变量在潜移默化的消费家庭交流和大学生独立的关系中均发挥了中介作用。

父母与大学生主动交流他们的消费观念的频率为"经常"的受访者独立显著高于频率为"从来没有""极少"和"偶尔"的受访者;频率为"偶尔"的受访者独立显著高于频率为"从来没有"和"极少"的受访者;频率为"从来没有"和"极少"的受访者之间独立并无显著差异。总的来说,父母与大学生交流他们的消费观念的频率越高,大学生越独立。此外,我们的研究结果显示,自我效能和延迟满足两个心理变量在消费家庭主动交流和大学生独立的关系中发挥了中介作用,认知需求的中介作用不显著。

(六)家庭财经交流对大学生信用的影响及心理变量的中介作用

本书探究了预算家庭交流、储蓄家庭交流、信贷家庭交流、理财家庭交流、消费家庭交流五个家庭财经交流变量对大学生信用的影响,并探究了认知需求、自我效能和延迟满足三个心理变量在其中的中介作用。研究结论如下:

(1)预算家庭交流对大学生信用的影响及心理变量的中介作用。在潜移默化的预算家庭交流中,父母给大学生生活费的时间间隔为"一个月"的受访者信用都显著高于时间间隔为"一周"和"半个月"的受访者,而它与时间间隔为"一学期"和"不确定"的受访者信用无显著差异;时间间隔为"半个月"的受访者与时间间隔为"一周"的受访者的信用也无显著差异。这意味着,以"一个月"为时间间隔进行潜移默化的预算交流更有助于帮助大学生建立信用意识。此外,我们的研究结果显示,自我效能和延迟满足两个心理变量在潜移默化的预算家庭交流和大学生信用的关系中发挥了中介作用,认知需求的中介作用不显著。

父母和大学生主动交流花钱计划的频率为"经常"的受访者信用显著高于频率为"从来没有""极少"和"偶尔"的受访者；频率为"从来没有""极少"和"偶尔"的受访者之间信用没有显著差异。这意味着，父母经常主动与大学生进行预算交流有助于帮助大学生建立信用意识。此外，我们的研究结果显示，认知需求、自我效能和延迟满足三个心理变量在预算家庭主动交流和大学生信用的关系中均发挥了中介作用。

（2）储蓄家庭交流对大学生信用的影响及心理变量的中介作用。在潜移默化的储蓄家庭交流中，父母告诉大学生如何管理储蓄账户的频率为"经常"的受访者信用显著高于频率为"极少"和"偶尔"的受访者；交流频率为"从来没有""极少"和"偶尔"的受访者之间信用无显著差异。此外，我们的研究结果显示，自我效能和延迟满足两个心理变量在潜移默化的储蓄家庭交流和大学生信用的关系中发挥了中介作用，认知需求的中介作用不显著。

父母与大学生交流如何进行存钱的频率为"经常"的受访者信用显著高于频率为"从来没有""极少"和"偶尔"的受访者；频率为"从来没有""极少"和"偶尔"的受访者之间信用并无显著差异。此外，我们的研究结果显示，认知需求、自我效能和延迟满足三个心理变量在储蓄家庭主动交流和大学生信用的关系中均发挥了中介作用。

（3）信贷家庭交流对大学生信用的影响及心理变量的中介作用。在潜移默化的信贷家庭交流中，父母与大学生交流如果不按时偿还信贷就会影响个人信誉的频率为"经常"的受访者信用显著高于频率为"从来没有""极少"和"偶尔"的受访者；频率为"从来没有""极少"和"偶尔"的受访者之间信用并无显著差异。此外，我们的研究结果显示，自我效能和延迟满足两个心理变量在潜移默化的信贷家庭交流和大学生信用的关系中发挥了中介作用，认知需求的中介作用不显著。

父母与大学生主动交流他们如何利用信用贷款做重要的事的频率为"经常"的受访者信用显著高于频率为"从来没有""极少"和"偶尔"的受访者；频率为"偶尔"的受访者信用显著小于频率为"从来没有"和"经常"的受访者，前者与频率为"极少"的受访者之间信用无显著差异；频率为"从来没有"和"极少"两类受访者之间信用无显著差异。

（4）理财家庭交流对大学生信用的影响及心理变量的中介作用。在潜移默化的理财家庭交流中，父母告诉大学生理财重要性的频率为"经常"的受访者信用显著高于频率为"从来没有""极少"和"偶尔"的受访者；频率为"从来没有""极少"和"偶尔"的受访者之间信用并无显著差异。这意味着，父母越经常潜移默化地与大学生进行预算交流，越有助于帮助大学生建立信用意识。此外，我们的研究结果显示，自我效能和延迟满足两个心理变量在潜移默化的理财家庭交流和大学生信用的关系中发挥了中介作用，认知需求的中介作用不显著。

父母与大学生主动交流如何理财的频率为经常的受访者信用显著高于频率为"从来没有""极少"和"偶尔"的受访者；频率为"从来没有""极少"和"偶尔"的受访者之间信用并无显著差异。此外，我们的研究结果显示，认知需求、自我效能和延迟满足三个心理变量在理财家庭主动交流和大学生信用的关系中均发挥了中介作用。

（5）消费家庭交流对大学生信用的影响及心理变量的中介作用。在潜移默化的消费家庭交流中，父母告诉大学生"量入为出，适度消费"消费观的频率为"经常"的受访者信用显著高于频率为"从来没有""极少"和"偶尔"的受访者；频率为"偶尔"的受访者信用显著高于频率为"从来没有"和"极少"的受访者；频率为"从来没有"和"极少"的受访者之间信用并无显著差异。总的来说，父母告诉大学生"量入为出，适度消费"消费观的频率越高，大学生越讲信用。此外，我们的研究结果显示，认知需求、自我效能和延迟满足三个心理变量在潜移默化的消费家庭交流和大学生信用的关系中均发挥了中介作用。

父母与大学生主动交流他们的消费观念的频率为"经常"的受访者信用显著高于频率为"从来没有""极少"和"偶尔"的受访者；频率为"偶尔"的受访者信用显著高于频率为"从来没有"和"极少"的受访者；频率为"从来没有"和"极少"的受访者之间信用并无显著差异。总的来说，父母与大学生交流他们的消费观念的频率越高，大学生越讲信用。此外，我们的研究结果显示，自我效能和延迟满足两个心理变量在消费家庭主动交流和大学生信用的关系中发挥了中介作用，认知需求的中介作用不显著。

（七）家庭财经交流对大学生生涯适应能力的影响及心理变量的中介作用

本书探究了预算家庭交流、储蓄家庭交流、信贷家庭交流、理财家庭交流、消费家庭交流五个家庭财经交流变量对大学生生涯适应能力的影响，并探究了认知需求、自我效能和延迟满足三个心理变量在其中的中介作用。研究结论如下：

（1）预算家庭交流对大学生生涯适应能力的影响及心理变量的中介作用。在潜移默化的预算家庭交流中，父母给大学生生活费的时间间隔为一周、半个月、一个月、一学期和不确定的五种受访者的生涯适应能力无显著差异。

父母和大学生主动交流花钱计划的频率为"经常"的受访者生涯适应能力显著高于频率为"从来没有""极少"和"偶尔"的受访者；频率为"从来没有""极少"和"偶尔"的受访者之间生涯适应能力没有显著差异。总体来看，父母和大学生交流花钱计划的频率越高，大学生的生涯适应能力越强。此外，我们的研究结果显示，自我效能和延迟满足两个心理变量在预算家庭主动交流和大学生生涯适应能力的关系中发挥了中介作用，认知需求的中介作用不显著。

（2）储蓄家庭交流对大学生生涯适应能力的影响及心理变量的中介作用。在潜移默化的储蓄家庭交流中，父母告诉大学生如何管理储蓄账户的频率为"经常"的受访者生涯适应能力显著高于频率为"从来没有""极少"和"偶尔"的受访者；频率为"偶尔"的受访者生涯适应能力显著高于频率为"从来没有"和"极少"的受访者；频率为"极少"的受访者生涯适应能力与频率为"从来没有"的受访者无显著差异。总的来说，父母告诉大学生如何管理储蓄账户的频率越高，大学生的生涯适应能力越强。此外，研究结果显示，自我效能和延迟满足两个心理变量在潜移默化的储蓄家庭交流和大学生生涯适应能力的关系中发挥了中介作用，认知需求的中介作用不显著。

父母与大学生主动交流如何进行存钱的频率为"经常"的受访者生涯适应能力高于频率为"从来没有""极少"和"偶尔"的受访者；频率为"偶尔"的受访者生涯适应能力显著高于频率为"从来没有"和"极少"的受访者；频率为"极少"的受访者与频率为"从来没有"的受访者生涯适应能力无显著差异。总的来说，父母与大学生交流如何进行存钱的频率越高，大学生的生涯适应能力越强。此外，我们的研究结果显示，自我效能和延迟满足两个心理变量在储蓄家庭主动交流和大学生生涯适应能力的关系中发挥了中介作用，认知需求的中介作用不显著。

（3）信贷家庭交流对大学生生涯适应能力的影响及心理变量的中介作用。在潜移默化的信贷家庭交流中，父母与大学生交流如果不按时偿还信贷就会影响个人信誉的频率为"经常"的受访者生涯适应能力高于频率为"从来没有""极少"和"偶尔"的受访者；频率为"偶尔"的受访者生涯适应能力显著高于频率为"从来没有"的受访者，而前者与频率为"极少"的受访者之间生涯适应能力无显著差异；频率为"极少"的受访者与频率为"从来没有"的受访者生涯适应能力无显著差异。总的来说，父母与大学生交流如果不按时偿还信贷就会影响个人信誉的频率越高，大学生的生涯适应能力越强。此外，研究结果显示，自我效能和延迟满足两个心理变量在潜移默化的信贷家庭交流和大学生生涯适应能力的关系中发挥了中介作用，认知需求的中介作用不显著。

父母与大学生主动交流他们如何利用信用贷款做重要的事的频率为"经常"的受访者生涯适应能力高于频率为"从来没有""极少"和"偶尔"的受访者；频率为"偶尔"的受访者生涯适应能力显著高于频率为"从来没有"和"极少"

的受访者；频率为"极少"的受访者与频率为"从来没有"的受访者生涯适应能力无显著差异（$\alpha = 0.05$）。总的来说，父母与大学生交流他们如何利用信用贷款做重要的事的频率越高，大学生的生涯适应能力越强。此外，我们的研究结果显示，自我效能和延迟满足两个心理变量在信贷家庭主动交流和大学生生涯适应能力的关系中发挥了中介作用，认知需求的中介作用不显著。

（4）理财家庭交流对大学生生涯适应能力的影响及心理变量的中介作用。在潜移默化的理财家庭交流中，父母告诉大学生理财重要性的频率为"经常"的受访者生涯适应能力高于频率为"从来没有""极少"和"偶尔"的受访者；频率为"偶尔"的受访者生涯适应能力显著高于频率为"从来没有"和"极少"的受访者；频率为"极少"的受访者与频率为"从来没有"的受访者生涯适应能力无显著差异。总的来说，父母告诉大学生理财重要性的频率越高，大学生的生涯适应能力越高。此外，我们的研究结果显示，自我效能和延迟满足两个心理变量在潜移默化的理财家庭交流和大学生生涯适应能力的关系中发挥了中介作用，认知需求的中介作用不显著。

父母与大学生主动交流如何理财的频率为"经常"的受访者生涯适应能力高于频率为"从来没有""极少"和"偶尔"的受访者；频率为"偶尔"的受访者生涯适应能力显著高于频率为"从来没有"和"极少"的受访者；频率为"极少"的受访者与频率为"从来没有"的受访者生涯适应能力无显著差异。总的来说，父母与大学生交流如何理财的频率越高，大学生的生涯适应能力越强。此外，我们的研究结果显示，自我效能和延迟满足两个心理变量在理财家庭主动交流和大学生生涯适应能力的关系中发挥了中介作用，认知需求的中介作用不显著。

（5）消费家庭交流对大学生生涯适应能力的影响及心理变量的中介作用。在潜移默化的消费家庭交流中，父母告诉大学生"量入为出，适度消费"消费观的频率为"经常"的受访者生涯适应能力高于频率为"从来没有""极少"和"偶尔"的受访者；频率为"偶尔"的受访者生涯适应能力显著高于频率为"从来没有"和"极少"的受访者；频率为"极少"的受访者与频率为"从来没有"的受访者生涯适应能力无显著差异。总的来说，父母告诉大学生"量入为出，适度消费"消费观的频率越高，大学生的生涯适应能力越强。此外，我们的研究结果显示，自我效能和延迟满足两个心理变量在潜移默化的消费家庭交流和大学生生涯适应能力的关系中发挥了中介作用，认知需求的中介作用不显著。

父母与大学生主动交流他们的消费观念的频率为"经常"的受访者生涯适应能力高于频率为"从来没有""极少"和"偶尔"的受访者；频率为"偶尔"

的受访者生涯适应能力显著高于频率为"从来没有"和"极少"的受访者；频率为"极少"的受访者与频率为"从来没有"的受访者生涯适应能力无显著差异。总的来说，父母与大学生交流他们的消费观念的频率越高，大学生的生涯适应能力越强。此外，我们的研究结果显示，自我效能和延迟满足两个心理变量在消费家庭主动交流和大学生生涯适应能力的关系中发挥了中介作用，认知需求的中介作用不显著。

（八）家庭财经交流对大学生未来承诺的影响及心理变量的中介作用

本书探究了预算家庭交流、储蓄家庭交流、信贷家庭交流、理财家庭交流、消费家庭交流五个家庭财经交流变量对大学生未来承诺的影响，并探究了认知需求、自我效能和延迟满足三个心理变量在其中的中介作用。研究结论如下：

（1）预算家庭交流对大学生未来承诺的影响及心理变量的中介作用。在潜移默化的预算庭交流中，父母给大学生生活费的时间间隔对大学生的未来承诺无显著影响。

父母和大学生主动交流花钱计划的频率为"经常"的受访者未来承诺显著高于频率为"从来没有""极少"和"偶尔"的受访者；频率为"偶尔"的受访者未来承诺显著高于频率为"从来没有"和"极少"的受访者；频率为"从来没有"和"极少"的两组受访者之间未来承诺没有显著差异。总体来看，父母和大学生交流花钱计划的频率越高，大学生的未来承诺越强。此外，我们的研究结果显示，认知需求、自我效能和延迟满足三个心理变量在预算家庭主动交流和大学生未来承诺的关系中发挥了中介作用。

（2）储蓄家庭交流对大学生未来承诺的影响及心理变量的中介作用。在潜移默化的储蓄家庭交流中，父母告诉大学生如何管理储蓄账户的频率为"经常"的受访者未来承诺显著高于频率为"从来没有""极少"和"偶尔"的受访者；频率为"偶尔"的受访者未来承诺显著高于频率为"从来没有"和"极少"的受访者；频率为"极少"的受访者未来承诺与频率为"从来没有"的受访者无显著差异。总的来说，父母告诉大学生如何管理储蓄账户的频率越高，大学生的未来承诺越强。此外，我们的研究结果显示，自我效能和延迟满足两个心理变量在潜移默化的储蓄家庭交流和大学生未来承诺的关系中发挥了中介作用，认知需求的中介作用不显著。

父母与大学生主动交流如何进行存钱的频率为"经常"的受访者未来承诺高于频率为"从来没有""极少"和"偶尔"的受访者；频率为"偶尔"的受访者未来承诺显著高于频率为"从来没有"和"极少"的受访者；频率为"极少"的受访者与频率为"从来没有"的受访者未来承诺无显著差异。总的来说，父母与大学生交流如何进行存钱的频率越高，大学生的未来承诺越强。此外，我们的研究结果显示，认知需求、自我效能和延迟满足三个心理变量在储蓄家庭主动交流和大学生未来承诺的关系中发挥了中介作用。

（3）信贷家庭交流对大学生未来承诺的影响及心理变量的中介作用。在潜移默化的信贷家庭交流中，父母与大学生交流如果不按时偿还信贷就会影响个人信誉的频率为"经常"的受访者未来承诺高于频率为"从来没有""极少"和"偶尔"的受访者；频率为"偶尔"的受访者未来承诺显著高于频率为"从来没有"的受访者，而前者与频率为"极少"的受访者之间未来承诺无显著差异；频率为"极少"的受访者与频率为"从来没有"的受访者未来承诺无显著差异。总的来说，父母与大学生交流如果不按时偿还信贷就会影响个人信誉的频率越高，大学生的未来承诺越强。此外，我们的研究结果显示，自我效能和延迟满足两个心理变量在潜移默化的信贷家庭交流和大学生未来承诺的关系中发挥了中介作用，认知需求的中介作用不显著。

父母与大学生主动交流他们如何利用信用贷款做重要的事的频率为"经常"的受访者未来承诺高于频率为"从来没有""极少"和"偶尔"的受访者；频率为"偶尔"的受访者未来承诺显著高于频率为"从来没有"和"极少"的受访者；频率为"极少"的受访者与频率为"从来没有"的受访者未来承诺无显著差异。总的来说，父母与大学生交流他们如何利用信用贷款做重要的事的频率越高，大学生的未来承诺越强。此外，我们的研究结果显示，认知需求、自我效能和延迟满足三个心理变量在信贷家庭主动交流和大学生未来承诺的关系中发挥了中介作用。

（4）理财家庭交流对大学生未来承诺的影响及心理变量的中介作用。在潜移默化的理财家庭交流中，父母告诉大学生理财重要性的频率为"经常"的受访者未来承诺高于频率为"从来没有""极少"和"偶尔"的受访者；频率为"偶尔"的受访者未来承诺显著高于频率为"从来没有"和"极少"的受访者；频率为"极少"的受访者与频率为"从来没有"的受访者未来承诺无显著差异。总的来说，父母告诉大学生理财重要性的频率越高，大学生的未来承诺越强。此外，我们的研究结果显示，自我效能和延迟满足两个心理变量在潜移默化的理财家庭交流和大学生未来承诺的关系中发挥了中介作用，认知需求的中介作用不显著。

父母与大学生主动交流如何理财的频率为"经常"的受访者未来承诺高于频率为"从来没有""极少"和"偶尔"的受访者；频率为"偶尔"的受访者未来承诺显著高于频率为"从来没有"和"极少"的受访者；频率为"极少"

的受访者与频率为"从来没有"的受访者未来承诺无显著差异。总的来说，父母与大学生交流如何理财的频率越高，大学生的未来承诺越强。此外，我们的研究结果显示，认知需求、自我效能和延迟满足三个心理变量在理财家庭主动交流和大学生未来承诺的关系中发挥了中介作用。

（5）消费家庭交流对大学生未来承诺的影响及心理变量的中介作用。在潜移默化的消费家庭交流中，父母告诉大学生"量入为出，适度消费"消费观的频率为"经常"的受访者未来承诺高于频率为"从来没有""极少"和"偶尔"的受访者；频率为"偶尔"的受访者未来承诺显著高于频率为"从来没有"和"极少"的受访者；频率为"极少"的受访者与频率为"从来没有"的受访者未来承诺无显著差异。总的来说，父母告诉大学生"量入为出，适度消费"消费观的频率越高，大学生的未来承诺越强。此外，我们的研究结果显示，认知需求、自我效能和延迟满足三个心理变量在潜移默化的消费家庭交流和大学生未来承诺的关系中发挥了中介作用。

父母与大学生主动交流他们的消费观念的频率为"经常"的受访者未来承诺高于频率为"从来没有""极少"和"偶尔"的受访者；频率为"偶尔"的受访者未来承诺显著高于频率为"从来没有"和"极少"的受访者；频率为"极少"的受访者与频率为"从来没有"的受访者未来承诺无显著差异。总的来说，父母与大学生交流他们的消费观念的频率越高，大学生的未来承诺越强。此外，我们的研究结果显示，自我效能和延迟满足两个心理变量在理财家庭主动交流和大学生未来承诺的关系中发挥了中介作用，认知需求的中介作用不显著。

四、家庭成长环境对大学生消费倾向的影响

（一）中国大学生消费倾向总体状况

（1）大学生的冲动性消费倾向。冲动性消费倾向用两个题项来测量，分别是"我经常不假思索地购买商品"，"有时我会一时冲动购买商品"。数据分析结果显示，两个题项的均值分别为2.65、3.10（总分为5分），说明中国大学生冲动性消费倾向处于中等水平。其中，仅有16.7%的受访者对"我经常不假思索地购买商品"持积极态度（比较同意和完全同意），对此持否定态度的比例为41.4%；32.3%的受访者认为自己会一时冲动购买商品，对此持否定态度的比例为25.0%。

（2）大学生的超前消费倾向。结果显示，27.2%的大学生认为超前消费是一种很正常的社会现象；17%的大学生认为预支以后的收入用于当前的消费是可行的；36.4%的大学生认为超前消费可以提升生活质量；35%的大学生在超前消费发生后会按时还款。

（3）大学生的炫耀性消费倾向。结果显示，18.8%的大学生购买商品是为了追求独特性；17.5%的大学生具有攀比心态；11.1%的大学生购买某些商品是为了炫耀；22.2%的大学生认为使用某些商品可以在他人眼中增加自己的价值。

（二）家庭成长环境对大学生冲动性消费倾向的影响及自我控制的中介作用

本书用家庭财经决策负责人、父母谁的收入更高、父母谁更擅长理财、父母谁的空闲时间更多、父母谁的陪伴更多、是否主动参与家庭财经决策、父亲的消费风格、母亲的消费风格、童年社会地位九个变量来衡量大学生的家庭成长环境，探讨了九个家庭成长环境变量对大学生冲动性消费倾向的影响，并探究了自我控制在其中的中介作用。研究结论如下：

（1）家庭财经决策负责人对大学生冲动性消费倾向的影响及自我控制的中介作用。数据分析结果显示，家庭财经决策负责人对大学生冲动性消费倾向的影响不显著，自我控制的中介作用也不显著。

（2）父母谁的收入更高对大学生冲动性消费倾向的影响及自我控制的中介作用。数据分析结果显示，父母谁的收入更高对大学生冲动性消费倾向的影响不显著，自我控制的中介作用也不显著。

（3）父母谁更擅长理财对大学生冲动性消费倾向的影响及自我控制的中介作用。数据分析结果显示，父母谁更擅长理财对大学生冲动性消费倾向的影响不显著，自我控制的中介作用也不显著。

（4）父母谁的空闲时间更多对大学生冲动性消费倾向的影响及自我控制的中介作用。数据分析结果显示，父母谁的空闲时间更多对大学生冲动性消费倾向的影响不显著，自我控制的中介作用也不显著。

（5）父母谁的陪伴更多对大学生冲动性消费倾向的影响及自我控制的中介作用。数据分析结果显示，父母谁的陪伴更多对大学生冲动性消费倾向的影响不显著，自我控制的中介作用也不显著。

（6）是否主动参与家庭财经决策对大学生冲动性消费倾向的影响及自我控制的中介作用。数据分析结果显示，大学生是否主动参与家庭财经决策对其冲动性消费倾向的影响不显著，自我控制的中介作用也不显著。

（7）父亲的消费风格对大学生冲动性消费倾向的影响及自我控制的中介作用。数据分析结果显示，父亲消费风格为非常大手大脚的大学生的冲动性消费倾向显著高于父亲的消费风格为中立、比较节俭、非常节俭的大学生，但与父亲消费风格为比较大手大脚的大学生没有显著差异。同时，父亲消费风格为比较大手大脚的大学生的冲动性消费倾向显著高于父亲消费风格为比较节俭以及非常节俭的大学生的冲动性消费倾向。父亲消费风格为中立的大学生的冲动性消费倾向显著高于父亲消费风格为比较节俭以及非常节俭的大学生的冲动性消费倾向。总体而言，父亲消费风格越大手大脚，大学生的冲动性消费倾向就越高。此外，数据分析结果显示，自我控制在父亲消费风格和大学生冲动性消费倾向的关系中中介作用不显著。

（8）母亲的消费风格对大学生冲动性消费倾向的影响及自我控制的中介作用。数据分析结果显示，母亲消费风格为非常大手大脚的大学生的冲动性消费倾向显著高于母亲的消费风格为比较大手大脚、中立、比较节俭、非常节俭的大学生的冲动性消费倾向。母亲消费风格为比较大手大脚的大学生的冲动性消费倾向显著高于母亲消费风格为中立、比较节俭、非常节俭的大学生的冲动性消费倾向。同时，母亲消费风格为中立的大学生的冲动性消费倾向也显著高于母亲消费风格为比较节俭、非常节俭的大学生的冲动性消费倾向。但母亲消费风格为比较节俭和非常节俭的大学生的冲动性消费倾向之间无显著差异。总体而言，母亲消费风格越大手大脚，大学生的冲动性消费倾向就越高。此外，数据分析结果显示，自我控制在母亲消费风格和大学生冲动性消费倾向的关系中中介作用不显著。

（9）童年社会地位对大学生冲动性消费倾向的影响及自我控制的中介作用。数据分析结果显示，童年社会地位高的大学生的冲动性消费倾向显著高于童年社会地位低、中等、较高的大学生的冲动性消费倾向。童年社会地位较高的大学生的冲动性消费倾向显著高于童年社会地位低的大学生的冲动性消费倾向，但与童年社会地位中等的大学生无显著差异。另外，童年社会地位中等的大学生的冲动性消费倾向也显著高于童年社会地位低的大学生的冲动性消费倾向。总体而言，童年社会地位越高，大学生的冲动性消费倾向就越高。此外，数据分析结果显示，自我控制在童年社会地位和大学生冲动性消费倾向的关系中中介作用不显著。

（三）家庭成长环境对大学生超前消费倾向的影响及自我控制的中介作用

本书用家庭财经决策负责人、父母谁的收入更高、父母谁更擅长理财、父母谁的空闲时间更多、父母谁的陪伴更多、是否主动参与家庭财经决策、父亲的消费风格、母亲的消费风格、童年社会地位九个变量来衡量大学生的家庭成长环境，探讨了九个家庭成长环境变量对大学生超前消费倾向的影响，并探究了自我控制在其中的中介作用。研究结论如下：

（1）家庭财经决策负责人对大学生超前消费倾向的影响及自我控制的中介作用。数据分析结果显示，家庭财经决策负责人对大学生超前消费倾向的影响不显著，自我控制的中介作用也不显著。

（2）父母谁的收入更高对大学生超前消费倾向的影响及自我控制的中介作用。数据分析结果显示，父母谁的收入更高对大学生超前消费倾向的影响不显著，自我控制的中介作用也不显著。

（3）父母谁更擅长理财对大学生超前消费倾向的影响及自我控制的中介作用。数据分析结果显示，父母谁更擅长理财对大学生超前消费倾向的影响不显著，自我控制的中介作用也不显著。

（4）父母谁的空闲时间更多对大学生超前消费倾向的影响及自我控制的中介作用。数据分析结果显示，父母谁的空闲时间更多对大学生超前消费倾向的影响不显著，自我控制的中介作用也不显著。

（5）父母谁的陪伴更多对大学生超前消费倾向的影响及自我控制的中介作用。数据分析结果显示，父母谁的陪伴更多对大学生超前消费倾向的影响不显著，自我控制的中介作用也不显著。

（6）是否主动参与家庭财经决策对大学生超前消费倾向的影响及自我控制的中介作用。数据分析结果显示，大学生是否主动参与家庭财经决策对其超前消费倾向的影响不显著，自我控制的中介作用也不显著。

（7）父亲的消费风格对大学生超前消费倾向的影响及自我控制的中介作用。数据分析结果显示，父亲消费风格为非常大手大脚的大学生超前消费倾向显著高于父亲消费风格为非常节俭、比较节俭的大学生超前消费倾向，但与父亲消费风格为中立、比较大手大脚的大学生无显著差异。父亲消费风格为比较大手大脚和中立的大学生的超前消费倾向显著高于父亲消费风格为比较节俭和非常节俭的大学生的超前消费倾向。但父亲消费风格为比较节俭和非常节俭的大学生的超前消费倾向之间无显著差异。总体而言，父亲消费风格越大手大脚，大学生的超前消费倾向就越高。此外，数据分析结果显示，自我控制在父亲消费风格和大学生超前消费倾向的关系中中介作用不显著。

（8）母亲的消费风格对大学生超前消费倾向的影响及自我控制的中介作用。数据分析结果显示，母亲消费风格为非常大手大脚的大学生超前消费倾向显著高于母亲消费风格为非常节俭、比较节俭、中立、比较大手大脚的大学生的超前消费倾向。母亲的消费风格为比较大手大脚和中立的大学生的超前消费倾向显著高于母亲消费风格为比较节俭和非常节俭的大学生的超前消费倾向。但母亲消费风格为比较节俭和非常节俭的大学生的超前消费倾向之间无显著差异。总体而言，母亲消费风格越大手大脚，大学生的超前消费倾向就越高。此外，数据分析结果显示，自我控制在母亲消费风格和大学生超前消费倾向的关系中中介作用不显著。

（9）童年社会地位对大学生超前消费倾向的影响及自我控制的中介作用。数据分析结果显示，童年社会地位高的大学生的超前消费倾向显著高于童年社会地位低、中等的大学生的超前消费倾向，但与童年社会地位较高的大学生无显著差异。童年社会地位为较高的大学生的超前消费倾向显著高于童年社会地位低的大学生的超前消费倾向，但与童年社会地位中等的大学生无显著差异。同时，童年社会地位中等的大学生的超前消费倾向显著高于童年社会地位低的大学生的超前消费倾向。总体而言，童年社会地位越高，大学生的超前消费倾向就越高。此外，数据分析结果显示，自我控制在童年社会地位和大学生超前消费倾向的关系中中介作用不显著。

（四）家庭成长环境对大学生炫耀性消费倾向的影响及自我控制的中介作用

本书用家庭财经决策负责人、父母谁的收入更高、父母谁更擅长理财、父母谁的空闲时间更多、父母谁的陪伴更多、是否主动参与家庭财经决策、父亲的消费风格、母亲的消费风格、童年社会地位九个变量来衡量大学生的家庭成长环境，探讨了九个家庭成长环境变量对大学生炫耀性消费倾向的影响，并探究了自我控制在其中的中介作用。研究结论如下：

（1）家庭财经决策负责人对大学生炫耀性消费倾向的影响及自我控制的中介作用。数据分析结果显示，家庭财经决策负责人对大学生炫耀性消费倾向的影响不显著，自我控制的中介作用也不显著。

（2）父母谁的收入更高对大学生炫耀性消费倾向的影响及自我控制的中介作用。数据分析结果显示，父母谁的收入更高对大学生炫耀性消费倾向的影响不显著，自我控制的中介作用也不显著。

（3）父母谁更擅长理财对大学生炫耀性消费倾向的影响及自我控制的中介作用。数据分析结果显示，父母谁更擅长理财对大学生炫耀性消费倾向的影响不显著，自我控制的中介作用也不显著。

（4）父母谁的空闲时间更多对大学生炫耀性消费倾向的影响及自我控制的中介作用。数据分析结果显示，父母谁的空闲时间更多对大学生炫耀性消费倾向的影响不显著，自我控制的中介作用也不显著。

（5）父母谁的陪伴更多对大学生炫耀性消费倾向的影响及自我控制的中介作用。数据分析结果显示，不知道父母谁的陪伴更多的大学生的炫耀性消费倾向显著高于母亲陪伴更多、父母亲陪伴都很多、父母亲陪伴都很少的大学生的炫耀性消费倾向，但与父亲陪伴更多的大学生的炫耀性消费倾向无显著差异。同时，父亲陪伴更多的大学生的炫耀性消费倾向显著高于母亲陪伴更多、父母亲陪伴都很多、父母亲陪伴都很少的大学生的炫耀性消费倾向。而母亲陪伴更多、父母亲陪伴都很多、父母亲陪伴都很少的大学生的炫耀性消费倾向之间无显著差异。此外，数据分析结果显示，自我控制在父母谁的陪伴更多和大学生炫耀性消费倾向的关系中中介作用不显著。

（6）是否主动参与家庭财经决策对大学生炫耀性消费倾向的影响及自我控制的中介作用。数据分析结果显示，大学生是否主动参与家庭财经决策对其炫耀性消费倾向的影响不显著，自我控制的中介作用也不显著。

（7）父亲的消费风格对大学生炫耀性消费倾向的影响及自我控制的中介作用。数据分析结果显示，父亲的消费风格为非常大手大脚的大学生的炫耀性消费倾向显著高于父亲的消费风格为非常节俭、比较节俭、中立的大学生的炫耀性消费倾向，但与父亲的消费风格为比较大手大脚的大学生无显著差异。总体而言，父亲的消费风格越大手大脚，大学生的炫耀性消费倾向就越高。此外，数据分析结果显示，自我控制在父亲消费风格和大学生炫耀性消费倾向的关系中中介作用不显著。

（8）母亲的消费风格对大学生炫耀性消费倾向的影响及自我控制的中介作用。数据分析结果显示，母亲的消费风格为非常大手大脚的大学生的炫耀性消费倾向显著高于父亲的消费风格为非常节俭、比较节俭、中立、比较大手大脚的大学生的炫耀性消费倾向。总体而言，母亲的消费风格越大手大脚，大学生的炫耀性消费倾向就越高。此外，数据分析结果显示，自我控制在母亲消费风格和大学生炫耀性消费倾向的关系中中介作用不显著。

（9）童年社会地位对大学生炫耀性消费倾向的影响及自我控制的中介作用。数据分析结果显示，童年社会地位高的大学生的炫耀性消费倾向显著高于童年社会地位低、中等的大学生的炫耀性消费倾向，但与童年社会地位较高的大学生无显著差异。总体而言，童年社会地位越高，大学生的炫耀性消费倾向越高。此外，数据分析结果显示，自我控制在童年社会地位和大学生炫耀性消费倾向的关系中起部分中介作用。

第二节　管理启示

一、继续丰富大学生的财经知识

本书调查显示，大学生客观财经知识依然不容乐观，丰富大学生主客观财经知识是财经素养教育的重点工作之一。第一，需继续推进《大学生财经素养教育》通识课的课程建设，将其列入大学的课程体系建设当中，重点对非经济学和非管理学专业的大学生进行普及性授课，通过规范的课堂教学，传授系统财经知识、引领科学财经观念、涵养崇高价值追求。第二，通过校园微信公众号、学生在线社区、报刊栏、宣传栏等线上线下媒介定期宣传财经小常识、财经小故事和预防财经骗局案例，营造开展财经素养教育的校园文化氛围。第三，由各个高校的商学院负责建立大学生财经素养咨询中心，中心在保护学生隐私的前提下向学生提供财经咨询免费服务。第四，建立朋辈辅导中心。可以在学生会机构下建立大学生财经素养朋辈辅导中心，成员由商学院学习财经类专业的高年级学生和对金融产品具有丰富且成功的操作经验的学生组成，免费向前来咨询的学生提供信息服务。第五，定期举办大学生财经素养大赛。通过大赛活跃财经素养校园文化，让学生认识到财经知识对自己的现在和未来都有重要帮助。

二、鼓励父母与大学生增进家庭财经交流

父母可以从预算、储蓄、信贷、理财、消费多个方面与大学生开展多种方式的家庭财经交流，既可以是潜移默化的交流，也可以是主动交流。具体而言，父母可与大学生经常讨论如何分配未来收入以用于开销、储蓄和债务偿还，帮助子女建立个人预算的意识和行为习惯，掌握最基本的预算的方法；父母可以经常和子女交流如何管理储蓄账户以及如何存钱，让子女意识到必要的储蓄可以降低未来生活的不确定性和各类意外不期而至的风险，同时，储蓄还可以增加生活的信心，捕捉提升人生价值的机会，以提升孩子防范风险和规划未来的能力；父母应该经常与孩子沟通如果不按时偿还信贷给信誉带来的影响以及如何利用信用贷款做重要的事（如车贷、房贷、助学贷），以此指导子女掌握信贷的目的、作用、成本、方法以及维护信用的意义，让孩子认识到使用信贷的谨慎性以及一旦使用信贷就要呵护自己的声誉，同时让孩子认识到使用信贷的成本，信贷的用途与个人现在的生存和未来发展的密切联系；父母还要经常和孩子交流理财的重要性以及如何理财，指导子女掌握理财的意义、厘清各类理财产品的特征和区别，搞清楚它们的风险和投资回报率，在此基础上选择和购买合理的理财产品，帮助大学生不但建立金钱增值意识，而且建立投资的风险意识；父母应该经常与孩子交流"量入为出，适度消费"的消费观，指导子女在未满足的欲望出现的情况下花多少钱买什么样的产品，引导孩子建立正确的消费观念。值得注意的是，父母可根据本书的调研结论，结合自身教育目的选择适当的交流方式和交流频率，某些主题的交流过于频繁也可能产生相反的效果。例如根据本书的结论，偶尔与子女进

行财经交流可以有效提高大学生的财经态度，但经常性的交流反而会降低大学生的财经态度。

三、关注大学生成长环境对消费倾向的影响

首先，父亲陪伴更多的大学生，相比于母亲陪伴更多、父母亲陪伴都很多的大学生，具有更高的炫耀性消费倾向，因此，在大学生成长过程中，对于父亲陪伴较多的孩子，父母应该更加重视对孩子理性消费的引导，增强母亲的参与，发挥对炫耀性消费的抑制作用。其次，父母的消费风格对孩子有直接的影响，父母的消费风格越大手大脚，大学生的冲动性消费倾向、超前消费倾向以及炫耀性消费倾向就越高。父母作为孩子的第一任老师，应做好表率作用，规范自己的消费风格，养成勤俭节约的习惯，通过言传身教帮助子女树立理性的、"量入为出"的消费习惯。最后，童年社会地位的高低直接影响大学生的消费倾向，童年社会地位越高，其冲动性消费倾向、超前消费倾向和炫耀性消费倾向都越高。因此，针对童年社会地位较高的家庭，父母可适当降低对孩子提供的物质标准，增强家庭财经交流，有意识地培养孩子自我控制和延迟满足能力，引导子女建立理性的消费习惯。

四、倡导促进财经素养教育家校融合

首先，无论是上述提及的家庭财经交流，还是父母消费风格的以身作则，都需要父母对家庭财经素养教育的重要性、知识体系、方式方法具有一定的了解和认识。因此，学校或相关机构可为父母提供系统的家庭财经素养教育课程或咨询，为父母进行有效的家庭财经交流和财经行为示范提供依据。其次，本书的调查结果显示，家庭人文统计变量对大学生财经素养有重要作用。虽然父母职业、父母受教育水平、家庭成员健康状况、独生子女、家庭月收入等家庭人文统计因素在短时间内难以改变，但父母可以根据自身家庭情况对大学生的财经素养状况进行初步判断，并有针对性地通过增进家庭财经交流以及其他家庭活动，增强大学生的自我效能、认知需求、延迟满足以及自我控制能力，帮助提高孩子的财经素养水平。同时，学校与父母之间应加强沟通，构建家校共育的良性循环，让学校了解大学生的家庭非隐私类的关键影响因素，有的放矢、因人施教，为大学生提供恰当的财经素养培养方案。值得注意的是，认知需求、延迟满足、自我效能等心理变量是家庭人文统计变量与大学生财经素养关系中的关键中介机制，因此学校可以在大学教育系统中添加一门财经意识训练课，由游戏、事件、活动、项目组成，训练学生的认知需求、延迟满足、自我效能，弥补大学生因家庭人文统

计因素短板造成的财经素养缺失，真正做到集观念、知识和能力培养于一体的财经素养教育。

第三节 研究局限和未来的研究方向

一、样本框的合理性

本书把积极报名参与四川省大学生财经素养大赛的在校大学生作为样本框，严肃了受访者填写问卷的态度，强化了受访者的认真和负责的精神，在一定程度上保证了数量和质量，但是，这种样本框只能局限于那些对大学生财经素养大赛感兴趣的大学生，没有囊括对财经素养大赛不感兴趣的同学，这样获得的受访者可能高估了大学生的财经素养。未来的研究可以从各个院校的教务处获得学生的花名册，将其作为样本框获得样本单位，降低遗漏程度。

二、样本的代表性

虽然获得的样本单位有一定的代表性，获得的数据具有较高的质量，但个体人文统计特征与总体之间还存在较大的偏颇，这在一定程度上影响了我们对中国大学生总体的财经素养的推断和理解。因此，未来的研究须从全国高等院校在校大学生总体中按照分层抽样的原则，如研究者可以从高等院校的类型、性别、年级、专业、籍贯等变量出发对样本总体进行分层，确保每一个群体抽选出来的样本单位都和总体的比例相一致，由此提升样本的代表性。

三、各个变量之间的关系及可能的作用边界

本书从财经素养的内涵出发，围绕财经素养、家庭人文统计变量、家庭财经交流、家庭成长环境、消费倾向、心理变量构建了34个主体变量，由于研究目的使然，本书没有按照各个变量之间的理论关系推导和发展关联的理论假设，虽然通过数据分析，探讨了部分变量之间的主效应和简单中介效应，但并未进行更进一步的调节效应检验以及更复杂的理论模型构建。未来的研究可以遵从实证研究规范，发展理论假设，构建更加严谨的理论模型，运用数据检验这些假设是否得到支持。

参考文献

[1] Aaker, J. L. , & Lee, A. Y. "I" seek pleasures and "we" avoid pains: The role of self-regulatory goals in information processing and persuasion [J] . Journal of Consumer Research, 2001, 28 (1): 33-49.

[2] Agarwal, S. , Driscoll, J. C. , Gabaix, X. , & Laibson, D. The age of reason: Financial decisions over the life cycle and implications for regulation [J] . Brookings Papers on Economic Activity, 2009 (2): 51-117.

[3] Agnew, S. , & Harrison, N. Financial literacy and student attitudes to debt: A cross national study examining the influence of gender on personal finance concepts [J] . Journal of Retailing and Consumer Services, 2015 (25): 122-129.

[4] Al-Bahrani, A. , Buser, W. , & Patel, D. Early causes of financial disquiet and the gender gap in financial literacy: Evidence from college students in the Southeastern United States [J] . Journal of Family and Economic Issues, 2020, 41 (3): 558-571.

[5] Al-Bahrani, A. B. W. P. Does math confidence matter? How student perceptions create barriers to success in economic courses [J] . Journal of Economics and Finance Education, 2018, 17 (1): 61-77.

[6] Alba, J. W. , & Hutchinson, J. W. Dimensions of consumer expertise [J] . Journal of Consumer Research, 1987, 13 (4): 411-454.

[7] Alhabeeb, M. J. On the development of consumer socialization of children [J] . Academy of Marketing Studies Journal, 2002, 6 (1): 9-14.

[8] Ali, A. , Rahman, M. S. A. , & Bakar, A. Financial satisfaction and the influence of financial literacy in Malaysia [J] . Social Indicators Research, 2015, 120 (1): 137-156.

[9] Amagir, A. , Groot, W. , van den Brink, H. M. , & Wilschut, A. Financial literacy of high school students in the Netherlands: Knowledge, attitudes, self-efficacy, and behavior [J] . International Review of Economics Education, 2020 (34): 100-185.

[10] Artavanis, N. , & Karra, S. Financial literacy and student debt [J] . The

European Journal of Finance, 2020, 26 (4-5): 382-401.

［11］Atkinson, A., & Messy, F. A. Assessing financial literacy in 12 countries: An OECD/INFE international pilot exercise［J］. Journal of Pension Economics & Finance, 2011, 10 (4): 657-665.

［12］Baas, M., De Dreu, C. K., & Nijstad, B. A. A meta-analysis of 25 years of mood-creativity research: Hedonic tone, activation, or regulatory focus?［J］. Psychological Bulletin, 2008, 134 (6): 779.

［13］Bandura, A., & Locke, E. A. Negative self-efficacy and goal effects revisited［J］. Journal of Applied Psychology, 2003, 88 (1): 87.

［14］Bandura, A., & Walters, R. H. Social learning theory［D］. Prentice Hall: Englewood Cliffs, 1977.

［15］Bandura, A. Health promotion from the perspective of social cognitive theory［J］. Psychology and Health, 1998, 13 (4): 623-649.

［16］Bandura, A. Social foundations of thought and action: A social cognitive theory［D］. Englewood Cliffs, NJ: Prentice-Hall, 1986.

［17］Bannier, C. E., & Schwarz, M. Gender-and education-related effects of financial literacy and confidence on financial wealth［J］. Journal of Economic Psychology, 2018 (67): 66-86.

［18］Bearden, W. O., Hardesty, D. M., & Rose, R. L. Consumer self-confidence: Refinements in conceptualization and measurement［J］. Journal of Consumer Research, 2001, 28 (1): 121-134.

［19］Beutler, I., & Dickson, L. Handbook of consumer finance research［J］. Journal of Applied Psychology, 2008 (1): 7-14.

［20］Boisclair, D., Lusardi, A., & Michaud, P. C. Financial literacy and retirement planning in Canada［J］. Journal of Pension Economics & Finance, 2017, 16 (3): 277-296.

［21］Borodich, S., Deplazes, S., Kardash, N., & Kovzik, A. Comparative analysis of the levels of financial literacy among students in the US, Belarus, and Japan［J］. Journal Of Economics & Economic Education Research, 2010, 11 (3): 7-14.

［22］Boss, P., Doherty, W. J., LaRossa, R., Schumm, W. R., & Steinmetz, S. K., et al. Sourcebook of family theories and methods: A contextual approach［J］. Springer Science & Business Media, 1993 (1): 7-14.

［23］Bottazzi, L., & Lusardi, A. Stereotypes in financial literacy: Evidence from PISA［J］. Journal of Corporate Finance, 2021 (71): 7-14.

［24］Britto, P. R., Lye, S. J., Proulx, K., Yousafzai, A. K., Matthews,

S. G. , Vaivada, T. , & Bhutta, Z. A. The early childhood development interventions review group [D] . Nurturing Care: Promoting Early Childhood Development, 2017.

[25] Bruhn, M. , Leão, L. D. S. , Legovini, A. , Marchetti, R. , & Zia, B. The impact of high school financial education: Evidence from a large-scale evaluation in Brazil [J] . American Economic Journal: Applied Economics, 2016, 8 (4): 256-295.

[26] Bucciol, A. , & Veronesi, M. Teaching children to save and lifetime savings: What is the best strategy [J] . Journal of Economics Psychology, 2014 (45): 1-17.

[27] Bufford, R. K. Social foundations of thought and action-a social cognitive theory-bandura [J] . Journal of Psychology and Theology, 1986 (4): 341-342.

[28] Bureau, C. F. P. Financial well-being: The goal of financial education [R] . 2015.

[29] Byrne, L. K. , Cook, K. E. , Skouteris, H. , & Do, M. Parental status and childhood obesity in Australia [J] . International Journal of Pediatric Obesity, 2011, 6 (5-6): 415-418.

[30] Cain, D. S. , & Combs-Orme, T. Family structure effects on parenting stress and practices in the African American family [J] . Welfare, 2005 (32): 19-20.

[31] Cameron, S. V. , & Heckman, J. J. The dynamics of educational attainment for black, hispanic, and white males [J] . Journal of Political Economy, 2001, 109 (3): 455-499.

[32] Carneiro, P. , Meghir, C. , & Parey, M. Maternal education, home environments, and the development of children and adolescents [J] . Journal of the European Economic Association, 2013, 11 (1): 123-160.

[33] Casper, M. A definition of "social environment" [J] . American Journal of Public Health, 2001, 91 (3): 465-470.

[34] Chen, A. Y. , & Escarce, J. J. Peer reviewed: Family structure and childhood obesity, early childhood longitudinal study-kindergarten cohort [J] . Preventing Chronic Disease, 2010, 7 (3): 7-14.

[35] Chen, H. , & Volpe, R. P. An analysis of personal financial literacy among college students [J] . Financial Services Review, 1998, 7 (2): 107-128.

[36] Chen-Yu, J. H. A. , Hong, K. H. B. & Seock, Y. K. C. Adolescents' clothing motives and store selection criteria: A comparison between South Korea and the United States [J] . Journal of Fashion Marketing & Management, 2010 (1): 127-144.

［37］Chijwani, M. M. , & Vidyapeeth, D. Y. P. A study of financial literacy among working women in Pune ［J］. International Journal for Scientific Research & Development, 2014, 1（11）: 2456-2458.

［38］Christelis, D. , Georgarakos, D. , & Lusardi, A. The Impact of Bank Account Ownership on Adolescents' Financial Literacy. Work in Progress ［D］. Global Financial Literacy Excellence Center, Washington, DC. , 2015.

［39］Chu, Z. , Wang, Z. , Xiao, J. J. , & Zhang, W. Financial literacy, portfolio choice and financial well-being ［J］. Social Indicators Research, 2017, 132（2）: 799-820.

［40］Clarke, A. T. , Marshall, S. A. , Mautone, J. A. , Soffer, S. L. , Jones, H. A. , Costigan, T. E. , & Power, T. J. Parent attendance and homework adherence predict response to a family – school intervention for children with ADHD ［J］. Journal of Clinical Child & Adolescent Psychology, 2015, 44（1）: 58-67.

［41］Clinton, G. , Lee, E. , & Logan, R. Connectivism as a framework for creative productivity in instructional technology ［D］. In 2011 IEEE 11th International Conference on Advanced Learning Technologies, 2011.

［42］Cocco, J. F. , Gomes, F. J. , & Maenhout, P. J. Consumption and portfolio choice over the life cycle ［J］. The Review of Financial Studies, 2005, 18（2）: 491-533.

［43］Cohen, M. , & Nelson, C. Financial literacy: A step for clients towards financial inclusion ［J］. Global Microcredit Summit, 2011（1）: 14-17.

［44］Cole, C. A. Consumer socialization: A Life – Cycle perspective（Book review）［J］. Journal of Consumer Affairs, 1988（1）: 174.

［45］Cole, S. , Paulson, A. , & Shastry, G. K. High school curriculum and financial outcomes: The impact of mandated personal finance and mathematics courses ［J］. Journal of Human Resources, 2016, 51（3）: 656-698.

［46］Conklin, J. A taxonomy for learning, teaching, and assessing: a revision of bloom's taxonomy of educational objectives ［J］. Educational Horizons, 2005（83）: 154-159.

［47］Cordero, J. M. , Gil-Izquierdo, M. , & Pedraja-Chaparro, F. Financial education and student financial literacy: A cross-country analysis using PISA 2012 data ［J］. The Social Science Journal, 2022, 59（1）: 15-33.

［48］Covington, O. Financial literacy bill advances: Aim is to educate college students about credit cards, debt ［J］. Messenger-Inquirer, 2008（1）: 7-14.

［49］Crowe, E. , & Higgins, E. T. Regulatory focus and strategic inclinations: Promotion and prevention in decision-making ［J］. Organizational Behavior and Human Decision Processes, 1997, 69 (2): 117-132.

[50] Cunha, F., & Heckman, J. The technology of skill formation [J]. American Economic Review, 2007, 97 (2): 31-47.

[51] Cyberpsychology, Behavior, and Social Networking [R]. 2014.

[52] Danns, D. E. Financial education in US state colleges and universities: Establishing and building programs [M]. Springer, 2015.

[53] De Vet, E., De Ridder, D. T. D., & De Wit, J. B. F. Environmental correlates of physical activity and dietary behaviours among young people: A systematic review of reviews [J]. Obesity Reviews, 2011, 12 (5): 130-142.

[54] Deacon, R. E., & Firebaugh, F. M. Family resource management principles and aplications [J]. Atlantic Avenue. Boston, 1981 (420): 7-14.

[55] Demo, D. H., Aquilino, W. S., & Fine, M. A. Family composition and family transitions [J]. Sourcebook of Family Theory and Research, 2005 (1): 119-142.

[56] Disney, R., & Gathergood, J. Financial literacy and consumer credit portfolios [J]. Journal of Banking & Finance, 2013, 37 (7): 2246-2254.

[57] Douissa, I. B. Factors affecting College students' multidimensional financial literacy in the Middle East [J]. International Review of Economics Education, 2020 (1): 7-14.

[58] Downey, D. B. When bigger is not better: Family size, parental resources, and children's educational performance [J]. American Sociological Review, 1995 (1): 746-761.

[59] Dube, D., & Shivam, V. Financial literacy: An overview of current literature and future opportunities [J]. EPRA International Journal of Economic and Business Review, 2018, 6 (1): 43-47.

[60] Duffield, J. Financial Literacy: Implications for Retirement Security and the Financial Marketplace [J]. Journal of Pension Economics & Finance, 2013, 12 (1): 139-141.

[61] Dufur, M. J., Hoffmann, J. P., Braudt, D. B., Parcel, T. L., & Spence, K. R. Examining the effects of family and school social capital on delinquent behavior [J]. Deviant Behavior, 2015, 36 (7): 511-526.

[62] El Nokali, N. E., Bachman, H. J., & Votruba-Drzal, E. Parent involvement and children's academic and social development in elementary school [J]. Child Development, 2010, 81 (3): 988-1005.

[63] Ergün, K. Financial behaviour and financial literacy among university students [J]. Research in Economics and Business: Central and Eastern Europe,

2017, 9 (2): 7-14.

[64] Ergün, K. Financial literacy among university students: A study in eight European countries [J]. International Journal of Consumer Studies, 2018, 42 (1): 2-15.

[65] Erner, C., Goedde-Menke, M., & Oberste, M. Financial literacy of high school students: Evidence from Germany [J]. The Journal of Economic Education, 2016, 47 (2): 95-105.

[66] Förster, J., & Higgins, E. T. How global versus local perception fits regulatory focus [J]. Psychological Science, 2005, 16 (8): 631-636.

[67] Fernandes, D., Lynch Jr, J. G., & Netemeyer, R. G. Financial literacy, financial education, and downstream financial behaviors [J]. Management Science, 2014, 60 (8): 1861-1883.

[68] Firmansyah, D. The influence of family backgrounds toward student saving behavior: A survey of college students in Jabodetabek [J]. International Journal of Scientific and Research Publication, 2014, 4 (1): 1-6.

[69] Florack, A., Keller, J., & Palcu, J. Regulatory focus in economic contexts [J]. Journal of Economic Psychology, 2013 (38): 127-137.

[70] Fonseca, R. M. K. Z. The financial literacy of young American adults Washingtong [J]. National Institute of Public Health, 2012 (1): 7-14.

[71] Fosco, G. M., & Grych, J. H. Capturing the family context of emotion regulation: A family systems model comparison approach [J]. Journal of Family Issues, 2013, 34 (4): 557-578.

[72] Friedline, T. L., Elliott, W., & Nam, I. Predicting savings from adolescence to young adulthood: A propensity score approach [J]. Journal of the Society for Social Work and Research, 2011, 2 (1): 1-21.

[73] Garg, N., & Singh, S. Financial literacy among youth [J]. International Journal of Social Economics, 2018 (1): 7-14.

[74] Gerardi, K. Financial literacy and subprime mortgage delinquency: Evidence from a survey matched to administrative data [M]. Diane Publishing, 2010.

[75] Gerrans, P., & Heaney, R. The impact of undergraduate personal finance education on individual financial literacy, attitudes and intentions [J]. Accounting & Finance, 2019, 59 (1): 177-217.

[76] Gilenko, E., & Chernova, A. Saving behavior and financial literacy of Russian high school students: An application of a copula-based bivariate probit-regression approach [J]. Children and Youth Services Review, 2021 (127): 106-122.

[77] Gill, A., & Bhattacharya, R. The effects of a financial literacy interven-

tion on the financial and economic knowledge of high school students [J] . The Journal of Economic Education, 2019, 50 (3): 215-229.

[78] Gill, D. , & Prowse, V. Cognitive ability, character skills, and learning to play equilibrium: A level-k analysis [J] . Journal of Political Economy, 2016, 124 (6): 1619-1676.

[79] Godfrey, N. S. Making Our Students Smart About Money-Giving thcm financial literacy before they find themselves mired in credit-card debt [J] . Education Digest, 2006 (7): 21-26.

[80] Grinstein – Weiss, M. , Spader, J. , Yeo, Y. H. , Taylor, A. , & Freeze, E. B. Parental transfer of financial knowledge and later credit outcomes among low-and moderate-income homeowners [J] . Children and Youth Services Review, 2011, 33 (1): 78-85.

[81] Griskevicius, V. , Ackerman, J. M. , Cantú, S. M. , Delton, A. W. , Robertson, T. E. , Simpson, J. A. , & Tybur, J. M. When the economy falters, do people spend or save? Responses to resource scarcity depend on childhood environments [J] . Psychological Science, 2013, 24 (2): 197-205.

[82] Grusec, J. E. , & Davidov, M. Analyzing socialization from a domain-specific perspective [R] . 2015.

[83] Gutter, M. S. , Garrison, S. , & Copur, Z. Social learning opportunities and the financial behaviors of college students [J] . Family and Consumer Sciences Research Journal, 2010, 38 (4): 387-404.

[84] Haliassos, M. , Jansson, T. , & Karabulut, Y. Financial literacy externalities [J] . The Review of Financial Studies, 2020, 33 (2): 950-989.

[85] Haliassos, M. , Pardo, H. F. C. , Giannitsarou, C. , & Arrondel, L. Informative Social Interactions [N] . Meeting Papers. Society for Economic Dynamics, 2016-01-10 (6) .

[86] Harrison, N. , Chudry, F. , Waller, R. , & Hatt, S. Towards a typology of debt attitudes among contemporary young UK undergraduates [J] . Journal of Further and Higher Education, 2015, 39 (1): 85-107.

[87] Hastings, J. S. , Madrian, B. C. , & Skimmyhorn, W. L. Financial literacy, financial education, and economic outcomes [J] . Annu. Rev. Econ. , 2013, 5 (1): 347-373.

[88] Heckman, J. J. Skill formation and the economics of investing in disadvantaged children [J] . Science, 2006, 312 (5782): 1900-1902.

[89] Higgins, E. T. Beyond pleasure and pain [J] . American Psychologist, 1997, 52 (12): 1280.

［90］ Hilgert, M. A. , Hogarth, J. M. , & Beverly, S. G. Household financial management: The connection between knowledge and behavior ［J］. Fed. Res. Bull. , 2003 (89): 309.

［91］ Hira, T. K. Financial attitudes, beliefs and behaviours: Differences by age ［J］. Journal of Consumer Studies & Home Economics, 1997, 21 (3): 271-290.

［92］ Hira, T. K. , Sabri, M. F. , & Loibl, C. Financial socialization's impact on investment orientation and household net worth ［J］. International Journal of Consumer Studies, 2013, 37 (1): 29-35.

［93］ Hirst, D. E. , Koonce, L. , & Venkataraman, S. Management earnings forecasts: A review and framework ［J］. Accounting Horizons, 2008, 22 (3): 315-338.

［94］ Hizgilov, A. , & Silber, J. On multidimensional approaches to financial literacy measurement ［J］. Social Indicators Research, 2020, 148 (3): 787-830.

［95］ Ho, M. C. S. , & Lee, D. H. L. School banding effects on student financial literacy acquisition in a standardised financial literacy curriculum ［J］. The Asia-Pacific Education Researcher, 2020, 29 (4): 377-391.

［96］ Hung, A. , Parker, A. M. , & Yoong, J. Defining and measuring financial literacy ［R］. 2009.

［97］ Huston, S. J. Measuring financial literacy ［J］. Journal of Consumer Affairs, 2010, 44 (2): 296-316.

［98］ Jang, K. , Hahn, J. , & Park, H. J. Comparison of financial literacy between Korean and US high school students ［J］. International Review of Economics Education, 2014 (16): 22-38.

［99］ Jarrett, R. L. , Hamilton, M. B. , & Coba-Rodriguez, S. So we would all help pitch in: The family literacy practices of low-income African American mothers of preschoolers ［J］. Journal of Communication Disorders, 2015 (57): 81-93.

［100］ Johnson, E. , & Sherraden, M. S. From financial literacy to financial capability smong youth ［J］. J. Soc. & Soc. Welfare, 2007 (34): 119.

［101］ Jorgensen, B. L. , & Savla, J. Financial literacy of young adults: The importance of parental socialization ［J］. Family Relations, 2010, 59 (4): 465-478.

［102］ Jorgensen, B. L. Financial literacy of college students: Parental and peer influences (Doctoral dissertation, Virginia Tech) ［R］. 2007.

［103］ Kadoya, Y. What makes people anxious about life after the age of 65? Evidence from international survey research in Japan, the United States, China, and India ［J］. Review of Economics of the Household, 2016, 14 (2): 443-461.

［104］Kahneman, D., & Tversky, A. On the interpretation of intuitive probability：A reply to Jonathan Cohen［R］. 1979.

［105］Kawamura, T., Mori, T., Motonishi, T., & Ogawa, K. Is financial literacy dangerous? Financial literacy, behavioral factors, and financial choices of households［J］. Journal of the Japanese and International Economies, 2021（60）：101-131.

［106］Kim, C., Yang, Z., & Lee, H. Parental style, parental practices, and socialization outcomes：An investigation of their linkages in the consumer socialization context［J］. Journal of Economic Psychology, 2015（49）：15-33.

［107］Kim, D., & Jang, S. S. Motivational drivers for status consumption：A study of Generation Y consumers［J］. International Journal of Hospitality Management, 2014（38）：39-47.

［108］Kimball, M., & Shumway, T. Investor sophistication, and the participation, home bias, diversification, and employer stock puzzles［M］. Unpublished Manuscript, University of Michigan, 2006.

［109］Krische, S., & Mislin, A. The impact of financial literacy on negotiation behavior［J］. Journal of Behavioral and Experimental Economics, 2020（87）：7-14.

［110］Krische, S. D. Investment experience, financial literacy, and investment-related judgments［J］. Contemporary Accounting Research, 2019, 36（3）：1634-1668.

［111］Kuczynski, L., & Parkin, C. M. Agency and bidirectionality in socialization：Interactions, transactions, and relational dialectics［R］. 2007.

［112］Kuntze, R., Wu, C. K., Wooldridge, B. R., & Whang, Y. O. Improving financial literacy in college of business students：Modernizing delivery tools［J］. International Journal of Bank Marketing, 2019（4）：976-990.

［113］Lachance, M. J., & Choquette-Bernier, N. College students' consumer competence：A qualitative exploration［J］. International Journal of Consumer Studies, 2004, 28（5）：433-442.

［114］Lantara, I. W. N., & Kartini, N. K. R. Financial literacy among university students：Empirical evidence from Indonesia［J］. Journal of Indonesian Economy and Business, 2015, 30（3）：247-256.

［115］Li, A. Y. L., Lo, B. C. Y., & Cheng, C. It is the family context that matters：Concurrent and predictive effects of aspects of parent-child interaction on video gaming-related problems［J］. Cyberpsychology, Behavior, and Social Networking, 2018, 21（6）：374-380.

［116］Li, R., & Qian, Y. Entrepreneurial participation and performance: The role of financial literacy ［J］. Management Decision, 2019 (1): 7-14.

［117］Lunt, P., & Furnham, A. Economic socialization ［M］. Edward Elgar Publishing, 1996.

［118］Lusardi, A., & Mitchell, O. S. Baby boomer retirement security: The roles of planning, financial literacy, and housing wealth ［J］. Journal of Monetary Economics, 2007, 54 (1): 205-224.

［119］Lusardi, A., & Mitchell, O. S. Financial literacy and retirement planning in the United States ［J］. Journal of Pension Economics and Finance, 2011 (4): 509-525.

［120］Lusardi, A., & Mitchell, O. S. Financial literacy and planning: Implications for retirement wellbeing ［J］. National Bureau of Economic Research, 2011 (1): 7-14.

［121］Lusardi, A., & Mitchell, O. S. The economic importance of financial literacy: Theory and evidence ［J］. Journal of Economic Literature, 2014, 52 (1): 5-44.

［122］Lusardi, A., & Mitchelli, O. S. Financial literacy and retirement preparedness: Evidence and implications for financial education ［J］. Business economics, 2007, 42 (1): 35-44.

［123］Lusardi, A., & Tufano, P. Debt literacy, financial experiences, and overindebtedness ［J］. Journal of Pension Economics & Finance, 2015, 14 (4): 332-368.

［124］Lusardi, A., Mitchell, O. S., & Curto, V. Financial literacy among the young ［J］. Journal of Consumer Affairs, 2010, 44 (2): 358-380.

［125］Madrian, B. C. & Shea, D. F. The power of suggestion: Inertia in participation and savings behavior ［J］. Quarterly Journal of Economics, 2001 (4): 1149-1187.

［126］Marcolin, S., & Abraham, A. Financial literacy research: Current literature and future opportunities ［R］. 2006.

［127］Martin, C. A. & Bush, A. J. Do role models influence teenagers' purchase intentions and behavior? ［J］. Journal of Consumer Marketing, 2000 (4-5): 441.

［128］Meelissen, M., & Luyten, H. The Dutch gender gap in mathematics: Small for achievement, substantial for beliefs and attitudes ［J］. Studies in Educational Evaluation, 2008, 34 (2): 82-93.

［129］Montalto, C. P., Phillips, E. L., McDaniel, A., & Baker, A. R. College student financial wellness: Student loans and beyond ［J］. Journal of

Family and Economic Issues, 2019, 40 (1): 3-21.

［130］Moreno－Herrero, D., Salas－Velasco, M., & Sánchez－Campillo, J. Factors that influence the level of financial literacy among young people: The role of parental engagement and students' experiences with money matters ［J］. Children and Youth Services Review, 2018 (95): 334-351.

［131］Moschis, G. P., & Churchill Jr, G. A. Consumer socialization: A theoretical and empirical analysis ［J］. Journal of Marketing Research, 1978, 15 (4): 599-609.

［132］Moschis, G. P., Cox, D. S., & Kellaris, J. J. An exploratory study of adolescent shoplifting behavior ［J］. ACR North American Advances, 1987 (1): 7-14.

［133］Mottola, G. R. In our best interest: Women, financial literacy, and credit card behavior ［J］. Numeracy, 2013, 6 (2): 4.

［134］Muñoz－Murillo, M., álvarez－Franco, P. B. & Restrepo－Tobón, D. A. The role of cognitive abilities on financial literacy: New experimental evidence ［J］. Journal of Behavioral and Experimental Economics, 2020 (1): 7-14.

［135］Mudzingiri, C. The impact of financial literacy on risk seeking and patient attitudes of university students ［J］. Development Southern Africa, 2021, 38 (5): 845-861.

［136］Mueller, H. M., & Yannelis, C. The rise in student loan defaults ［J］. Journal of Financial Economics, 2019, 131 (1): 1-19.

［137］Mugenda, O. M., Hira, T. K., & Fanslow, A. M. Assessing the causal relationship among communication, money management practices, satisfaction with financial status, and satisfaction with quality of life ［J］. Lifestyles, 1990, 11 (4): 343-360.

［138］Murphy, J. L. Psychosocial factors and financial literacy ［J］. Soc. Sec. Bull., 2013 (73): 73.

［139］Nayyar, S. Level of financial literacy among youth ［J］. International Journal of Business Management and Scientific Research, 2016 (1): 7-14.

［140］Newswire, C. Brandes scholarship program encourages financial literacy among Canadian youth ［J］. Canada Newswire, 2012 (1): 7-14.

［141］OECD. PISA 2009 assessment framework: Key competencies in reading, mathematics and science ［M］. M2PressWIRE, 2010.

［142］OECD. Science, problem solving and financial literacy ［R］. Paris: OECD, 2013.

［143］OECD. Improving financial literacy: Analysis of issues and policies ［J］.

Financial Market Trends, 2005 (2): 11.

［144］Ohno, K. Avoiding the middle-income trap: Renovating industrial policy formulation in Vietnam ［J］. ASEAN Economic Bulletin, 2009 (1): 25-43.

［145］Ono, S., Yuktadatta, P., Taniguchi, T., Iitsuka, T., Noguchi, M., Tanaka, S., & Kadoya, Y. Financial literacy and exercise behavior: Evidence from Japan ［J］. Sustainability, 2021, 13 (8): 41-89.

［146］Otto, A. Saving in childhood and adolescence: Insights from developmental psychology ［J］. Economics of Education Review, 2013 (33): 8-18.

［147］Padilla-Walker, L. M., Nelson, L. J., & Carroll, J. S. Affording emerging adulthood: Parental financial assistance of their college-aged children ［J］. Journal of Adult Development, 2012, 19 (1): 50-58.

［148］Paraboni, A. L., & da Costa Jr, N. Improving the level of financial literacy and the influence of the cognitive ability in this process ［J］. Journal of Behavioral and Experimental Economics, 2021 (90): 7-14.

［149］Peña-López, I. Pisa 2012 assessment and analytical framework ［J］. Problem Solving and Financial Literacy, 2012 (1): 7-14.

［150］Pearson, N., MacFarlane, A., Crawford, D., & Biddle, S. J. Family circumstance and adolescent dietary behaviours ［J］. Appetite, 2009, 52 (3): 668-674.

［151］Pedersen, S., GrØnhØj, A., & ThØgersen, J. Following family or friends. Social norms in adolescent healthy eating ［J］. Appetite, 2015 (86): 54-60.

［152］Pham, M. T., & Higgins, E. T. Promotion and prevention in consumer decision-making ［J］. Inside Consumption: Consumer Motives, Goals, and Desires, 2005 (1): 8-43.

［153］Putthinun, P., Watanapongvanich, S., Khan, M. S. R., & Kadoya, Y. Financial literacy and Alcohol drinking behavior: Evidence from Japan ［J］. Sustainability, 2021, 13 (16): 7-14.

［154］Razen, M., Huber, J., Hueber, L., Kirchler, M., & Stefan, M. Financial literacy, economic preferences, and adolescents' field behavior ［J］. Finance Research Letters, 2021 (40): 7-14.

［155］Remund, D. L. Financial literacy explicated: The case for a clearer definition in an increasingly complex economy ［J］. Journal of Consumer Affairs, 2010, 44 (2): 276-295.

［156］Rhee, K. Childhood overweight and the relationship between parent behaviors, parenting style, and family functioning ［J］. The Annals of the American Academy of Political and Social Science, 2008, 615 (1): 11-37.

[157] Ryan, R. M., Claessens, A., & Markowitz, A. J. Associations between family structure change and child behavior problems: The moderating effect of family income [J]. Child Development, 2015, 86 (1): 112-127.

[158] Sadowski, C. J., & Cogburn, H. E. Need for cognition in the big-five factor structure [J]. The Journal of Psychology, 1997, 131 (3): 307-312.

[159] Santini, F. D. O., Ladeira, W. J., Mette, F. M. B., & Ponchio, M. C. The antecedents and consequences of financial literacy: A meta - analysis [J]. International Journal of Bank Marketing, 2019 (1): 7-14.

[160] Schmeiser, M. D., & Seligman, J. S. Using the right yardstick: Assessing financial literacy measures by way of financial well-being [J]. Journal of Consumer Affairs, 2013, 47 (2): 243-262.

[161] Sherraden, M. S., Johnson, L., Guo, B., & Elliott, W. Financial capability in children: Effects of participation in a school-based Financial education and savings program [J]. Journal of Family and Economic Issues, 2011, 32 (3): 385-399.

[162] Shim, S., Barber, B. L., Card, N. A., Xiao, J. J., & Serido, J. Financial socialization of first-year college students: The roles of parents, work, and education [J]. Journal of Youth and Adolescence, 2010, 39 (12): 1457-1470.

[163] Shim, S., Serido, J., Tang, C., & Card, N. Socialization processes and pathways to healthy financial development for emerging young adults [J]. Journal of Applied Developmental Psychology, 2015 (38): 29-38.

[164] Skagerlund, K., Lind, T., Strömbäck, C., Tinghög, G., & Västfjäll, D. Financial literacy and the role of numeracy-How individuals' attitude and affinity with numbers influence financial literacy [J]. Journal of Behavioral and Experimental Economics, 2018 (74): 18-25.

[165] Sohn, S. H., Joo, S. H., Grable, J. E., Lee, S., & Kim, M. Adolescents' financial literacy: The role of financial socialization agents, financial experiences, and money attitudes in shaping financial literacy among South Korean youth [J]. Journal of Adolescence, 2012, 35 (4): 969-980.

[166] Strömbäck, C., Lind, T., Skagerlund, K., Västfjäll, D., & Tinghög, G. Does self-control predict financial behavior and financial well-being? [J]. Journal of Behavioral and Experimental Finance, 2017 (14): 30-38.

[167] Taylor, J. Y., Washington, O. G., Artinian, N. T., & Lichtenberg, P. Parental stress among African American parents and grandparents [J]. Issues in Mental Health Nursing, 2007, 28 (4): 373-387.

［168］Tennyson, S., & Nguyen, C. State curriculum mandates and student knowledge of personal finance ［J］. Journal of Consumer Affairs, 2001, 35 （2）: 241-262.

［169］Thakur, S. & Mago, M. Measuring the financial literacy level among working youth in punjab ［J］. Research Review International Journal of Multidisciplinary, 2018 （5）: 7-14.

［170］Tian, G., Zhou, S., & Hsu, S. Executive financial literacy and firm innovation in China ［J］. Pacific-Basin Finance Journal, 2020 （62）: 7-14.

［171］Van Rooij, M., Lusardi, A., & Alessie, R. Financial literacy and stock market participation ［J］. Journal of Financial Economics, 2011, 101 （2）: 449-472.

［172］Van Rooij, M. C., Lusardi, A., & Alessie, R. J. Financial literacy and retirement planning in the Netherlands ［J］. Journal of Economic Psychology, 2011, 32 （4）: 593-608.

［173］Van Rooij, M. C., Lusardi, A., & Alessie, R. J. Financial literacy, retirement planning and household wealth ［J］. The Economic Journal, 2012, 122 （560）: 449-478.

［174］Viner, R. M., Ozer, E. M., Denny, S., Marmot, M., Resnick, M., Fatusi, A., & Currie, C. Adolescence and the social determinants of health ［J］. The Lancet, 2012, 379 （98）: 1641-1652.

［175］Walstad, W. B., Rebeck, K., & MacDonald, R. A. The effects of financial education on the financial knowledge of high school students ［J］. Journal of Consumer Affairs, 2010, 44 （2）: 336-357.

［176］Ward, S. Consumer socialization ［J］. Journal of Consumer Research, 1974, 1 （2）: 1-14.

［177］Watanapongvanich, S., Binnagan, P., Putthinun, P., Khan, M. S. R., & Kadoya, Y. Financial literacy and gambling behavior: evidence from Japan ［J］. Journal of Gambling Studies, 2021, 37 （2）: 445-465.

［178］Watanapongvanich, S., Khan, M. S. R., Putthinun, P., Ono, S., & Kadoya, Y. Financial literacy, financial education, and smoking behavior: Evidence from Japan ［J］. Frontiers in Public Health, 2021 （1）: 7-14.

［179］Webley, P., & Nyhus, E. K. Parents' influence on children's future orientation and saving ［J］. Journal of Economic Psychology, 2006, 27 （1）: 140-164.

［180］Webley, P., & Nyhus, E. K. Economic socialization, saving and assets in European young adults ［J］. Economics of Education Review, 2013 （33）:

19-30.

［181］Wei, L., Peng, M., & Wu, W. Financial literacy and fraud detection-Evidence from China ［J］. International Review of Economics & Finance, 2021 (76): 478-494.

［182］Whitchurch, G. G., & Constantine, L. L. Systems theory. In Sourcebook of family theories and methods ［M］. Springer, Boston, MA, 2009.

［183］Widdowson, D., & Hailwood, K. Financial literacy and its role in promoting a sound financial system ［J］. Reserve Bank of New Zealand Bulletin, 2007, 70 (2): 7-14.

［184］Willis, L. E. The financial education fallacy ［J］. American Economic Review, 2011, 101 (3): 429-434.

［185］Worthington, A. C. Predicting financial literacy in Australia ［R］. 2006.

［186］Xue, R., Gepp, A., O'Neill, T. J., Stern, S., & Vanstone, B. J. Financial literacy and financial strategies: The mediating role of financial concerns ［J］. Australian Journal of Management, 2021, 46 (3): 437-465.

［187］Ye, J., & Kulathunga, K. M. M. C. B. How does financial literacy promote sustainability in SMEs? A developing country perspective ［J］. Sustainability, 2019, 11 (10): 7-14.

［188］Yoong, J. Financial illiteracy and stock market participation: Evidence from the RAND American Life Panel ［J］. Financial Literacy: Implications for Retirement Security and the Financial Marketplace, 2011, 76 (1): 7-14.

［189］Yuktadatta, P., Khan, M. S. R., & Kadoya, Y. Financial literacy and exercise behavior in the United States ［J］. Sustainability, 2021, 13 (16): 7-14.

附　录

在校大学生财经素养调查问卷

尊敬的同学：

　　您好！

　　我们是中国大学生财经素养课题研究小组，耽误您大约一刻钟时间，麻烦您帮我们填一份问卷，您需根据自己的真实理解和切实感受认真填写。我们将对问卷涉及的个人隐私承担严格保密的责任和义务，回收回来的数据仅用于学术研究，不从事商业活动。对您的奉献，我们将万分感谢！

　　此致

敬礼！

中国大学生财经素养研究小组

2021 年 11 月 10 日

第一部分　基本信息

1. 您的性别：

（1）男　　　　　　　　　　（2）女

2. 您的年龄是（请填写具体数字）：＿＿＿＿＿

3. 您的民族：

（1）汉族　　　　　　　　　　（2）少数民族

4. 您所在的学校档次：

（1）985 院校　　　　　　　　（2）211 院校

（3）普通院校　　　　　　　　（4）三本

（5）职业技术学院

5. 您目前所在年级是：

（1）大一　　　　　　　　　（2）大二

（3）大三　　　　　　　　　（4）大四

6. 您的成长所在地属于：

（1）农村　　　　　　　　　（2）城市

7. 您的籍贯所在地：

（1）东北　　　　　　　　　（2）华北

（3）西北　　　　　　　　　（4）西南

（5）华中　　　　　　　　　（6）华东

（7）华南

8. 您的专业类别是：

（1）哲学　　　　　　　　　（2）经济学

（3）法学　　　　　　　　　（4）教育学

（5）文学　　　　　　　　　（6）历史学

（7）理学　　　　　　　　　（8）工学

（9）农学　　　　　　　　　（10）医学

（11）管理学　　　　　　　　（12）艺术类

9. 您的情感状况为：

（1）单身　　　　　　　　　（2）恋爱

（3）其他

10. 您每月生活费用（包括可支配零用钱）为：

（1）≤800 元　　　　　　　　（2）800 元<x≤2000 元

（3）2000 元以上

（4）不清楚，没算过

11. 您父亲的职业为：

（1）政府机关、党群组织的负责人或中高级官员

（2）企业事业单位的管理人员

（3）专业技术人员或其他专业人士

（4）技术工人

（5）政府或企业事业单位普通员工

（6）个体户

（7）自由职业者（泛指自由作家、动画师、程序员、配音师等自由工作的脑力劳动者）

（8）务农

（9）其他职业

（10）待业

12. 您母亲的职业为：

（1）政府机关、党群组织的负责人或中高级官员

（2）企业事业单位的管理人员

（3）专业技术人员或其他专业人士

（4）技术工人

（5）政府或企业事业单位普通员工

（6）个体户

（7）自由职业者（泛指自由作家、动画师、程序员、配音师等自由工作的脑力劳动者）

（8）务农

（9）其他职业

（10）待业

13. 您父亲的文化水平：

（1）初中及以下　　　　　　　（2）高中/中专/技校

（3）大学本科/大专　　　　　　（4）硕士及以上

14. 您母亲的文化水平：

（1）初中及以下　　　　　　　（2）高中/中专/技校

（3）大学本科/大专　　　　　　（4）硕士及以上

15. 您的家庭成员的健康状况：

（1）很差　　　　　　　　　　（2）较差

（3）一般　　　　　　　　　　（4）良好

16. 您是不是独生子女：

（1）是　　　　　　　　　　　（2）否

17. 您的家庭月收入大约是：

（1）≤5000 元　　　　　　　　（2）5000 元<x≤10000 元

（3）10000 元<x≤20000 元　　　（4）20000 元以上

18. 您家的财经决策主要由谁负责？

（1）父亲　　　　　　　　　　（2）母亲

（3）父母亲共同决定　　　　　（4）不知道

19. 您家谁的收入更高？

（1）父亲　　　　　　　　　　（2）母亲

（3）父母亲差不多一样高　　　（4）不知道

20. 您家谁更擅长理财？

（1）父亲　　　　　　　　　　（2）母亲

（3）父母亲同样擅长　　　　　（4）父母亲同样不擅长

（5）不知道

21. 您家谁的空闲时间更多？

（1）父亲　　　　　　　　（2）母亲

（3）父母亲一样　　　　　（4）不知道

22. 从小到大，您家谁对您的陪伴更多？

（1）父亲　　　　　　　　（2）母亲

（3）父母亲都很多　　　　（4）父母亲都很少

（5）不知道

23. 您会主动参与到您家有关金钱的决策吗？

（1）不会　　　　　　　　（2）会

（3）无法回答

题项 24~27 的答项中的数字的含义：1＝完全同意；5＝完全不同意

24. 童年时（回想以初中作为标准）我的家庭有足够多的钱满足我的各种需求。

1　　　2　　　3　　　4　　　5

25. 童年时（回想以初中作为标准）我比其他伙伴生活更加富足。

1　　　2　　　3　　　4　　　5

26. 童年时（回想以初中作为标准）我成长在一个富足稳定的社区环境中。

1　　　2　　　3　　　4　　　5

27. 童年时（回想以初中作为标准）我的父母在当地有较高的社会经济地位。

1　　　2　　　3　　　4　　　5

题项 28、29 的答项中的数字的含义：1＝非常节俭；5＝非常大手大脚

28. 请为您父亲的消费风格打分。

1　　　2　　　3　　　4　　　5

29. 请为您母亲的消费风格打分。

1　　　2　　　3　　　4　　　5

第二部分　主体调查

1. 您父母通常多长时间给您一次生活费？

（1）一周　　　　　　　　（2）半月

（3）一月　　　　　　　　（4）一学期

（5）不确定

2. 您父母是否和您交流过如何计划花某笔钱？

（1）从来没有　　　　　　（2）极少

（3）偶尔　　　　　　　　（4）经常

3. 您父母是否告诉过您如何管理储蓄账户？

（1）从来没有 （2）极少
（3）偶尔 （4）经常

4. 您父母是否和您交流过他们如何进行存钱？

（1）从来没有 （2）极少
（3）偶尔 （4）经常

5. 您父母是否告诉过您如果不按时偿还信贷就会影响您的信誉？

（1）从来没有 （2）极少
（3）偶尔 （4）经常

6. 您父母是否和您交流过他们如何利用信用贷款做重要的事（如车贷、房贷、助学贷款）？

（1）从来没有 （2）极少
（3）偶尔 （4）经常

7. 您父母是否告诉过您理财的重要性？

（1）从来没有 （2）极少
（3）偶尔 （4）经常

8. 您父母是否和您交流过他们是如何进行理财的？

（1）从来没有 （2）极少
（3）偶尔 （4）经常

9. 您父母是否告诉过您应该具备"量入为出，适度消费"的消费观？

（1）从来没有 （2）极少
（3）偶尔 （4）经常

10. 您父母是否和您交流过他们的消费观念？

（1）从来没有 （2）极少
（3）偶尔 （4）经常

题项 11~23 的答项中的数字的含义：1＝完全同意；5＝完全不同意

11. 我经常不能集中精神思考一个问题。

1　2　3　4　5

12. 我尽量避免需要深入思考某些内容的情况。

1　2　3　4　5

13. 苦苦思索很长时间，使我几乎没有满足感。

1　2　3　4　5

14. 我能实现自己设定的大多数目标。

1　2　3　4　5

15. 面对艰巨的任务时，我相信自己会完成。

1　2　3　4　5

16. 我相信，只要我有决心，任何努力都可以成功。

                    1   2   3   4   5

17. 我将能够成功克服许多挑战。

                    1   2   3   4   5

18. 总的来说，我认为我可以获得对我很重要的结果。

                    1   2   3   4   5

19. 我一直尝试吃健康的食物，因为从长远来看，它会有所回报。

                    1   2   3   4   5

20. 多年以来，我试图用我的行为影响周围的人。

                    1   2   3   4   5

21. 我试图明智地花钱。

                    1   2   3   4   5

22. 我一直觉得自己的辛勤工作最终会得到回报。

                    1   2   3   4   5

23. 为了达成目标，我放弃了身体上的愉悦或舒适。

                    1   2   3   4   5

24. 想象一下，您的储蓄账户有 1 万元，利率为每年 1%，通货膨胀率为每年 2%。一年后，您的储蓄账户中的钱发生了怎样的变化？

  （1）比 10000 元多   （2）正好 10000 元

  （3）比 10000 元少   （4）这取决于我想要购买的东西的种类

  （5）不知道   （6）拒绝作答

25. 假设您将 100 元存入储蓄账户，每年保证利率为 2%。第一年结束时账户中会有多少钱？

  （1）102 元   （2）120 元

  （3）不知道   （4）拒绝作答

26. 您现在借给同学 500 元，三个月后同学还给您 500 元，假定银行的年贷款利率为 4.35%，他为此支付了多少利息？

  （1）5.4375   （2）21.75

  （3）0   （4）不知道

  （5）拒绝作答

27. 假设您在银行里存 1000 元，年利率为 2%，五年末您的账户的余额是多少钱？

  （1）超过 1100 元   （2）正好 1100 元

  （3）少于 1100 元   （4）从既定的信息无法判断

28. 高回报的投资可能是高风险的。

  （1）正确   （2）错误

（3）不知道 　　　　　　　　（4）拒绝作答

29. 高通货膨胀意味着生活成本迅速增加。

（1）正确 　　　　　　　　　（2）错误

（3）不知道 　　　　　　　　（4）拒绝作答

30. 通常，可以通过购买各种股票来降低投资股票市场的风险。

（1）正确 　　　　　　　　　（2）错误

（3）不知道 　　　　　　　　（4）拒绝作答

31. 选择 15 年而不是 30 年的抵押贷款可以节省利息成本。

（1）正确 　　　　　　　　　（2）错误

（3）不知道 　　　　　　　　（4）拒绝作答

32. 分散化投资能降低风险。

（1）正确 　　　　　　　　　（2）错误

（3）不知道 　　　　　　　　（4）拒绝作答

33. 如果利率下降了，您认为债券的价格将会：

（1）下降 　　　　　　　　　（2）上升

（3）不知道 　　　　　　　　（4）拒绝作答

34. 银行的营业网点人民币兑美元的外汇报价显示为：6.3215～6.3220 元/美元。您认为哪个数字指的是美元的买入价？

（1）6.3215 　　　　　　　　（2）6.3220

（3）不知道 　　　　　　　　（4）拒绝作答

35. 考虑到很长一段时间（如 10 年或 20 年），哪种资产通常会获得最高的回报？

（1）储蓄账户 　　　　　　　（2）债券

（3）股票 　　　　　　　　　（4）不知道

（5）拒绝作答

36. 通常情况下，哪种资产会显示出最大的收益波动？

（1）储蓄账户 　　　　　　　（2）债券

（3）股票 　　　　　　　　　（4）不知道

（5）拒绝作答

37. 债券通常比股票更具风险。

（1）是 　　　　　　　　　　（2）不是

（3）不知道 　　　　　　　　（4）拒绝作答

38. 假设您的朋友今天继承了 10 万元，而他的兄弟将在 3 年后才继承 10 万元。谁会因为这笔遗产而变得更加有钱？

（1）我的朋友 　　　　　　　（2）朋友的兄弟

（3）不知道 　　　　　　　　（4）拒绝作答

39. 股票共同基金结合了许多投资者的钱来购买各种股票。
（1）正确　　　　　　　　（2）错误
（3）不知道　　　　　　　（4）拒绝回答

40. 如果降低商业银行的存款准备金率，您认为整个经济中的货币量会：
（1）减少　　　　　　　　（2）增加
（3）不知道

41. 如果您持有了某公司股票，那么：
（1）无论是短期持有，还是长期持有，您实际上都是把钱借给了公司
（2）无论是短期持有，还是长期持有，您实际上都是公司的股东
（3）长期持有的时候，是公司的股东；短期持有，实际上是把钱借给了公司
（4）不知道

42. 普通的医疗保险，免赔额度越高，所要缴纳的保费：
（1）越多　　　　　　　　（2）越少
（3）不变　　　　　　　　（4）不知道

43. 您知道如何维护个人信用评级吗？
（1）我申请的信用卡越多，我的个人信用评级就越有利
（2）按时支付当期应付款项
（3）申请个人信用报告会降低我的信用等级
（4）不确定

44. 不良信用记录对个人有何影响？
（1）个人可能会被拒绝获得银行贷款
（2）获批的贷款金额可能偏低，或贷款利息偏高
（3）申请信用卡或现金卡时，个人可能会被拒绝或只批准较低的信用额度
（4）以上所有
（5）不知道

45. 分期付款购买汽车时，总付款额通常会高于一次性付款。
（1）同意　　　　　　　　（2）不同意
（3）不确定

46. 您可以在以下哪些机构申请个人信用报告？
（1）对应的银行　　　　　（2）中国人民银行征信中心
（3）户籍登记处　　　　　（4）警察局
（5）不确定

47. 您认为自己对财经知识的掌握程度如何？（1=非常低；7=非常高）
　　　　　　　　　　　　1　　　2　　　3　　　4　　　5　　　6　　　7

题项 48~75 的答项中数字的含义：1=完全同意；5=完全不同意

48. 我倾向于今朝有酒今朝醉而不去考虑明天。

              1   2   3   4   5

49. 相比存钱而言，我更愿意把这些钱花掉。

              1   2   3   4   5

50. 我对目前的财务状况感到满意。

              1   2   3   4   5

51. 在买东西之前，我会仔细考虑一下我是否能负担得起。

              1   2   3   4   5

52. 我会按时偿还借款。

              1   2   3   4   5

53. 我会密切关注自己的财务事宜。

              1   2   3   4   5

54. 我制定了长期财务目标并努力实现这些目标。

              1   2   3   4   5

55. 我通常能根据自身的情况和外部环境变化制订下一步的行动方案。

              1   2   3   4   5

56. 我有勇气面对自己曾经犯过的错误。

              1   2   3   4   5

57. 我会为自己的行为负责。

              1   2   3   4   5

58. 我知道自己应该和什么人交朋友。

              1   2   3   4   5

59. 我通常会把自己的事情做得井井有条。

              1   2   3   4   5

60. 离开父母后，我能照顾自己的生活。

              1   2   3   4   5

61. 我的内心非常强大。

              1   2   3   4   5

62. 我的独立生活能力强。

              1   2   3   4   5

63. 我会对我说出的话负责。

              1   2   3   4   5

64. 我借用了他人的东西，我都会如期归还。

              1   2   3   4   5

65. 我会尽最大努力履行我对他人的承诺。

              1   2   3   4   5

66. 我认识的人都很信任我。

| | | 1 | 2 | 3 | 4 | 5 |

67. 他人交办我的事，我都能按时保质完成。

| | | 1 | 2 | 3 | 4 | 5 |

68. 周围的人都认为我非常诚实。

| | | 1 | 2 | 3 | 4 | 5 |

69. 对于新产品的视频广告，我更关注理性的信息，如相关细节、事实和证据。

| | | 1 | 2 | 3 | 4 | 5 |

70. 对于新产品的视频广告，我更关注它提供的产品内在属性和物理特征。

| | | 1 | 2 | 3 | 4 | 5 |

71. 对于新产品的视频广告，我更关注它提供的利益和好处。

| | | 1 | 2 | 3 | 4 | 5 |

72. 对于新产品的视频广告，我更关注它所带来的情感和气氛。

| | | 1 | 2 | 3 | 4 | 5 |

73. 对于新产品的视频广告，我更关注它所提供的广告口号。

| | | 1 | 2 | 3 | 4 | 5 |

74. 我认为新产品视频广告中的口号可以帮助我理解整体广告信息。

| | | 1 | 2 | 3 | 4 | 5 |

75. 我认为新产品视频广告中的口号可以让我记住这个新产品。

| | | 1 | 2 | 3 | 4 | 5 |

题项 76~78 的答项中的数字的含义：1＝从不；5＝经常

76. 您多久筹划一次您未来更高学历的教育？

| | | 1 | 2 | 3 | 4 | 5 |

77. 您多久筹划一次您未来的工作？

| | | 1 | 2 | 3 | 4 | 5 |

78. 您多久筹划一次您未来的家庭？

| | | 1 | 2 | 3 | 4 | 5 |

题项 79~81 的答项中的数字的含义：1＝决心没有；5＝决心很大

79. 您大学毕业后实现更高学历教育计划的决心有多大？

| | | 1 | 2 | 3 | 4 | 5 |

80. 您大学毕业后实现未来工作计划的决心有多大？

| | | 1 | 2 | 3 | 4 | 5 |

81. 您大学毕业后实现未来家庭计划的决心有多大？

| | | 1 | 2 | 3 | 4 | 5 |

题项 82~93 的答项中的数字的含义：1＝完全同意；5＝完全不同意

82. 我经常不假思索地购买商品。

$$1 \qquad 2 \qquad 3 \qquad 4 \qquad 5$$

83. 有时我会一时冲动购买商品。

$$1 \qquad 2 \qquad 3 \qquad 4 \qquad 5$$

84. 我认为当今超前消费是一种很正常的社会现象。

$$1 \qquad 2 \qquad 3 \qquad 4 \qquad 5$$

85. 我认为预支以后的收入来消费是完全可行的。

$$1 \qquad 2 \qquad 3 \qquad 4 \qquad 5$$

86. 我认为超前消费能够提高我的生活质量。

$$1 \qquad 2 \qquad 3 \qquad 4 \qquad 5$$

87. 在超前消费时，我认为自己一定能够按时还款。

$$1 \qquad 2 \qquad 3 \qquad 4 \qquad 5$$

88. 我购买某些商品是为了追求独特性，拥有别人没有的产品。

$$1 \qquad 2 \qquad 3 \qquad 4 \qquad 5$$

89. 对于周围人都持有的消费品，我也希望自己能拥有。

$$1 \qquad 2 \qquad 3 \qquad 4 \qquad 5$$

90. 我购买某些商品是为了炫耀，为了引人注目。

$$1 \qquad 2 \qquad 3 \qquad 4 \qquad 5$$

91. 使用某些商品可以在他人眼中增加自己的价值。

$$1 \qquad 2 \qquad 3 \qquad 4 \qquad 5$$

92. 我能很好地抵制诱惑。

$$1 \qquad 2 \qquad 3 \qquad 4 \qquad 5$$

93. 我能为了一个长远目标高效地工作。

$$1 \qquad 2 \qquad 3 \qquad 4 \qquad 5$$